경찰학 I

황현락 · 박동수

청목출판사

머리말

저자는 2014년 봄에 일어난 세월호 침몰사건을 안타깝게 지켜보면서 대한민국에서 살아가는 시민의 한사람으로 국가는 국민에게 무엇이며, 그 임무 역할은 어떠해야 하는지에 대하여 근본적이고도 심각한 고민에 빠지지 않을 수 없었다.

국가의 기본조직인 경찰은 '움직이는 작은 정부' 또는 '거리의 재판관'으로서 국민의 생명과 재산을 지키는 최후의 보루로서의 임무를 가지고 있음은 누구나 다 알고 있다. 300명이 넘는 고귀한 인명이 아무 도움을 받지 못하고 숨져간 세월호 사건을 계기로 국민인 바라는 국가의 모습이 어떤 것이어야 하는가에 대한 답을 제대로 찾아야 한다는 생각에 사로잡혔다. 그러는 가운데 경찰학에서 이러한 국가의 임무와 역할과 관련하여 자유민주주의 국가에서 경찰의 정체성을 제대로 정립하는 일이야말로 이 사건과 관련한 희생자에게 바치는 하나의 진혼곡이 될 수도 있음을 깨달았다.

그러나, 경찰실무와 교단에서의 경험으로 미루어 볼 때, 경찰학을 학문으로 처음으로 대하는 학생들에게 경찰학의 이념적 법적인 토대에 대한 이해가 그리 쉽지 않는다는 사실을 발견했다. 따라서, 이들에게 보다 이해하기 쉽고 재미있게 경찰을 설명하고 그들에게 학문적 의욕을 북돋우는 일이야말로 경찰학 교과서의 가장 중요한 덕목임을 느끼고 있다.

이러한 필자의 생각은 경찰학을 시작하는 대학생들이 처음에 접하기 쉽고 재미있고 유익하게 풀어 가도록 교과서를 새로 집필해야 한다는 다짐을 스스로에게 하게 되었다.

경찰학은 총론(Ⅰ)인 이론분야와 각론(Ⅱ)인 실무분야로 나누어 구성하려 한다. 총론편은 전체적으로 7개장으로 나누어 서술하였다.

제1장에 국가와 경찰에 대한 기초적인 이해를 위해 기본개념위주로 서술하였다.

제2장은 우리나라의 역사 속에서 경찰관련 법과 제도가 어떻게 발전하여 왔는가를 시대별로 구분하여 설명하려고 하였다.

제3장은 우리나라 경찰을 심도 있게 이해하기 위하여 영국과 미국, 독일과 프랑스등 주요 선진국의 경찰제도를 비교하여 설명하였다.

제4장은 우리나라 경찰행정과 관련 법제의 일반적이고 기초적인 개념을 소개하여 정리하였다.

제5장은 경찰관 직무 집행법을 중심으로 경찰작용의 기본형태와 주요내용을 법령을 중심으로 서술하였다.

제6장은 경찰관리(경무행정)의 주요내용인 경찰의 조직관리 · 인사행정 · 예산운용 등을 중심으로 설명하였다.

제7장은 경찰혁신론으로 현행경찰제도의 실태와 문제점을 개혁적인 시각에서 살펴보고 조직의 발전과 혁신의 차원에서 미래의 바람직한 경찰제도를 모색하고자 하였다.

경찰학의 이해를 돕기 위하여 외국어 중심의 이해하기 어렵거나 한문전용의 경찰용어는 풀어서 쓰려고 하였고, 불가피한 전문용어는 각주등을 통하여 설명함으로써 독자들이 쉽게 이해할 수 있도록 하였다.

학생들의 경찰직 시험준비를 위하여 별도의 참고서 없이 본 교과서만으로도 수험공부에 충분히 활용될 수 있도록 학습목표를 각장마다 소개하였고, 중요한 용어나 기본개념은 각장 마지막 부분에 한눈에 알아볼 수 있게 정리하였다.

아무쪼록, 이 책으로 공부하는 학생들이 원하는 성과를 달성하여 뜻하는 바 목표를 이루기를 진심으로 소망한다.

이 책이 출간되기까지 물심양면으로 지도와 편달을 아끼지 않으신 많은 분들의 노고를 잊을 수 없다.

경찰청과 산하의 중앙경찰학교, 경찰대학교, 경찰교육원 등지에서 동반자였던 수많은 지인들에게 가슴 뜨거운 고마움을 표한다. 학문적 지도와 편달을 아끼지 않으신 선후배동료 교수님과 청목출판사 편집부 여러분께도 감사의 마음을 전한다.

2015. 1. 10

차 례

제 1 장

경찰이란 무엇인가?

제 1 절　경찰의 개념과 경찰학

제 2 절　경찰의 임무와 수단

제 3 절　경찰의 기본이념

제 4 절　경찰활동의 사상적 기초

학습목표

1. 경찰학을 처음으로 공부하기 위해서 기초가 되는 경찰학의 기본적 관념 대한 이해를 학습한다.

2. 경찰이 무엇인가에 대한 기본적인 의문을 풀기 위해서는 국가의 의미와 존립의 필요성 그리고 그 역할에 대한 탐구가 필요하다. 궁극적으로는 경찰은 국민의 생명과 재산을 보호하기 위해 존재하는 핵심적 국가조직이다.

3. 경찰의 기본개념을 잘 이해하기 위해서는 경찰의 의의, 경찰제도의 형성과 발전, 경찰의 분류방법 등을 학습한다.

4. 자유민주주의 국가에서 경찰은 민주주의 이념에 기초하여 시민에 대한 봉사자의 역할을 수행하므로 근대시민혁명을 통한 자유민주주의의 사상의 형성과정에 대한 이해가 경찰학 공부에 전제가 될 것이다.

1
chapter

경찰이란 무엇인가?

제 1 절 경찰의 개념과 경찰학

Ⅰ. 경찰학의 의의

경찰학의 출발은 국가조직의 핵심적인 부분인 경찰에 대한 이해를 전제로 한다. 국가조직을 입법부·사법부·행정부로 나누어 본다면 경찰은 행정부에 소속된 국가조직의 일부이다. 따라서 경찰학이란 '경찰(警察, police)'이라고 불리는 국가조직의 구성과 그 활동에 대하여 연구하는 학문이다. 경찰학의 출발은 고대 국가형성 초기에는 국가작용 그 자체로 보아 헌법이나 국가의 활동과 동일시되어 오다가 중세 이후 행정활동이 분야별로 전문화되어 감에 따라 다양하게 발전되어 왔다.[1)]

---

1) 국가경영을 중심으로 연구하던 중세이후의 대표적인 학문은 유럽의 관방학(官房學)을 들 수 있다. 관방학은 16~18세기에 독일의 봉건 사회에서 군주와 봉건 제후의 재정을 풍부하게 하고 국가의 산업을 육성하여 국권을 신장시키는 방법을 주로 연구하던 학문이다. 중상주의적 사회 경제 및 행정의 체계를 세운 것으로 행정 기술론적 성격이 강하며, 경제 이론, 경제 행정, 재정학 등 세 분야로 나누어졌다. 관방학을 주로 연구한 대표적 학자들은, 제켄도

유럽에서 초기 경찰학(Polizeiwissenschaft)은 18세기 독일의 관방학으로부터 분화되어 행정학의 단서가 된 학문 분야를 말한다. 그 중에서 경찰학의 토대를 마련한 유스티(Johannes Heinrich Gottlob von Justi)[2]는 국가재산의 유지에 관한 경찰학과 국가재산 활용에 관한 재정학을 구분해, 경찰학을 하나의 독립된 학문으로 정립하려 했다. 그는 경찰학을 행정 제도에 의거해 국가 전체의 재산을 유지·증진시키고, 이를 통해 공공복지를 향상하고자 하였다. 경찰학에서는 국가 목적 또는 국가 이념을 실현하기 위한 합목적적인 국가활동을 경찰행정으로 정의한 것이다.

일반적으로 경찰학의 연구범위는 경찰작용과 관련된 것으로 경찰의 이념과 윤리, 경찰 법제, 경찰 행정, 경찰 역사, 외국 경찰의 법제와 경찰행정의 비교, 경찰실무 등 경찰에 관한 학문적 관심대상을 포괄한다. 그러므로, 경찰학의 영역은 경찰철학(경찰윤리론)·경찰법학·경찰행정학·경찰사·비교경찰론·경찰실무론 등이 그 범위에 포함될 수 있다. 이와 같이 다양한 경찰학의 여러 분야 중 경찰실무론을 제외한 분야가 총론분야에 해당된다면 경찰실무론은 경찰학 각론에 해당된다.

Ⅱ. 경찰의 개념

1. 경찰이란?

학문적인 경찰의 개념은 형식적 경찰개념과 실질적 경찰개념으로 나누어 이해하는 것이 일반적이다. 즉, 현재의 경찰조직이나 제도를 중심

르프(Seckendorff, V. L. von), 호르닉크(Hornigk, Ph. W. von), 유스티(Justi, J. H. G. von), 존넬펠스(Sonnenfels, J. von) 등이 이에 해당한다.

2) 유스티(Justi, Johannes Heinrich Gottlob von, 1705-1771)는 독일 경찰학의 기본틀을 완성한 관방학자로서 주요 저서로는 '국가경제학 또는 경제적 사항에 관한 체계적 논문과 관방학(Staatswissenschaft oder systematische Abhandlung aller ökonomischen und Kameralwissenschaft, 1755)', '경찰학원론(Grundsatze der Polizeiwissenschaft, 1756)' 등이 있다

으로 파악하는 제도적 형식적 의미의 경찰개념(이 경우는 경찰이 수행하는 업무는 경찰학의 연구대상에 모두 포함됨)과 경찰작용이라는 업무의 성질과 내용을 중심으로 파악하는 실질적 경찰개념(국민의 생명과 재산을 보호하는 권력작용인가 아닌가에 따라 판단함)이 그것이다. 이를 나누어서 살펴보기로 하자.

2. 형식적 의미의 경찰

가. 의의

형식적(제도적) 의미의 경찰이란 그 작용의 성질에 관계없이 일반경찰기관이 수행하는 모든 작용을 연구 대상으로 한다. 이는 경찰관서가 담당하는 모든 작용을 말한다. 따라서 부정식품단속이나 부정의약품 단속과 같은 권력적 작용은 실질적인 의미로는 경찰이지만 그 권한은 보건복지부에 속하기 때문에 형식적 의미의 경찰작용은 아니다. 반면에 실질적인 의미의 경찰이 아닌 비권력적인 작용인 미아보호나 청소년 선도활동 등은 형식적 의미의 경찰작용에 포함될 수 있다. 그러므로, 형식적 의미의 경찰은 경찰이 어떠한 권한을 가졌느냐의 여부에 따라 국가별로 정책적으로 결정될 문제이다.

나. 실정법상 경찰의 직무범위

역사적으로 볼 때, 근대 자유민주주의 국가의 성립 이래 대부분의 국가는 인권보장을 위하여 경찰기관에게 소극적인 질서유지작용만을 담당시키고 적극적인 공공복리 증진을 위한 작용은 일반 행정기관에 담당시키는 것이 일반적이었다.

형식적 의미의 경찰활동의 연구대상은 경찰법과 경찰관직무집행법에 경찰의 임무와 직무범위가 규정되어 있다.

〈우리나라 경찰법관련법상 경찰의 직무〉

ㅇ 경찰관직무집행법 제2조의 직무의 범위	ㅇ 경찰법 제3조의 경찰임무
1. 국민의 생명·신체 및 재산의 보호 2. 범죄의 예방·진압 및 수사 3. 경비, 주요 인사(人士) 경호 및 대간첩·대테러 작전 수행 4. 치안정보의 수집·작성 및 배포 5. 교통 단속과 교통 위해(危害)의 방지 6. 외국 정부기관 및 국제기구와의 국제협력 7. 그 밖에 공공의 안녕과 질서 유지	1. 국민의 생명·신체 및 재산의 보호 2. 범죄의 예방·진압 및 수사 3. 경비·요인경호 및 대간첩작전수행 4. 치안정보의 수집·작성 및 배포 5. 교통의 단속과 위해의 방지 6. 그 밖의 공공의 안녕과 질서유지

3. 실질적 의미의 경찰

가. 실질적 의미의 경찰이란?

실질적 의미의 경찰이란 경찰기관이 담당하는 권한이나 조직의 활동에 관계없이 경찰작용의 성질을 중심으로 일반 사회질서유지를 위한 권력적 작용을 뜻하는 의미이다. 따라서 형식적 의미의 경찰작용 중에는 비권력적인 치안서비스작용(미아, 노약자, 여성청소년보호 활동 등)은 실질적 의미의 경찰작용에 포함되지 않을 뿐만 아니라 형식적인 의미의 경찰작용이 아닌 것도 연구대상에 포함된다.

즉 실질적 의미의 경찰작용은 사회질서를 유지하기 위하여 일반 통치권[3]을 바탕으로 국민에게 명령 강제하는 권력작용을 말한다. 오늘날, 이와 같은 실질적 의미의 경찰작용은 시민의 자유와 권리의 보호를 최우선으로 하는 자유민주국가의 이념에 맞지 않기 때문에 실질적 의미의 경찰과 형식적 의미의 경찰 개념은 연구방법론상 서로 보완적인 의미를 가진다고 볼 수 있다.[4] 실질적인 경찰의 개념을 나누어서 정리하

3) 여기서 일반통치권(powers of sovereignty, Herrschergewalt)이란 국가의 고유한 지배권을 말한다. 자유민주주의 국가에서 합법적으로 행사되는 국가 권력은 일일이 주권자인 국민의 동의를 조건으로 하지 않는 일방적·무조건적 지배권이라는 특징을 지닌다.

4) 현재 자유민주국가의 경찰작용은 국민의 생명과 재산을 보호하는 치안 서비스 활동이 대부분이다. 유럽을 중심으로 전통적으로 국민에게 명령강제하는 경찰의 권력적 작용은 권위주의 시대의 산물이기 때문에 오늘날 자유민주주의 국가의

면 다음과 같다.

나. 실질적 의미의 경찰 개념요소

(1) 경찰 목적

경찰은 직접 사회공공의 안녕과 질서를 유지함을 목적으로 한다.

(가) **복리작용[5]과의 구별**: 경찰은 소극적으로 사회질서의 안정과 평온을 목적으로 한다는 점에서 적극적인 복리증진작용인 복리작용과는 구별된다.

(나) **국가목적적 작용[6]과의 구별**: 경찰은 사회의 평온한 질서유지를 목적으로 한다는 점에서 국가 그 자체의 존립과 활동을 직접 목적으로 하는 외교, 국방 등의 국가 목적적 작용과는 구별된다.

(다) **사법작용과의 구별**: 경찰은 사회의 사실상 평온상태를 유지함을 목적으로 한다는 점에서 법률적 분쟁의 해결로 법질서의 유지를 직접 목적으로 하는 민사·형사 등 사법작용과는 구별된다.

(2) 경찰수단

경찰은 일반사회질서 유지를 위하여 국민에게 명령하고 강제하는 권력적 작용이다. 이 점에서 경찰은 비권력적인 복리작용과는 구별된다. 경찰작용은 국민에게 명령강제하여 그 자연의 자유를 제한하는데 그치고 경제상의 이익 또는 혜택을 주거나 법률상의 권리 또는 능력을 좌우하지 않는다는 점에서 복리행정 및 형성적 행위[7]와 구별된다.

실질적 경찰작용과 형식적 경찰작용은 일치하지 않는 경우가 종종 발생한다.

5) 사회공공의 이익을 위해 베푸는 행정으로 사회 구성원 전체에 두루 관계되는 복지에 관련된 국가의 행정작용을 뜻함. 내무행정을 일반행정과 치안행정으로 구분할 때 복리행정은 일반행정에 속한다.

6) 행정조직·재무행정·군사행정·외무행정·사법행정 등과 같이 국가 자체의 존립과 활동을 위해 직접적으로 필요한 행정을 말한다. 이에 비해 사회 질서의 유지·공공복리의 증진 등 사회적 목적을 위한 내무행정 등은 사회목적적 행정에 속한다고 할 수 있다.

7) 행정행위를 명령적 행위와 형성적 행위로 구분하기도 한다. 형성적 행위는 국민에게 자연적으로는 갖지 않는 특정한 권리, 권리 능력, 행위 능력, 법률관계 등을 설정·변경·소멸시키는 행정행위를 말한다. 형성적 행위는 제3자에 대항할 수 있는 법률상의 힘을 부여하고 또는 이것을 부정하는 것을 목적으로 하는 점에

(3) 경찰권의 기초

경찰권은 국가의 일반통치권에 기초를 두고 있다. 경찰은 일반통치권에 의한 권력작용이라는 점에서 특별한 근무관계에 의하여 그 복종자에게 명령 강제하는 특별권력관계[8]와는 그 성격이 다르다.

Ⅲ. 유럽대륙법계(Continental national legal systems)와 영 · 미법계(Anglo-American law) 경찰제도의 발전

경찰제도의 발전을 역사적으로 살펴보면 프랑스와 독일을 중심으로 하는 대륙법계(Continental national legal systems)의 경찰과 영미법계(Anglo-American law)의 경찰로 구분되어 서로 다른 특성을 나타내며 발전을 하여 왔다. 양제도의 경찰개념의 형성과 변화과정을 살펴보기로 한다.

1. 유럽대륙의 경찰제도

가. 경찰개념의 형성과 변화

유럽 초기의 경찰이라는 용어는 라틴어의 politia라는 말에서 유래된 것이며, 처음에는 국가의 모든 작용을 뜻하는 것이었다. 그러나, 17세기 이후 통일국가의 형성에 따라 국가작용이 양적으로 확대되고 질적으로 전문화되어, 종래의 국가작용 전체를 의미하던 '경찰'로부터 외교 · 재정 · 군정 · 사법의 등 특수한 분야가 분리되고, 나머지 경찰작용은 내무행정(복리행정과 질서유지행정을 포함하는 행정작용)만으로 축소되었

서, 국민의 자연 적인 자유의 제한 또는 해제를 목적으로 하는 명령적 행위와 구분된다. 형성적 행위에는 특허·대리·인가 등이 포함된다.

8) 특별권력관계(特別權力關係)란 법률의 규정 또는 당사자의 동의에 따른 특별한 법률상의 원인에 근거하여 공법상의 특정목적달성에 필요한 범위내에서, 포괄적으로 당사자 한쪽이 다른 편을 지배하고 복종하는 것을 내용으로 하는 법률관계를 특별권력관계라고 한다(유력한 반대설이 있음).

다. 그러다가, 법치국가[9]의 성립에 따라 경찰은 소극적인 질서유지를 위한 권력작용을 의미하는 근대 법치국가적 경찰개념이 확립된 것이다.

대륙법계의 경찰개념은 경찰권이라는 통치권적 개념을 전제로 그 발동범위와 성질을 기준으로 형성된 것이다.

〈대륙법계 경찰개념의 변천〉

구 분	경찰개념
고 대	도시국가에 관한 헌법자체(일체의 정치활동)
중 세	교회행정을 제외한 모든 국가작용
17~18c 경찰국가	외교 · 군사 · 재정 · 사법을 제외한 내무행정 전반
19c 법치국가	적극적 복지경찰 분야를 제외한 소극적 위험방지 분야에 국한

나. 프랑스

14세기 말의 프랑스에서의 경찰개념은 국가목적 또는 국가작용을 의미했다. 그 후 1795년 경죄처벌법전(Code des délits et des peines) 제16조에서 "경찰의 임무는 공공의 질서 · 자유 · 재산 및 개인의 안전의 보호에 있다"고 규정하여 경찰의 직무를 소극목적에 한정하였다.

경찰이 그 업무의 성격에 따라 행정경찰과 사법경찰이라고 구분하는 용어는 프랑스의 삼권 분립 사상에서 출발한 것으로 경죄처벌법전 제18조에서 "행정경찰은 공공질서유지, 범죄예방을 목적으로 하고, 사법경찰은 범죄의 수사 · 체포를 목적으로 한다"고 규정한데서 비롯되었다.

다. 독일

경찰행정은 15세기말 독일에서는 공공복지라는 국가목적을 위하여

9) 19세기부터 등장한 법치국가(法治國家, Rechtsstaat)개념은 경찰국가(Polizeistaat)에 대립하는 말이다. 절대군주가 마음대로 행정을 하던 경찰국가에 대하여, 행정은 미리 정립된 법률에 의해서만 시행되어야 한다는 법치주의 원칙에 의거하는 국가이다.

행하여지는 국가행정 중 교회가 가지고 있던 교회행정 권한을 제외한 일체의 국가행정을 의미했다.

독일에서 경찰국가의 개념[10]은 18세기에 이르러 칸트(Immanuel Kant) 등의 계몽철학[11]이 등장하면서 극복되어, 군주의 권력도 법에 구속을 받는 법치국가 시대로 전환되었다. 즉, 독일에서 칸트 등의 계몽주의와 자연법사상 하에서 1794년 제정된 프로이센 일반주법(州)법 제17장 제2절 제10조에서 "경찰의 직무는 공공의 안녕과 질서를 유지하고 공중 또는 그 구성원에게 발생하는 위험을 제거하기 위하여 필요한 조치를 하는 것"이라고 규정하였다.

또한 1882년의 크로이쯔베르크 판결은 프로이센 고등행정법원이 베를린의 크로이쯔베르크 언덕에 있는 전승기념비 조망을 위하여, 1879. 3. 10 주변 토지에 대한 건축물의 높이를 제한한 베를린 경시총감의 경찰명령에 대하여 그러한 명령은 심미적 이유로 내려진 것으로 복지의 증진을 목적으로 하는 것이므로 「프로이센」 일반주법(ALR)위반으로, 동법에서 정하고 있는 경찰일반조항[12]의 범위를 벗어난 위법이 있다는

---

10) 경찰국가(警察國家,Polizeistaat)란 17~18세기의 유럽 절대전제군주국가를 말한다. 절대전제군주국가는 중세 분열을 극복하려고 강력한 국가권력을 배경으로 경찰권의 내용을 확대·강화하였고, 경제정책면에서는 중상주의(重商主義)를 취하여 국부(國富)의 증대를 꾀하였다. 이 경우, 국가목적으로서 공공복지(salus publica)의 실현과 증대를 내세웠으므로 소위 '복지국가'라고도 하지만, 공공복지의 내용을 결정하는 주체는 국민이 아니고 절대군주였으며, 국가는 국민생활의 모든 분야에 걸쳐 무제한 간섭하는 것을 당연한 것으로 생각하였다. 당시의 경찰(Polizei)이란 경찰권 ·행정권을 포함한 국가권력과 같은 것으로 오늘날의 정책과 통하는 말이다.

11) 계몽철학(啓蒙哲學, Aufklärungsphilosophie)이란 18세기 유럽 계몽 사상가들의 철학을 두루 일컫는 말이다. 중세적 질서에 대한 비판, 인간 이성과 진보에 대한 신뢰, 종교적 관용을 특징으로 한다. 자연과학의 발달과 시민 계층의 대두를 배경으로 학문과 지식을 일반 시민에게 전달하고 '계몽'하는 것을 지향하여 대중적인 색채를 띠었다. 계몽철학은 우선 영국에서 일어나 이어서 프랑스로 전해지고, 그것이 독일, 이탈리아로 확대되었다. 칸트는 계몽철학의 완성자임과 동시에 그 극복자라고 전해진다.

12) 프로이센 일반주법전 〔Das Preußische Allgemeine Landrecht(ALR)〕 제17장 제2절 제10조에 따르면, '공공의 평온·안전·질서를 유지하고 공중 또는 그 구성원인 개인에게 급박한 위해를 제거하기 위하여 필요한 수단을 취하는 것이 경찰의 임무이다'라고 하여 경찰의 임무를 국한하는 동시에 복리행정에 관하여는 경찰에 관한 규정과는 별도로 제13장 제2절 제2조·제3조의 규정을 두었다.

이유로 무효라고 함으로써 경찰 임무는 '위험방지'에 국한된다고 하는 개념이 확립되는 계기를 만들었다.

1937년에는 독일의 나치정권이 각 주에 속해 있던 경찰권을 중앙에 집중하여 국가경찰화하고 보안경찰, 질서경찰 및 기동타격대를 합쳐 국가치안본부를 설치 운영하던 폐해를 2차대전후 연합국이 점령정책의 일환으로 영업경찰, 건축경찰, 보건경찰 등 기존 경찰사무를 다른 관청의 사무로 이관하여 질서행정이라는 분야에서 담당하게 하는 비경찰화 작업을 추진하였다.

1977년 표준경찰법안 제8조는 "경찰은 공공의 안녕과 질서에 대한 위험을 방지하기 위하여 필요한 조치를 취할 수 있다"고 하여 경찰작용을 공공의 안전과 질서유지로 규정하고 있다.

2. 영미의 경찰개념

대륙법계의 경찰개념은 국가권력을 중심으로 하는 국가경찰체제하에서의 발전이 이루어진데 반하여, 영미의 경찰개념은 주권자인 시민으로부터 자치권한을 위임받은 조직체로서의 경찰이 시민을 위해서 수행하는 기능을 중심으로 형성된 것이다. 경찰은 시민으로부터 자치권한을 위임받은 조직으로서의 역할을 중심으로 형성되었다. 경찰의 기본적인 임무는 범죄와 무질서의 예방이며, 시민을 위하여 법을 집행하고 치안서비스를 제공하는 기능으로 보고 있다. 경찰과 시민은 대립적인 관계가 아니며 주민의 안전을 위한 기능이라는 점에서 경찰개념이 발전되어 왔다.

3. 대륙법계 경찰과 영미법계 경찰 비교

각국의 경찰제도상의 차이는 대체로 대륙법계 국가와 영미법계 국가 사이에서 찾아볼 수 있다. 대륙법계 국가에서는 종래 경찰이 국가권위를 대표하는 것으로 생각하고 중앙집권적·관료적인 국가경찰제도를 유지하는 경향이 있었다. 이에 대하여 영미법계 국가에서는 경찰은 민주경찰로서 치안유지는 주민자치의 사상에 따라 주민자신의 임무로서 지방분권적인 자치경찰을 원칙으로 한다.

경찰의 목적 또는 사명에 있어서도 대륙법계 국가에서는 경찰이 보안목적을 위한 권력작용에 한하지 않고 복리증진상의 질서유지를 위한 권력작용도 포함하는 것으로 제도화한 국가가 많았으며, 사법경찰사무를 사법작용에 속한다고 하여 사법경찰을 행정경찰에서 분리시키고 있다.

이에 대하여 영미법계 국가에서는 경찰의 사명을 엄격히 일반치안유지에 국한하여 국민의 생명·신체·재산의 보호, 범죄의 예방과 수사 및 범인체포 등의 사법경찰사무만을 담당하며, 산업·경제·문화·위생 등의 복리목적을 위한 명령강제작용을 포함하지 않고 그러한 작용을 실제로 다른 행정기관의 소관으로 함이 원칙이다.

Ⅳ. 경찰의 분류

경찰은 여러 가지 기준에 의하여 구분되지만 일반적으로 다음과 같이 나누어 살펴볼 수 있다.

1. 사법경찰과 행정경찰(광의)

사법경찰은 국가형벌권 발동을 위하여 범죄의 수사, 피의자의 체포 등을 목적으로 행하는 형사사법작용을 말한다. 행정경찰은 행정작용의 일부로서 공공의 안녕과 질서유지를 위한 위험방지 작용을 행정경찰이라 한다.

사법경찰과 행정경찰의 분류방식은 프랑스나 독일 등 대륙법계의 경찰의 오랜 전통으로 범죄의 수사나 피의자의 체포와 같은 직무는 본래 사법작용으로서의 성질을 가지는 것이지만, 우리나라는 공공의 안녕과 질서유지를 임무로 하는 행정경찰기관에서 함께 수행하고 있다.

2. 소관기능별 분류

경찰이 담당하는 업무가운데 소관 기능에 따라 경무경찰 · 생활안전경찰 · 여성청소년경찰 · 경비경찰 · 교통경찰 · 수사경찰 · 정보경찰 · 보안경찰 · 외사경찰 등으로 분류한다.

경무경찰은 광의(廣義)로는 경찰행정 전반을 총괄하는 뜻이고, 협의(狹義)로는 경찰행정 중 인력, 조직 및 예산을 관리하는 업무를 말한다. 생활안전경찰은 위험방지와 범죄를 예방하는 활동 및 법집행을 통해 장해를 제거함으로써 공공의 안녕과 질서를 유지하는 경찰의 활동이라고 할 수 있다. 여성청소년경찰은 생활안전경찰에서 확대 개편되어 여성·청소년 관련 업무를 중심으로 소년경찰에 관한 비행예방대책 등 청소년 관련 업무, 대여성범죄 지도단속 등 여성 관련 업무를 수행한다. 경비경찰은 집단적인 경비력의 운용으로 공안을 해하는 범죄를 예방, 진압, 수사하며 재해 · 혼잡사태 등으로 인한 위해가 발생하지 않도록 예방 진압하는 조직적인 경찰활동이다. 교통경찰은 도로에서 발생되는 모든 교통상의 위해방지, 이에 대한 사후조치를 취하는 경찰활동이다. 수사경찰은 형사사건의 경우에 범인과 증거를 찾고 수집하는 경찰기관의 제반활동을 말한다. 정보경찰이란 치안정보를 작성 · 수집 · 배포하는 경찰활동을 말한다. 보안경찰이란 국가안전보장과 관련된 정보를 작성 · 수집 · 배포하거나 방첩활동을 목적으로 하는 경찰활동을 말한다. 외사경찰이란 국가의 안전과 사회공공의 안녕과 질서를 도모하기 위하여 외국인, 해외교포 또는 외국과 관련된 기관, 단체 등의 동향을 관찰하고 이들과 관련된 범죄를 예방 · 단속하는 경찰활동이다.

이러한 소관기능별 분류는 학문상의 분류라기보다는, 실무상으로 경찰직제상 규율하고 있는 경찰내부의 사무분장을 기준으로 다른 행정기관과의 실정법상 기능 비교를 할 때 유용하다.

3. 국가경찰과 자치경찰

경찰의 조직과 운영책임이 중앙정부에 있느냐 아니면 지방자치단체에 있느냐를 기준으로 한 구별이다[13]. 국가가 경찰제도를 국가경찰제도로 할 것인지 자치체 경찰제도로 할 것이지는 전적으로 그 나라의 입법정책상의 문제이다. 우리나라의 경우 경찰제도는 중앙집권적 국가경찰이 원칙이나, 현행법상 제주특별자치도의 경우는 국가경찰제도와 함께 별도의 자치체 경찰이 운영되고 있다.

4. 평시경찰과 비상경찰

평시경찰은 경찰법규와 조직에 따라 활동하는 평상시의 경찰작용이다. 이와 비교하여 헌법과 계엄법[14]에 따라 국가비상사태에서 전국 또는 지방에 계엄이 선포된 경우, 계엄의 목적에 따라 군사적 필요에 의

13) 경찰의 조직과 운영책임이 중앙정부에 있느냐 아니면 지방자치단체에 있느냐를 기준으로 한 경찰모델은 세 가지로 나누어 볼 수 있다. 즉, 국가경찰제도, 자치경찰제도, 절충형 제도를 말한다.
첫째, 국가경찰제도는 경찰력이 중앙정부의 직접적인 통제하에 놓이게 되는 체제를 말한다. 이 같은 체제는 중앙정부에 의한 신속하고 통일적인 치안확보가 가능하지만, 지역실정에 맞는 치안활동을 펼치기 힘들다.
둘째, 자치경찰제도는 경찰이 지방정부의 통제를 받는 것을 말한다. 지역실정에 맞는 치안이 기능하지만, 테러나 전국적 범죄등 비상시에 효율적인 경찰활동이 힘들다.
셋째, 절충형 제도는 중앙정부와 지방정부가 경찰에 대한 통제권한을 공유하고 있는 제도이다. 이 같은 경찰제도는 중앙집권형의 경찰조직에서 볼 수 있는 권한남용의 위험을 감소시킬 수 있다.

14) 계엄법(戒嚴法)은 계엄의 선포와 그 시행 및 해제 등에 관하여 필요한 사항을 정함을 목적으로 한다. 계엄은 비상계엄과 경비계엄으로 한다. 비상계엄은 대통령이 전시·사변 또는 이에 준하는 국가비상사태에 있어서 적과 교전상태에 있거나 사회질서가 극도로 교란되어 행정 및 사법기능의 수행이 현저히 곤란한 경우에 군사상의 필요에 응하거나 공공의 안녕질서를 유지하기 위해 선포하며, 경비계엄은 대통령이 전시·사변 또는 이에 준하는 국가비상사태에 있어서 사회질서가 교란되어 일반행정기관만으로는 치안을 확보할 수 없는 경우에 공공의 안녕질서를 유지하기 위해 선포한다. 대통령이 계엄을 선포하거나 변경·해제하고자 할 때에는 국무회의의 심의를 거쳐야 한다.

한 군사계엄(비상계엄)과 공안유지를 위한 행정계엄(비상계엄과 경비계엄)이 있는데, 행정계엄이 여기서 말하는 비상경찰에 해당한다. 다만 평시에도 대통령의 비상조치에 따라 비상경찰이 발동되는 예외적인 경우가 있다.

5. 보안경찰과 협의의 행정경찰

보안경찰과 협의의 행정경찰은 경찰업무의 독자성 유무에 따른 분류이다. 보안경찰이라 함은 광의의 행정경찰작용 중에서 다른 행정작용과 관련없이 오로지 독자적으로 사회공공의 안녕과 질서유지를 하기위한 경찰작용을 말한다.[15)]

6. 예방경찰과 진압경찰

경찰권 발동의 시점을 기준으로 사전에 발동되는 예방경찰과 사후에 발동되는 진압경찰로 분류한다. 학문상으로는 의미가 있으나 실무에서는 예방경찰과 진압경찰의 구별이 어려운 경우가 많다.

7. 봉사경찰과 질서경찰

대륙법계와 영미법계 경찰의 특성을 중심으로 한 분류이다. 봉사경찰은 영미식 경찰제도상으로는 치안서비스의 개념을 중시한 개념이고, 질서경찰은 대륙법계의 질서유지 측면을 중시한 개념이다.

최근에는 경찰학을 권력적 작용 중심으로 파악하던 종래의 대륙법계 방식의 연구경향에서 벗어나 권력작용과 비권력적 작용을 함께 중시하는 방향으로 나아가고 있다. 예를 들면, 노약자보호, 부녀자보호, 재난

15) 보안경찰과 행정경찰의 분류상에서의 보안경찰이란 실무상에서 기능별로 분류하는 보안경찰(대공경찰)과는 그 의미가 전혀 다르다. 여기서의 보안 경찰이란 학문적 의미로 위험 방지활동을 하는 경찰작용 중에서 다른 일반행정에 속하지 않는 독립적인 행정경찰작용만을 말한다.

구조, 지리안내, 위험정보제공, 유실물의 보관, 범죄정보의 수집배포, 범죄예방, 교통안내 등 많은 경찰활동이 치안서비스로 표현되는 비권력적 작용의 대표적인 유형으로 볼 수 있다.

제 2 절 경찰의 임무와 수단

Ⅰ. 경찰의 임무

경찰의 임무는 경찰의 활동내용에 따라 근거규정이 다르고, 근거가 있더라도 임무의 성질에 따라 경찰의 개입여부가 결정되며, 개입여부에 따라 배상책임 등의 문제가 발생하게 된다. 따라서 근거규정이 있더라도 경찰의 개입여부에 대한 결정은 임무의 성질에 따라 다르며, 개입여부를 잘못 결정할 경우에는 배상책임 등의 문제가 발생할 수 있다.

경찰의 임무는 행정조직법상의 경찰기관을 전제로 한 개념이며 위험이 현실화된 때를 경찰위반의 상태라고 한다. 경찰법 제3조의 국민의 생명·신체 및 재산의 보호는 공공안녕의 핵심이다. 이를 정리해 보면 다음과 같다.

(1) **위험의 방지**: 공공의 안녕과 질서에 대한 위험의 방지
(2) **범죄의 수사**: 경찰위반의 상태가 범죄의 구성요건을 충족시키는 경우에는 경찰의 수사대상이 됨
(3) **치안서비스**: 국민의 생명과 재산을 지키고, 봉사하는 활동으로 자유민주주의 국가에서 특히 중요시됨

Ⅱ. 경찰의 수단

1. 치안서비스의 강화

경찰은 전통적으로 권력적인 수단에 의존하여 왔다. 그러나 민주주의의 발달과 인권의식의 향상으로 비권력적인 치안서비스 활동을 경찰의 새로운 영역으로 받아들이기 시작했다. 최근에는 전통적 경찰활동에 있어서 권력적 작용 중에서 불가피한 경찰강제적 요소를 제외한 방범을 비롯한 생활안전, 교통안내와 지도 등 시민보호활동은 치안서비스 활동으로 대체되는 경향이 강하다.

2. 권력적 수단

전통적 권력적 수단으로 경찰하명, 경찰허가, 확인, 공증, 경찰강제 등이 있다.

경찰하명은 작위, 부작위, 수인, 급부의무를 부과하는 것이며, 경찰강제란 경찰행정의 실효성 확보를 위하여 경찰상 즉시강제, 경찰상 강제집행 등 실력을 통하여 경찰목적을 달성한다.

허가, 확인, 공증 등은 부수적인 것으로 경찰에게 법적으로 허용된 허가(운전면허, 총포·도검·화약류 등의 허가), 확인(운전면허시험의 합격, 불합격의 결정), 공증(운전면허증의 교부) 또는 그 철회를 통해서도 임무를 수행한다.

3. 비권력적 수단

서비스지향적 활동에 속하는 도보순찰, 차량순찰, 일상적인 교통의 관리, 정보의 제공, 지리안내, 권고 등의 행정지도와 범죄의 예방하는 활동 등이 있다. 또한 정보경찰이 수행하는 정보의 수집이나 작성·배포활동도 비권력적 활동에 속한다.

제 3 절 경찰의 기본이념

일반적으로 이념이라고 할 때에는 도달하고자 하는 목표나 바람직한 상태를 말한다. 경찰은 국가의 기본조직이므로 기본이념은 민주주의, 법치주의, 복리주의를 지향하는 것이라고 할 수 있다.

1. 민주주의

국가의 핵심조직으로서의 경찰은 국가이념인 민주주주의의 수호자로서 행정조직의 민주성, 행정작용의 민주성, 민주적 공무원제도 등을 구현하여야 한다. 국민은 경찰활동의 대상으로서가 아니라 민주주의 국가에서 주권을 가진 주권자이므로, 경찰은 항상 국민을 위한 봉사자세를 가져야 한다. 이를 위해서는 경찰의 조직이 민주적으로 구성되어야 함은 물론이고, 경찰의 활동이 민주주의 가치에 부합하는 시민편의 위주의 행정이 이루어져야 한다. 행정편의적인 일방통행식보다는 시민참여를 확대하고 활발한 커뮤니케이션을 통한 시민협조적 경찰활동이 바람직하다.

민주적 공무원제도는 경찰조직이 국민을 위한 조직으로 활동하기위한 전제가 된다는 점에서 조직내부의 민주적 구성과 운영이 필요하다. 누구에게나 공직참여의 기회가 보장되고 정보가 열려 있으며, 경찰공무원의 임용에 있어서 합리적인 민주적 절차가 확보되어 있어야 한다.

2. 법치행정(法治行政)의 구현

법치주의[16]는 국민에 대한 기본권보장이라는 측면에서 법집행 확보의 중요한 토대가 된다. 법치주의는 실질적인 법치주의와 형식적인 법치주의의 두 가지로 나누어 볼 수 있는데, 실질적인 법치주의는 정의의 이념에 합치되는 행정을 의미한다. 형식적인 법치행정의 개념은 국가권력의 행사는 법률을 근거로 하여 투명한 행정을 하여야 한다는 것이다. 법치주의의 구현은 기본권의 보장, 법치행정, 행정구제제도의 보장 등으로 나타난다.

법집행기관으로서 경찰은 최근 법치행정의 구조적 변화 속에서 강도 높은 혁신을 요구받고 있다. 법치주의의 구조적 변화는 독일의 오토 마이어(Otto Mayer) 이후 지난 2세기간 성립 발전한 법치주의와 법의 기능에 대한 인식의 전환에서 출발한다. 최근에는 이른바 협력적 또는 의사교환적 법치주의(Kooperativer bzw. kommunikativer Rechtsstaat)[17]로 불리는 것으로 행정의 의사결정과정에서 시민의 협조와 참여를 보장하는데 핵심이 있다(김성수, 21-23). 이러한 협력적 법치주의는 행정학에서의 '뉴 거버넌스(new governance) 개념(김태룡, 369-370)[18]과 일맥상통하며 경찰학에서 말하는 지역사회경찰활동의 철학[19]이 바로

16) 법치주의는 국가는 법에 의하여 통치되어야 한다는 원칙을 말한다. 여기서 법이라 함은 원칙적으로 의회에 의하여 제정된 법, 즉 법률이어야 한다는 것이 전통적인 법치주의의 요청이다. 이러한 의미에서의 법에 의하지 않고는 국가는 국민에게 어떠한 명령이나 금지도 할 수 없다. 따라서 법치주의를 실현하기 위하여는 ① 법의 제정이 의회에 의하여 또는 의회의 참여에 의하여 행하여짐을 전제로 하고, ② 사법(司法)은 독립된 법원에 의하여 행하여지며, ③ 행정은 법률에 의하여 행해질 것이 요구된다. 즉 권력분립주의가 법치주의의 기초를 이루고 있다. 그것은 구체적으로는 국민의 자유권을 보호하기 위한 자유주의적 원리이며, 법치주의에 의한 국가를 법치국가라고 일컫는다.

17) 대륙법계 행정법학에서는 협조적 법치주의(협치(協治)라는 표현을 사용하기도 함)로 불리며 영미법계의 행정학에서는 뉴 거버넌스로 명명되어진다. 경찰학의 입장에서는 이러한 협치가 '지역사회경찰활동'으로 나타난다. 자유민주주의 국가하에서 보편적으로 나타나는 이러한 시민참여적인 행정현상은 참여민주주의 발전과 일맥상통한 것으로 보인다.

18) 행정학에서 뉴 거버넌스는 전통적 국가통치행위를 의미하는 거버넌스와 구별되는 개념이다. 즉 뉴 거버넌스는 국민국가라는 한정된 범위가 아니라 정부조직(계층제)과 기업, 시민사회, 세계체제 등 이들 모두가 공공서비스와 관련하여 네트워크(연계, 상호작용)를 강조하는 개념으로 사용됨.

19) 지역사회경찰활동은 경찰과 시민이 창조적으로 함께 일하며 범죄, 범죄의 공포, 사회적 물리적 무질서 그리고 이웃의 문제와 관련한 현대의 사회공동체 문제를 해결할 수 있다는 개념에 기인한 경찰활동론이다.

협치(協治)의 대표적 구현이다(Bucquerroux, 3-14).

3. 복지행정(福祉行政)

복리주의라 함은 경찰행정에 있어서 복리행정의 구현이다. 경찰활동이 소극적인 범죄예방분야에 머무르기보다는 모든 국민은 인간다운 생활을 할 권리는 가진다고 헌법 제34조 제1항에서 규정하고 있듯이, 시민생활안전 분야 전반에서 경찰은 삶의 질의 향상을 위하여 치안서비스의 활동을 활성화하여야 한다.

범죄의 예방을 물론이고, 민생침해사범의 척결 · 청소년 선도보호활동 · 부녀자 보호활동 등 시민의 사회생활이 직접적으로 영향을 미치는 분야에 경찰활동이 배려되어야 할 것이다. 지역사회 경찰활동의 활성화는 지역주민과의 다양한 참여와 협력을 통하여 이루어진다.

제 4 절 경찰활동의 사상적 기초

1. 사회계약설(社會契約說)

국가가 어떻게 생겨났는가? 즉, '국가론'의 기초를 마련하기 위한 수단으로 그 기원을 의식적으로 설정하는 가설이론의 하나로 사회계약설이란 국가성립의 역사적 · 논리적 근거를 평등하고 이성적인 개인 간의 계약에서 구하려는 정치이론이다. 17~18세기 홉스(T. Hobbes) · 로크(J. Locke) · 루소(J. J. Rousseau) 등 자연법론자[20]들에 의하여 주장된

20) 근대자연법사상(近代自然法思想)은 16~19세기에 이르기까지 서유럽 사회를 풍미한 자연법 사상을 말한다. H. 그로티우스의 합리주의를 기초로 한다. 그 당시까지의 자연법이 신의 뜻인 영구법을 전제로 하고 있는 데 반하여, "신일지라도 자연법을 변경할 수 없다."고 주장함으로써 인간의 이성을 신의(神意)보다 위에 두었다.

것으로, 계약설 또는 국가계약설이라고도 한다. 이 설은 사회생활을 자연상태와 사회상태로 구분하고, 국가는 자유롭고 평등한 사람끼리 계약을 맺어 이루어진 것이라고 주장하였다.

여기서 '계약(契約)'[21]이라는 제도를 착안하여 정부나 경찰제도 등 각종 조직이 만들어지는 원리를 설명하고 있다. 구성원 개개인이 자연상태에서 위협을 받을 수 있는 생명과 재산을 지키기 위하여 국가를 만들어, 정부가 그들을 대신하여 행위하리라는 전제를 가지고, 생명과 재산의 보호임무를 국가에 맡긴 것이라는 가설이다.

사회계약설에 의하면 인간은 천부인권(天賦人權) 혹은 자연권(自然權)을 갖고 있으며, 개인의 생명·자유·재산을 제도적으로 보장받기 위해서 계약을 맺어 국가를 구성했다고 본다. 홉스, 로크, 루소는 이러한 사회계약설을 주장한 대표적인 사람이지만 약간의 차이점이 있다.

홉스에 의하면 인간은 원래 이기적이며 자기 자신만 보존하려 하기 때문에 자연 상태는 "만인의 만인에 대한 투쟁" 상태이다. 이러한 자연상태의 혼란을 막기 위해서 사람들은 절대 권력에 자신의 권리를 위임하였다고 한다.

로크의 주장은 인간의 다른 사람과 어울리면서 평화를 추구하고 자연 상태란 자유롭고 평등한 상태이다. 사람들은 자연법이 정해 주는 일체의 권리를 향유하며 산다. 그런데 살다보면 자신의 자연권이 침해되고 분쟁을 생길 수밖에 없는데, 이를 해결하기 위해 조정자 역할을 할 국가라는 공동체가 필요하다고 보았다.

루소는 인간은 본래 순수하고 선하며, 자연 상태란 자유롭고 행복한 상태로 보았다. 그런데 사적 소유가 행해짐에 따라 불평등이 조성되었다. 이에 사람들은 모두를 평등하게 대우하고 자유롭게 행동할 수 있도록 보호해 주는 국가를 만들기로 계약을 맺게 된다는 것이다.

---

21) 계약(契約)이란 관련되는 사람이나 조직체 사이에서 서로 지켜야 할 의무에 대하여 글이나 말로 정함

2. 코헨과 펠드버그의 민주경찰의 활동기준

사회계약설로부터 도출되는 민주경찰의 바람직한 활동의 기준으로 코헨과 펠드버그(Cohen & Feldberg)는 공정한 접근의 보장, 공공신뢰의 확보, 생명과 재산의 보호, 협동, 냉정하고 객관적인 자세 등 5가지를 들었다.

〈사회계약설로부터 도출되는 경찰활동의 기준〉

기 준	비 고
공정한 접근	성별과 연령, 빈부격차, 지역, 출신 등에 의한 차별 금지
신뢰확보	공적 기관이 수사, 공소제기, 재판 등 업무수행의 신뢰성 확보
생명ㆍ재산의 보호	경찰의 기본 역할은 법집행
협 동	행정기관 상호간, 내부구성원간의 상호협력
냉정하고 객관적 자세	과도한 개입금지, 무관심한 태도금지 : 경찰공공의 원칙, 경찰비례의 원칙

단원정리

1. 경찰학이란 '경찰'이라고 불리는 국가조직의 구성과 그 활동에 대하여 연구하는 학문이다. 경찰학의 출발은 고대 국가형성 초기에는 국가작용 그 자체로 보아 헌법이나 국가의 활동과 동일시되어 오다가 중세 이후 행정활동이 분야별로 전문화되어 감에 따라 다양하게 발전되어 왔다.

2. 경찰이란? 학문적인 경찰의 개념은 형식적 경찰개념과 실질적 경찰개념으로 나누어 이해하는 것이 일반적이다. 즉, 현재의 경찰조직이나 제도를 중심으로 파악하는 제도적 형식적 의미의 경찰개념과 경찰작용이라는 업무의 성질과 내용을 중심으로 파악하는 실질적 경찰개념이 그것이다.

3. 경찰제도의 발전을 역사적으로 살펴보면 프랑스와 독일을 중심으로 하는 대륙법계(Continental national legal systems)의 경찰과 영미법계(Anglo-American law)의 경찰로 구분되어 서로 다른 특성을 나타내며 발전을 하여 왔다. 대륙법계는 독일과 프랑스 등 성문법제 위주의 국가들로, 중앙집권적 국가경찰제도를 가지고 있으며, 영미법계는 영국과 미국중심의 불문법(판례법)위주의 법제와 지방분권적 자치경찰제도의 특색을 나타내고 있다.

4. 경찰의 분류경찰은 여러 가지 기준에 의하여 구분되지만 일반적으로 사법경찰과 행정경찰(광의),소관기능별 분류, 국가경찰과 자치경찰, 평시경찰과 비상경찰, 보안경찰과 협의의 행정경찰, 예방경찰과 진압경찰, 봉사경찰과 질서경찰 등으로 분류할 수 있다.

5. 사회계약설로부터 도출되는 민주경찰의 바람직한 활동의 기준으로 코헨과 펠드버그(Cohen & Feldberg)는 공정한 접근의 보장, 공공신뢰의 확보, 생명과 재산의 보호, 협동, 냉정하고 객관적인 자세 등 5가지를 들고 있다.

제 2 장

한국경찰사

제 1 절　경찰의 역사적 배경
제 2 절　고대사회
제 3 절　고려시대
제 4 절　조선시대 전기(갑오경장 이전)
제 5 절　조선시대 후기(갑오경장 이후)
제 6 절　일제식민지 시대
제 7 절　미군정 시대
제 8 절　치안국 시대
제 9 절　치안본부시대
제10절 경찰청시대

학습목표

1. 국가의 형성과정에서 경찰의 조직과 활동이 어떤 형태로 형성되고 발전하여 왔는지에 대하여 고찰한다.

2. 국가조직이 시대별로 조직되고 발전하면서 범죄와 형벌을 다스려 온 과정을 살핀다.

3. 경찰조직이 독자성을 확보하고 다른 행정기관가의 유기적인 관계를 어떻게 이루어 왔는지에 대하여 고찰한다.

4. 주변국가와의 방범과 형벌제도와 활동이 어떻게 영향을 받아서 발전하여 왔는지를 정리한다.

5. 시대별로 국가의 존립과정에서 경찰권의 변화가 어떻게 이루어져 왔는지 그 변천과정을 고찰한다.

2 chapter

한국경찰사

제 1 절 경찰의 역사적 배경

국가성립과정에서 경찰의 조직과 역할은 국가활동 그 자체였다. 국가기능의 형성과정에서는 외부 적의 침입으로부터 국민을 보호하는 군과 사회의 범죄자로부터 국민을 보호하는 경찰의 기능은 실제물리력을 행사하고 국민을 보호하는 면에서 같은 역할을 수행해 왔다고 볼 수 있다. 고대국가 형성 이전에는 원시적인 지역 경찰로서 병농일치의 모습을 띠었다. 국가의 치안유지 임무는 3국시대나 고려시대를 통하여 군이나 일반행정기관이 담당하여 행정의 일부분으로서 수행되었다. 삼국시대에는 율령이 반포되어 이를 중심으로 치안이 이루어졌고, 고려시대에도 군경일치의 형태는 지속되었다.

조선시대에는 중기에 이르러 국가작용에서 전문적으로 분화된 경찰관청인 '포도청'이 설치되어 정식으로 제도화되었다. 이는 우리나라의 독특한 전근대적인 경찰제도로서 비록 오늘과 같은 근대적인 경찰제도는 아니지만 경찰기관이 일반행정기관에서 분리되어 전문화의 길을 걷기 시작했다는 점에서 의미가 있다.

1894년 갑오개혁으로 일본의 영향을 받아 새로운 행정제도가 시행되면서 '포도청'이 폐지되고 '경무청'이 발족되었다. 이로서 우리나라 최초의 서구식 경찰제도가 탄생되었고, '경찰'이란 용어가 처음 등장하게 된다.

그러나, 이러한 경찰제도는 한일합방에 따른 국권피탈로 일제경찰은 국민의 보호자가 아니라 식민지 통치를 위한 수단으로 활용됨으로써 국민에게 경찰에 대한 부정적 이미지를 심었으며, 불행하게도 광복후 창설된 우리경찰은 일제가 남긴 경찰불신이라는 그 역사적 유산을 고스란히 안게 되었다.

해방 후 미군정은 사회안정과 질서유지를 위해, 1945년 10월 21일에 미군정청에 '경무국'을 창설하여 치안을 담당하게 하였고, 이듬해인 1946년에 경찰조직을 확대 개편하여 '경무부'로 그 지위를 격상 시켰다.

1948년 대한민국 정부가 수립되고 제정 헌법에 의해 정부조직법이 제정되면서 경찰조직은 '내무부 치안국'으로 출범하게 되었다.

해방 후 극심한 좌우익의 이념대립을 극복하고 건국의 초석을 다지면서 민주경찰을 지향한 조직의 체제 정비와 기반구축의 노력은 6·25 전쟁으로 다시금 큰 시련을 겪게 되었다. 국가의 존망이 걸린 중요한 시기에 군의 작전을 도우면서 동시에 후방지원과 전시치안도 함께 유지 수행해야만 했다.

전쟁 이후 자유당 정부의 경찰은 지나친 정치 편향으로 국민의 불신을 사게 되었고, 경찰의 부정선거 개입은 선거 때마다 문제가 되어 경찰의 정치적 중립화 문제가 대두되었다.

5·16과 제3공화국시기에는 국가의 경제개발이 본격화될 당시 경찰은 국민형성과정에서 경찰이 본래적으로 수행하여야 할 일이 무엇인가를 찾기 시작하였으며, 1969년에는 경찰공무원의 기본법인 '경찰공무원법'이 제정됨으로써 경찰공무원제도의 기틀을 마련하게 되었다.

1974년 8월 15일 대통령저격사건으로 경찰조직이 내무부 치안국에서

'치안본부'로 확대 개편되는 계기가 되었다.

1980년대 민주화과정의 시련 속에서 경찰은 진정한 민주경찰로 거듭나게 된 시기이기도 하였다.

정치적 변혁기마다 치안유지를 담당해야 하는 경찰에 맡겨진 일차적인 과제는 정치적 중립화였다. 1990년에 정부조직법 개정과 1991년 5월 31일 경찰법 제정으로 지금의 '경찰청'이 탄생하였다. 경찰조직의 형태는 내무부장관(현 행정자치부장관)소속하에 경찰청을 두도록 함으로써 내무부장관의 보조기관이 아닌 직무상 독립기관으로서 외청 형태를 취하였다.

해방 이후 경찰조직은 1945년 미군정하의 경무국에서 출발하여, 1948년 내무부 치안국 시대, 1974년 내무부 치안본부 시대를 거쳐 1991년에 이르러 내무부의 외청으로 경찰청이 독립하여 오늘에 이르고 있다.

오늘날 경찰행정은 종래 국가공권력을 행사하는 권력적 작용에서 시민의 포괄적 인권 또는 시민에 봉사하는 치안서비스 제공이라는 적극적인 복리활동으로 발전해 가고 있다.

제 2 절 고대사회의 경찰활동

Ⅰ. 원시사회와 부족국가 시대

최초 원시인류의 탄생이후 원시 씨족사회에서는 어로나 수렵을 하면서 이동생활을 하다가 농경생활을 하게 되어 비로소 정착생활을 시작하게 되었고, 그들은 집단생활을 영위하면서 씨족사회를 이룩하였고 씨족의 질서유지 차원에서 경찰[1)]이 필요하였다.

1) 여기서 '경찰'이란 실질적 의미의 경찰 즉, 범죄를 예방하고 다스리며 규율을 지키는 기능을 하는 사회질서 유지 담당자를 말한다.

씨족사회에서 부족사회로 사회가 확대됨에 따라 경찰도 점차 조직화되고 정비되었고, 이 시기의 경찰이라는 개념은 사회질서를 유지하기 위한 권력작용이라는 점에서 경찰은 사회조직 내지는 국가조직을 전제로 한다.

부족국가 시대는 문화의 발달이 석기시대에서 청동기시대에 이르는 경제문화적인 발전을 이루어 원시부족사회는 붕괴되고 부족국가의 형태를 띠게 되었다.

고조선은 국가의 형성에 따라 발전을 거듭하여 치안을 위한 법률의 필요에 따라 8조 금법을 제정하게 된다.

> ▶ 8조 금법(漢書 28권 地理志 燕條)
> 相殺以 當時償殺(사람을 죽인 자는 사형에 처한다)
> 相傷以穀償(타인의 신체를 상해한자는 곡물로서 배상해야 한다)
> 相盜者男沒入爲其家奴女子爲婢 欲自贖者人五十萬(남의 물건을 훔친 자는 남자이면 그 피해자 집의 노예가 되고 여자이면 노비가 된다. 죄를 면하려 하는 자는 50만량을 갚아야 한다.)

위의 조항으로 미루어 볼 때 고조선시대에는 아마도 살인죄, 상해죄, 절도죄등의 죄를 정한 형사법령이 있었다는 추측이 가능하며, 당시의 지배세력이 이를 집행할 만큼 체제와 권력을 갖고 있었음을 추정해 볼 수 있을 것이다.

또한 법집행이 제한되는 치외법권 지역인 소도(蘇塗)와 같은 신성지역도 있었다.

소도는 신성지역이므로 국법의 힘이 미치지 못하여 죄인이 이곳으로 도망하여 오더라도 그를 돌려보내거나 잡아갈 수 없었다 한다. 소도에 영고(鈴鼓)를 단 큰 나무를 세우고 제사지내던 당시의 주술적인 민속신앙은 오늘날에도 유습을 찾아볼 수 있는데, 솟대가 그것이다.

고대국가 형성이전의 경찰기능은 외적이나 맹수를 저지하기 위한 일련의 자체방어적인 경찰기능으로 병농일치, 정경일치로서의 경찰이었다.

Ⅱ. 삼국시대의 경찰

삼국시대에는 왕을 중심으로 하는 중앙집권적인 국가가 성립되어 법령과 제도의 발전이 이루어지는 시기였다.

고구려는 태조왕(제6대), 백제는 고이왕(제8대), 신라는 내물마립간(제17대)에 중앙집권국가를 형성하여 정비된 국가권력으로 통일적인 국가정치를 행할 수 있었고, 이 시대에는 국가의 군사행정과 사법행정이 분리되기 전이었다.

1. 고구려

고구려 초기의 중앙관제는 부족연맹체제를 벗어나지 못하고 각부의 족장인 대가(大加)를 중심으로 중앙관제가 정비되어 가는 과정이었다. 이중 5관(대대로 · 태대형 · 울근 · 태대사자 · 조의두대형)은 가장 중요한 국가의 관직으로 국가의 기밀과 법률의 개정, 징발 관직수여 등의 직무를 담당하여, 이들이 치안유지 및 형사사법권의 권한을 행사하였을 것으로 추정한다.

지방관제는 초기 5부족연맹제가 5부 행정제로 바뀌었다. 이러한 5부제는 서울에 한한 것이 아니라 전국을 다시 5부로 나누어 통치하였다.

고구려는 소수림왕 3년에 율령을 반포하였고, 그 내용은 부족국가시대의 관습법이 그대로 남아 있었다. 율과 령은 고구려의 근본법[2]이었다.

고구려의 율령에 따르면, 범죄는 외환죄와 내란죄 등의 반역죄, 전쟁에 임하여 패배하거나 항복한 죄, 살인죄, 행겁죄(行劫罪: 오늘날의 협박 공갈죄에 해당), 절도죄, 가축살상죄 등이 있었다. 물건을 훔친 자에

2) 율(律)은 금지법이고 영(令)은 명령법이며 율은 범인에 대한 처벌법이고 영은 행정법규이다. 영에 위반하면 위령죄(違令罪)로 처벌되었다.

겐 12배의 배상을 하고, 가난하여 배상을 못할 경우엔 그 자녀를 평가하여 노비로 삼아 상환하고, 타인의 우마를 살상한 자도 노비로 삼았다.

2. 백제

중앙관제는 고이왕 27년에 6좌평(오늘날 장관에 해당)과 6관등을 두었고, 6좌평중 조정좌평이 형옥·사법 및 경찰권을 담당하였다.

지방관제는 5부 5방제를 실시, 5부는 수도를 상부·전부·중부·하부·후부의 5개 지역을 나눈 행정구역을 말하고, 5방이란 전국을 동·서·남·북·중의 5개 지역으로 나누었다.

이 시대의 형벌제도는 율령으로 고구려와 같이 반역죄, 살인죄, 전쟁후퇴죄, 절도죄, 간음죄, 뇌물죄(관인수재죄)등에 대하여 엄벌을 가하였다.

3. 신라

법흥왕 7년(520) 율령을 반포하고 '건원'이라는 독자적인 연호를 사용하였으며, 불교를 공인하여 왕권의 전제화와 국가 통일의 사상적 기초를 마련하였고, 지증왕 때 군현제도가 성립하였다.

신라는 엄격한 골품제도와 이벌찬에서 조위에 이르는 17관등제를 통하여 신분질서를 유지하는 지배체제를 구축하였고, 신라의 사회구조에서 관료로서 관제는 골품제와 밀접한 관련이 있다. 우선 골두품의 등급을 살펴보면 왕족으로는 성골과 진골이 있고 귀족계급으로 6·5·4두품이 있고 일반 백성의 계급으로 3·2·1두품이 있었다.

신라의 형벌제도는 법흥왕 때 공포된 율령[3]이 기본이 되었고, 초기의 법령은 고구려나 백제와 유사하여 반역자는 죽이고 그 가족을 노비로 삼고, 감옥이 설치되어 범법자는 투옥하여 국가의 기강을 중시하

3) 신라 율령상 형벌의 종류로는 족형·차열형·사지해형·기시형·육척형·참형·자진형·유도형·장형·태형 등이 있음.

였다.

Ⅲ. 통일신라와 발해

삼국통일 후에도 신라의 율령은 여러 차례 개정되면서 발전하였다. 신라율에 따르면 당시의 범죄로는 부모에 대한 살인등의 오역죄(五逆罪)·절도죄(竊盜罪)등의 통상적인 범죄 유형외에 모반죄(謀反罪)·모대역죄(謀大逆罪)·지역사불고언죄(知逆事不告言罪)와 같은 왕권을 보호하기 위한 범죄 및 불혈국사죄·배공영사죄 등의 관리의 직무와 관련된 범죄들이 있었다.

형벌의 종류도 세분화되고 그 집행도 다양하여, 족형(族刑)·차열형(車裂刑)·사지해형(四肢解刑)·기시형(棄市刑)·참형(斬刑)·자진형(自盡刑)·유형(流刑)·장형(杖刑) 등이 있다.

한편, 발해의 중앙관제는 당제를 본받아 왕 밑에 3성 6부제로 구성되었다.

3성은 정당성, 선조성, 중대성으로 6부는 충부(이부), 인부(호부), 의부(예부), 지부(병부), 예부(형부), 신부(공부)로 나누어지는 바, 경찰업무는 병부인 지부에서 담당하였고 사법경찰은 형부인 예부에서 각각 나누어 처리하였고 중정대라는 감찰기관이 있어 별도의 감찰업무를 담당하였다.

군제는 10위를 두어 국민개병제를 실시하였고 국방과 치안을 담당하였다.

지방관제는 5경(京) 15부(府) 62(州)로 분할하여 통치하였으나, 구체적인 경찰업무나 관련법령에 대하여는 전하여지는 것이 없고 다만 주로 당률을 모범으로 하고 고구려율을 가미한 성문법령이었다고 추측해 볼 수 있다.

제 3 절 고려시대의 경찰

고려 500년의 역사의 고찰(918-1392년)은 3기로 나누어 볼 수 있다. 고려전기는 태조에서 광종까지는 신라와 태봉의 제도를 승계하여 3성 6부제가 중심이 되었고, 중기는 무신정권기로서 무신의 난에서 몽고의 침입까지 시기로서, 교정도감이 중추적인 정청이었고, 고려후기는 충렬왕 이후 중서문하성, 상서성이 중심이 되어 정사가 행하여졌다.

Ⅰ. 고려 전기

고려초기의 경찰권의 행사 및 궁중경호의 임무를 맡았던 중앙경찰기관은 순군부·내군부였다. 그 후 광종 11년에 각기 군부와 장위부로 개편되었다. 그 후 성종 때 관제 개편시 금오위와 2군 6위[4]가 있었다. 이들은 수도개성을 중심으로 궁궐도성의 수비·순찰, 야간의 통행금지, 내외의 포도·금난 및 비행예방 임무를 주로 맡았다.

고려 전기의 지방경찰기관으로는 지방관으로서 안찰사, 병마사가 대표적인 기관이다. 원래, 고려초기의 지방관제는 12목에서 5도 양계[5]로 변천되어 정착되어, 도에는 안찰사, 계에는 병마사, 부목군현에는 수령

4) 고려 전기 중앙군 조직. 태조의 직속군(直屬軍)이 근본이 되어 편성되었으며 고려 경군(京軍)의 핵심부대를 이루었다. 2군은 응양군(鷹揚軍)·용호군(龍虎軍), 6위는 좌우위(左右衛)·신호위(神虎衛)·흥위위(興威衛)·금오위(金吾衛)·천우위(千牛衛)·감문위(監門衛)를 말한다.

5) 고려시대의 지방 행정 구역. 1018년(현종 9) 전국을 양광도(楊廣道:경기도)·경상도·전라도·교주도(交州道:강원도)·서해도(西海道:황해도)의 5도와 동계(東界:함경도)·북계(北界:평안도)의 양계로 구획하고, 이를 다시 4도호부(四都護府)·8목(牧)·129군(郡)·335현(縣)·29진(鎭)으로 나누었다. 양계에는 병마사(兵馬使)를 두어 병권과 민정을 맡겨 당시 소란하던 북방국경을 책임지게 하였다.

이라는 지방관제의 장이 있었다.

Ⅱ. 고려중기(무신정권기)

최씨의 무인정권에서는 고려전기의 정치제도나 사법제도와는 달리 별도의 경찰기관이라 할 수 있는 사병으로서의 삼별초(三別抄)가 존재하였다. 이들의 본래 업무는 순찰·방범·경비이지만 경찰·군사 등의 업무도 수행하였다.

야별초(삼별초의 하나)[6]는 야간에 순찰을 돌면서 도적과 폭행의 방지를 목적으로 설치되어 방범경찰의 역할을 하던 특별조직으로 몽고의 침입으로 나라가 어지러워지자 설치한 기관으로 설치시기와 활동은 일정하지 아니하였다.

그 후 무신세력이 확대되면서 일종의 특수경찰기구가 이들 집권층을 중심으로 발생하였다. 그 중에서 도방은 고려후기 무신세력이 확대되면서 만들어진 일종의 특수경찰 기구로 명종 때부터 시작되었다.

이렇게 집권층을 중심으로 조직된 도방의 강력한 세력은 그 집권층의 경호에만 종사하는데 그치지 아니하고 국가의 경찰업무도 행하고 국가비상시에 동원되기도 하였으므로 고려시대후기에 볼 수 있는 사설특별 경찰이라고 할 수 있다.

홀치(忽赤)는 도방에 이은 또 다른 특별경찰로서 친원시대에 황실의 경호를 위해서 조직된 것으로 처음에는 단순히 왕실을 경호 숙직하던 임무를 수행하기 위하여 발족한 것이 순찰 및 경비등 대외임무도 담당하였다.

---

6) 고려의 최씨 무신정권이 밤에 도둑을 단속하기 위해 설치한 군대. 고종 때의 집권자 최우가 도성 안에 도둑이 많아 이를 막기 위하여 설치한 것이다. 처음에는 개성에서 밤에 성안을 순찰하게 하였으나, 나중에는 도둑의 무리가 전국에서 발호하므로 각도로 확대하였다. 점차 기능과 권한이 확대되고 인원도 많아져 이를 좌·우별초로 나누어 편성하였다. 좌·우별초는 도둑잡기뿐만 아니라, 몽골의 침입이 있자 몽골군과도 싸워 공을 세웠다. 또한 몽골군과 싸울 때 포로가 되었다가 탈출하여 온 자들을 모아 또 하나의 별초로 신의군(神義軍)을 조직하고, 이를 좌·우별초와 합하여 삼별초라 하였다

Ⅲ. 고려후기의 경찰

고려 말 원의 지배를 받으면서, 충렬왕 때 원의 포도기관이었던 순마소를 고려에도 설치하고 이것이 후에 순군만호부[7]로 되어 방도금란(防盜禁亂)의 업무를 행하면서 왕권보호 등의 활동도 하였다.

즉, 중앙경찰기관이었던 순군만호부는 고려가 원의 영향을 받으면서 설치한 순찰·포도·형옥관련 업무를 맡아보던 관서로 창설되어, 충렬왕초 다루가치가 몽고의 제도에 따라 민간의 감시와 치안의 유지를 위하여 개경에 설치한 순마소가 그 후 관군만호부와 통합하여 순군만호부로 개편된 것이다.

Ⅳ. 경찰법제

고려에는 형사법과 관련된 것으로 고려율(高麗律)과 고려사 형법지의 도적조(盜賊條) 및 금령조(禁令條) 등이 있다.

고려률은 당률(전문 501조)을 고려하여 실정에 맞게 발췌하여 71개조로 제정되었는데 주요내용을 살펴보면, 모반·대역죄, 살인죄, 절도죄 등 전통적 범죄와 공무원범죄, 문서 손괴에 관한 범죄, 무고죄, 도주죄, 방화죄, 실화·연소죄, 간범죄등 성범죄, 도박죄, 유기죄, 인신매매에 관한 죄, 장물죄 등이 추가되었다.

형벌의 종류 태(笞)·장(杖)·도(徒)·유(流)·사(死)의 5가지였고, 형의 집행에서 대역죄나 중죄를 제외하고는 장형이나 유배정도에 그치고, 이러한 체형을 대속할 수 있는 규정을 마련하였다.

관리의 복무지침을 살펴보면, 성종때 중앙과 지방의 관제를 제정하면

7) 고려시대에 오랜 대몽항쟁을 일단락 짓고, 개성으로 환도한 다음 1277년(충렬왕 3) 개성의 방도(防盜)와 야간경비를 담당하게 하기 위해 몽골의 제도를 본떠 순마소(巡馬所)를 설치한 것을 1300년에 확대 개편하여 순군만호부라 하였다.

서 관리의 복무지침을 시달(6정 6사와 칙사6조)하여 공무생활의 방향을 제시하였다. 지방관의 행정지침중 주요내용으로는 「도적과 교활한 무리를 살핀다」(제3조), 「전답에 대한 범법과 4계절의 금령관계를 살핀다」(제4조) 등의 내용이 있다.

이상 고려시대의 경찰을 살펴보면, 고려초기에는 경찰업무를 담당하는 기관은 아직 분화 독립되지 못하였고, 주로 신라나 태봉의 제도를 통하여 질서유지를 위한 경찰업무를 담당하는 기관을 마련하거나 군사제도를 이러한 목적으로 사용하였다.

무신정권시대에는 야별초라는 특별군대가 창설되어 군대이면서 경찰 고유의 업무인 순찰 · 포도 · 금란의 업무를 함께 담당하였다.

고려 후기에는 이전의 경찰제도를 폐지하고 원나라의 영향을 받으면서 순마소가 설치되어 일반 경찰업무 및 궁중경호업무를 담당하였고 이것은 고려 최초의 전문적 경찰기관이라 할 수 있는 순군만호부가 되었다.

제 4 절 조선시대 전기(갑오경장 이전)

조선왕조의 정치조직을 제도적으로 발전시킨 것은 세조-성종 때의 일로 조선왕조의 헌법이라고 할 수 있는 경국대전[8]의 편찬으로부터 비롯된다.

조선의 중앙행정조직을 살펴보면, 중앙에 의정부, 이 · 호 · 예 · 병 · 형 · 공의 6조로 이루어지고, 의정부에 영의정, 좌의정 · 우의정과 각조에는 판서가 있다. 지방행정조직을 보면, 지방은 8도로 나누어 관찰사

8) 경국대전은 조선왕조 초기의 정부체제인 육전체체(六典體制)를 따라 6전으로 구성되었다. '이전'은 중앙과 지방의 직제 및 관리의 임면과 사령, '호전'은 재정을 비롯하여 호적 · 조세 · 녹봉 · 통화와 상거래 등, '예전'은 과거와 관리의 의장, 외교, 의례, 공문서, 가족 등, '병전'은 군제와 군사, '형전'은 형벌 · 재판 · 노비 · 상속 등, '공전'은 도로 · 교량 · 도량형 · 산업 등에 대한 규정을 두고 있다.

가 임명되었고, 그 밑에 부·목·군·현을 두고 각기 부윤·목사·군수·현령 등의 수령을 두었다. 현 밑에는 면이 있고, 면 밑에는 이가 있었으나 중앙관리가 파견되지 않았고, 일종의 자치단체적인 성격을 띠었다.

Ⅰ. 경찰 제도

1. 중앙경찰기관

조선시대의 대표적인 경찰관청으로는 '포도청'을 들 수 있다. 포도청은 도적의 횡포를 막고자 성종2년(1471년)에 설치된 조선 최초의 전문적 경찰기관이었다. 조선 초기에 한성부는 늘어나는 도적을 해결하기에는 부족하였고 이를 대신할 방범기관의 설치가 필요하게 되었다.

조선초기의 방범제도는 크게 나누어 3가지로 살펴볼 수가 있다. 첫째, 이문제도(里門制度)는 마을 입구에 이문을 설치하고 마을사람이 돌아가며 숙직을 하게 한 제도였고, 둘째, 포도장제(捕盜將制)는 도적발생을 억제하기 위하여 구휼정책과 다른 한편으로 형벌강화나 호패제도를 마련하였다. 셋째, 순청(巡廳)은 순군만호부가 의금부로 바뀌면서 치안의 공백을 담당하는 순찰기관으로 존재하였다.

포도청이라는 명칭은 중종24년에 처음으로 등장(포도장, 포도대장)하여, 포도군관 10명, 포도부장 3명, 군사 50명 등의 병력이 있었다. 성종때부터 중종에 이르는 동안에 그 제도적 완성을 본 것으로, 좌포도청·우포도청으로 나누어 한양지역 일대를 관할하였다.

의금부는 초기에 왕명에 따른 신문 이외에 특별사찰의 경찰권을 행사하였고, 3사와 같은 권력기관의 불법행위를 규찰하고 궁중에서 일하는 관리도 사찰하였다고 한다. 의금부는 1414년(태종 14) 의용순금사(義勇巡禁司)를 개편한 것으로, 경국대전에는 경찰업무를 5위(五衛)에 넘기고 의금부는 다만 '봉교추국(奉敎推鞫)'만을 맡는다 하여 왕명에 의해서만 죄인을 신문하는 기관으로 규정하고 있다. 형조·한성부와 함께 3법사(三法司)라 하였다.

조선은 개국 2년 후인 1394년 서울을 한양으로 천도하여 이름을 '한성부'로 개칭하고, 궁궐이 있던 서울의 일반 행정업무 뿐만 아니라 한성부의 치안 업무와 이와 관련된 사법기관의 업무도 수행하였다.

조선시대에는 죄인을 직접 검거하여 구속할 수 있었던 관서로서 직수아문(直囚衙門)이라는 제도를 시행하였다. 직수아문제도에 해당하는 관서로는 형조·병조·한성부·사헌부·승정원·장례원(掌隷院)·종부시(宗簿寺) 및 관찰사와 지방 수령의 관서가 해당된다. 그 밖의 관서에서 죄인을 구속하고자 할 때에는 반드시 형조에 통보하게 하였다.[9]

2. 지방경찰기관

지방에는 관찰사와 수령들이 지방 행정과 함께 경찰기능도 함께 수행하였으며 이에는 방백·수령과 토포사 및 찰방이 있었다.

방백은 관찰사라고도 하며 각 도마다 1인을 두었다. 감사(監司)라고도 한다. 감사는 병마절도사(兵馬節度使)·수군절도사(水軍節度使)의 무관직을 거의 겸하고 있었다. 중요한 정사에 대해서는 중앙의 명령을 따라 시행하였지만, 자기 관하의 도에 대해서 민정·군정·재정·형정(刑政) 등을 통할하여 지방행정상 절대적 권력을 행사하였으며, 관하의 수령을 지휘 감독하였다.

수령은 조선시대 행정구역에 따라 각 지방을 다스리던 지방관을 총칭하는 말이며, 토포사는 조선시대 도적을 잡는 일을 맡아보던 특수직으로, 대개 다른 보직을 가지고 있는 관원이 겸직하였다. 조선 선조 때

9) 조선 후기에는 비변사와 포도청이 직수아문에 추가되었다. 또, 종부시는 전주이씨의 족보를 편찬하는 작업이 진행 중일 때 외에는 직수아문에서 제외되었다.
이러한 직수 규제제도는 각 아문의 직권남용을 예방하고 형벌을 신중히 하기 위한 배려에서 마련된 것이었는데, 특히 각 군문(軍門)에서 함부로 백성들을 구인하는 폐단을 막기 위한 조처였다. 직수규정을 어길 경우에는 엄중한 추문이 있었다. 그러나 후기에는 각 아문에서 태(笞) 50까지는 자유로이 하게 하였고, 또 중죄가 아니면 형조에 통보하지 않고도 수금할 수 있게 하였다.

도적이 유난히 많은 지역의 수령을 겸토포사로 처음 임명하였다.

찰방은 조선시대에 각 도(道)의 역참을 관장하던 종6품의 외관직(外官職)으로, 마관(馬官)·우관(郵官)이라는 별칭이 있다. 작은 역에는 역장을 두어 찰방이 이를 관장하였는데, 중요한 요소에는 겸(兼)찰방 12명을 두어 찰방의 비행을 감시하게 하였다

Ⅱ. 경찰 활동

방범활동은 구역을 나누어 주간 순찰과 야간 순찰을 실시(담당기관은 좌우 순청, 3군, 좌우 포도청)하였고, 통금제도는 야간의 범죄를 예방하고 치안을 유지하고자 실시하였다. 통행금지의 시작은 종각의 대종이 28회를 울려 신호하는 '인정(人定)', 해제 33회의 종을 쳐서 알리는 '파루(罷漏)'가 있었고, 경성의 각 대문은 인정에 닫고 파루에 연다.

인정은 조선시대에 치안유지를 위하여 매일 밤 10시경에 28번의 종을 쳐서 성문을 닫고 통행금지를 알렸던 제도를 말한다. 한편, 매일 새벽 4시에 33번의 종을 쳐서 통행금지를 해제하는 것을 알리는 것을 파루라고 하였다.[10)]

한편, 인정 이후에 통행하다가 적발되면 경수소(警守所)에 구금하고 이튿날 곤장을 때렸는데 형벌량은 10도(度)에서 30도까지 어긴 시각에 따라 달랐다.

호패제도(號牌制度)라는 신분증제도도 도입하였다. 조선전기에 태종이나 세조 때에 실시된 것이 있고 광해군 때에는 호패청이 설치되었으나 숙종때 본격적으로 실시되었다고 한다.

그 목적은 호구(戶口)를 명백히 하여 민정(民丁)의 수를 파악하고, 직업·계급을 분명히 하는 한편, 신분을 증명하기 위한 것이었다.

---

10) 인정 때 28번, 파루 때 33번의 종을 울리는 것은 불교의 교리와 관계있는 것으로, 인정은 우주의 일월성신 28수(宿)에 야간의 안녕을 위하여 28번을 치는 것이고, 파루는 제석천(帝釋天)이 이끄는 하늘인 33천(天)에 고하여 그날의 국태민안을 기원하기 위한 것이라고 한다.

그 중에서 가장 중점을 둔 것은 군역(軍役)과 요역의 기준을 밝혀 백성의 유동과 호적 편성상의 누락·허위를 방지하는 데 있었다.

이외에도 소방활동은 조선시대의 소방제도에 해당하는 것이 금화(禁火)이었고, 오늘날 소방서에 해당하는 것은 금화도감(禁火都監)이 있었다.

조선의 형사 소송절차는 대명률(大明律)이 중심이며, 그에 따르면 주로 규문주의에 따라서 범인의 자백이 증거의 왕으로서 지위를 차지하여 고문이 공인되어 있었다.

이상에서 본 바와 같이 근대이전의 경찰의 특징은 첫째, 경찰의 기능의 미분화(행정작용이 군사작용과 통합적 기능으로 수행)되어 있고, 둘째, 경찰사상은 전제왕권의 공고화를 도모하는데 기여하는 정치경찰의 역할을 수행하였으며, 셋째, 갑오경장 이전의 한국경찰은 중국경찰의 법제를 많이 수용하였음을 알 수 있다.

제 5 절 조선시대 후기(갑오경장 이후)

한국에서 '경찰'이라는 용어가 처음 등장하는 것은 1894년 갑오경장 이후의 일로서, 갑오경장을 통하여 경찰에 관한 조직법 작용법적 근거가 마련되었다. 이 시기는 일제하의 식민지 지배체제의 장기계획의 일환이었다는 점에서 근대경찰 역사의 출발과 왜곡이 동시에 이루어지는 시기로 볼 수 있다.

Ⅰ. 근대경찰의 창설과 일본의 영향

1. 역사적 배경과 근대경찰의 창설

1876년 강화도 조약을 계기로 조선은 개국의 길로 들어서고 임오군란(1882), 갑신정변(1884) 동학난(1894)을 통하여 침략을 노골화하였다. 그리고 일본은, '내정개혁방안강령(內政改革方案綱領)'과 '내정개혁방안강목(內政改革方案綱目)'이라는 문서로 조선의 내정 개혁을 요구 김홍집내각은 한국경찰을 법무아문(法務衙門)하에 창설을 결정하고, 그 후 내무아문으로 소속을 변경하게 된다.

1894년 이전의 조선에서는 수도인 한성부에 좌우포도청이, 지방에는 일반행정관청인 8도감영(관찰사), 일도안무영(안찰사)이 각각 그 관내의 경찰권을 행사하고 있었으나, 친일 김홍집 내각은 "경무청관제직장"[11]과 "행정경찰장정"[12]을 제정하여 경찰창설의 결정을 하게 된다. "경무청 관제직장"에서 당시의 좌우 포도청을 합설하여 경무청을 신설하고, "행정경찰장정"이라는 경찰작용법의 제정과 경찰활동을 규정하였다.

경무청은 갑오개혁으로 설치되어, 한성부의 경찰·감옥업무를 총괄한 관청으로, 1894년(고종 31) 종래의 포도청을 폐지하고 내무아문(內務衙門) 산하에 일본식 경찰제도를 본뜬 경무청을 설치하여 5개의 경무지서(警務支署:후에 경무서로 개칭)와 50개의 순검번소(巡檢番所)를 관장하였다. 이와 함께 종래의 전옥서(典獄署)를 폐지하고 감옥서를 설치하여 경무청 소속 아래 두었다.

당시의 경무청 업무는 경찰·감옥업무 외에도 출판물 판매허가, 호구

---

11) "경무청 관제직장"은 일본의 경시청관제(1891)를 본뜬 것임.

12) "행정경찰장정"은 경무청은 영업·시장·회사에 관한 사무를 비롯하여 전염병 예방·소독·검역·종두·식물·음수·의약·가축등 위생에 관한 일체의 사무와 결사·집회·신문잡지·도서에 관한 사무와 소방까지도 담당하는 매우 광범위한 영역의 사무를 담당하고 있었다.

조사, 시장, 전염병예방, 종두(種痘), 변소구조와 분뇨수거, 음료수, 매장, 광견 단속 등 오늘날의 보건 업무도 겸하였다.

1900년 경부(警部)로 승격되면서 경무청의 관할지역은 한성부에서 전국으로 확대되었다. 1907년 경시청으로 개칭되어 본격적으로 일본 경찰화하였다.

그 와중에서 일본의 압력에 의하여 경찰고문 제도를 두게 된다. 일본의 내무대신 정상형(井上馨)의 개입으로 한국에 「경찰권을 하나로 하는 건」을 요구하여 경시청의 고문관을 초빙 일본의 경찰제도를 모방하고, 내부관제 칙령53호(1895.3.26)를 만들어 '내부(內部)'경찰체제의 확립하고, 수도 경찰의 정비 12항목의 사무를 지정(1895.4.29 칙령58호)하고, 지방 경찰을 창설하여 전국을 23개부로 개편 한성부 이외의 부에 관찰사 1인, 경무관 1인, 경무관보 1인, 총순 2인 이하를 둘 것을 정하였다.

12항목의 사무 중 주요내용은 행정경찰에 관한 사항, 사법경찰에 관한 사항, 정사(政事) 및 풍속에 관한 출판물과 집회결사에 관한 사항, 영업 및 풍속경찰에 관한 사항, 수화소방에 관한 사항, 도로경찰에 관한 사항, 위생경찰에 관한 사항 등이다.

Ⅱ. 경찰권의 침탈과정

개항 초기 조선을 둘러싼 청나라와 각축전을 벌이던 일제는 1894년 청일전쟁을 일으켜 승리하여, 조선에서 보다 우월한 지위를 확보할 수 있었다. 일본은 청일전쟁의 승리를 통하여 친러파를 숙청하고, 경부를 창설하게 된다. 전국을 23개부를 한성부와 13개도로 개편하는 등 개혁이 단행되고 경찰의 중앙 행정 관청으로서 '경부'가 창설되었다(1900. 6. 9, 경부를 설치하는 건). 경부는 1894년(고종 31) 설치한 경무청(警務廳)을 1900년(광무 4)에 칙령 제20호로 개칭한 관청이었다.

1901년 다시 경무청이라 하였다가, 그 후 을미사변이후 헌병병제를 실시하여 일본 헌병의 주둔 허용하게 되었다.

아울러 일제는 러일전쟁과 동시에 1904년 2월 한국에 군대를 파견하였다. 이러한 군사력에 기초해서 한국정부를 위협하여 '한일의정서'를 체결하였다. 이로써 한국은 일제에게 군사적 목적을 포함한 모든 편의를 제공하였으며, 많은 토지와 인력도 징발 당하였다.

일제는 같은 해 8월에는 제1차 한일협약(한일협정서)을 강제로 체결하여 일본정부가 추천하는 고문을 재무와 외무에 두어 재정권과 외교권을 박탈하였다. 한국식민지화의 국제적 승인까지 얻은 일제는 1905년 11월 고종을 협박하여 을사조약(제2차 한일협약)[13]을 체결하였다. 이 조약으로 한국은 국권을 강탈당한 채 형식적인 국명만을 가진 나라로 전락하였다.

고종은 을사조약의 무효를 선언하고 한국의 주권수호를 호소하기 위해 1907년 6월 헤이그 평화회의에 특사를 파견하였다. 그러나 일제는 이것을 빌미로 고종을 퇴위시키고 순종을 즉위시켰다. 이어 7월 24일에는 정미칠조약을 체결하여 한국의 내정권도 합법적으로 장악하였다. 뿐만 아니라 일제는 같은 달 27일에는 언론탄압을 목적으로 광무보안법을 잇달아 공포하여 한국민의 항일활동의 단속을 한층 강화하였다. 더욱이 일제는 8월 1일부터 한 달 동안 한국식민지화에 최대 장애요인이었던 한국군대를 강제로 해산하였다.

한국군대를 강제로 해산한 일제는 항일운동을 적극적으로 '남한대토벌작전'을 통해 강력하게 진압하였다. 그 뒤 일제는 1910년 5월 육군대신 데라우치 마사타케(寺內正毅)를 3대 통감으로 임명, 한국식민지화를 단행하도록 하였다. 그는 헌병경찰제를 강화하고 일반경찰제를 정비하였다. 경찰제의 정비로 한국경찰은 1907년 10월 일제 경찰에 통합되었다. 일제는 1910년 6월 각서를 교환하여 종래의 사법경찰권 이외에 일반경찰권까지 탈취하였다. 이어 같은 해 8월 이완용과 데라우치

13) 제2차 한일 협약의 주요내용은 한국정부는 시정개선에 관하여 통감의 지휘를 받을 것(제1조), 한국 정부의 법령의 제정 및 중요한 행정상의 처분은 미리 통감의 승인을 거칠 것(제2조) 등이다.

마사타케 사이에 합병조약이 조인되어 조선은 건국된 지 519년 만에 망하였다.

제 6 절 일제식민지 시대

일제의 우리나라 통치방식은 크게 2가지로 나누어진다. 제1기는 헌병경찰제도(1910~1919.3.1)로서 무단 통치시기이고, 제2기는 3·1운동을 계기로 보통경찰제도(1919~1937)의 시기로 소위 '문화정치'의 시기로 구분하여 볼 수 있다.

국권 강탈 후 일제는 군대와 수많은 헌병경찰 및 헌병 보조원을 배치하여 세계에서 유래가 드문 무단 통치 정책인 헌병경찰에 의한 강압통치를 실시하였다. 헌병의 주요 임무는 경찰 업무를 대행하고 독립 운동가를 색출 처단하는 일이었다.[14)]

---

14) 일제하 대표적 주요법령을 소개할까 한다.

(1) 경찰범 처벌 규칙(1912. 조선총독부령 제 40호)
(헌병경찰통치하의 치안법)
다음의 각호에 해당하는 자는 구류 또는 과료에 처한다.
.....
2. 일정한 주거 또는 생업 없이 이곳 저곳 배회하는 자
4. 이유없이 면회를 강요하고 또는 협박 행위를 하는 자
5. 협력, 기부를 강요하고 억지로 물품의 구매를 요구하며, 혹은 노래나 춤 등 재주를 보이거나 노동력을 공급해서 보수를 요구하는 자
7. 구걸을 하거나 또는 시키는 자
8. 단체 가입을 강요하는 자
14. 신청하지 않은 신문, 잡지 기타의 출판물을 배부하고 그 대금을 요구하거나 또는 억지로 그 구독 신청을 요구하는 자
19. 함부로 대중을 모아서 관공서에 청원 또는 진정을 남용하는 자
20. 불온한 연설을 하거나 또는 불온 문서, 도서, 시가를 게시, 반포, 낭독하거나 큰 소리로 읊는 자
21. 남을 유혹하는 유언비어 또는 허위 보도를 하는 자
32. 경찰관서에서 특별히 지시하거나 명령하는 사항을 위반하는 자
50. 돌던지기 같은 위험한 놀이를 하거나 시키는 자, 또는 길거리에서 공기총류를 갖고 놀거나 놀게 시키는 자.

Ⅰ. 조선총독부의 식민통치

1905년(광무 9) 을사조약을 발판으로 대한제국의 외교권을 장악한 일제는 통감부를 설치하고 통감을 주재시켜 이른바 보호정치를 시행하다가 1910년에는 칙령(勅令) 제319호로 조선총독부설치령을 공포하였다. 이에 따라 9월 30일 총독부 및 소속관서의 관제가 공포되어 10월 1일부터 조선총독부의 기능이 가동되었으며, 초대 총독에 앞서 통감으로 있던 육군대장 데라우치 마사타케(寺內正毅)가 취임하였다.

동화정책을 시정의 기본으로 삼았던 데라우치는 한국민의 반항을 막기 위해 헌병과 경찰을 통합하여 중앙의 경무총장에 헌병사령관, 각도의 경무부장에 헌병대장을 임명하여 이른바 헌병경찰정치를 통해서 철저한 무단탄압정책을 강행하였다.

1919년의 3·1운동을 계기로 극악함이 역사상 유례가 없었던 헌병경찰은 보통경찰체로 바뀌고 총독부의 정책도 이른바 문화정치로 전환하였으나, 경찰제도는 여전히 총독부의 한국통치에 중추적 역할을 담당하여 커져만 갔다.15)

---

64. 관서의 독촉을 받고도 굴뚝의 개조, 수선 또는 청소를 소홀히 하는 자

(2) 조선인 태형령(1912)
* 조선인에게만 차별적으로 적용된 악법 중의 악법
- 태형에 처하거나 벌금, 과태를 태형으로 바꿀 경우에는 1일 또는 1원을 태 1대로 계산한다. 단 태는 다섯 대 이하로 내려갈 수 없다.
- 태형은 감옥 또는 즉결 관서에서 비밀리에 집행한다.
- 태형은 조선인에 한해서 적용한다.
- 태형의 집행을 2회 이상 할 때는 연일 이를 집행한다. 단 사정이 있을 때는 다음날 집행할 수 있다.
- 태는 길이 1척 8푼, 두께 2푼 5리, 넓이는 윗부분 7푼, 아랫부분의 4푼 5리로 한다.
- 태형은 수형자를 형판위에 엎드리게 하고, 그 자의 양팔을 좌우로 벌리게 하여 형판에 묶고 양다리도 같이 묶은 후 볼기 부분을 노출시켜 태로 친다.
- 형장에 물을 준비하여 수시로 수형자에게 물을 먹일 수 있게 한다.
- 집행 중에 수형자가 비명을 지를 우려가 있을 때에는 물에 적신 천으로 입을 막는다.

1931년의 만주사변 이후, 일제는 한반도를 대륙진출의 전진기지로 삼아 총독정치도 이에 중점을 두게 되었고, 중일전쟁 등 전쟁이 확대됨에 따라 전시동원체제가 강화되어 1938년에는 한국인에게 지원병제도를 실시하였다. 또, 교육령을 고쳐 조선·일본의 구별을 없애기 위한 동화정책을 펴 중등교육에서 조선어학과를 폐지하였다. 1938년 전시동원체제의 일환으로 결성된 '국민정신총동원연맹'은 1940년 '국민연맹'으로 개편되어, 그 총재에는 총독이, 부총재에는 정무총감이 취임하여 관청·회사·학교 등 모든 직장에 그 하부조직을 두었으며, 그 말단에는 주민을 대상으로 한 '애국반'을 두어 인력동원 등에 활용하였다.

이 조선총독부의 말기는 '내선일체화', 일본식 성명강요, 한민족의 '황국신민화'라는 명분 아래 한민족의 전통·풍습·언어 등을 말살하는 정책이 시행되었다. 조선총독부는 1945년 8월 15일 일본의 항복과 더불어 해체되었다.

이러한 식민지시대 경찰의 특징은 식민지 시대의 중추기관의 역할을 수행하며, 제령권과 명령권 등 각종 치안입법을 통한 경찰권의 행사가 이루어졌고, 한국국민의 탄압을 위한 도구로 이용되었으며, 특고경찰,[16] 사상경찰,[17] 경제경찰 등 경찰업무가 무제한 영역으로 그 범위를 확대되었다.

---

15) 1942년에 이르러 전국의 경찰은 중앙의 경무국, 지방의 경무부를 중심으로 경찰서 254개소, 주재소 2,332개소, 파출소 242개소를 헤아리게 되었고, 사무관 13, 경시(警視) 71, 경부(警部) 477, 경부보 895, 순사(巡査) 2만 326명, 여기에 무수한 보조경찰이 밀정(密偵)으로 투입되었다.

16) 1911년 설치되어 제2차 세계대전이 끝날 때까지 존속한 일본의 비밀정치경찰. '특고'라고 약칭되었으며, 한국에서는 고등경찰이라 불렀다. 사상·정치활동·언론·출판의 자유를 억제 감시하고 특히 독립운동가를 적발하고 민족정신을 말살하는 데 총력을 기울여 이른바 사상범에 대하여 잔악한 고문으로 악명이 높았다.

17) 일정한 정치체제 또는 정권에 반대하는 반체제적 정치활동 및 사상을 단속·탄압하여 정치체제나 정권의 안정을 목적으로 하는 경찰.

제7절 미군정 시대

Ⅰ. 군정경찰의 조직

1945년 일본의 항복으로 북위 38°선 이남 지역에 미군이 진주하여 9월 8일부터 1948년 남한단독정부가 수립되기까지 3년 동안 실시한 군사통치시기이다.

미·소간의 한반도 분단점령이 결정된 후 중장 J.R.하지의 지휘하에 미육군 24군단은 9월 8일 인천에 상륙, 서울로 들어와 9일 삼팔선 이남 지역에 대한 군정을 포고한 데 이어 12일 소장 A.V. 아널드가 군정장관에 취임함으로써 미군정체제가 수립되었다.

미군진주 이후 45년 8월 15일 그토록 갈망했던 광복. 그러나 벅찬 감격도 잠시일 뿐, 주권외복과 조국통일의 기대와는 달리 국토 분단의 비운을 겪어야 했던 우리나라는 정치적 혼한이 계속되는 동안 일제의 잔재를 청산하고 우리 국민을 보호하기 위해 그해 10월 21일 군정청에 경무국을 설치하여 우리경찰이 창설되었다. 이 날이 경찰의 날[18]의 유래가 되었다.

1945년 12월 27일 「국립경찰의 조직에 관한 건」을 발포 도지사의 권한하에 있던 경찰행정권의 분리하고, 1946년 3월 29일 미군정법령 제63호에서 군정장관 예하로 독립하였다.

---

18) 1945년 10월 21일, 미 군정청 산하 경무국이 창설된 이래 건국·구국·호국 경찰로서 역경과 시련을 극복한 경찰사를 되새기고, 선진조국 창조의 역군으로서 새로운 결의를 다지기 위해 제정한 법정기념일이다.

Ⅱ. 군정경찰의 활동

1. 긍정적 측면

첫째, 선진기법의 도입을 들 수 있다. 경찰기능의 재정비하였다. 과거 일제조선총독부의 경찰은 치안유지라는 본래의 기능 이외에 정치·경제·출판·보건위생·군사경비·소방·사법 등의 광범위한 권한을 행사하고 있었다.

우선 경무국 위생과 폐지하여 위생업무를 이관하였고, 경제경찰과를 폐지하여 경제경찰 업무를 이관하였다. 소방업무를 소방부로 이관하고 각종 허가권의 이관 및 폐지하였다. 경찰의 독자적인 수사권의 행사를 위해 법무국의 검사에 대한 훈령 제3호('45. 12. 29)[19]를 발하였다.

둘째, 경찰교육기관의 개편으로, 세종로의 구경찰관 강습소를 복구하여 '조선 경찰학교'로 개명하고, 전국 경찰교육기구를 재정비하여 조선경찰학교를 국립경찰학교로 개칭 간부경찰교육 담당하고 각도의 관구경찰청 소관하에 경찰학교를 병설 신인순경 및 경사급 경찰관 교육을 담당케 하였다.

셋째, 과학수사기법의 도입으로, 경무부 수사국 산하에 '법의실험소'를 설치 운영하였다.

넷째, 여자 경찰제의 도입이다. '46년 5월 15일 최초의 여자 경찰관을 채용하고, 1 경무부 공안국 여자 경찰과 신설하였고, '47년 수도 관구경찰청에 여자경찰서 신설(서울·부산·대구·인천)하였다.

다섯째, 각 관구 경찰청 및 제주도 경찰 감찰청에 경찰공보실의 설치 운영하여 공보업무를 개시하였다.

여섯째, 일제시대의 반민주적 적폐를 시정하는 민주화 관련 조치를 하였다. 대민 가혹행위 시정노력하고, 경찰검을 폐지하였으며, '봉사

19) 검사의 기본직무는 법원에 공소를 제기하는 것으로서 자세한 범죄 조사는 검사의 직무가 아니며 경무국이 조사할 사항은 경무국에 의뢰하도록 규정하였음.

와 질서'를 경찰표어로 제정하여 민주경찰로의 면모를 갖추고자 노력하였다.

2. 부정적인 측면

첫째, 친일 인사의 입직이다. 기존의 경찰조직이 일본인과 한인으로 조직되었던 것을 한인으로 재조직하는 과정에서 두 가지 방식의 경찰관 충원이 이루어졌다. 하나는 일제하의 근무경험을 가진 한인 경찰을 군정 경찰에 새롭게 채용하였고,[20] 다른 하나는 전혀 새로운 인물을 신규채용하는 방식이었다.

둘째, 정치에의 예속을 들 수 있다. 군정 경찰과 한민당간의 유착으로 인한 선거등 정치개입이 이루어졌다. 군정 경찰의 고위직의 상당수가 한민당 출신이었고, 임시정부 출신 인사는 군정경찰을 백안시하였다.

제 8 절 대한민국 정부수립과 치안국시대

Ⅰ. 서설

1948년 8월 15일 대한민국 정부가 수립되었으나 이승만 정권은 장기집권으로 독재화되었다. 그러나 1960년 4・19혁명으로 한국의 민주주의는 한발 전진하게 되었으나, 이로 인해 성립한 제2공화국도 정치적 혼란 속에 빠지게 되었다.

정부수립과 함께 경찰조직도 미군정 당시의 경무부에서 내무부 치안국으로 축소가 이루어지고, 6・25전쟁의 발발로 자유민주주의를 수호하

20) 여기서 주목되는 것은 경위급 이상의 경찰간부의 충원과정에서 일제하의 한인 경찰이 대거 채용되었다는 사실이다. '46년 1월 현재 경위급 이상의 경찰관 1,157명 중 82%인 949명이 일제경찰 출신이었다.

기 위하여 많은 경찰관의 희생이 있었다. 이 기간은 경찰의 복지 및 조직에도 변화(경찰병원 창설, 해양경찰 항공경찰의 창설)가 있었고, 경찰관 직무 집행법의 제정으로 경찰의 발전 토대가 마련된 시기이기도 하다.

Ⅱ. 정부수립과 건국경찰

1. 정부수립과 경찰

1948년 5월 10일 정부수립을 위한 총선거로 198명의 제헌 의원이 선출되었다. 그 결과 구성된 제헌 의회는 대한민국헌법을 제정·공포하고 이승만을 초대 대통령으로 선출했다. 이어 1948년 8월 15일 대한민국 정부가 수립되었다.

정부조직법에 경찰 관련규정을 보면 제14조에서 정부에 내무부·외무부·국방부·재무부·법무부·문교부·농림부·상공부·사회부·교통부·체신부를 두고 각부에 장관 1인을 두도록 규정하였고, 제15조에 내무부장관은 지방행정 선거·치안·소방·도로·교량·하천·수도 건축과 통계에 관한 사무를 장리하고 지방자치 단체를 감독한다고 규정하고, 전항의 업무를 분장하기 위해서 지방국, 치안국, 토목과 통계국을 두도록 하였다.

경찰조직인 미군정하의 경무부에서 내무부 치안국으로 경찰조직이 약화된 원인은 군정시 일부경찰에 의한 횡포와 이에 대한 국민적 반감이 작용했고, 경찰관의 횡포를 막기 위해서는 경찰관련 예산과 인력과 기구를 축소함으로써 가능하다고 보았다.

경찰기구의 개편도 이루어져, 중앙조직은 대통령령 제18호로 내무부 직제를 마련 치안국에 경무과, 보안과, 경제과, 사찰과, 수사지도과, 감식과, 통신과, 여자경찰과, 소방과 등 9개과를 두었고, 지방조직은 경찰이 내무부로 속하면서 각시도 경찰국도 시장·도지사의 보조기관이 되었다.

2. 치안의 혼란과 빨치산의 등장

정부수립기의 친북세력의 준동은 주목할 만하다. '48년 5월 10일 총선거를 통하여 대한민국이 수립되자 친북세력은 파괴공작을 전개하였다.

가장 주목할 만한 주요사건은 48년에 제주 4·3사건과 10월 20일 여수 순천 14연대 반란사건, 11월 2일 대구 제6연대의 주요기관 습격 사건이다.

이와 별도로 북한 조선노동당에 의한 인민유격대의 침투도 극심해져, 인민 유격대의 남파는 1946년 9월부터 1950년 3월까지 10여 차례 걸쳐 총 2,345건에 달할 정도였다. 이들은 빨치산을 지휘 조종하여 요인테러나 납치살해 등 정부전복활동을 전개하였다.

Ⅲ. 6·25 동란과 구국경찰

1. 경찰의 참전과 경찰의 희생

북한 공산집단은 1950년 6월 25일 소련제 전차를 앞세우고 동두천·의정부에서 서울 방향으로 전면 남침하여, 전쟁이 발발하였다. 전쟁초기에 후퇴를 거듭하던 중 경찰은 7월 13일 치안국의 대구 철수 이후, 대구시 외곽의 경비와 7월 28~29일 팔공산 지구와 청도 지구에 경찰력 배치를 시작으로 전투에 참여하게 되었다.

6·25전쟁의 3년간에 걸친 동족상잔으로 남북한을 막론하고 전국토를 폐허로 만들었으며, 막대한 인명피해가 있었다.

〈전란 중 경찰교전 회수 및 손실〉

구분 시기별	교전회수	전사	부상	실종 납치
'50.6-50.12	6,865	1,482	4,183	6,753
'51.1-51.12	8,336	1,338	2,729	900
'52.1-52.12	3,827	473	474	85
'53.1-53.12	1,489	209	194	33

2. 경찰행정의 정비

휴전 후 경찰은 경찰기구를 대폭 정비하게 된다. 주요내용을 살펴보면, 철도 경찰대를 해체하고 해당업무를 경비과에 이관하였고, 해양경찰과 항공 경찰을 설치하고, 과학수사 연구소를 설치 운영하게 된다. 경찰전문학교 직제를 만들어 각 시도별로 분산되어 있던 경찰교육을 일원화하였다.

경찰활동도 법제화하여 '경찰관 직무 집행법'을 제정하였는바, 주요골자는 목적(제1조), 불심 검문(제2조), 보호조치(제3조), 위험발생의 방지(제4조), 범죄의 예방과 제지(제5조), 위험방지를 위한 출입(제6조), 무기의 사용(제7조) 등으로 구성되었다.

경범죄처벌법을 제정('54.4.1)하여 총 45종의 경범죄를 규정하였고, 인사관련법인 「경찰관 특별징계령」(1950.7.12, 대통령 긴급명령 제8호), 「경찰관 승진시험규정」(1952.3.10, 대통령령 제613호), 「순경임용규정」(1953.8.26, 대통령령 제682호) 등도 만들어졌다.

Ⅳ. 경찰의 정치화와 중립화 시도

자유당은 이승만의 종신집권을 위하여 '사사오입(四捨五入)개헌'과 같은 정치적 비리를 저지르며 집권연장을 꾀하다가 마침내 1960년 3·15 부정선거로 4·19혁명이 일어나면서 붕괴되었다.[21)]

자유당 정권하 경찰은 정권유지의 수단으로 전락하였고, 경찰의 보수 및 예산의 부족으로 인해 경찰관 부정부패가 만연한 시기였다.

경찰의 부정선거 개입은 당시 선거 때마다 문제가 되었다. 1954년 제3대 민의원 선거에서부터 경찰은 부정선거에 개입하여, 1956년 정부통령선거, 지방의회 의원선거, 1958년 제4대 민의원선거, 1960년 3·15 정·부통령선거에 이르기까지 경찰의 정치적 중립성문제가 항상 제기되었다. 이승만의 하야 후 허정 내각수반이 과도정부를 이끌었고, 1960년 8월, 의원내각제의 장면 내각이 새롭게 출범하게 되었다

장면내각은 부정선거의 책임자 처벌과 마산발포사건으로 다수의 경찰관을 사형 또는 구속하고 「반민주행위자 공민권제한법」에 의한 경찰의 숙정을 단행했다.[22)]

혁명 후 경찰중립화의 시도를 살펴보면 국회가 경찰중립화 법안을 성안하였는바, 국회를 통과한 헌법 제75조에 경찰의 중립을 보장하기 위해 필요한 기구를 설치하고, 정부조직법 제13조에 경찰의 중립을 보장하기 위해 공안위원회를 두도록 규정하였고, 정부도 경찰중립화 방안의 하나로 1960년 6월 1일 대통령령 1584호로 경찰행정개혁심의회를 공포하였으나 5·16으로 무산되었다.

---

21) 대표적인 것이 56년 발생한 '정읍사건'과 '함평사건'이다. '정읍사건'은 투표함을 호송하던 박모순경은 투표함을 바꿔치기 한 사실을 폭로하자 치안국에서 직무유기로 구속한 사건이며, '함평사건'은 '56.8.13 전남의회 의원선거에서 의원선거의 투표함의 호송경비를 담당하던 경찰관들이 투표함을 임의로 개봉하여 위조투표용지를 바꾸어 넣는 등 부정수단으로 당시 여당인 자유당의 후보자가 당선되자 야당측 후보자가 당선무효소송을 제기하여 승소한 사건임

22) 이 법은 1960.4.26이전 특정지위에 있음을 이용하여 헌법기타의 법률이 보장한 국민의 기본권을 유린 또는 침해하여 민주주의의 제원칙을 파괴한 반민주행위를 한 자에게 공무원이 되는 자격과 선거권 및 피선거권인 공민권을 제한하는 법률로 경무관 18명, 총경 106명, 경감 258명, 경위 634명, 경사 1,135명, 순경 1,798명 등 총 3,949명이 정리되었다.

V. 5 · 16 이후의 경찰

5 · 16 이후의 치안국 시기 동안 직제상 변화를 살펴보면, 치안국은 경무과 · 보안과 · 경비과 · 수사지도과 · 정보과 · 통신과 등 6개과에서 기획심사과 · 소방과가 신설(6과 19계에서 8과 23계로)되었다.

인사제도상의 변화로는 경찰인사 운영요강의 제정하여 특별승진제도와 근무배치 기준 등을 마련하였고, 경찰공무원법 제정(1969.1.7)을 통하여 경정 · 경장계급을 신설 10개 계급제가 되었고, 대간첩작전 역량의 강화를 위해 「전투경찰대 설치법」의 제정, 전경제도의 도입, 외사역량의 강화, 경찰윤리헌장의 제정 등이 있었다.

경찰공무원 윤리헌장

우리는 국민의 생명과 재산을 보호하고 공공의 안녕과 질서를 유지하는 경찰관으로서

一. 우리는 헌법과 법률을 수호하고 명령에 복종하며, 각자 맡은바 책임과 임무를 충실히 완수한다.

一. 우리는 냉철한 이성과 투철한 사명감을 가지고 모든 위해와 불법과 불의에 과감하게 대결하며, 항상 청렴검소한 생활로써 명리를 멀리하고 오직 양심에 따라 행동한다.

一. 우리는 국민의 신뢰를 명심하여 편견이나 감정에 사로잡히지 않고 공명정대하게 업무를 처리한다.

一. 우리는 이 모든 목표와 사명을 달성하기 위하여 끊임없이 인격과 지식의 연마에 노력할 것이며, 민주경찰의 발전에 헌신한다.

제9절 치안본부 시대

Ⅰ. 치안본부의 출범

이 시기는 1974년 대통령저격 사건으로 내무부 치안국에서 치안본부로 외적인 성장을 보게 되나 민주화를 요구하는 치안수요에 직면하였고, 경찰청의 창설이라는 과도기체제를 맞게 되는 과정이었다.

치안국에서 치안본부로 격상되고 본부장이 차관급으로 승격되었지만, 사전에 미비한 법령으로 출발하여 중앙조직은 정부조직법, 지방조직은 지방자치법등 정원이나 직제도 6개의 대통령령에 분산되어 있었다.

Ⅱ. 경찰법제

용역경비체제의 도입을 위해 용역경비업법이 제정 시행(1976.12.17, 법률 2,946호)되어, 우리나라에 민간경비제도가 법제화되었고, 청원경찰법의 제정(1962.4.3)으로 청원경찰의 배치가 확대되었다. 청원경찰의 주임무는 시설경비, 수송경비, 간첩침투 대비 무장경계, 출입자 통제, 방범방재 등이었다.

방범원제도의 운영(1963)도 강화되어 방범위원회 운영을 지파출소 단위로 개편하고, 근거규정을 치안본부지시 「방범위원회 운영요강」을 토대로 운영의 내실화를 기하였다.

교통 순시원제도를 신설(1976.12.31)하여 보행자의 안전보호, 통행방법의 지도, 주정차 단속과 주차 방법의 지도업무를 수행하였고, 의무경찰제도의 실시(1982)를 위해 전투경찰대 설치법을 개정하였다.

경찰간부의 질적 수준을 높이고자 경찰대학을 신설(1981)하고, 신임

순경과 의무경찰전담 교육기관으로 중앙경찰 학교[23]를 신설(1987)하여 경찰교육의 질적 수준을 향상시켰다.

이 기간 중에도 경찰중립화의 논의는 꾸준히 시도되어 치안본부안으로 경찰 중립화를 위해 헌법상 명문 규정을 신설하고, 경찰수사권의 독자성 확보를 위해 관계법규의 개정 등에 대한 연구가 진행되었다. 1988 경찰대 졸업생의 중립화 선언 움직임이 있었고, 1989년 3개 야당의 합의에 의한 경찰법안[24]이 성안되기도 했다.

1989 여당의 경찰법안은 독임제(獨任制)[25] 경찰체제를 유지하고, 치안행정협의회를 설치하는 것을 주요내용으로 경찰법이 1991년 5월 31일 통과되어 8월 1일부터 시행되었다.

---

23) 중앙경찰학교는 경찰조직의 기초치안인력 양성을 목적으로 경찰공무원법 17조의 규정에 의하여 경찰공무원(전투경찰순경 포함)으로 임용될 자에 대한 교육훈련을 실시하기 위하여 설치 개교되었다.

24) 주요골자는 ① 총리 산하에 합의제 국가기관인 경찰위원회의 설치 산하에 경찰청의 운영 ② 위원회의 정치적 중립의 도모 ③ 지방경찰제도의 부분적 도입이었다.

25) 독임제란 하나의 행정관청에 그 권한을 일임하는 조직제도로서 국가의사를 결정하는 행정기관의 설정방법으로서 합의제에 대응하는 개념이다. 일반적으로 대륙법계 국가에서는 국가의사를 결정하는 행정기관으로서 그 행정기관의 장인 행정관청에게 그 권한을 일임하는 독임제가 원칙이고, 영미법계 국가에서는 합의제(또는 위원회제)가 많다. 한국은 대륙법계에 속하여 행정기관은 행정관청의 독임제가 원칙이다. 예컨대, 각부 장관·처청장·군수·경찰서장·세무서장 등이 행정관청으로서 국가의사를 결정하는 독임제를 채택하고 있고, 기타는 모두 보조기관·자문기관에 불과한 것이다.

독임제는 책임의 소재가 명확하고 능률적이며, 기밀(機密)이 보장되는 등의 장점이 있는 반면, 관료주의적 독단을 할 염려가 있다. 이러한 단점을 보완하고자 자문기관·심의기관으로서의 행정위원회를 독임제 행정기관에 부속시켜 자문에 의하여 전문적 지식을 보완하고 민의를 반영시키려는 경향이 있다.

제10절 경찰청 시대

Ⅰ. 경찰청의 출범

1991경찰법의 제정과 시행으로 새 출발한 경찰청은 21세기의 지식정보화시대를 맞아 지방화·국제화·전문화의 흐름 속에서 진정한 민주경찰로 거듭나기 위한 새로운 변화를 꾀하고 있다.

경찰법은 전문 6장 24조와 부칙으로 구성된 경찰의 민주적인 관리·운영과 효율적인 임무 수행을 위하여 경찰의 기본조직 및 직무범위 기타 필요한 사항을 규정함을 목적으로 하는 법률로 제정하였다(1991. 5. 31. 법률 제4,369호).

경찰청의 기획·조정·통제기능을 강화하여 종래 5조정관 16부 46과에서 1차장 4관 7국 5심의관 9담당관 41과로, 서울지방청에서는 5부 14과에서 1차장 7부 2담당관 17과 7직할대로, 지방경찰청장은 경무관-치안정감으로 보하였다.

기구개편과 관련하여 법령의 정비도 뒤따랐는데, 정부조직법의 개정되고, 경찰법 및 대통령령인 '경찰청과 그 소속기관 등 직제'를 제정하였으며, 경찰공무원 임용령, 경찰공무원 승진 임용규정, 경찰공무원 징계령 등도 개정되었다.

경찰의 시대적 소명을 담은 경찰헌장의 제정도 있었다. 1966년 제정된 경찰윤리 헌장을 새 시대에 맞도록 전문 개정하여, 주요내용을 친절한 경찰, 의로운 경찰, 공정한 경찰, 근면한 경찰, 깨끗한 경찰로 구성하여 경찰활동의 지표로 삼았다.

Ⅱ. 21세기 경찰활동의 방향

경찰의 근본목적은 개인의 권리와 자유를 제한함으로써 사회의 안녕과 질서를 유지하는 데 있었다. 그러나 오늘날에는 경찰의 근본목적 이외에도 현대사회의 복잡한 문제들을 효율적으로 해결하기 위해서 새로운 절차를 필요로 하게 되었다. 즉, 경찰업무의 변화는 경찰행정의 민주적이고 능률적인 발전을 촉구하게 되었고, 이러한 요구에 부응하여 경찰행정 전반을 학문적으로 다루는 경찰학이 등장하기에 이르렀다.

현대 경찰은 통치권에 기인한 경찰권의 실력행사로부터 시민 고유의 기본권 또는 시민에 봉사하는 봉사기관으로서 이미지가 바뀌어가고 있다. 한국의 경우도 경찰행정은 권력행사의 의미로서보다는 직능국가 또는 봉사국가(Service State)에 부응하는 방향으로 변하고 있다.

21세기의 치안여건의 변화는 크게 나누어 ① 자치경찰제의 도입 확대 ② 국제화(인터폴 공조 등 외사경찰 활동의 강화) ③ 전문화(정보통신망의 보급 확산, 인터넷 범죄등 새로운 범죄의 대응)의 방향으로 가고 있다고 볼 수 있다. 이제 경찰활동의 목표는 민주적 이념의 구현과 다양한 행정목적의 효율적 수행이라는 양자의 조화를 어떻게 달성하느냐에 있다고 본다.

단원정리

1. 국가성립과정에서 경찰의 조직과 역할은 국가활동 그 자체였다. 국가기능의 형성과정에서는 외부 적의 침입으로부터 국민을 보호하는 군과 사회의 범죄자로부터 국민을 보호하는 경찰의 기능은 실제물리력을 행사하고 국민을 보호하는 면에서 같은 역할을 수행해 왔다고 볼 수 있다.

2. 삼국시대와 통일신라·발해시대에 율령은 여러 차례 개정되면서 발전하였다. 신라율에 따르면 당시의 범죄로는 부모에 대한 살인등의 오역죄(五逆罪)·절도죄(竊盜罪)등의 통상적인 범죄 유형외에 모반죄(謀反罪)·모대역죄(謀大逆罪)·지역사불고언죄(知逆事不告言罪)와 같은 왕권을 보호하기 위한 범죄 및 불혈국사죄·배공영사죄 등의 관리의 직무와 관련된 범죄들이 있었다.

3. 고려시대의 경찰을 살펴보면, 고려초기에는 경찰업무를 담당하는 기관은 아직 분화 독립되지 못하였고, 무신정권시대에는 야별초라는 특별군대가 창설되어 군대이면서 경찰고유의 업무인 순찰·포도·금란의 업무를 함께 담당하였다.
 고려 후기에는 원나라의 영향을 받으면서 순마소가 설치되어 일반 경찰업무 및 궁중경호업무를 담당하였고 이것은 고려 최초의 전문적 경찰기관이라 할 수 있는 순군만호부가 되었다.

4. 한국에서 '경찰'이라는 용어가 처음 등장하는 것은 1894년 갑오경장 이후의 일로서, 갑오경장을 통하여 경찰에 관한 조직법 작용법적 근거가 마련되었다. 이 시기는 일제하의 식민지 지배체제의 장기계획의 일환이었다는 점에서 근대경찰 역사의 출발과 왜곡이 동시에 이루어지는 시기로 볼 수 있다.

5. 오늘날 경찰행정은 종래 국가공권력을 행사하는 권력적 작용에서 시민의 포괄적 인권 또는 시민에 봉사하는 치안서비스 제공이라는 적극적인 복리활동으로 발전해 가고 있다.

제 3 장

비교경찰론

학습목표

1. 경찰학에서 외국의 경찰제도를 우리나라 경찰제도와 비교연구를 하는 이유는 무엇일까를 아는 것이 경찰학을 깊이 있게 공부하는데 필수적이다.

2. 경찰과 관련된 무엇을 비교연구할 것인가? 각국 경찰의 행태, 경찰의 구조, 경찰을 둘러싸고 있는 경찰주변의 정치경제 문화적 생태와 환경을 이해하는 것은 비교경찰연구의 중요한 방법론이다.

3. 영미법계의 경찰과 대륙법계의 경찰제도의 큰 흐름을 영국과 미국, 독일과 프랑스를 중심으로 정리하여 종합적인 이해를 길러야 한다.

4. 일본경찰에 대한 연구는 비교경찰론의 공부의 징검다리로서 주요과제이다. 우리나라 근대화 과정에서 일본의 영향이 지대한 만큼 그들의 역할과 과오를 빠짐없이 공부하여 굴곡의 역사를 인식하고 교훈을 얻어야 한다.

5. 중국경찰은 수 천 년 역사를 거치는 동안 지정학적으로 가장 밀접한 영향을 끼친 나라이며, 스페인은 자치경찰도입의 주요 모델의 하나로서 살펴볼 필요가 있다.

3
chapter

비교경찰론

제 1 절 연구 목적과 범위

Ⅰ. 연구의 목적

비교연구는 경찰학뿐만 아니라 인문사회과학의 다방면에서 다양하게 이루어진다. 경찰학에서 외국의 경찰제도를 비교연구 하는 이유는 무엇일까? 학자에 따라서 여러 의견이 있는 것은 사실이지만 각국의 경찰행정의 법제와 환경에 대한 비교연구는 여러 가지 면에서 유익하다.

첫째, 경찰행정에 참여하는 조직구성원에 대한 행태를 연구하는데 도움이 된다.[1] 경찰행정과정에 대한 성격과 배경, 동기와 가치관, 역할과 행동 등을 연구대상으로 한다. 둘째, 경찰행정의 구조적 측면에서 조직 및 기구의 편제와 운영, 규모와 풍토 등을 이해할 수 있다. 셋째로, 국가별로 여러 특성을 지닌 경찰행정을 둘러싼 환경적 측면에 대한 정

1) 정진환, 『비교경찰제도』, 학문사(1996), p. 15.

치 · 행정 · 경제 · 사회적 생태를 연구대상으로 한다.

그러므로 외국경찰에 대한 비교연구는 우리나라 경찰법제의 이해와 발전을 위하여 중요한 과제중의 하나이다.

Ⅱ. 연구의 범위

경찰행정은 국가행정의 일부분이며, 고정불변의 것이 아니라 끊임없이 움직이는 사회적 변화의 산물이므로 이를 연구하는 대상이나 연구범위와 방법론 또한 한마디로 정의하기는 어렵다. 각국의 경찰제도는 그 나라의 국가의 정치이념과 제도 전통과 관습이 아우러져 이루어지는 종합적인 결정체이다. 그러므로 경찰행정은 한 국가의 정치제도, 전통, 관습 등 포괄적인 행정환경적 문화적 요인을 두루 살펴봄으로써 가능한 것이다.

그러나 경찰행정은 각국의 기본적인 법과 제도에 근거하여 작용하는 것이므로, 우선 경찰과 관련된 그 나라의 법과 제도를 거시적으로 연구하는 데에서 출발하여 행정학적인 행태와 생태적 측면에서 상호작용을 미시적으로 탐구하는 방법이 될 것이다. 이러한 연구를 바탕으로 국가간의 경찰행정의 유사점과 상이점을 비교하고 이들 중에서 우리나라 경찰에 선도적 모델이 될 수 있는 특장점을 발굴해 낼 수 있다면 비교연구방법론의 금상첨화가 될 것이다.

선진외국의 경찰법제는 기본적으로 대륙법계와 영미법계를 근간으로 발전하여 왔다. 대륙법계의 국가는 프랑스와 독일을 중심으로 발전하여 왔으며, 영미법계의 국가는 영국과 미국을 중심으로 발전하였다.

우리나라의 경찰제도는 역사적 지정학적 측면에서 보면, 건국 이후에서부터 조선중기까지는 중국의 법제를 전수하여 발전시켜 오다가, 구한말 이후부터 일본의 절대적인 영향을 받아 왔고, 일본은 메이지 유신이래 대륙법계 국가인 프랑스와 독일의 법제를 계수하여 오다가 제2차 세계대전 패배이후 미군정하에서부터 영미법계로의 획기적인 전환이 이루어졌다.

그러므로, 비교경찰학의 연구는 대륙법계와 영미법계를 아우르는 거시적 연구와 우리나라에 영향을 끼친 경찰법제와 형사사법제도를 중심으로 미시적인 연구를 병행하여 나아갈 필요가 있는 것이다. 여기서는 이들 영미법계와 대륙법계 관련나라 이외에 오랫동안 우리나라와 인접한 일본·중국 그리고, 자치경찰제도 도입의 모델로 검토된 스페인 등을 중심으로 살펴보고자 한다.

제2절 영국 경찰

Ⅰ. 일반현황

영국의 정식명칭은 그레이트브리튼 북아일랜드 연합왕국(United Kingdom of Great Britain and Northern Ireland)이며, 영국 연합왕국이라고도 한다. 북대서양과 북해 사이에 위치하며, 프랑스 북서쪽에 자리잡고 있다. 국토는 그레이트 브리튼섬과 아일랜드섬의 1/6을 차지하는 북아일랜드 및 해외령을 포함한다.

행정구역은 네 지역(잉글랜드, 웨일스, 스코틀랜드, 북아일랜드)이 서로 다르게 구성된다. 잉글랜드는 9개의 지역(Region)으로 구분되고, 또 다시 6개 메트로폴리탄 카운티(metropolitan county), 35개 셔카운티(shire county), 그레이터 런던(Greater London)으로 이루어져 있다. 웨일스는 10개 카운티 버러(county borough), 9개 카운티, 3개 시(city), 스코틀랜드는 32개 주(council area)로 구성된다. 북아일랜드는 26개의 주(District)로 되어 있다.

영국은 세계에서 가장 먼저 자치경찰제도를 확립한 국가이며 영미법계 국가의 대표주자로서 오랜 역사와 전통을 가지고 지역별 특성에 따른 다양한 경찰제도를 유지하고 있다.

Ⅱ. 영국 경찰의 역사

1. 고대의 자경제도

고대 영국에서 공공의 안녕을 유지하는 제1차적 책임은 집단안전체제 또는 사회계약이라는 테두리 안에서 각각의 마을에 속해 있었다.

앵글로 색슨시대에는 독자적인 경찰조직이 없이 지역마다 10가구씩 하나의 집단을 이루어 치안을 유지하였는데 이를 10인조 조합제도(티싱:Tything)라고 부른다. 10인조 조합원은 도둑을 보면 '도둑 잡아라(hue and cry)'라고 고함질러 추적하고 범죄자를 체포하며, 형벌을 부과할 책임이 있었다.

10인조 조합제도를 다시 100단위로 묶어 조합을 형성하였고 이를 관리하기 위하여 1명의 관리책임자를 임명하였다. 100인 조합은 다시 합쳐져서 샤이어가 되었다.

노르만 침공(1066년)으로 인해 티싱(Tything)이 상호보증제도(Frankpledge)로 변화되었다. Frankpledge는 성인남자 10인으로 구성된 1조를 의미하며, 개개인의 행위에 대하여 연대책임을 지는 제도였다. 이는 앵글로색슨 시대의 '국왕의 평화(King's of Peace)'를 달성하기 위해 치안목적(법집행과 침입자로부터의 지역사회 보호)으로 만들어진 것으로 이웃에 대한 각 조원의 책임과 각 조원에 대한 집단의 책임을 확립하는 방법으로 12세 이상의 남자인 자유민은 10인조의 구성원이 되어 평화유지의 책임을 져야 했다.

각 샤이어의 치안을 위해 군인이면서 법관인 Shire Reeve는 나중에 보안관(sheriff)이 되었고, 이들은 국왕을 대표하여 해당지역에서 행정과 사법권을 행사하였다.

2. 중세의 경찰

영국은 12세기 말을 기점으로 노르만인과 색슨인 사이의 결혼 등을 통하여 노르만 정복 초기의 가혹했던 법집행은 점차 완화되어 가는 한편, 중앙집권적인 통제체제에서 차츰 색슨족 전통의 모습을 되찾아갔다.

이러한 변화와 더불어 공동책임의 단위도 봉건영지인 장원(莊園)[2]으로 바뀌어 갔는데, 각 장원의 법원은 매년 장원의 영주가 장원을 다스리는데 필요한 경찰관을 포함한 지방관리들을 선출하였다.

13세기 말에는 장원에서 공공의 안녕과 질서를 유지하는 경찰관의 지위가 왕에 의해서 인정되기에 이른다.

범죄의 증가로 인한 사회불안으로 불만이 증가하자 에드워드 1세는 윈체스터법령을 제정하였는데, 영국 중세의 경찰은 바로 1285년 윈체스터법령(stature of Winchester)에 의해 더욱 구체화되었으며 주요내용을 정리하면 다음과 같다.

① 평화유지를 부락책임제로 하는 종래의 원칙을 확인함
② 주야간 파수제도(watch and ward)
③ 부락책임제(hue and cry)의 규정화
④ 15~60세 사이의 남자들에게 계급에 따라 무기비치의무를 과하는 무기조례를 둠

윈체스터법령은 노르만 침공과 1829년의 수도경찰청법 사이의 500여 년 동안에 거의 유일하게 존재하는 경찰활동을 규율하는 법령으로서 중요성을 가지며, 공공도로의 단속 등에 대한 규정을 두기도 하였다. 이

2) 중세의 영국의 장원(莊園)제도는 장원을 군사적, 경제적 기본단위로 하는 사회체제를 말한다. 영주의 장원을 중심으로 농노가 영주의 직영지와 자신을 땅을 번갈아 경작하고, 영주는 대신에 영주민들을 군사적으로 보호하는 체제이다. 영주는 국왕과는 별개로 자신의 장원 내에서는 절대적인 권력을 가지는 지방분권적 지배체제로서 봉건사회의 주요 특징을 이룬다.

법을 집행하는 기관은 치안판사의 지휘감독 아래 교구경찰(constable)이 담당하였다.

그후 튜더왕조를 지나면서 원래 교회지역의 사회단위인 교구가 행정력을 갖춘 지방정부단위로서 변천을 가속화하게 되었다. 각 교구는 종래 봉건제도하의 경찰제도의 많은 부분을 그대로 답습하였고, 중세시대의 영국의 도시는 기독교의 영향력 아래서 교구(parish)를 중심으로 발달하였는데 16세기 중반까지 경찰관은 각 교구가 임명하는 직위 중 가장 우월한 지위에 있었으나 차츰 늙고 열등한 사람이 맡는 지위로 전락하여 갔다.

18세기 말경의 교구경찰관 대부분은 문맹자나 범죄 집단 출신들이 다수였으며, 이러한 분위기속에 청교도혁명(1640~1660) 이후에 육군헌병으로 전국적 통일 경찰조직을 만들었지만 국민들의 반감으로 곧 폐지되었다.

3. 근세의 신경찰제도

17세기 중엽 이후의 산업혁명으로 인해 시대상황이 크게 변하며 치안수요가 급증하였다. 도시로의 인구 이동으로 도시의 규모가 급속히 커지고, 떠돌이나 이방인이 도시로 몰려들어 치안불안이 심각해졌다.

이에 영국 경찰제도에 대한 근본적인 개혁요구로 인하여 1829년 로버트 필경(Sir Robert Peel)에 의해 수도경찰청법(Metropolitan Police Act)이 만들어지고 수도경찰청이 탄생하였다.

책임자는 경찰청장이었고 여러 경찰조직을 통합하고 계급, 제도, 정복착용 등의 개혁과 수도런던과 주변을 6개구로 나누고 경찰서, 순찰구역 등을 두었다. '경찰이 시민이고 시민이 곧 경찰(the police are the public, and the public are the police)'이라는 로버트 필경의 철학에 따라 추진된 경찰개혁의 성공은 경찰에 대한 무한한 신뢰를 가져오게 되었다.[3]

4. 현대의 경찰

(1) 경찰개혁

1950년대에 접어들어 자동차의 급격한 증가에 따라 단속이 강화되고, 경찰의 부정부패가 심화되면서 점점 경찰과 국민간의 괴리와 불신이 깊어지고 경찰의 비효율과 비능률에 대한 여론이 높아졌다. 이에 1959년 경찰개혁을 위하여 경찰개혁위원회를 설치하였다. 또한 1960년 1월에 왕립경찰위원회가 발족되었으며 1962년 5월에는 동위원회의 보고서가 제출되었다.

왕립경찰위원회의 보고서는 ① 지방경찰의 난립에 따른 조직과 권한 행사의 혼란 시정 ② 경찰의 근무조건 개선 ③ 효율성 확보를 위하여 프랑스식의 국가경찰제로의 전환을 요구하는 것을 주요내용으로 하고 있었다.

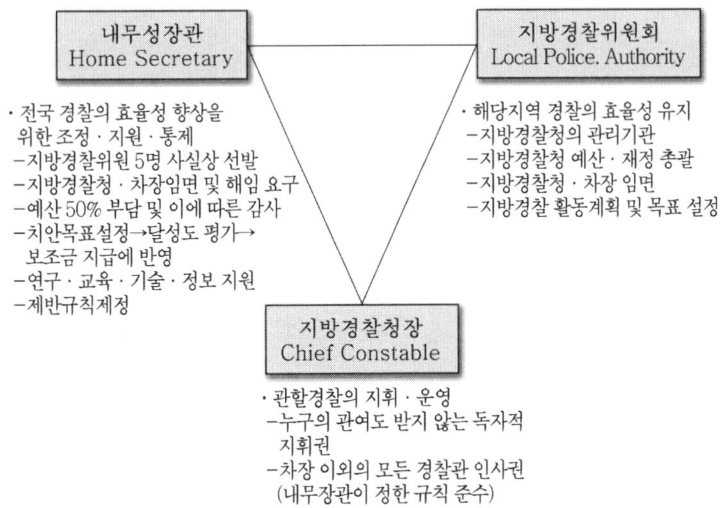

〈그림 3-1〉 영국의 경찰 관리·통제 방식

3) 영국의 근대적 경찰제도의 개혁에 앞장섰던 로버트 필경(Sir Robert Peel)은 경찰의 발전에 큰 공헌을 하여, '영국경찰의 아버지'라 일컬어지며, 그의 애칭을 따 영국경찰을 보비(Bobby)로 부르기도 한다.

(2) 1964년 경찰법의 제정과 3원적 운영 체제

1964년 경찰법의 제정으로 당시 전국 183개의 경찰청을 52개(잉글랜드와 웨일즈 43개, 스코틀랜드 8개, 북아일랜드 1개)의 경찰청으로 통폐합하였으며, 런던경찰청과 런던시를 제외한 모든 경찰본부의 관리 기구를 경찰위원회로 통일하였다.

영국경찰은 내무부장관, 경찰위원회, 경찰청장 사이의 3원체제로 운영되는 것을 원칙으로 한다. 1964년의 경찰법에는 경찰의 관리와 운영면에서 내무부장관, 경찰위원회, 경찰청장 사이의 3원체제가 규정되었는데 3자는 각각 다음의 권한과 책무를 진다.

(가) 내무부장관

① 경찰의 능률성을 향상시키기 위한 권한보유
② 경찰의 능률성 향상을 위해 경찰위원회에 특정 경찰청장의 퇴진 요구권
③ 매년 각 경찰청의 활동내역을 담은 연례보고서를 경찰청장들로부터 보고받음
④ 지방의 자치경찰청 예산의 51%씩 지원
⑤ 경찰의 근무조건·행정 등에 관한 규칙제정권 보유
⑥ 공공의 안녕과 질서유지를 위해 유사시 특정 경창청장으로 하여금 타경찰청을 지원하도록 지휘할 권한
⑦ 각 경찰청장에게 특정 사안에 대한 진상보고서 제출요구

(나) 경찰위원회

① 관할지역 경찰의 적절하고 효율적인 경찰력의 확보
② 내무부장관의 동의를 얻어 경찰청장 임명
③ 각 경찰청장에게 특정사안에 대한 진상보고서 제출요구
④ 내무부장관의 동의를 얻어 건물·구조·토지 등을 경찰에 제공
⑤ 차량·장비·피복 등을 경찰에 제공
⑥ 매년 관할지역 경찰청의 활동내역을 담은 연례보고서를 제출받음

(다) 경찰청장

① 관할 구역 경찰의 지휘 및 통제
② 매년 소관 경찰의 활동내역을 정리한 연례보고서를 내무부장관과 경찰위원회에 제출
③ 내무부장관 · 경찰위원회의 특정사안 관련보고 요구시 보고서 제출
④ 경찰청장의 권한은 경찰의 관리 및 운영에 과한 훈령 및 규칙 제정, 법률의 수권으로 일반적 규칙제정, 치안법관의 자격으로서 범죄예방 범인의 검거 및 법집행, 특수영업자에 대한 면허권한이 있다.

(3) 경찰관련 법령의 제정과 조직개편

1980년대에 치안상태가 악화되자 1984년 경찰 및 형사증거법(The police and criminal evidence act)을 제정하여 다른 법률에 규정되어 있던 압수 · 수색 · 체포 · 유치 등에 관한 경찰의 권한과 임무규정을 단일법으로 통합하여 경찰관의 권한을 강화하였다. 이 법령에는 ① 정지명령 및 수색 ② 토지 · 건물에의 출입 및 수색 ③ 토지 · 건물에의 출입권 ④ 체포 등을 규정하였다.

1985년 범죄기소법(Prosecution of Offences Act)을 제정하여 국립검찰청을 창설하여 거의 모든 범죄에 대한 기소권이 검찰로 이전되었다.

1992년에는 광역적 조직적 국제적 범죄에의 대응을 위해 국가범죄정보국(National Criminal Intelligence Service:NCIS)을 내무부장관 직속으로 창설하여, 범죄정보의 수집 · 분석 · 배포업무를 담당케 하다가 1997년 경찰법 개정으로 자체수사권한까지 보유하게 되었다. 중앙범죄정보국은 독립적인 국립범죄정보국관리위원회의 관리를 받으며, 국제형사경찰기구 영국지부의 기능을 수행한다.

1994년 경찰 및 치안법원법(The Police and Magistrates's Courts Act)을 제정하여 내무부장관의 권한을 강화하고, 지방경찰의 관할구역을 정비하였다.

같은 해에 형사사법 및 공공질서법(Criminal Justice and Public

Order Act)을 만들어, 피의자의 묵비권에서 배심원에게 정당한 추론을 할 수 있는 상황을 규정하고, 유전자검사를 목적으로 신체에서 표본을 취할 수 있도록 하는 권한을 부여하고, 보석이나 주거침입에 관하여 경찰의 권한이 확대되었다.

1997년 국가범죄수사국(National Criminal Service : NCS)을 창설하여 기존의 광역수사대를 일원화해 중대한 범죄와 조직범죄・국제범죄의 수사를 전담하게 하였고, 국가수사위원회의 관리를 받도록 하였다.

그러다가 9・11테러 사건 이후 국제범죄 등 강력범죄의 수사를 위하여 2006년 강력조직범죄수사국(Serious Organised Crime Agency : SOCA)이라는 국가경찰을 창설하게 된다. 2004년에 제정된 강력조직범죄 및 경찰법(Serious Organised Crime and Police Act 2005)에 근거하여 국가범죄정보국과 국가범죄수사국을 하나로 묶어 미국의 FBI를 모델로 하는 강력조직범죄수사국으로 통합하였다.

Ⅲ. 영국 경찰의 조직

1. 개요

영국의 경찰조직은 오랜 주민자치의 전통으로 각 지방경찰위원회의 관리하에 자치경찰제도를 채택하였다. 전국이 각 지역별로 잉글랜드 및 웨일즈와 스코틀랜드, 북아일랜드로 나뉘어져 각각 독특한 경찰제도를 운영하고 있으며, 4개연방에서 총 52개 경찰청이 있으며 원칙적으로 상호간 지휘・감독이나 통제를 받지 않는다.

자치경찰제를 통해 민주성을 추구하는 한편으로 내무부장관의 중앙통제장치를 강화함으로써 효율성도 동시에 추구하는 절충형 경찰체제를 채택하였다. 일반경찰 외에 군대・하천・대학 등과 관련 특수목적의 수행을 위한 특별경찰이 다수 존재한다.

2. 내무부

내무부는 전국적 경찰업무의 효율성 향상 및 통일성을 위한 조정과 통제업무를 맡고 있다. 각종 연구, 정책 개발 평가 및 감사, 조정과 통제, 예산 및 인사, 교육훈련, 과학수사, 정보통신 등 치안관련업무 담당하고 법률의 집행과 질서의 유지, 소년범을 포함한 범법자의 처리, 보호관찰업무, 치안법원의 조직, 형사재판에 관한 법안작성 등도 주요업무에 포함된다.

하부경찰조직으로 내무부에 경찰국을 두고 있으며, 그 부속기관으로 경찰간부교육기관과 경찰학교, 전산실, 감사관실, 과학수사연구소 등이 있다.

3. 잉글랜드 및 웨일즈 경찰

(1) 수도경찰청

1829년 창설 이래 내무부장관이 직접 관리하는 국가경찰이었으나 런던자치정부 수립을 위한 법안이 시민투표에 의해 통과가 됨에 따라 2000년 7월부터 자치경찰로 전환되었다. 다만, 왕실경호, 대테러업무 등 국가적 사무와 외국과의 공조수사 등 국제적 사무는 수도경찰청장이 내무부장관과 협의하에 수행한다. 수도경찰청장은 전국의 고위경찰간부나 민간인 중에서 내무부장관의 추천으로 국왕이 임명한다. 수도경찰청의 하부조직과 기능과 특징은 아래와 같다.

〈외근형사국〉

① 방범 · 보안 · 경비 등의 정복경찰과 사복경찰의 관리 운영

② 각 광역경찰서의 교통 및 각 기능의 감독

③ 정복경찰과 사복경찰은 별도로 구성되어 인사교류가 거의 없고 명령계통도 다름

④ 경찰서 이하의 조직에는 정복경찰이 수사경찰보다 훨씬 다수임
⑤ 파출소제도가 없고, 관할지역 내에서 순찰근무에 전종

〈특별업무국〉
① 안보에 관계되는 범죄수사 및 정보수집
② 왕실 · 각료 · 외국귀빈 등의 경호업무
③ 외국인 및 총기관련 사건 조사
④ 지방경찰등 유관기관에 치안정보의 전파
⑤ 국제형사경찰기구와의 연락
· 중요범죄과: 조직범죄. 폭발물범죄 등 중요범죄 수사
· 특별과: 국가안전에 대한 범죄수사 등 경비 · 보안분야 담당
· 기동 수사대: 신종범죄 진압목적으로 설치
· 경호부: 요인 및 공관의 경비, 안보에 관한 첩보수집, 대테러업무

수도경찰청 소속 경찰서는 조직 · 시설 등은 외근순찰 중심이고 관내를 담당구역별로 나누고 각 담당구역에 1인의 경사를 배치하는데 경찰서 책임자는 규모에 따라 총경 · 경정으로 임명된다. 수도경찰청에 소속된 경찰서는 경찰의 핵심이며 업무를 집행하는 단위이다. 파출소가 없으므로 외근 경찰관이 담당지역으로 직접 출근하며 시민과의 접촉이 경찰서나 전화를 통해 이루어진다.

경찰서는 24시간 항상 운영하지만 치안수요가 없는 경찰서의 경우 야간에는 폐쇄하거나 인접경찰서가 업무처리를 하기도 한다. 수도경찰청 소속 경찰서는 외근근무가 근무의 핵심이며, 외근근무는 순찰근무 · 입초근무와 기타 특별근무가 있다. 차량순찰은 대구역을 관할하고 2개 이상의 중복업무를 수행하는 경우도 많다.

(2) 런던시 경찰청

런던시는 런던특별시의 중심부에 위치하는 금융 등의 중심지로서 독

자적인 자치단체이고, 런던시경찰청은 수도경찰청과 독립된 자치제경찰로 운영된다. 런던시경찰의 관리권은 시의회가 가지고 있으며, 시의회는 시의회내의 경찰위원회를 통하여 경찰을 관리하며 국왕의 동의를 얻어 런던시경찰청장을 임명하고 경찰예산의 의결과 조례·규칙제정권 등을 가진다. 실제 경찰업무의 집행은 런던시경찰청장이 행한다.

(3) 기타의 지방경찰청

기본적으로 자치체경찰로서 3원체제로 운영되므로, 내무부장관, 경찰위원회, 경찰청장의 3자가 권한과 책임을 분담하며, 상호견제와 균형을 통해 민주성과 효율성을 확보한다.

내무부장관은 지방자치체 경찰을 전국적으로 조정·통제하여 전국적 경찰업무를 수행하고 업무의 통일성을 유지하며, 지방경찰 예산의 50% 이하를 지원하고 그 사용에 대해 합법성 및 합목적성에 대한 감사권을 행사한다. 그리고, 특정사안에 대한 보고서 요구권과 각 지방경찰위원회 위원 5명을 실질적으로 선임하고, 각 지방경찰청장 및 차장의 임명 승인권, 전국 경찰의 인사, 승진, 보수, 교육, 복제, 복무규율 등에 관한 규칙제정권 등을 가지고 있다.

경찰위원회는 지방의회의원과 치안판사로 구성되며, 위원회를 구성하여 운영한다. 경찰청장은 경찰위원회가 내무부장관의 동의를 얻어 임명하고 지방경찰의 최고책임자로서 경찰업무 수행에 관하여 독자적이고 고유한 지휘, 운영권을 가진다.

지방의회는 경찰위원회위원 17명 중 9명을 선임하고 치안관련 질의·답변요구를 할 수 있으나 경찰의 지휘·운영에는 관여하지 못하며 경찰청장에 대해 지방의회에의 출석을 요구할 수 없다.

그 밖에 잉글랜드와 웨일즈의 특별경찰로는 군대 및 원자력 위원회 경찰, 철도경찰, 운하 및 하천경찰, 라인강 경찰, 항만경찰, 민간항공경찰, 대학경찰, 공원경찰 등 필요에 의해 창설되고 운영되고 있다.

3. 스코틀랜드 경찰

기본적으로 자치경찰체제를 취하고 있으며 8개의 지방경찰청이 있다. 경찰의 관리방식, 중앙과 지방경찰의 관계, 경찰의 권한·활동은 잉글랜드·웨일즈와 유사하며, 경찰관리기관으로 경찰위원회가 있다. 다만 내무부장관 대신에 스코틀랜드부 장관이 경찰을 포함한 업무전반을 총괄한다.

각 지방경찰청마다 경찰청장과 차장이 각 1명씩 있고 그 밑에 수사, 교통시설, 경무 등을 담당하는 보좌관이 각 부서를 맡고 있다.

4. 북아일랜드 경찰

북아일랜드는 아일랜드 독립 후 영국령으로 있으면서 신구교도간의 분쟁이 계속되고 북아일랜드 공화국이 각종 테러를 계속하여 치안유지에 어려움이 많은 곳이다. 이러한 열악한 치안상황에 대비하기 위하여 경찰조직은 내무부장관 직속의 강력한 국가경찰이다. 1949년 아일랜드 공화국 독립에 따라 국립 알스타 경찰청이 설치되었다.

북아일랜드 경찰의 조직은 1개의 경찰청으로 경찰청장과 2명의 차장이 있고 직속기관인 참모업무, 법제, 기획을 담당하는 부속실과 정보통제센터가 있다. 조직과 권한은 잉글랜드·웨일즈 경찰과 비슷하지만, 국가경찰인 점에 근본적 차이가 있다.

경찰 예산은 벨파스트시 기부금과 북아일랜드부가 담당한다. 그리고 헌병대를 조직하여 민간경찰의 통상적인 업무인 재산, 생명의 보호, 범죄예방, 진압 등 일반적인 업무와 관할내외에서의 무장반란과 폭동의 진압 업무를 함께 담당한다.

북아일랜드 경찰은 또한 국립예비경찰을 조직하여 운영하고 있는데, 이는 정규경찰조직 외에 유사시를 대비한 보조경찰조직으로 북아일랜드 경찰청장의 지휘와 감독을 받는 비상근직원이며, 평시 소집훈련을 받고 비상사태시 정규경찰을 지원한다.

Ⅳ. 영국의 형사사법제도

1. 수사기관

잉글랜드와 웨일즈의 사법경찰은 수사주재자로 수사종결권을 가지고 있다.

1985년도에 대륙법계의 검사제도를 도입하여 운영해 오고 있는데 검사 역시 수사주재자로서 공소제기권, 예외적 범죄수사권을 가지고 있다. 이에 반하여 스코틀랜드, 북아일랜드의 사법경찰은 수사보조자이고 검사는 수사주재자이다.

2. 검사와 사법경찰과의 관계

잉글랜드와 웨일즈에서 검사와 사법경찰의 관계는 상호협력관계이지만, 법률자문, 중죄의 수사상황을 보고할 의무는 있다. 반면, 스코틀랜드·북아일랜드는 대륙법계처럼 상명하복관계로 범죄발생시의 보고의무, 검사지휘에 복종할 의무가 있다.

사법경찰의 법률상의 지위를 살펴보면, 잉글랜드와 웨일즈는 독자적 수사권을 보유하고 기소여부의 결정을 위한 수사종결권을 가지고 있다. 예외적으로 경찰관에 대한 고소사건의 수사에서는 검사의 지휘에 복종의무를 지니며 법무부장관 또는 검찰총장에게 관할지역내 범죄정보 보고의무, 체포 후 즉시 치안법관에게 인치할 의무를 갖는다. 스코틀랜드·북아일랜드에서는 사법경찰은 수사의 보조자로서의 역할을 갖는다.

검사의 지위는 잉글랜드·웨일즈에서는 1985년 검찰제도의 도입으로 공소제기권을 보유하였으며 경찰불복위원회의 징계요청에 따른 간접적 감독, 검찰총장의 소추권 행사지침에 의한 직무 감독권을 갖고 있다.

스코틀랜드와 북아일랜드는 대륙법계 검찰제도의 성격을 가지며 사법경찰의 지휘감독을 갖는 수사의 주재자로서의 역할을 한다.

신생조직인 영국검찰은 경찰이 수사한 사건의 기소마저 담당하는 폐해를 극복하기 위해 소추를 담당하는 국가기관으로 창설되었다. 적절한 기소권의 행사와 공소유지를 위해 검찰과 수사기관인 경찰의 협력체제가 무엇보다도 중요하지만, 검찰은 수사기관이 아니며 수사권을 갖고 있지도 않고 수사를 행하지 않는다. 자체수사력을 가지지 있지 않을 뿐만 아니라 피의자나 참고인을 직접 조사하는 경우도 없다.

제 3 절 미국 경찰

Ⅰ. 일반현황

미국 즉, 아메리카 합중국(United States of America, USA)은 북아메리카에 위치한 연방 국가이다. 본래 영국을 비롯한 유럽계 청교도들이 이주하여 개척이 시작되었으며 현재 본토의 48개 주와 하와이 주, 알래스카 주를 포함해 모두 50개 주와 1개 특별구(D.C.)로 이루어져 있다. 미국은 과거 영국 식민지 중 유일하게 전쟁을 통해 1776년 독립을 이루었으며, 세계 최초로 대통령제와 부통령제를 시행한 나라이다. 동으로는 대서양 서로는 태평양 두 대양과 접해 있으며, 북으로는 캐나다 남으로는 멕시코와의 국경으로 인접해 있다. 또한, 미국 본토에서 북서쪽으로 알래스카 지역도 미국령이다.

미국은 하나의 연방 정부와 50개의 주정부로 구성된 연방공화국이다. 1789년에 각주의 대표들이 모여서 제정된 미국 헌법은 연방정부의 권한에 관한 것을 구성주에서 위임하였다 그 위임된 내용을 보면 국방·외교 정책·대외 무역의 조정 기능, 통화(通貨), 최고 법 집행기능, 주간통상(州間通商)의 조정기능, 이민 등은 연방정부의 가장 중요한 권한에 속한다. 주정부의 주요기능은 교육, 농업, 자연보호, 고속도로 관리, 차량 감독, 공공안녕, 교도행정, 주내 통상의 조정, 보건·복지 정책의 시행 등이다. 연방은 주(州)에서 위임한 권한을 행사하며 새로운 권한을 구성주에서 위임받으려면 50개 주의회의 3/4 이상 동의를 얻어야 한다.

Ⅱ. 미국 경찰의 역사

1. 식민지시대와 독립 초기의 경찰

(1) 식민지시대

미국은 영국을 비롯한 유럽의 여러 나라에서 이주한 사람들이 신대륙에 정착·개척하면서, 식민지 정책을 강요하는 영국과의 독립을 위한 투쟁을 거쳐 창설된 국가이다. 따라서 초기 미국의 정치나 행정제도는 이민자들의 본국인 유럽 여러 나라의 제도를 기초로 하여 발달하였고, 미국경찰제도는 영국경찰제도가 각 지방별로 도입되면서 시작되었다.

오늘날 미국의 경찰이 고도로 분권화된 체제를 갖추게 된 것은 강력한 중앙정부에 의해 시민의 자유와 권리가 침해당할 것을 우려한 미국인들의 작은 정부지향 사상에 비롯되었다.

북부지역의 경우 거주자들이 인디언 공격과 같은 외부의 침입에 효과적으로 대응하기 위해 특정지역에 town을 형성하였고, town에서는 영국의 도시경찰과 같은 constable이나 watchman이 치안을 담당하였다. town 중 일부는 산업혁명 과정을 거치면서 인구가 증가하고 기능이 복잡해진 도시로 성장하였고, 이에 따라 치안유지를 위해서도 더욱 체계화된 조직이 필요하게 되었으며, 이는 후에 도시경찰로 발전하였다.

남부지역의 경우에는 군(郡)정부(county government)가 지방정부의 주요 단위가 되었으며, 영국의 보안관(sheriff)이 시골지역에서 기본적인 법집행관으로서 임무를 수행한 것처럼 county를 관할하는 sheriff가

남부 농촌지역의 경찰기능을 담당하였다.

서부지역은 동부에서 이주해 온 사람들의 출신지역과 지역특성에 따라 제도가 혼합되어 발달하였고, 동북부지역 출신자들과 도시지역에 거주하는 사람들은 constable(치안관)이나 town marshal(마샬, 보안관)과 같은 경찰을 두었고, 남부지역 출신자들과 광활한 농촌지역에서는 county sheriff(군 보안관)가 경찰기능을 수행하였다.

보스톤시의 야경제도가 1636년에 시작되었으며 1658년에는 뉴욕시, 1700년에는 필라델피아에서도 비슷한 조직을 갖추었다.

(2) 독립의 경찰제도

미국독립(1776년) 이후 1790년까지의 뉴욕경찰의 변화를 보면, 영국식 경찰이 점차 개혁되어 1790년대까지 뉴욕에는 시장, 상급 치안관(High Constable), 치안관(Constable), 보안관(Marshal), 야경원(Nightman)으로 구성되는 새로운 경찰제도가 성립하였다.

보안관은 일찍부터 가장 중요한 법집행관으로 등장하여 법집행 이외에도 세금을 걷거나, 선거관리, 교량이나 도로 등 공공시설 유지의 임무를 가졌다.

치안관은 식민지 사회에서 읍(town)이나 도시(city)에서 소보안관으로서의 기능 수행하였다. 범법사항뿐만 아니라 시민생활에 있어서 넓은 영역에 관여하였고, 보안관은 야간에 화재 · 범죄 · 불법, 의심스러운 자들로부터 도시를 보호해야 할 책임을 가졌다. 야경원제도는 초기에는 야간활동이 원칙이었지만, 나중에 주간 경비제도로 변형되었다. 이러한 세 제도는 인원부족과 제도적 미비로 범죄예방 및 범죄자체포에는 미흡한 점이 많았다.

연방정부도 연방보안관(U. S. Marshal)을 각 주에 1명씩 임명하였고, 각 주에 1명씩 연방지방검사를 두어 연방법 위반의 소추를 하게 하였고, 주지사의 지휘하에 민간경비대도 주 군인경찰(state militia)로서 이때 생겨났다.

2. 근대경찰의 창설

1830년대에서 1840년대의 도시화, 산업화 및 새로운 이민의 증가로 인구가 증가하여 범죄에 대하여도 종래의 치안관, 보안관, 야경원만으로 대처 곤란하여 경찰개혁을 시작하였다. 1838년에 보스톤시 경찰, 1844년 뉴욕시 경찰, 1833년과 1848년 필라델피아 경찰이 근대적 경찰로 개혁하는 등 미국의 대도시에 경찰개혁이 시작되었다. 효과적인 제도를 모색하기 위하여 노예감시제를 도입하거나 런던 수도경찰제를 참고하였다.

그 중에 보스턴시 경찰제도는 오늘날 도시경찰의 원형을 제시하였다. 시보안관 밑에 9명의 경찰관리를 임명하여, 이들에게 치안관과 같은 권한이 주어졌고, 이후에 30명으로 보강하였으며, 다시 보스턴시 경찰국(Boston City Police Department)이 창설되었다. 이때 최초의 제복경찰이 탄생하였다.

3. 민간경비의 등장과 발전

산업혁명과 도시화의 진전에 따라 경찰이 도시에 탄생하였으나 가타 지역에서는 실효력이 있는 경찰력은 존재하지 않았다. 그러던 중에 서부지역에 금광이 발견됨에 따라 금을 운반하기 위한 역마차나 철도가 부설되고 이를 보호하기 위한 사설경비조직 갖춰지게 된다.

19세기 중엽 캘리포니아에 발견된 금괴 수송을 위해 발단한 철도경비는 민간경비 발달에 큰 영향을 주었고 미국 남북전쟁을 치르면서 전국을 통제할 수 있는 경찰 조직이 없는 상태에서 위조 화폐를 단속하는 것 과 사립탐정기관의 발달을 가져오게 되었다.

초기 미국 경비회사의 설립은 핀카톤(Pinkerton), 에드윈 홈스(Edwin Holms), 워싱턴 페리 브링스(Washington F. Brinks)등에 의해서 이루어졌다. 핀카톤(Pinkerton)은 1850년에 핀카톤 흥신소를 설립하여 활동하다가 1855년에 노스웨스트 경찰사무소(Northwest Police Agency)를 설립하여 경비회사의 시초가 되었다. 에드윈 홈스(Edwin Holms)는 1858년 홈스 방호회사(Holms Protection Inc.)를 설립하였고, 워싱턴 페리 브링스(Washington F. Brinks)는 1859년 트럭 수송회사를 설립하여 1891년에는 방탄장갑차를 이용한 현금수송을 시작하였다.

4. 정치경찰 시기와 전문화경찰 시기

(1) 정치경찰시기

이 시기는 정치와 경찰이 강한 유착관계를 지녔던 시기로서 19세기의 미국경찰은 비전문적이었고, 부패와 비능률이 지배하고 있어서 여러 가지 경찰개혁이 주장되었으나 별다른 성과가 없었고, 지나친 지방분권화와 정치적 영향으로 효과적인 범죄대처가 불가능하게 되었다.

이 시기의 주요사례를 살펴보면, 지나친 분권화와 정치적 영향으로 범죄대처가 불가능하자 각 주별로 경찰기관을 재조직하였다. 1835년 텍사스레인저(Texas Ranger), 1905년 펜실베니아주 경찰대, 1920년 매사추세츠 지역경찰이라 불리우는 주경찰기관을 설립하였고, 점차 다른 주도 경찰을 보유하게 되었다. 이로 인해 권한이 집중적이고 군대식 체제를 띠게 되었다.

일반치안유지는 주의 임무이며, 연방경찰의 업무로는 화폐위조, 도량형표준화, 우편사무의 증가, 주간(州間) 통상 등 연방정부의 업무에 대한 경찰활동을 담당할 연방경찰이 필요하였다. 그래서 1908년에 수사국을 창설하여, 1935년에 정식으로 '연방수사국(The Federal Bureau of Investigation, FBI)'으로 개칭하였다.

(2) 전문화 경찰시기

경찰을 지나친 정치유착으로부터 근절시키고자 20C초 경찰개혁과 전문화가 추진되었다. 20세기 초에는 미국사회의 혁신운동과 함께 '경찰로부터 정치의 분리와 정치로부터 경찰의 분리(get politics out of the police and get the police out of politics)를 기본목표로 경찰의 전문직업화가 주장되었다. 경찰전문화운동 선봉자인 리차드 실베스터(Richard Sylvester), 오거스트 볼머(August Vollmer)는 개혁 목표를 '경찰로부터 정치의 분리와 정치로부터 경찰의 분리'를 기본목표로 하여 경찰의 전문직화를 주장하여 경찰관서의 관리를 위한 경험있는 행정관리의 채용, 경찰지휘, 통제력의 집중화, 경찰인사기준의 제고, 경찰체제를 발전시켜 통제력을 집중하여 경찰조직을 관료제화·군대식화하였고, 군대식 훈련을 제도화하였다.

과학기술의 발전으로 순찰차, 무전기, 전화의 일반적 보급이 이루어지고, 기술 혁신은 경찰의 기동성을 촉진하고 근무상황을 항시 감독하고 비상시에 신속한 출동이 가능하게 되어 일선 경찰관에 대한 상시근무 통제방식의 집권적 명령체제를 구축하였다.

그리고 '법준수 및 법집행에 대한 국가위원회'의 1931년 실태조사위원회의 보고서에서 정치적 간섭배제, 경찰채용기준의 강화, 근무조건의 개선, 교육의 강화 등 제안되었다.

볼머(August Vollmer)는 경찰은 정치로부터 독립되어야 하고, 잘 훈련되고 체계적으로 조직화되어야 하며, 법은 공평하게 집행되어야 하며, 과학기술을 적극적으로 수용하여야 하며, 실적주의에 의한 인사운용이 기본이 되어야 하며, 경찰의 기본적 역할은 범죄척결이라고 주창하였다.

윌슨(O. W. Wilson)이 주장한 경찰개혁은 조직구조의 혁신을 통한 전문직업경찰제도, 순찰운용의 효율성을 위한 1인 순찰, 자동차 이용한 순찰, 무선통신의 효율성을 통한 경찰업무의 혁신과 전문화, 시민신고에 대한 즉응체제, 주기적인 관할구역 변경 등을 주장하였다.

그리고 FBI의 전문성과 집중화 체제를 위해 중앙집권적 체제 구현, 사법권을 행사할 수 있는 권한 부여하여 그 규모 확대, 전국범죄기록실(Uniform crime report, U.C.R) 설치, FBI 산하 훈련기관을 설치하여 지방경찰관의 교육·훈련을 실시하였다.

법집행원조청(Law Enforcement Assistance Administration: LEAA)

은 이후에도 경찰의 조직과 업무에 대한 여러 위원회의 조사연구에 따른 부단한 개선노력과 법집행원조청을 통한 경찰기관에의 자금지원, 경찰개선을 위한 조사연구, 경찰관련 교육지원 등을 통해 지방자치경찰을 기본으로 연방과 주의 경찰제도가 조화를 이루면서 현재에 이르고 있다.

※ 형사증거법칙의 정립

연방대법원의 판결은 경찰업무집행에서도 적법절차를 요구하였으며, 영미법상 형사소송법의 증거법칙도 바로 이 시기에 나타난 것들이다.

- 1914년 위크스(Weeks) 판결: '위법수집증거의 배제 원칙'이라고도 하며 형사소송법상 위법하게 수집된 증거에 의하여 발견된 제2차 증거의 증거능력을 배제하는 원칙('독수의 과실'이론).
- 1943년 맥납(McNabb) 판결과 1957년 맬로리(Mallory) 판결: 불법구금 중에 얻은 자백의 증거능력 제한
- 1961년 맵(Mapp) 판결: 적법절차에 의한 위법수집증거 배제의 원칙
- 1964년 에스코베도(Escobedo) 판결: 접견교통권을 침해하여 획득한 자백의 증거능력제한
- 1966년 미란다(Miranda) 판결: 범죄용의자를 연행할 때 그 이유와 변호인의 도움을 받을 수 있는 권리, 진술을 거부할 수 있는 권리 등이 있음을 미리 알려 주어야 한다는 원칙.

5. 지역사회 경찰활동의 대두(1970년대 이후)

전문직업경찰시대에는 경찰의 정치적 중립성 확보에는 어느 정도의 성과를 가져왔으나 경찰을 국민과 분리시켜 범죄로부터 효율적인 대응력이 크게 약화되었다. 이 문제점을 극복하고자 지역사회 경찰활동시대가 도래하게 되었다.

1970년대 중반 신자유주의 경제학자인 하이에크와 프리드만이 노벨 경제학상을 받은 이후 1980년대 영국의 대처 정부와 미국의 레이건 정부와 신자유주의 경제 정책에 따라 경제를 활성화하는 데 성공하면서 공공필요에 대한 정부의 대응이 적절한가에 대한 회의와 효율성을 중시하는 민간부문의 대응이 각광을 받기 시작한 것과 무관하지 않다.

즉 시민의 안전과 직결되는 경찰활동에 있어 전통적 경찰활동의 문제점에 대한 새로운 접근방법이 바로 '지역사회 경찰활동(Community Policing)'이다. 지역사회 경찰활동 시대하에서는 경찰과 지역주민이 동반자적 관계를 형성하여 지역의 안전을 확보하는데 함께 노력하고 있다.

오늘날 지역사회 경찰활동은 미국을 비롯한 영국, 캐나다, 일본 등 선진국경찰에서 21세기 새로운 경찰활동의 철학으로 정착되어 가고 있다.[4)]

Ⅲ. 미국 경찰의 조직

1. 개요

미국 경찰은 행정단위에 따라 연방경찰(Federal Law Enforcement), 주경찰(State Police), 지방경찰로 구분한다. 지방경찰에는 도시경찰(city police), 군보안관(county sheriff), 특별경찰(교육구 등의 특별구경찰, 대학경찰, 공원경찰, 항만경찰 등), 기타 읍, 면(township, town)경찰로 나뉜다.

〈그림 3-2〉 미국경찰 조직도

미국은 경찰제도의 분권화로 인하여 전국 경찰을 일원적으로 지휘하

4) Community Policing은 우리나라 경찰행정학자 사이에서는 지역사회경찰활동이라는 용어로 번역이 되고 있으나 사이버시대의 경찰활동은 사이버 공동체도 포함하므로 '사회공동체 경찰활동'으로 불러야 하지 않을까 한다.

는 기구가 없고, 각 경찰기관 상호간에는 상하관계가 아닌 협력관계에 있다.

미국은 공경찰(Public Police) 외에 민간부문인 경호경비산업이 매우 발전되어 있다. 미국의 사경비산업은 공경찰과 구별하여 사경찰(Private Police)이라고 부를 정도로 각 분야에서 많은 역할을 하고 있다.

미국경찰의 계급구조는 주별로 일반경찰의 계급제도를 사용하거나, 다수의 주는 우리나라 경찰과 달리 군대식의 계급제도를 사용하기도 한다.

2. 연방경찰

연방정부는 헌법상 명문으로 경찰권을 가지고 있지 않다. 그러나 헌법이 부여한 과세권, 주간통상규제권 등의 행사로 사실상 경찰권을 행사하게 되어 있으며, 9·11테러사건 이후 최근 그 기능은 강화 또는 확대되는 경향이 있다.

미국은 연방정부의 여러 부처에 다수의 연방경찰 또는 연방법집행기관(Federal Law Enforcement Agency)이 있고, 연방경찰기관의 권한은 국가적 범죄 및 주간의 범죄단속에 한정되어 있고, 연방기관들끼리 수사업무가 중복되는 경우가 많다. 연방정부에는 연방경찰기관이라고 할 수 있는 법무부 산하의 연방범죄수사국(FBI), 마약단속국(DEA), 연방검찰청, 연방보안관실, 이민국 등이 있다.

재무부 산하에는 특별업무국(비밀국, U. S. Secret Service), 관세청(IRS), 알코올·담배·무기국(ATF), 관세청(USCS) 등이 있으며, 그 외에도 교통부, 농림부, 상공부 등 50개의 연방경찰기구가 있어서 각각 규정된 업무범위내 수사를 행한다. 즉, 연방경찰은 주로 법무부와 재무부에 집중되어 있다.

미 연방범죄수사국(FBI)은 수사국장은 국회 상원의원들의 동의를 얻어 대통령이 임명한다. FBI의 주요활동을 살펴보면 연방범죄에 대한 수사, 대테러업무, 인권유린행위에 대한 수사, 조직폭력, 어린이 유괴, 강력사건, 경제범죄, 각급 경찰에 대한 지원업무를 수행한다. 중앙정보부(Central Intelligence Agency:CIA)와 다른 점은 CIA는 미국의 안전과 관련된 중요정보를 외국으로부터 수집하고 분석하는 반면, FBI는 실질적인 범죄수사기관이다.

〈표 3-1〉 미국 연방경찰 기구

법무부	재무부	내무부	교통부	대통령직속
연방범죄수사국(FBI) 연방검찰청 연방보안관실 형사국 이민국 법집행지원처 인터폴중앙사무국 마약단속국	알코올담배무기국 세관국 연방법집행센터 특별업무국 비밀국 조세국	개간국 동물보호국 국립공원국 토지관리국 인디언보호국	연방항공국 해안경비대 연방도로국 교통안전국	중앙정보국 (CIA)

연방경찰기관은 연방수사국을 제외하면, 모두 특정한 법영역만을 담당하는 좁은 분야의 법집행기관이다. 자치체경찰이 지역사회중심으로 편성된 것처럼, 연방정부의 여러 기관은 그 자체적인 법집행력을 확보하기 위하여 연방경찰기관을 창설하게 되었다. 그러므로 많은 연방법집행기관이 난립함에 따라 임무의 중복도 많고 산발적이기 때문에 점차 비능률·비경제성이라는 비판받아 개편의 필요성이 대두되고 있다.

3. 주경찰(State Police)

미국은 연방수정헌법 제10조에 따라 경찰권은 각 주에 유보되어 있고, 주정부(State Government)는 고유한 권한으로 경찰권을 직접 행사하거나 지방정부인 city, town, village, county 등에 위임하고 있다. 이에 따라 각 지방자치단체가 가지고 있는 자치경찰이 사실상 광범위한 경찰권을 행사하고 있다.

최초의 근대적 의미의 주경찰은 1905년 펜실베이니아 주경찰대이고,

그 후 주경찰은 20세기부터 급속히 발전되어 각 주마다 그 임무가 다르고, 다양한 조직·기능의 형태로 그 지역적 특성을 가지고 발전하였다.

일반적으로 주경찰의 임무는 주민의 생명, 신체, 재산의 보호, 치안유지, 범죄수사, 교통경찰, 법의학 실험실의 운영, 지방경찰의 위탁을 받아 교육훈련과 같이 폭넓은 경찰권한을 가진다. 지방하부기관의 수가 많으며 주 전역에 걸쳐 일선기관을 두고 있다. 하와이를 제외한 모든 주는 주정부에 주경찰국(State Police Department)을 가지고 있다.

주경찰의 형태도 다양하여, 주 전역을 관할하는 일반적 경찰권한을 가지고 순찰, 수사, 방범 등의 기본적 경찰기능을 수행하는 형태, 고속도로순찰대와 같이 주요 고속도로에서 순찰활동을 하며 도로상의 치안유지. 운전자의 안전 확보, 교통위반 단속뿐만 아니라 범죄수사의 권한을 가지는 형태, 특정분야에만 권한이 한정된 특별법집행기관의 형태 등이 있다.

주는 보통법(Common Law) 이래의 전통으로서 자원자를 중심으로 하는 주군인경찰을 가지고 있는데, 이들은 주지사 직할의 조건으로 주지사가 비상시에 치안유지를 위해 동원할 수 있다.

주경찰의 관리형태도 주마다 특색을 가지고 있어 주지사 직속으로 주경찰국을 두는 주(펜실베니아), 주지사 밑에 경찰위원회를 두어 관리하는 주(조지아, 뉴멕시코, 텍사스), 주지사 밑에 법집행청을 두고 이 안에 경찰국, 형사국, 소방국을 두는 주(일리노이) 등이 있다.

4. 지방경찰(Local Police)

지방경찰은 미국경찰의 핵심으로 각 지역의 치안유지기능 및 지역주민에 대한 봉사기능도 대부분 지방경찰을 통하여 이루어지고 있다. 지방경찰은 본질적으로 자치의 이념에 충실하게 주경찰과의 관계는 상호독립적이고, 주경찰이 지방경찰에 대한 기능적 보완을 하고 있다.

미국은 경찰 외에 민간경비산업이 발전되어 있다. 민간경비산업은 경찰과 구별하여 사경찰이라고 부를 정도로 각 분야에서 많은 역할을 하고 있다.

가. 도시경찰(city police)

도시경찰은 지방자치도시인 시(city), 법인격을 가진 타운(incorporated town), 빌리지(village)의 경찰을 총칭한다. 도시경찰은 미국의 지방자치경찰의 주력일 뿐 아니라 법집행기관 중 가장 규모가 크고 중요하여 미국치안행정의 가장 중요한 요소이다.

도시경찰의 역할은 다른 경찰기관보다 훨씬 더 복합적이고 다양하고, 광범위한 법집행, 질서유지 및 봉사기능을 수행하며, 매일 24시간 상시 신고대응출동태세를 유지하면서 다른 공공기관이나 민간기관이 할 수 없거나 하지 않으려는 모든 사회문제에 대응한다. 경찰의 활동도 광범위하여 가난한 사람들이나 빈곤에서 야기되는 모든 사회문제에 직접 접촉하며 인종간의 문제와 인종차별문제까지 취급하고 있다.

시경찰 중에서도 규모가 큰 것은 뉴욕시 경찰처럼 3만명이 넘는 직원을 가지고 있는 경찰로부터 작은 것은 10명 이하의 경찰에 이르기까지 다양하다.

시 이외의 자치체인 타운 · 빌리지 등에도 시경찰과 유사한 경찰조직이 있지만, 일반적으로 시경찰보다 조직이 간단하고 활동도 미약하며, 독자적인 경찰조직을 가지지 않고 소속 county나 인접도시경찰에게 경비를 부담하고 치안유지를 위임하고 있는 곳도 많다.

오늘날 도시경찰은 주의 중앙통제에 있는 시를 제외하고는 다양한 방식으로 관리된다.

주요한 형태를 소개하면 경찰장을 선출하는 방식, 합의제인 경찰위원회에 의한 방식, 위원회정부제도를 갖춘 도시의 공안위원회에 의한 방식, 독임제 경찰관리자를 두는 방식, 주정부를 통한 직접 관리방식 등이다.

나. 기타 지방경찰

도시경찰을 제외한 군·면 경찰, 특별구 경찰을 나누어 살펴보면 다음과 같다.

(1) 군(county)

전통적으로 하와이 주 등 일부를 제외하고는 선거로 선출되어 영장의 집행, 재판비용의 징수, 사형의 집행 등을 담당하는 보안관과 범죄혐의 있는 변사체의 검시를 주된 임무로 하는 검시관이 있다.

보안관은 미국 최초의 경찰관으로 각 군에 1명의 보안관이 있다. 미국의 많은 지역의 치안유지는 식민지시대 이후 보안관에 의해 유지되고 있다. 이들의 임무는 관할내의 치안유지, 법원의 집행관으로서 소장의 송달 및 영장의 집행, 배심원, 피고인의 소집, 재판비용의 징수, 군교도소의 관리 및 사형의 집행과 재판의 증인 등이다. 보안관은 주민의 선거로 선출되며, 일반적인 피선거권자일 경우 누구나 될 수 있다. 임기 2-4년이다.

검시관은 보안관 보좌하는 직책이다. 범죄의 혐의가 있는 변사자 검시하여 범죄로 사망한 것으로 인정되면 증거보존, 보안관에게 범인수사에 필요한 조언을 하거나, 복잡한 사건의 경우 6인의 검시배심원을 소집할 권한, 검시배심원과 변사체를 검시하여 증인의 심문에 입회하여 검시관으로서 직책 수행하기도 한다. 지역에 따라 의학적 전문지식, 수사기술, 법률지식 및 훈련의 결여로 범죄의 의학적 해결에는 비전문가라는 문제점 야기로 폐기하거나 주에 따라 치안법관이 검시관직을 겸하거나 의학 전문가가 권한 행사하기도 한다.

기타 군(County)경찰제도로는 최근 각 군마다 새롭게 조직한 보안관고속도로순찰대(Sheriff Highway Patrol), 군경찰대(County Police), 공원순찰대(Park Patrols), 검찰형사대(Prosecutor's Detectives), 민간경비대(County Vigilantes) 등이 있다.

(2) 읍 · 면(township · town)경찰

읍면에서는 치안관이 있는데, 비전문적이고 비능률의 문제가 있어 점차 조직화된 별도의 읍면 경찰로 대체되는 경향이 있다.

치안관은 범인체포, 영장발부 등의 권한을 가지고 있으며 보안관과 흡사하다. 오늘날 치안관은 과거의 유산에 불과하나 여전히 존재한다.

(3) 특별구(Special-district)경찰

특별한 시설이나 구역에의 경찰봉사를 위한 지역의 경찰활동을 위해 특별경찰기관이 확립되어 있다(예 : 공원경찰, 수송경찰. 주택경찰, 환경경찰, 공립학교경찰, 대학경찰).

Ⅳ. 미국 경찰의 인사

1. 채용

미국의 경찰제도는 분권화된 형태를 취하고 있기 때문에 다양성을 띠고 있다. 특히 채용과정에서 지원자의 신체조건과 건강상태에 대하여 엄격한 조건을 두고 있다.

미국경찰의 채용과 관련된 특징을 정리하면 다음과 같다. 모든 경찰관이 순경으로 입직하는 것이 원칙이나 지휘관 등 특수한 직책에 대해서는 개방형 계약제를 채택, 타 경찰기관이나 FBI 등 연방법집행기구 경력자를 채용하는 경우가 많이 있다. 채용에 있어서 경찰에 대한 자격요건을 강화해 나가려는 경향을 보이고 있다. 경찰에 대한 직업관이 평범한 시민이 갖는 직업 중 하나라고 생각하여 고정적 봉급액과 직업의 안정성으로 인해 경찰에 입직한다. 동등한 고용기회를 여러 법률에서 보장하고 있으며 인종, 피부색, 성, 민족적 기준에 따른 차별을 금지하고 있다.

2. 경찰교육

미국경찰은 신임교육, 보수 및 전문화교육, 지휘자 및 관리자 교육, 위탁교육 등으로 나누어 볼 수 있다.

첫째, 신임교육은 5-6개월 기간 동안 자체 경찰학교(Police Academy) 또는 자체 경찰학교가 없는 경찰조직은 인근 시·군 또는 주 경찰학교에 위탁하여 교육을 실시한다. 교육방식은 이론교육 및 훈련과 역할연기실습(role-taking) 병행하며, 일부 주경찰을 제외하고 통학제 원칙, 기숙사에 의한 합숙제의 경우 통학 불가능한 자에게만 숙소 제공된다. 교육방침은 경찰업무 수행에 필요한 기본지식, 기술 및 정신자세를 갖추도록 하고 있다.

교육과정과 교과목을 보면 경찰의 임무와 책임, 공공안전, 범죄예방, 경찰학 및 범죄학 등 관련 사회과학, 체력훈련, 공공관계, 형법, 수색 및 체포, 순찰요령, 경찰통신, 진술청취 및 보고서 작성요령, 응급구호기술, 교통정리와 통제, 사격훈련, 호신술, 마약류 식별법 등이다.

둘째, 보수 및 전문화교육은 경찰관을 항상 직무에 있어 일정 수준을 유지시키는 것에 배려로 보수교육에 중점을 두고, 각급 경찰학교 및 FBI Academy에서 이론교육과 실습을 병행한다.

일반보수교육과 전문화교육으로 나누어 보면, 일반보수교육은 버지니아주의 경우, 모든 경찰에게 2년에 한번, 1주간의 일반현임교육을 의무화, 법령 중심의 강의, 6개월에 1회 사격능력을 측정하였으며 일정 수준이상 성적을 거두지 못하면 추가교육과 시험 실시한다. 전문교육은 펜실베니아주의 경우 전문교육과정에서 수사관기초교육, 약물화학검사, 범죄현장감식, 특수무기조작법, 교통사고수사, 교통단속, 성범죄수사, 인질구조, 테러대책 등을 강의하며 기간은 1주 내지 3주이다.

주요교육과정으로는 미시간 주 오클랜드 경찰학교를 예를 들면, 순찰전문화과정, 교통레이다장비 훈련과정, 지역사회 특성 인지과정, 신체수색과 체포 및 구금과정, 가정폭력사건 처리 및 수사과정, 정신질환자 대응요령 과정, 상용차량 및 위험물질 운반차량 단속과정, 차량 및 중요범죄 혐의자 검문요령, 경찰관 생존전략 과정, 언어와 호신술 과정, 고급 순찰기법과정 등이다.

셋째, 지휘자 및 관리자 과정은 각급 경찰학교에서 이론교육과 실습교육을 병행한다. 교육과정을 미시간 주 오클랜드 경찰학교를 중심으로 살펴보면 긴급상황지휘과정, 경찰기록체계 운용과정, 경찰 생산성 관리과정, 정보공개법 과정 등이다.

넷째, 일반대학에서의 경찰위탁교육은 경찰관의 질적 향상을 목적으로 실시되며 예산이 지원된다.

3. 승진

채용된 경찰관은 전문직업인으로서 누구에게나 승진의 길이 열려 있다. 경찰사회는 철저한 계급사회이기에 제도적 장치는 물론 운영면에 있어서도 고도의 관리기술이 요구된다.

승급과 승진은 시험과 면접을 거쳐 최종적격자 결정하는데, 승급은 순경 1급에서 2·3급으로, 형사 1급에서 2급으로 등급변경을 하며, 보수와 관련된 것으로 경찰기관 자체 선발절차에 의한다. 승진은 순경 3급에서 경사 및 형사로 승진 및 그 이상의 계급 변경이 있는데, 임용 또는 직무와 관련된 것으로서 시인사부가 실시하는 공무원승진시험에 의한다.

승진은 필기시험을 형법, 형소법, 증거법, 경찰조직관리, 정책, 업무절차, 주요경찰업무에 관한 수행방법·관행·기술에 관하여 실시하며, 면접시험은 판단력, 극기력, 건강도, 용모를 중시하되 계급별로 경사는 부하 지도와 훈련능력을 중시하고, 경위는 부하감독능력, 경감은 이상은 행정적 관리능력에 중점을 둔다.

V. 미국의 수사구조

미국 경찰의 수사구조를 살펴보면, 고도로 지방분권화되어 있으며 그들 형사사법기관간에 상호 독립적이고, 경찰조직을 종적으로 보면 연방수사기관, 주경찰, 그리고 시경찰로 구분할 수 있다. 그러나 미국경찰조직은 우리나라와는 달리 중앙정부의 국가경찰을 중심으로 일사불란한 명령체계를 가지고 있지 않으므로, 수사에 있어서도 지방경찰이 독자적으로 수행한다. 이런 요인들 때문에 미국 경찰조직은 상당히 복잡다양하다.

1. 주 검사

일부 주에서는 주검사가 지역의 최고 법집행책임자인 경우가 많지만 사실상 경찰을 통제 및 지휘하는 지위는 가지고 있지 않다. 따라서 경찰은 수사에 있어서 검찰로부터 상당히 독립적인 지위를 가지고 있다. 하지만 검사는 경찰이 수사한 사건을 기소하기 전에 검토를 하기 때문에 어느 정도 경찰을 통제하는 역할을 한다. 검사는 사건을 검토한 후에 기소할 것인지 아니면 불기소 처분할 것인지를 결정한다. 다시 말하면 검사는 만약 경찰로부터 접수된 사건이 증거가 불충분하다거나 기타 기소할 가치가 없다고 판단할 경우 사건을 경찰로 되돌려 보낼 수 있다.

2. 검사와 사법경찰관과의 관계

경찰은 사건 송치 전에는 수사와 체포에 대하여 광범위한 재량권을 행사하는 위치에 있다가 사건 송치 후에는 그간의 수사과정의 정당성을 입증해야 하고 검사의 지시에 따라 증인과 증거를 수집, 정리해야 하며 법정에서 경찰자신이 전문증인으로서 증언해야 하는 입장으로 그 역할이 바뀌게 된다.

당사자주의적 소송구조가 확립되어 있는 미국의 경우 검사는 소추활동에 전념하고 있으며, 범죄의 수사는 원칙적으로 경찰이 담당하고 있다. 검찰이 피의자나 참고인에 대하여 심문을 행하는 것이 불가능하지는 않지만 경찰작성 조서나 검사작성조서의 증거능력에 차이가 없고 최종적으로 공판정에서 직접증거가 제출되지 않으면 증거능력이 부정될 가능성이 크기 때문에 직접적으로 신문하는 경우는 드물다. 또한 검사는 대배심을 통하지 않는 한 직접 소환장을 발부하여 출석의무를 부과할 수 있는 방법도 없다. 당사자주의 전통에 입각하여 공소권으로서 공판정에서의 입증활동에 주력하고 있는 미국검찰은 수사지휘권이 없으며 지역에 따라 다소의 자체 수사인력(Investigator)을 보유하고 있지만 실제로 수사를 직접 수행하는 경우는 드물다.

제 4 절 독일 경찰

Ⅰ. 일반현황

독일은 원래 명칭은 독일 연방 공화국(Bundesrepublik Deutschland)이며 중앙 유럽에 위치한다. 1990년 10월 3일에 서독과 동독이 통일하였다. 북쪽으로 덴마크와 북해, 발트 해, 동쪽으로 폴란드와 체코, 남쪽으로 오스트리아와 스위스, 서쪽으로 프랑스, 룩셈부르크, 벨기에, 네덜란드와 접한다.

독일은 16개 주로 이뤄진 연방 공화국이다. 역사적으로 여러 독립국으로 나뉘어 있었으나 1871년 프랑스-프로이센 전쟁을 거치면서 국민국가로 통합되었다.

독일은 국제 연합과 NATO, G8의 가입국이며, 유럽 연합의 창설국으로 유럽 연합에서 가장 인구가 많으며 경제력으로도 중심이 되는 나라이며, 공용어는 독일어이다.

독일은 각기 헌법·정부·재판소를 갖는 16개의 주로 형성된 연방국가로서, 국가원수는 임기 5년의 대통령이다. 그러나 그 권한은 명목적인 것으로, 실제의 정치 책임자는 수상이다. 수상은 후보가 연방의회에서 과반수를 얻으면 대통령에 의해 임명되며 임기는 4년이다. 입법기관은 연방상원과 연방하원으로 구성되는 2원제인데, 연방상원은 연방하원의 의결에 대한 거부권이 없다.

Ⅱ. 독일 경찰의 역사

14세기 이후부터 봉건영주에게 영주로서의 권한행사를 최대한 보장하기 위하여 포괄적 기능을 행사하는 경찰권을 부여하였다. 농촌에서는 기마경찰 형태로, 도시에서는 자치체경찰 형태로 출발하였다.

1808년 자치행정을 채택한 후에도 경찰사무는 국가사무라는 점에서 변함이 없어 1812년 종래의 기마경찰을 개편하여 정식으로 경찰대를 창설하였고, 도시에서의 자치체 경찰도 1848년 베를린에서 처음으로 국가경찰인 정복경찰이 창설된 이후에 다른 도시로 확산되었다. 비스마르크의 독일 통일 때인 1871년 4월의 제국헌법 제정당시와 바이마르공화국의 1918년 10월의 국가개혁시대에도 경찰사무는 국가사무로 보았다.

제1차 세계대전 중에는 치안을 확보하기 위하여 1919년에 중앙집권적인 경찰을 창설하였지만, 그 다음 해 연합국은 중앙집권적 경찰의 해체를 요구하고 중앙집권적 경찰조직을 금지하여 이전과 같은 지방경찰로 재편성하도록 하였다. 이에 따라 1934년까지의 독일의 경찰제도는 대체로 각 주에 따라 상이하여 전국적으로 통일된 제도가 없었다.

히틀러의 나치독일에서는 각 주의 주권을 박탈하고 경찰권도 각주의 권한으로부터 독일중앙정부로 귀속하게 하였다. 프로이센 내무부장관

직속하에 비밀국가 경찰을 설치하고 전국의 정치경찰사무를 담당하게 하였는데, 이것이 게슈타포(Gestapo)라고 하는 비밀경찰이다.

제2차 세계대전 이후 연합국은 독일경찰의 기본적 개편방향으로서 경찰의 탈나치화, 탈권사화, 비정치화, 민주화, 지방분권화를 추진하였다. 또한 소방, 영업, 도로, 위생, 건축 등의 협의의 행정경찰사무를 경찰로부터 분리하여 일반행정기관에 이관시키는 비경찰화 작업을 단행하였다.

일반경찰권은 주정부의 권한에 속하도록 하였고, 독일경찰조직의 중점이 1933년 이전과 같이 다시 주에게 이전되어 각 주는 고유의 경찰법을 제정하게 되었다. 각 주의 경찰법은 경찰의 임무, 권한, 경찰의 구조, 편제, 재정에 관한 것을 주로 규정하고 있다. 이것이 자치체경찰 제도로의 전환은 아니며, 대부분의 주정부에서는 자체입법으로 주단위의 국가경찰 제도를 채택하고 있다.

연방단위의 연방헌법보호청, 연방국경경비대, 연방범죄수사국 등이 설립되었고, 연방국경경비대 산하에는 뮌헨올림픽을 계기로 하여 1972년에 대테러부대(GSG-9)가 창설되었다.

연방 및 각 주 내무부장관들로 된 내무부장관회의가 설치·운용되기 시작하여 그 결실로 주경찰의 임무 및 권한 등의 통일을 기하기 위한 서독의 대내안전계획이 채택되었다. 1976년에는 '연방 및 각 주 통일경찰법 모범초안(Musterentwurf eines einheitlichen Polizeigesetzes des Bundes und der Länder)'[5]을 마련하여 1977년 최종안(1986년 재개정)을 제정하기에 이르렀다. 이에 따라 대부분의 주에서는 전체 또는 부분적으로 경찰법을 개정하여 경찰법의 통일을 기하고 있다.

1989년에는 서독이 동독을 흡수통일하면서 경찰의 통합도 이루어져

5) 동법의 제1조 경찰의 임무에서 '① 경찰은 공공의 안녕과 질서에 대한 위험을 제거하는 임무를 갖는다. ② 사권의 보호는 법원의 보호가 적시에 이루어지지 않을 경우 또는 경찰의 도움 없이는 권리의 실현이 불가능하거나 현저하게 곤란해질 경우에 한해서 이 법률에 따라 경찰의 권한에 속한다'고 규정하여 경찰의 임무를 공공의 안녕과 질서유지 그리고 일정한 경우 사권의 보호에까지 미치는 광범위한 것으로 판단하고 있다.

분단국가인 우리에게 시사하는 바가 크다.

Ⅲ. 독일 경찰의 조직

1. 연방경찰과 주경찰의 관계

연방경찰과 주경찰은 상호 독자적인 지위를 유지하며, 양자 사이에 연방경찰을 상위에 두는 상명하복의 관계는 인정되지 않는다. 연방 내무부장관은 주경찰에 대해서 원칙적으로 재정지원이나 지휘통솔의 권한을 가지지 않는다. 예외적으로 연방경찰 관할에 속하는 업무에 관하여 주경찰에 대한 연방경찰의 통제를 인정하고 있다. 연방경찰은 반헌정질서범죄에 대한 정보수집과 수사 및 국경경비와 특수한 업무만을 담당하고 있고, 사실상 지역치안은 주경찰이 담당하고 있어서 독일경찰 조직의 핵심은 주경찰이다.

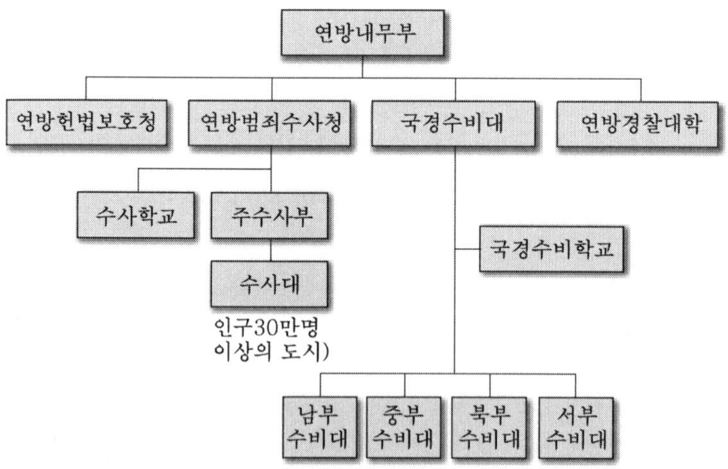

〈그림 3-3〉 독일연방경찰기구표

2. 연방경찰

독일기본법 제87조 1항에 따라 다음과 같은 연방경찰기관이 설립되어 있다. 연방 경찰은 연방정부 내무부에 속해 있다. 연방경찰은 '기관분리의 원칙'에 따라 정보활동과 수사활동이 각각 연방헌법보호청과 연방범죄수사청에 나뉘어져 있다.

(1) 연방헌법보호청(BVS)

연방헌법보호청은 독일기본법상의 헌법기관으로 반헌정질서범죄 및 범죄자에 대한 정보수집 및 배포를 담당한다. 각 주 정부에도 헌법보호국이 설치되어 있으나 상하관계가 아닌 상호 협력관계이다.

(2) 연방국경수비대(BGS)

연방국경수비대는 독일연방지역의 국경경비를 담당한다. 연방국경수비대의 임무는 국경보호임무, 국가비상사태 대비업무, 경찰력 지원, 연방시설의 보호, 국경지역의 해양보호와 오염방지활동 등이다. 대테러부대인 GSG-9가 소속기관으로 있다.

(3) 연방범죄수사청(BKA)

연방범죄수사국은 반헌정질서범죄 및 국제적 광역적 범죄에 대한 수사권을 행사한다.

연방범죄수사국은 무기 마약류 등의 밀거래, 화폐위조 등에 대한 국내외의 수사 및 외국과의 수사공조, 요인의 경호업무, 정치 범죄수사, 경찰 전산자료의 관리 및 교육, 수사경찰에 대한 교육 등의 업무를 수행한다.

3. 주경찰

경찰권은 원칙적으로 주정부의 권한으로 되어 있다. 연방과 주의 입법사항을 배분하여 규정하고 있는 독일의 헌법에 해당하는 기본법은 제30조와 제70조에 경찰조직은 각 주의 입법사항으로 규정하고 있다. 다만 전국적인 특수상황에 대비하기 위하여 연방경찰이 병존한다. 독일은 연방제 국가로서 주가 미국의 주와 같이 고도의 자치권을 행사하며, 주내무부장관 밑에 주경찰이 있다.

주내무부는 주의 최상급 경찰관청이며 주경찰은 주내무부 소속기관으로서 직무 집행에 관하여 내무부장관의 지휘감독에 복종하여야 한다. 주내무부는 경찰법의 시행을 위한 각종 법규명령·행정규칙 등을 제정한다. 대다수의 주에서는 주를 단위로 하는 국가경찰체제를 유지하고 있으며, 브레멘주등 일부 주에서는 예외적으로 국가경찰에 기초자치단체 경찰을 가미하고 있다.

주경찰 조직을 살펴보면 보안경찰(행정경찰)은 치안경찰이라고도 하며, 정복을 착용하고 전통적 전형적 경찰업무를 수행하는 경찰이다. 대부분의 주는 보안경찰과 수사경찰을 통합하여 조직하고 있지만, 일부의 주에서는 처음부터 보안경찰과 수사경찰을 분리한 2원조직을 가지고 있다. 수사경찰은 정복을 입지 않고 사복으로 근무하면서 범죄의 수사 및 예방업무를 담당하며, 이들은 사건을 직접 인지하기도 하고, 치안경찰을 통하여 인지된 사건을 처리하기도 한다. 기동경찰은 폭동이나 시위 등 전국적인 긴급치안 상황시 진압경찰의 역할을 수행한다. 수상경찰은 독일의 수로·내수면·포구·부두 등에서 경찰업무를 수행하게 되는데, 일반경찰서와는 처음부터 분리되어 각 주의 내무부장관에 직속되어 있다. 주헌법보호청(LVS)과 주범죄수사국(LKA)은 주경찰의 내부조직이 아니며, 주헌법보호청(LVS)은 각 주에서 반헌정질서범죄 및 범죄자에 대한 정보수집 및 배포임무를 담당하고, 연방헌법보호청과의 업무협조를 담당한다. 주 범죄수사국(LKA)은 각 주에서 연방범죄수사국법(BKAG)에 따라 주의 수사업무를 관할하고, 연방범죄 수사국과의 업무협조를 담당한다.

Ⅳ. 독일 경찰의 수사제도

대륙법계 전통의 독일은 검사가 수사의 주재자로서 지위를 가지고 사법경찰관이 이에 보조하는 기소법정주의이다. 독일의 검찰은 자체수사관을 가지고 있지 않은 '손 없는 머리(Kopf ohne Hände)'로서 법률적 통제자로서의 역할에 충실하고 있다.

독일에서의 경찰과 검찰의 관계를 규정하는 법규는 형사소송법과 법원조직법이 중추를 이루고 있다.

검사에게 적용되는 기소법정주의는 검사의 수사권을 법률적으로 보장하고 있으며, 수사권행사에 관한 추상적인 지휘권을 검사에게 부여하고, 검사가 직접수사를 하거나 경찰로 하여금 수사를 할 수 있도록 지시하는 구체적인 수사권을 검사에게 부여하고 있다.[6)]

수사를 주재하는 권한을 가지고 있는 대륙법계의 검찰은 독자적으로 수사를 행함에 필요한 자체수사인력은 보유하지 않고, 또한 검사작성조서와 사법경찰관 작성조서의 증거능력에 차이가 없다. 따라서 실제수사는 사법경찰에 의하여 수행될 수밖에 없으며 검사의 수사에의 직접적인 관여는 제한된 양상을 보이고 있다.

또한 검사의 수사권을 보장하기 위하여 경찰에게 검사의 수사지휘권을 충족시킬 의무를 규정하고 있다. 이러한 경찰의 의무는 일반적인 요구(일반적 지휘권)와 특정경찰관에게 발하는 구체적인 사안에 대한 촉탁(구체적인 지휘권)으로 구분된다.

범죄진압업무에 있어서 검사가 관련내용을 알지 못하는 상태에서 경찰이 직접 수사할 경우 가능한 한 빨리 사안에 대해 통지해야 할 의무를 경찰에 부여하고 있다. 검찰의 이러한 수사지휘권은 검사의 협력공무원의 협조의무를 통해 뚜렷이 나타난다. 협력공무원의 범위는 지방법률 규정에 의해 따로 정해진다.

---

6) 경찰의 수사제도 개선에 관한 연구, 치안정책연구소, 2005.8, p. 152 이하

대부분의 사건에서 수사절차는 경찰이 검사에게 사건을 송치하면 검사의 수사종결권으로 끝난다. 그러나 세금과 관련된 형사사건에는 세무직 공무원이, 약식명령과 관계된 사건에서는 경찰이 기소권을 행사할 수 있다.

제 5 절 프랑스 경찰

Ⅰ. 일반현황

프랑스 공화국(République française, French Republic)은 서유럽의 본토와 남아메리카의 프랑스령 기아나를 비롯해 여러 대륙에 걸쳐 있는 해외 레지옹과 해외 영토로 이루어진 국가로서, 유럽연합 중 가장 영토가 크다.

프랑스 본토는 남북으로는 지중해에서 영국 해협과 북해까지, 동서로는 라인 강에서 대서양에 이른다. 유럽 연합을 세울 때부터 유럽 연합 내에서 독일과 함께 중추적인 역할을 해 왔으며, 북대서양조약기구의 회원국이다.

프랑스의 수도는 파리이며, 기초 지방자치 단체는 코뮌(commune)이다. 파리, 리옹, 마르세유와 같은 도시도 하나의 코뮌을 이루고 있다. 여러 코뮌들을 묶어 칸톤(canton)을 이루며, 여러 칸톤이 모여 아롱디스망(arrondissements)이 되고, 아롱디스망이 모인 것은 데파르트망(départements)이라 한다. 몇 개의 데파르트망이 모여 레지옹(région)을 이룬다.

알제리 문제 등의 정치적 혼란을 수습한 드골 장군은 1958년 10월 8일에, 준대통령제를 골자로 하여 대통령에게 강대한 권한을 주는 헌법을 공포했다. 이 헌법에 바탕을 둔 제5공화국의 특색은 입법부에 대한 행정부의 우위에 있는데, 내각은 대통령이 임명하는 총리와 각료로서 구성된다.

초기 헌법에서 대통령의 임기는 7년이었으나, 2000년 국민투표를 통해 5년으로 단축하였다. 의회는 양원제로서, 하원에 해당하는 국민의회는 2회 투표, 소선거구제의 직접·보통선거로 선출되는 577명의 의원(임기 5년)으로 구성되며, 상원은 국민의회 및 지방의회 대표에 의한 간접선거로 구성된다(정수 319명, 임기 9년, 3년마다 1/3개선).

대통령이 임명하는 내각은 우선 '의회에 책임을 진다'고 되어 있으나, 대통령은 각료회의를 주재하고 정책 전반의 결정을 지도하는 외에 내각에 대한 불신임안의 통과는 의원 정수의 과반수를 넘는 경우에 한하고, 기권·결석은 정부 지지로 간주되며 또 1회기 동안에 2회 이상 불신임안을 제출할 수 없다. 그러므로 대통령의 의회 해산권과 더불어 정부가 의회의 동향에 좌우되는 경우가 적으며, 게다가 정부는 법률의 효과를 가진 정령(政令)을 발하는 권한도 보유한다.

반면 양원제(兩院制) 의회의 회기는 연 120일을 넘지 못하고, 그 주요 기능은 인권에 관한 법률제정에 한정되어 있다. 또한 각료는 국회의원 기타의 공직을 겸하지 못하며 당적을 가져서는 안 된다고 규정하는 등 모든 면에서 정당을 중심으로 하는 전통적 의회주의는 엄격한 제약을 받고 있다.

2000년의 개정헌법에 의하면 대통령은 총리, 상·하원 의장과 협의 후 의회(하원)를 해산할 수 있으며 의회해산 후 20~40일 사이에 총선을 실시한다. 그러나 총선 후 1년 이내에는 의회해산을 할 수 없다.[7)]

7) 강력하고 안정된 정부의 존재가 보장된 반면, 경우에 따라서는 정부가 독재화할 위험도 상당히 크다고 할 수 있다. 이와 같은 헌법의 성립은 제2차 세계대전 후 알제리 문제를 둘러싼 내전의 위기 등을 타개하기 위하여 대통령의 권한 확대가 불가피하였기 때문이다.

Ⅱ. 프랑스 경찰의 역사

1. 구체제(Ancient Régime)하의 경찰제도

독일과 같은 대륙법계에 속하는 프랑스의 경찰제도를 구체제하의 경찰제도부터 살펴보면, 앙리 1세가 1032년 파리 내의 치안을 유지하기 위하여 창설한 국왕친위 순찰대격인 프레보(Prévôt)가 재판과 경찰을 담당하였다.

꼬뮌(commune)[8]의 시장이 11세기부터 영주로부터 자치권을 획득함에 따라 질서유지를 위한 행정경찰권을 행사하기 시작하면서 자치체경찰이 생기는데, 이들이 오늘날 지방자치경찰의 시초이다.

군인경찰은 12세기의 기마순찰대(Marechanssée)에서 기원하여 100년전쟁과 종교전쟁을 거치면서 지방의 치안이 무질서해지자 1373년 샤를르 5세가 각지에 주둔하는 군부대 내의 치안을 담당하던 기마순찰대에게 성내를 제외한 지역의 모든 범죄를 처리하도록 하면서 정착되었다. 오늘날 농촌에서 일반경찰관 대신 군인경찰(헌병)이 경찰업무를 담당하는 전통은 여기에서 유래한다. 군인경찰은 군인으로서 민간인을 상대로 경찰업무를 수행하였다. 프랑스의 제2의 경찰로서 군인경찰은 국방부 소속이지만 지역에 따라 경찰청장, 각 도지사, 파리경찰청장 등의 지휘, 감독 하에 경찰업무를 담당한다. 군인경찰은 인구 2만 미만의 소도시와 농촌지역, 간선도로 등의 지역의 경찰업무를 담당한다. 특히, 군경찰의 일부인 군경찰기동대는 관할구역에 관계없이 활동한다.

---

8) 12세기에 성립된 프랑스의 주민자치체. 본래 주민들간에 평화를 서약한 주민공동체로서, 사회의 혼란이나 영주권(領主權)의 남용에 대해서 단결하여 대응해오다가 왕 또는 영주로부터 특별한 사회단체로 인정을 받아 이후 지방자치단체의 개념으로 정착되었다.

2. 프랑스 대혁명 이후

(1) 국립민간방위대(Garde civique)

프랑스는 1879년 대혁명을 거치면서 시위대의 무질서를 바로잡기 위하여 민간방범대라고 부르는 약 1,800명의 자원병이 시내 질서유지를 담당하였는데, 이것이 프랑스 혁명 후의 국립민간방위대의 근간이 되었다. 이에 따라 경찰국은 폐지되고, 파리시는 국립민간방위대가, 지방은 군인경찰이 치안을 담당하였다.

(2) 경찰제도의 집권화

나폴레옹이 정권을 잡고 행정기구와 지방제도를 중앙집권화하면서 경찰제도도 집권화되었다. 파리에는 직접 중앙권력에 종속하는 경찰기관으로서 파리경찰청이 창설되었고, 그 장은 경찰청장이 되었다. 군인경찰도 이 기간에 그 조직이 더욱 강화되어 지방군경찰사령부를 설치하였다.

(3) 19세기 근대 프랑스경찰

19세기 프랑스경찰은 중앙집권화가 강화되어 1881년에는 경찰을 감독하기 위하여 내무부 안에 새로 경찰청이 창설되었고, 그 업무도 점차 확대되었다. 이 시기의 군인경찰은 정치경찰화하여 많은 비난을 받았지만, 군경찰기동대 등을 창설하였고, 중앙으로부터의 예산지원을 받는 등의 개혁이 이루어졌다.

(4) 20세기 경찰제도

20세기에 들어오면서 경찰의 자치적인 성격을 제거하려는 노력이 나타나, 1934년 4월 28일 법률은 기존의 내무부 경찰청을 국립경찰청으로 변경하면서 중앙집권화를 강화하였다. 1941년 4월 23일의 법률과 1941년 6월 6일 및 7월 7일의 명령도 단순화와 통일화라는 의미에서 경찰제도에 큰 개혁을 가하여, 인구 1만명 이상의 도시는 국가경찰화하였다.

제2차 세계대전 이후에도 이러한 경찰의 중앙집권화는 그대로 유지되었을 뿐만 아니라, 1966년 7월 9일 법률로 내무부의 국립경찰청과 파리경찰청을 통일하여 국립경찰로 일원화함으로써 더욱 강화되었다. 1996년 9월 19일 제96-827 테크레에 의하여 1개 코뮌 또는 인접 코뮌이 인구 2만명을 넘고 범죄의 양상이 도시화되었을 경우에 국립경찰이 치안을 담당한다.

Ⅲ. 프랑스 경찰의 조직

프랑스경찰은 중앙집권화된 대륙법계국가의 경찰제도로서 내무부장관의 지휘하에 전국적인 조직을 가지고 중앙정부에서 일반적 지휘감독을 행하는 전형적인 국가경찰이 중심이다. 인구 2만명 이상의 코뮌에 배치되는 국립경찰은 도지사가 관장하며, 인구 2만명 미만의 코뮌에서의 자치경찰제도의 운영은 코뮌장의 권한에 속한다. 국립경찰과 자치체경찰은 각자 담당하는 경찰업무가 명확히 구분되어 있다.

1. 국가경찰

국가경찰에는 인구 2만명 이상의 코뮌에 배치되는 전국적 조직을 가지는 국립경찰과 파리와 인접 3개도를 관할하는 국가경찰기동대 파리경찰청, 군인경찰이 있다. 국가경찰은 정복경찰관 사복경찰관 일반직원으로 구성되어 있는데, 이들은 모두 내무부 소속의 국가공무원이다.

(1) 국립경찰

(가) 경찰청

경찰청장(directeur gééale de la police nationale)은 주로 임명 도지사직군에서 임명되며 일반 행정직 공무원으로 경찰의 최고 행정을 관장하고 경찰청을 책임진다. 내무부 산하 중앙부처로서 경찰청은 5개의 부국과 특수경찰조직 등으로 나뉘어 있으며 경찰청장 책임 하에 있다.

① 사법경찰중앙국direction centrale de la police judiciaire)

② 국토감시국direction de la surveillance du territoire)

③ 시민안전국direction centrale de la séuritépublique)

④ 국가방첩국direction centrale des renseignements gééaux)

⑤ 국경경찰국direction centrale de la police aux frontièes)

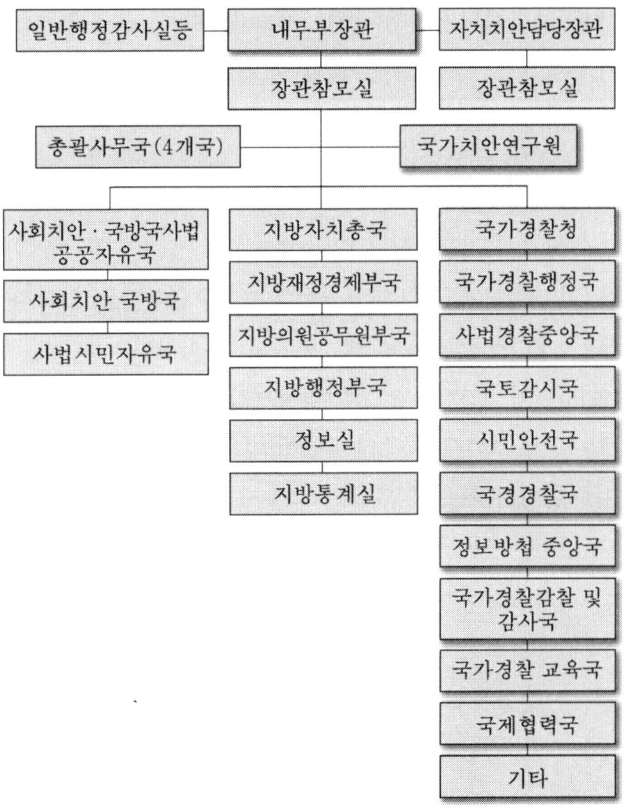

〈그림 3-4〉 내무부장관 산하의 경찰청 조직도[9)]

특히 경찰청 산하의 시민안전국은 일반경찰기능 이외에도 일반재해와 소방 관련 업무를 담당하고 있으며 이와 관련한 전문공무원을 채용하여 교육하는 전국 소방학교를 관리하고 있다. 또 각 도의 화재재난구

9) 안영훈, 유럽형자치경찰제도 모델분석, 치안정책연구소(2005), p. 18 참고.

조국과의 전국적인 연계를 갖고 재난 재해 소방에 대비하는 방재업무를 총괄적으로 담당하고 있다. 이외에도 경찰청장의 직속으로 특수경찰대가 활동하고 있다. 이를 정리하면,

마약단속반(mission de lutte anti-drogue, MILAD), 테러방지조정반(unitéde coordination de lalutte anti-terroriste, UCLAT), 범죄테러퇴치반(unitéde recherche, assistance,intervention et dissuasion, RAID), 마피아범죄퇴치반(unitéde coordination et derecherches anti-mafia, UCRAM), 안전경비경호반(service de séuritédu ministre de l'intéieur, SSMI), 경찰기동반(service central automobile, SCA) 등이 있다

(2) 파리경찰청

파리는 프랑스의 정치・경제・사회・문화의 중심지로서 중앙권력의 직접 통제를 받을 필요성이 있어 수도경찰로서 파리경찰청이 창설되었다. 파리경찰청장은 센느도지사와 마찬가지로 내무부장관의 추천으로 대통령이 임명하며, 파리경찰청장은 센느도와 파리시의 경찰권을 가진다. 프랑스에서는 중앙에서 임명하는 도지사가 행정의 집행과 치안유지를 담당하지만, 수도라는 특수사정으로 파리시와 센느도만은 예외로서 도지사는 일반행정만을 행하고 경찰권을 가지지 않으며, 지사와 동위인 파리경찰청장이 그 임무를 담당하고 있다. 국립경찰청에 직속되어 있는 파리경찰청의 조직은 치안총감 밑에 2명의 차장이 있어 사법경찰업무와 행정경찰업무를 각각 관장한다. 파리지역에는 국립경찰과 군인경찰이 상호 중첩되게 배치되어 있는데, 이는 상호견제를 통해 정확하고 상세한 정보수집체계를 유지하기 위한 목적이 있다.

(3) 경찰기동대

국가경찰 내에 부가적으로 설치되어 있는 경찰기동대는 전국적으로 기동중대와 본부대 및 대원교육센터로 이루어져 있다. 경찰기동대의 임무는 대규모 치안상황에서 질서유지, 중요간선도로에서의 교통단속 외에 지방경찰활동의 지원, 안전사고에 대한 구조보호활동, 국경이나 연

안 및 공항 등에서의 감시활동 등이다. 공화국안전대는 위기 혹은 재해가 일어났을 때 추가적인 지원을 제공할 필요로서 내무부장관의 명령으로 전국의 각 지역으로 출동하게 된다.

(4) 군인경찰(La Gendamerie Nationale)

프랑스는 프랑스대혁명 이후의 오랜 전통에 따라 전국적인 제2의 국가경찰역할을 수행하며 일반경찰사무도 담당하는 군인경찰이 있다. 군인경찰은 국립경찰이 배치되지 않은 2만명 미만의 코뮌에서 도지사의 지휘를 받아 지방경찰을 지원하며, 국립경찰과 협조하여 일반경찰임무를 수행한다.

국립경찰과 군인경찰의 사무분장은 일반적으로 인구 2만명 이상의 코뮌에서는 국립경찰이, 2만명 미만의 코뮌에서는 군인경찰이 치안유지 임무를 담당한다. 군인경찰은 국방부장관 소속하에 있지만, 경찰업무를 집행할 때는 국가경찰로서 내무부장관 밑에서 경찰법령 또는 시·도지사의 명령에 따라 활동한다.

국립경찰은 사법경찰관의 직권이 엄격하게 제한되어 있는데 반하여, 군인경찰은 전원이 사법경찰관리의 권한을 부여받고 있다. 이것은 군인경찰이 넓은 지방을 관할하고 있어 사법절차가 필요한 경우에 즉각 대응하기 위한 것이다.

군인경찰은 지역헌병대와 기동헌병대의 2개 부대로 나뉘어져 약 9만명으로 구성되어 있다. 지역헌병대는 인구 2만명 미만의 소도시와 농촌지역에서의 사회의 안전과 경찰업무를 수행할 책임을 지고 있다. 더욱 복잡한 수사업무에 있어서는 국가경찰이 책임을 지고 있어 원조를 요청할 수 있다. 기동헌병대는 국가경찰기동대와 유사한 형태로서 고정된 관할 구역을 가지고 있지 않으며, 폭동진압과 각종 집회 및 시위의 경비 등과 같이 사회공공의 안녕과 질서를 유지할 필요가 있는 특수한 경우에 대비하여 신속하게 출동하도록 잘 훈련되고 기동화된 부대이다.

국방부소속의 군인경찰이라고는 하지만 군인경찰청장은 전통적으로 민간인을 임명하고, 비군사적 업무에 대하여는 내무부와 협조하고, 사법업무에 대하여는 수사판사나 검사의 지휘를 받아 수사를 행한다.

2. 자치체 경찰

자치체 경찰은 1884년 4월 5일 법률 제102호 및 지방자치법 제131-1조 이하의 의거하여 인구가 1만명 미만이거나 도시의 교외에 인구가 많지 않은 지역의 코뮌의 장이 자치체 내의 공공의 안녕과 질서를 유지하기 위하여 설치하였다. 1996년부터는 기초자치단체인 코뮌 중 인구 1만명 이상의 시나 코뮌에서도 치안상 필요에 따라 행정경찰분야의 자치체 경찰을 허용하고 있어 자치체경찰을 설치하는 자치단체가 늘고 있다.

Ⅳ. 프랑스의 수사구조

프랑스의 경우 경찰은 체계상으로 사법경찰과 행정경찰로 분류되어 있으므로 업무상의 기능이 효율적으로 발휘되고 있다. 수사를 담당하는 기관인 사법경찰관이 사법경찰관, 사법경찰요원과 사법경찰보조원, 사법경찰업무를 수행하는 공무원 등으로 세분되어 있어 경찰의 활동이 유기적으로 잘 운용되고 있다(프랑스 형사소송법제 15조).

수사는 프랑스형사소송법에서 독특한 제도인 예심제도[10]에 의하여 효과적으로 관리되어 그 효율성이 극대화되고 있다.

수사업무는 검사와 예심판사 그리고 사법경찰이 분담하는데 사법경찰은 법무부 장관의 관할이며, 검사와 예심판사가 지휘권을 직접적으로 행사한다. 검사는 기소편의주의에 의한 광범위한 재량을 가지고 있는데 형사법원에서 행정부를 대표하여 공소를 제기하고, 준사법기관으로서 판사와 유사한 신분상의 지위를 향유하며 법무부 장관을 정점으로 하

---

10) 프랑스경찰에서 예심(豫審)이란 본심을 하기 전에 증거의 가치평가를 해서 중대하거나 복잡한 사건을 해결하기 위해서 만든 제도로서 경미한 사건은 검사의 1차 수사로서 종결하지만 사안이 중대하거나 복잡한 사건은 예심판사가 재수사하는 2원적인 수사체계를 말함.

는 행정부의 공무원으로서의 이중적인 지위를 누리고 있다.

제6절 일본 경찰

Ⅰ. 일반현황

일본(日本)은 아시아의 동쪽에 위치한 섬나라로, 국토는 홋카이도, 혼슈, 시코쿠, 규슈의 4개 섬을 중심으로 이루어져 있다.

일본의 정치체제는 의원내각제를 택하고 있으며, 입법권을 가진 국회는 중의원과 참의원의 양원제 형태이다. 중의원·참의원 모두 국민이 직접선거에 의해 뽑힌 국회의원으로 구성되어 있다. 단, 법률이나 예산, 조약의 의결, 내각총리대신의 지명, 내각불신임 결의 등에서 중의원은 참의원보다 강한 권한이 주어져 있다. 중의원은 내각불신임권이 있고, 내각은 중의원 해산권이 있다. 임기 또한 참의원보다 짧다(중의원은 4년, 참의원은 6년).

일본이라는 국호가 성립한 시기는 7세기 후반이라고 추정된다. 1871년 번(藩)을 폐지하고 현(縣)을 설치한 것(廢藩置縣)[11]과 1872년의 '류큐 처분(琉球處分)[12]'을 통해 류큐 왕국을 합병한 결과, 현재의 영토와 같아졌다. 또한 일본제국 헌법 제정으로 군사 정권인 막부가 일본을 실질적으로 통치하는 도쿠가와 막부 체제에서 헌법상으로 '천황이 주권을 가지는' 일본제국으로 국가 체제가 바뀌었다.

---

11) 폐번치현은 메이지 유신 시기인 1871년 8월 29일에 이전까지 지방 통치를 담당하였던 번을 폐지하고, 지방통치기관을 중앙정부가 통제하는 부(府)와 현(縣)으로 일원화한 행정개혁이다.

12) 일본세키가하라(關ケ原) 전투에서 권력을 장악한 도쿠가와 이에야스(德川家康)는 에도(江戶, 현 도쿄)에 막부를 설치하고 각 번을 강력히 통제하는 막번제 국가를 수립하였다. 이어서 명과의 국교회복을 핑계로 명나라에 외교사절 파견 요구를 거부한 류쿠(琉球:현 오끼나와)왕국에 군대를 보내 무력으로 점령하고 속국으로 만들었다. 그 후 유구왕국은 1879년 오키나와현으로 편입된다.

일본의 행정구역은 1도(都, 도쿄 도), 1도(道, 홋카이도), 2부(府, 오사카 부와 교토 부), 43현(縣)으로 이루어져 있다.[13)]

Ⅱ. 일본 경찰의 역사

1. 근대경찰의 창설

일본은 1868년 명치유신 이전에는 역사의 기복은 있었으나 각 지방의 번(藩)을 중심으로 지방분권적인 체제가 지배하고 있었다. 번의 맹주인 번주(藩主)가 각자 나름대로의 조직과 방식으로 자기지방의 치안을 담당하였다.

그 후 명치유신에 의하여 왕정복고를 통한 중앙집권적인 왕정체제가 들어선 후 부국강병을 꾀함으로써 궁극적으로는 동양의 제국주의국으로 군림하려는 국가목표를 가지게 되었다.[14)] 이를 위해 가장 시급한 과제가 치안질서의 확립이 필수 요소였기 때문에 근대적인 경찰제도를 구축하는 것이 주요 과제가 되었다.

(1) 병부성시대

메이지 초기에는 군무관(후의 병부성)의 지휘하에 번에서 차출된 무사들로 번병・부병이 조직되어 강호(동경부)의 치안을 담당하였고, 각 지방에서도 부병과 번병 조직하여 치안담당하였다. 1871년에 모든 번이 폐지되고 현이 설치되는 폐번치현(廢藩置縣) 조치에 따라 번병・부병은 그 존재기반이 상실되었다.

---

13) 행정상으로 별도의 정령지정도시(政令指定都市), 중핵시(中核市), 특별구(特別區)로 정해진 경우를 뺀 모든 도시는 모두 도도부현에 속하며, 더 작은 행정 단위인 시정촌(市町村)과 도시와 시골을 몇 개씩 묶어 정리한 군이 있다.

14) 일본 메이지 왕(明治王) 때 종전의 사무라이 체제(幕藩體制)를 무너뜨리고 왕정복고를 이룩한 변혁과정으로 일본이 선진국으로 진입하게 된 근대화의 기폭제가 된 시점으로 그 시기는 대체로 1853년에서 1877년 전후로 보고 있다.

(2) 사법성시대

1871년 10월 동경부에 '나졸(羅卒)'로 불리는 3,000인으로 방범대를 창설하여 근대적 경찰 최초 탄생되었다. 1872년 8월부터 나졸은 사법성의 관할로 이관되었고, '경보료직제장정(警保寮職制章程)'을 제정하여 경찰의 조직과 임무, 행정경찰로서의 경찰업무 규정, 일종의 자치경찰제적인 번인제도 등을 규정하였고, 사법경찰업무는 검사가 행하도록 하는 '사법직무정제(司法職務定制)'도 규정하였다.

이 시기에는 관설관급의 경시, 경부 및 관설민급의 순사, 민설민급의 번인 세 가지 형태의 제도가 병존하고 있었다. 조례를 제정하여 지방에서 순찰을 담당하는 조직인 '경라(警邏)'에 관한 규정 두어, 이로써 전국통일의 경찰조직을 정비하였다.

(3) 내무성시대

사법성의 대경시(大警視)였던 천로이량(川路利良, 일본경찰의 아버지라 불림)이 1872년 10월부터 1년간 프랑스 등 유럽대륙의 경찰을 시찰하고 경찰제도에 관한 조사보고서를 제출하였는바, 보고서 제출에 따른 건의를 받아들여 내무성 설치(1873년 11월)하였다. 이듬해인 1874년 1월에는 사법성의 경보료를 내무성으로 이관하여 '경보료직제'를 통해 사회의 안전과 질서에 대한 장해를 사전에 방지하는 행정경찰업무를 경보료의 중심업무로 규정하였다.

1874년 1월 내무성 관할로 동경경시청(東京警視廳) 창설하여, 종래의 나졸은 '순사'가 되고, 자치경찰제적인 번인제도를 폐지됨으로써 자치경찰제적인 요소가 완전히 일소되었다.

동경경시청은 내무성 대신의 지휘를 받는 것 외에 국사사무라 불리는 정치경찰업무는 직접 태정대신(총리대신)의 지휘를 받도록 되어 있어 정치경찰화의 발단이 되었다. 유명한 정치경찰인 특별고등경찰과(일명 '특고'라 불림)는 1911년 경시청에 설치되었다.

이러한 보통경찰기관 외에도 1881년 헌병조례에 의해 설치된 헌병은 군사경찰 이외 행정경찰, 사법경찰을 겸임하여 군국주의체제를 갖추어 갔다.

유럽대륙의 중앙집권적인 경찰조직을 갖춘 일본은 행정경찰규칙(1875년)을 통하여 광범위한 경찰활동의 근거법규 마련하기도 하였다.

1889년에 제정된 메이지헌법상 왕의 독립명령권(제29조)을 통해 경찰권발동의 근거부여가 가능하였다. 이어 출판법(1893), 치안경찰법(1900), 행정집행법(1900), 신문지법(1909), 치안유지법(1925), 사상범보호관찰법(1936), 국방보안법(1941), 위경죄즉결례(1885), 경찰범처벌령(1907) 등 각종 치안입법을 제정하였다.

이를 통해 경찰은 후발 제국주의·군국주의 일본의 국내안정과 해외침탈의 핵심세력으로서 국민의 사상까지도 감시하는 등 국민의 인권이나 생명·재산의 보호 등과는 상관없이 철저히 정부를 보호하는데 중심을 두고 활동하였고, 일본의 조선침략은 이러한 사상과 철학을 가진 경찰을 통한 침략의 과정이었다.

3. 미군정하의 일본경찰

미국은 1945년 제2차 세계대전의 일본 항복으로 연합군은 내무성을 해체하는 등 경찰제도를 근본적으로 개혁하여 일제하의 군국주의 제도를 철저히 일소하고자 하였다.

1945년 10월 4일 인권지령에 의해 종래의 치안입법을 폐지하고, 내무대신 이하 경찰수뇌부와 전국의 사상경찰관계자 등이 파면되었고, 특고경찰 등 정치경찰과 헌병대의 철폐, 내무부 폐지, 천황의 독립명령권 등 전제적 요소를 가지고 있던 명치헌법 폐지하고 국회를 유일한 입법기관으로 하고 기본적 인권의 불가침성과 지방자치를 보장하는 신헌법을 제정하였다.

비대해진 경찰권한을 제한하기 위한 비경찰화 작업도 병행하여 위생사무와 같은 협의의 행정경찰사무를 다른 행정기관에 이관하는 등 독일에서와 같은 비경찰화작업이 일본에서도 전개되었다.

1948년 7월 경찰관직무집행법 제정하여 경찰관의 권한행사범위나 수단을 엄격히 제한하여 과거 군국주의적 잔재를 청산할 수 있는 기회를 가짐으로써 오늘날 일본사회에서 경찰이 가장 신뢰받는 조직으로 탈바꿈하게 되었다.

영·미의 영향으로 범죄수사가 경찰법에 경찰의 책무로 정식으로 규정되었고, 수사권에 대해서도 전제적인 요소로 보아 온 검사 수사권독점 철폐, 경찰에게 수사권을 분산하는 변혁을 가져왔다.

1947년 12월 미군정당국이 경찰제도의 근본적인 개혁을 위해 경찰법(구경찰법) 제정하여 독립적인 공안위원회제도를 도입하고, 시와 인구 5,000인 이상의 시가적 정촌에 자치경찰 두고, 그 외 지역에는 국가지방경찰을 두는 이원적 구조를 가진 경찰구조 창설하여 1948년 3월부터 시행하였다.15)

이러한 기초단위자치경찰제도는 미국과는 달리 일본이 시민에 의한 민주적 자치의식이 미약하다는 점을 감안하지 못하였고, 시 및 인구 5,000인 이상의 시가적 정촌 단위로 지나치게 세분화되어 있어 자치경찰의 난립을 불러와서 몇 년 뒤 광역단위자치경찰제도로 개정되었다.

---

15) 2차 세계대전 이후 1947년 구(舊) 경찰법의 특징은 첫째, 경찰의 지방분권의 강화이다. 그때까지 국가 경찰 제도를 수정하여 도시의 자치 경찰을 설치하는 것을 기본으로 했다. 기초자치단체인 시(市)와 인구 5,000명 이상의 정(町)·촌(村)에는 자치경찰을 유지하는 한편, 기타 지역 (농어촌)은 국가 기관인 국가지방경찰의 관할로 했다. 도시 경찰은 국가 비상사태의 경우를 제외하고는 국가지방경찰의 지휘 감독을 받지 않고, 지역의 국가지방 경찰은 지사의 관할 아래에 두는 도(都)·도(道)·부(府)·현(縣) 공안위원회가 그 운영을 처리했다.

둘째, 공안위원회를 통한 경찰의 민주적인 관리운영이다. 경찰을 민주적으로 관리하고 그 정치적 중립성을 확보하는 제도로, 공안위원회 제도를 채택하였다. 공안위원회는 시민의 대표로서 구성되는 합의체의 기관이며, 국가와 지역 및 도시에 위치하고 내각 총리대신이나 도도부현 지사와 시정촌장에서 독립적으로 직권을 행사하였다.

셋째, 경찰의 권한제한이다. 경찰의 책무를 국민의 생명·신체 및 재산의 보호를 위해 범죄 수사·피의자 체포 및 공안 유지로 하고, 경찰의 활동은 엄격하게 그 책임의 범위로 제한되어야 하는 것을 명시하고 권한의 남용을 처벌하는 내용을 특별히 규정했다.

(http://www.npa.go.jp/hakusyo/h16/hakusho/h16/html/F2101020.html)

4. 현행 경찰제도

일본이 독립한 후 미군정시대의 점령정책의 오류를 시정하기 위해 1952년 경찰제도의 개혁을 추진하게 되었다.

우선 1954년 경찰법(신경찰법) 전면 개정안이 통과됨으로써, 광역자치단체인 도도부현 단위의 도도부현 경찰제도와 공안위원회에 의한 경찰관리라는 현행제도 골격 마련하여, 경찰의 민주화와 능률화, 국가적 성격과 자치적 성격, 정치적 중립과 책임의 명확화의 조화를 어떻게 구현할 것인가를 신중히 고려하여 현실조직에 반영하였다.

즉 자치경찰조직의 운영단위를 종래의 시정촌에서 도도부현으로 격상하고 경찰조직을 도도부현 경찰로 일원화하고, 경찰의 중립성 확보를 위해 중앙과 지방에 공안위원회 제도를 그대로 유지하였다.

Ⅲ. 일본 경찰의 조직

1. 특징

일본의 경찰조직은 국가경찰(경찰청, 관구경찰국)과 지방자치경찰(동경도 경시청과 도부현 경찰본부)로 이루어진다. 그리고 경찰관리기관인 '국가공안위원회'와 '도도부현 공안위원회'를 설치·운영하여 경찰의 민주성과 정치적 중립성을 동시에 확보하는 기능을 수행하도록 하였다.

국가공안위원회는 내각총리대신의 소할(所轄)[16]하에 국가공안위원회를 두어 경찰청 관리하는 사무분장이 이루어져, 국가공안위원회는 관리기관이고, 경찰청은 시행기관으로 각각 동일 사무를 공동으로 관장한다. 국가공안위원회는 비상설기관으로서 실질적인 공안위의 업무는 경찰청에서 처리하고, 경찰청장, 동경도 경시총감, 도부현 경찰본부장에 대한

16) 일본 경찰법상 소할(所轄)의 의미는 직무범위 내에 속하기는 하지만 지휘명령권이 없는 단순한 감독권의 행사 범위를 뜻한다.

임면권을 가진다.

도도부현 공안위원회는 도도부현지사의 소할하에 두고 경시청과 도부현 경찰본부를 통해 지방경찰을 관할한다. 도도부현 공안위원회는 경찰에 대한 임면권 없다.

경찰관의 신분은 국가경찰기관에 소속된 경찰관은 국가공무원, 도도부현경찰에 소속된 경찰은 지방공무원을 원칙으로 한다. 다만, 경시정(총경급) 이상으로서 도도부현 경찰에 근무하는 경찰관은 국가공무원에 이며. 국가공안위원회가 도도부현 공안위원회의 동의를 얻어 임면한다. 경시 이하는 지방공무원의 신분을 갖고 있다.17)

2. 국가경찰

내각총리대신의 소할하에 국가공안위원회를 두고, 국가공안위원회가 경찰청(경찰청장관)과 각 관구경찰국(관구경찰국장)을 관리할 수 있다.

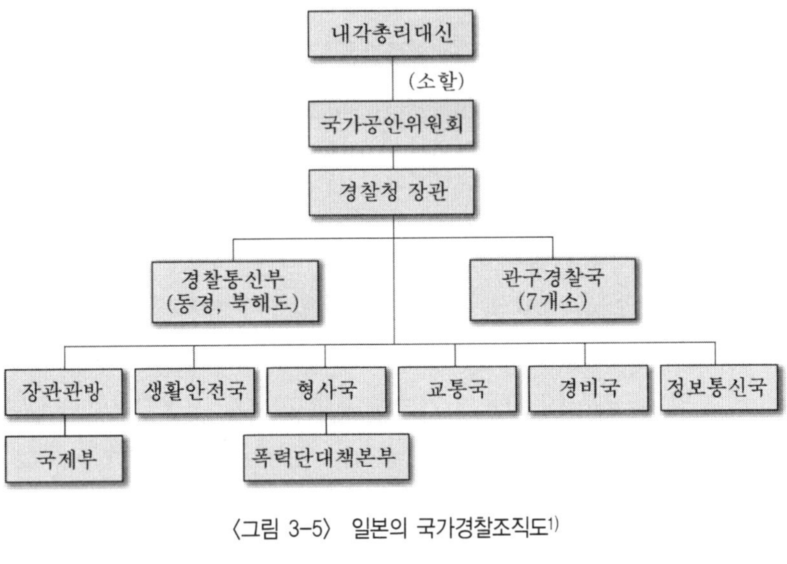

〈그림 3-5〉 일본의 국가경찰조직도1)

17) 일본의 자치행정단위는 2가지로 구분된다.
1. 도도부현(都·道·府·縣) : 광역자치행정단위로 우리나라의 특별시·광역시·도에 해당
2. 시정촌(市·町·村) : 기초 자치행정 단위로 우리나라의 시·읍·면에 해당

(1) 국가공안위원회

공안위원회는 보통 자치성장관이 겸임하는 국무대신을 위원장으로 하고, 임명 전 5년간 경찰 또는 검찰의 경력이 없는 자 중에서 내각총리대신이 의회의 동의를 얻어 임명(5명의 위원)한다. 위원장은 회의만 주재하고 위원으로서의 의결권은 없다.

위원은 일체의 정치적 활동이나 자치공공단체의 상임역원이 되지 못하며 유급제이고, 공안위원회의 규칙제정권, 사법경찰직원의 지정에 관한 권한, 사법경찰직원의 징계파면권 등의 권한을 가지고 있다.

(2) 경찰청

경찰청은 국가공안위원회의 관리하에 경찰사무를 시행하는 기관이다. 경찰청은 장관과 차장으로 구성되며, 경찰청장관은 국가공안위원회가 내각총리대신의 동의 얻어 임명한다. 경찰청의 관리기관으로서 내각총리대신의 소할하에 있는 국가공안위원회가 경찰예산, 경찰교양, 경찰통신, 범죄감식, 경찰장비, 황궁경찰 등의 경찰청의 소장사무에 대해서 경찰청을 관리한다. 경찰청장관은 경찰청의 소장사무의 범위내에서 예외적으로 도도부현경찰을 지휘·감독할 수 있다.

경찰청은 장관관방과 5국 이외에 부속기관, 7개 관구경찰국과 2개의 통신부가 있다.

경찰청의 주요업무는 기획 및 조사, 경찰예산, 국가의 공안에 관한 경찰 운영, 긴급사태에 관한 경찰활동의 계획과 실시, 광역조직범죄 대응에 관한 사항, 경찰예산, 경찰교양, 경찰통신, 범죄감식, 경찰직원의 임용, 근무 및 활동의 기준에 관한 사항과 경찰행정의 조정 등이다.

(3) 관구경찰국

관구경찰국은 경찰청 지방기관으로서 경찰청 소관사무의 일부를 관장한다. 지역적인 대규모 소요사태 등에 대처하기 위해 당해 지방의 특수한 정세와 사태의 실태를 파악하여 신속하고 적절한 경찰운영을 할 필요성이 있어 설치되었다.

관구경찰국은 광역범죄의 증가와 지방자치체 상호간의 이동성 범죄에 대처하기 위해 광역수사협력 태세 확립, 수 개 또는 인접 도도부현 경찰이 일체가 되어 유기적으로 경찰활동을 할 수 있도록 조정활동을 한다.

관구경찰국의 조직은 전국 7개 관구경찰국으로 나눈다. 동경경시청은 수도경찰의 특수성을 고려하여 이 관할구역에서 제외하였고, 북해도에는 도 전체를 관할하는 북해도경찰본부가 있어서 관구경찰국은 설치하지 않고 있다.

관구경찰국의 기능은 관구 내 복수의 부현에서 서로 걸쳐서 일어나는 광역범죄 수사, 고속도로에서의 광역적인 교통규제에 대한 부현경찰의 지휘·감독, 경찰통신시설을 직할 관리, 경찰중견간부의 교육훈련 수행, 고등검찰청·공안조사국 등과 같은 기관의 사무 이외의 블록단위의 치안관계기관과의 연락 유지하는 기능 수행, 긴급사태에 있어서 부현경찰을 지휘·감독, 관구기동대의 편성단위가 되는 이외의 사무에서 관구경찰국은 경찰청의 소관사무 등 그 성질상 지방기관이 소장할 필요가 없는 사무 및 지방기관의 재량에 맡길 필요가 없는 사무를 제외한 일을 담당한다.

3. 자치경찰(도도부현경찰)

(1) 개요

도도부현 공안위원회는 경찰관리기관으로 지사의 관할하에 설치되어 있다.

도도부현 경찰은 내부조직으로 동경도 경시청, 도부현 경찰본부가 있고 하부조직으로 시경찰부, 방면본부, 경찰서(교번, 주재소)그리고 부속기관인 경찰학교가 있다. 도도부현지사의 소할(所轄)하에 도도부현공안위원회(경시청과 도부현 경찰본부 관리) 설치하여 동경도 경시청, 도부현 경찰본부(경시청장관과 도부현 경찰본부장은 경찰서 지휘·감독)를 관리한다.

도도부현 경찰의 업무는 당해 도도부형의 구역 내에서 경찰행정 수행한다. 지방재정법상 국고 지원은 자치체경찰의 특성상 필요한 경비를 해당 도도부현에서 자급하는 형태이다.

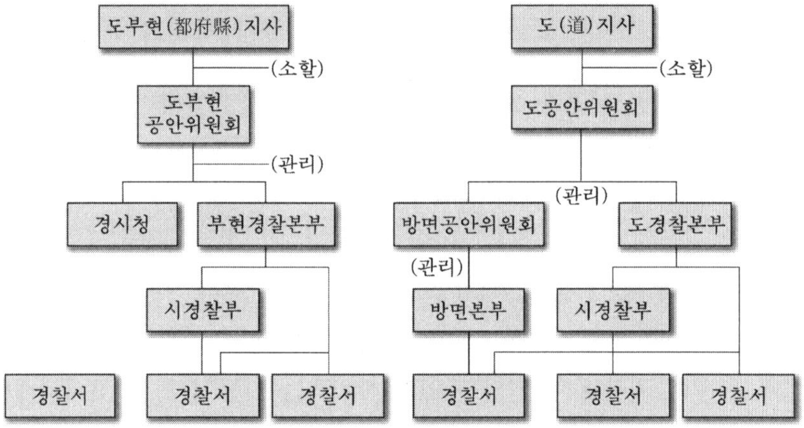

〈그림 3-6〉 일본의 자치경찰조직도

(2) 내부조직

도도부현경찰에는 동경도 경시청과 도부현 경찰본부가 있으며, 경찰관리기관으로 지사의 소할하에 도도부현 공안위원회를 설치·운영한다.

이를 구체적으로 살펴보면, 동경도 경시청은 동경도 경찰의 본부로 도도부현 공안위원회의 관리하에 실시기관으로 도경찰의 사무관리하고, 위원회를 보조하며, 위원회의 서무업무 처리한다. 경시총감인 경시청장은 국가공안위원회가 도(都) 공안위원회의 동의를 얻어 내각총리대신의 승인을 얻어 임면한다. 동경도 경시청의 업무는 공안위원회의 관리에 따르고 경시청 사무를 총괄하여 경찰관 지휘·감독한다.

조직은 동경도의 경시총감 밑에 총무부, 경무부, 형사부, 방범부, 경비부, 지역부, 공안부를 두고 있다.

도도부현경찰본부는 도부현 경찰의 본부로서 도부현청 소재지에 경찰본부를 두고, 경찰본부는 도도부현 공안위원회 관리하에 집행기관으로 경찰업무 관리, 공안위원회 보조, 위원회의 서무업무이다. 경찰본부장은 국가공안위원회가 도부현 공안위원회의 동의를 얻어 임면하며 공안위원회의 관리에 따르고 경찰사무 총괄하며 소속경찰관 지휘·감독한다.

(3) 일선조직

도부현 경찰본부의 사무를 분장하기 위해 지정시에 시경찰부를 두며, 북해도에 5개 이내의 방면본부를 두고, 방면본부마다 방면공안위원회를 두도록 되어 있다.

지정시의 시경찰부는 지정시의 구역에 있는 도부현 경찰본부의 사무를 분장하기 위해 지정시의 구역에 둔 하부기관이다(시의 기관은 아님).

인구 50만 이상인 대도시 지역의 경찰사무의 특수성으로 인해 설치하는 것이며. 경찰사무를 전면적으로 처리하는 것은 아니며 경찰본부의 사무를 분장하는 것이다.

방면본부는 북해도(홋카이도)의 구역을 5개 이내의 방면으로 나누어 경찰업무 담당하며, 북해도의 방면본부장은 북해도 경찰본부장의 명령을 받아 경찰업무를 총괄하고 소속 경찰직원 지휘·감독한다. 방면본부를 관리하는 기관으로 방면공안위원회를 두는 것을 규정하고 있다.

경찰서 조직은 도도부현을 나누어 각 구역을 관할하는 경찰서를 둔다. 도도부현의 구역은 경찰서의 관할구역으로 분할되며 경찰서장은 경시청장, 경찰본부장, 방면본부장 또는 시경찰본부장의 지휘·감독을 받아 그 관할구역 내의 경찰사무를 처리하고 소속 경찰직원을 지휘·감독한다.

경찰서의 하부기관으로 파출소(교번)나 주재소를 두며, 이 경우 필요가 없으면 두지 않을 수도 있다.

(4) 부속기관

경시청의 부설기관으로 경시청경찰학교, 도부현 경찰본부 아래 도부현경찰학교를 둔다.

(5) 도도부현 지사

도도부현지사는 도도부현 공안위원회를 지휘·감독할권한은 없다. 다만, 공안위원회를 자신의 소할하에 두고 있을 뿐이고 도도부현 공안위원회 위원의 임명에 관한 권한, 지방자치법상 가지고 있는 직무권한(도도부현 경찰에 관한) 등이 있다.

(6) 도도부현경찰의 경비

도도부현경찰의 경비는 원칙적으로 도도부현이 부담하고, 예외적으로 국가가 부담한다.

경비부담은 도도부현경찰에 요하는 경비 가운데 경시정(총경) 이상의 경찰관의 봉급, 기타 급여, 경찰교육시설의 유지관리, 경찰통신시설의 유지관리 등 경찰법 제37조 제1항이 정하는 경비로서 정령으로 정한 사항은 국고에서 부담하고, 이외의 경찰경비는 도도부현에서 부담한다.

(7) 긴급사태시 총리 포고권 유보

도도부현경찰체제하에 발생될 수 있는 대규모의 재해나 소란 등 긴급사태를 대비하여 내각총리대신에게 국가공안위원회의 권고에 의거하여 전국 또는 일부의 지역에 대한 긴급사태의 포고권을 부여하고 있다.

일시적으로 내각총리대신이 직접 경찰청장관을 지휘·감독하고, 경찰청장관은 도도부현경찰 책임자를 직접 지휘 또는 명령하여 사태를 수습할 수 있도록 규정하고 있다(경찰법 제71조~제75조).

Ⅳ. 일본 수사제도

일본의 검찰은 모든 범죄에 대하여 직접수사를 행할 수 있는 권한이 법적으로 부여되어 있으며(일본 검찰청법제6조), 구체적인 수사권한에 대해서도 사법경찰에게는 이정되지 않는 변사체 검시권, 증인심문청구권, 구류청구권의 권한이 인정되어 있다.

그러나 일본검찰은 제2차 세계대전이후 당사자주의적 현행형사소송법의 제정과 더불어 개정이전의 구형소법 시대의 수사의 주재자에서 제2차 수사기관으로 변화되었으며, 공소관으로서의 주된 임무에 충실하고 있다.

일본의 경우에는 본래적, 1차적 수사는 경찰이 담당하며 검찰은 경찰이 송치한 사건에 대하여 공소유지를 위해 필요할 경우에 사후적으로 이를 보충하거나 보정하는 수사를 담당하는 제2차적 수사기관의 위치에 있다.

다만, 검사는 수사와 관련하여 사법경찰에 대하여 일반적 지시권, 일반적 지휘권, 구체적 지휘권 등을 행사할 수 있지만 적어도 경찰의 개별수사사건에 대하여는 검찰송치 이후의 단계에 이르러서야 비로소 검찰이 관여할 수 있다.

한편, 일본 검찰은 검사의 지휘를 받아 수사를 보조하는 자체 수사인력으로 검찰수사관을 두고 있다. 또한, 검찰은 경찰에서 송치된 사건이외에 스스로 인지한 사건에 대하여 독자적인 수사를 행할 수 있다. 그러나 독자적인 수사의 영역은 증수뢰사건이나 상위법위반 사건등 고도의 법률적인 지식이 요구되는 사건에 한정하여 행하여진다.

검사작성 피의자 신문조서와 사법경찰이 작성한 피의자신문조서는 증거능력의 인정요건에서 차이가 없으므로 검사가 사법경찰에서 자백한 피의자에 대하여 중복적으로 신문하지도 않는다.

제7절 중국 경찰

Ⅰ. 일반현황

수도는 베이징(北京)이다. 동서길이는 5,000km, 남북길이는 5,500km이며, 국경선은 총길이 2만km이다. 남쪽으로는 베트남 · 라오스 · 미얀마, 남서쪽으로는 인도 · 부탄 · 네팔 · 파키스탄 · 아프가니스탄, 북쪽으로는 타지키스탄 · 키르기스스탄 · 카자흐스탄 및 러시아, 몽골과 접해 있으며, 둥베이(東北 : 만주) 지역 남쪽으로 북한과 경계를 이루고 있다. 북쪽에서부터 황해, 동중국해, 타이완(臺灣) 해협, 남중국해로 둘러싸인 해안선은 1만 4,000km에 이른다.

전국은 중앙정부에 직속된 31개의 행정구역으로 나뉘는데 이 가운데 성이 22개, 소수민족 자치구가 5개(네이멍구[內蒙古] · 광시좡족[廣西壯族] · 닝샤후이족[寧夏回族] · 신장웨이우얼[新疆維吾爾] · 시짱[西藏 : 티베트]), 직할시가 3개(베이징 · 상하이 · 톈진), 특별행정구가 1개(홍콩)이다. 당나라 시대(618~907) 이래 현재와 같은 경계를 유지해온 성은 통일국가의 가장 중요한 면모로 존재했다. 중국의 성 하나가 다른 나라와 크기가 비슷하며, 성은 중국국가의 행정단위로서 중요한 역할을 담당한다. 총면적 9,572,900㎢, 인구 13억 6,782만명(2014년 추계)이다.

Ⅱ. 경찰제도의 역사적 변천과정

중국의 경찰제도는 중국 국민당과의 혁명전쟁, 항일전쟁 및 중화인민공화국 성립 후의 정치변화에 따라 차이가 있으므로 크게 건국전후와 문화대혁명 전후의 4단계로 나눌 수 있다.

1. 건국전 경찰제도

중국공산당은 1924년 제1차 국공합작으로 국민당 통치에서 합법정당으로의 지위를 얻었지만, 1927년 국민당이 공산당을 불법화하여 모택동 일행은 강서성에서 게릴라활동을 하면서 소련으로 넘어가 소비에트구 건설에 힘썼고, 1931년 11월 중국공산당 모택동을 주석으로 하는 '중화 소비에트 공화국'을 만들었다.

중국공산당은 인민위원회 아래에 중앙정치보위국을 설치하고, 그 아래로 특무총부를 만들어 수사, 보위과를 설치하여 특무공작 집행을 담당하게 하였다.

장개석의 국민당정부가 1930년 1월부터 1933년 10월까지 5회에 걸쳐 소비에트구 포위작전을 실시하여 중국공산당은 연안으로 탈출하여 '연안정부'를 형성하였다. 중국공산당은 특무공작과 공안공작을 구분하여 행정체제상의 보안제도를 성립시켰다. 특무공작에는 1938년 보위국을 기초로 하여 중앙에 사회부를 만들었는데, 이것이 공안조직의 시작이다.

1939년 4월 4일 연안정부는 변구정부조직 조례를 공포하고, 행정단위에 대해서 변구정부 및 전원공서(지구)에 보안처를 현시에 보안과를 구에 보안조리원을 향에 서간 소조직을 설립하였다. 1942년 이후 공안국제도를 채택하여 각 행정단위에 공안국, 공안분국, 치안원, 치안위원 및 파출소를 설치하였다.

2차 대전이 일본의 패전으로 끝나자 1946년에 국공내전이 발발하였다. 처음에는 국민당이 압도적으로 우세였지만, 중국공산당은 토지해방을 실시하는 등, 농민의 적극적인 지지를 얻어 세력을 확대하여 1947년 팔로군을 인민 해방군으로 개칭하고, 전세를 역전시켜, 1949년 10월 1일 중화인민공화국을 건설하였다.

2. 중화인민 공화국 성립후의 경찰제도

건국직후의 중화인민공화국은 중앙인민 정부위원회와 정무원, 인민해방군 군사위원회, 최고인민법원, 최고인민 검찰원을 조직하고 북방의 인민 해방군이 해방한 지구에는 일률적으로 군사관제를 실시하였다. 지방에서는 중앙인민정부 또는 전선의 군사기관에서 위원을 임명하고, 군사관제위원회 및 지방인민정부를 조직하였다.

또한 중화인민공화국 중앙인민 정부 조직법의 제5조에 의거 중앙인민정부위원회가 조직한 정무원에 정치법률위원회 및 공안부가 설치되어 있으며, 이것이 중국 공안 기관의 시작이 된다. 공안기구는 중앙에 공안부가 성급에 공안청, 현급에 공안사, 구급에 공안관리원, 향에 공안원을 설치하였다. 정무원 공안부의 내부 조직은 정치보위국, 경제보위국, 치안행정국, 무장보위국, 인사사 등을 설치하였다

중화인민공화국 헌법은 1954년에 제정되었다. 헌법에서는 정무원을 '국무원'이라고 바꾸고, 공안부는 이 국무원에 속하는 중앙정권조직의 하나로써 독립하였다. 공안부대는 공안군으로 개칭하여 인민 해방군의 일종이 되었다. 중국공산당은 1956년 9월 제8기 당대회 이후 중앙 이하의 각종 당위원회에 정법공작부를 설치하여 공안 검찰 및 사법업무의 통일적 지도를 실시하였다.

3. 문화대혁명기의 경찰제도

모택동은 공안기관을 문화대혁명을 추진하는 주요한 도구로써 1967년 1월에 문화대혁명에서의 공안업무강화에 관한 규정을 발표하고, 공안 기관은 프롤레타리아 독재의 도구의 하나로 문화대혁명의 정세 발전의 수요에 따라서 적에 대한 독재를 강화하고 혁명 질서를 보전해야 한다고 강조함과 동시에 6개 항목의 치안규정을 공포하였다.

그리고 공안기관이 군사관제로 설치되었는데, 1967년에 공안간부는

보수파를 지지하고 반대파를 제거하기 위하여 문화대혁명에 개입하였다. 2월 11일에 공안부와 북경위무사령부는 인민 해방군을 통하여 시국공안을 접수하여 군을 통제하에 두었다. 이후 각급 공안기관에 대해서도 차례대로 군사관제를 실시하여 반대파를 철저하게 단속하였다.

4. 문화대혁명후의 경찰제도

1969년 모택동은 문화혁명의 혼란을 수습하기 위한 노력으로 점차 공안제도를 회복시키기 시작하였다.

1970년 중국 공산당 제 9차 회의에서 헌법 개정안을 채택하였는데 이 초안에는 경찰 조직과 권한에 대하여 새롭게 규정하고 있다. 여기에서는 여러 공안 기관에 검찰 기관으로써의 권한이 주어지고 더불어 검찰과 사건심리는 모두 대중노선을 취해야 하는 점, 중대한 반혁명적 형사사건은 대중을 동원하여 토의와 비판을 해야 한다는 점, 체포권의 대해서도 공안 기관의 권한에 포함시켰다.

1971년에는 제 1회 전국 공안기관회의를 개최하여 문화 대혁명에서 마비 상태에 있었던 공안 조직을 종전의 체제로 회복하였다.

중국의 경찰조직은 중국이 내세운 4대 현대화에 부응할 새로운 정세 속에서 사회주의 법제의 강화가 필요하였고, 1978년 2월 헌법 개정을 하여 검찰 부문을 부활, 검찰업무를 공안부에서 분리시켰다.

1979년에는 형법, 형사소송법, 법원 조직법, 검찰원조직법 등 7개 법안을 채택함과 동시에 경찰업무를 정하였다. 1978년부터 1987년까지 1,430여 가지의 법규가 제정되었고 법률을 통해 일을 처리하는 형태가 갖추어졌다. 공안 관계에서도 병역법, 징병업무조례, 촌민위원회 조직법, 외국인 출입국관리법, 집회 · 행진 · 시위법 등을 제정하여 경찰에 관한 여러 토대를 마련하였다.

1984년 국제형사경찰기구의 정식가맹국으로 가입하여 공안부 형사국을 통해 국제형사경찰기구 중국사무국을 조직하였다.

Ⅲ. 중국의 경찰제도

1. 개요

중국의 경찰은 국무원 공안부를 정점으로 하여 지방경찰기관으로 인민경찰이 있으며, 무장경찰력으로서 인민무장경찰과 일반국민의 민간조직인 주민자치방위조직이 치안유지를 맡고 있다. 그 밖에 국무원 국가안전부나 중국공산당 및 인민해방군에게도 정보 등의 특별임무를 행하면서 경찰기관과 경합하는 경우도 있다.

중앙경찰기관으로서 행정부인 국무원에 공안부가 있다. 지방 경찰기관으로서는 30개의 1급 행정구에 공안국이 있다. 또한 행정기관과 해방군의 중간적 성격의 치안기관으로서 중국인민무장경찰부가 있고, 중앙에 총부, 각 1급 행정구에 총대가 있다.

정보기관으로는 국무원에 국가안전부가 있고, 이밖에도 공산당과 해방군 중에도 경찰관계기관이 있다.

기본적으로 중국경찰은 그 업무범위에서 수사와 범죄 예방의 경찰업무 뿐만 아니라 호적정리, 소방, 출입국관리, 외국인주거관리, 변경지대 경비 등의 업무도 행하고 있어 이른바 광의의 경찰에 해당한다.

2. 국무원공안부

가. 국무원 공안부(중앙기관)

전국의 치안활동을 지도 감독하는 기관으로 우리의 경찰청에 해당하는 기관이다. 국무원 아래에 전국 공안업무를 지도 관할하는 국가의 치안 보위 및 수사기관이 공안부이다.

(1) 조직

공안부는 중앙 인민정부의 일부로 인민정부의 지휘를 받는다. 공안부장은 국무원의 구성원으로, 그 선출은 국무원 총리가 제청하여 전국인민대표회의에서 결정되며 전국인민대표회의의 상무위원회에서 결정된다. 파면권은 전국인민대표회의에 속한다.

그 밑에는 여러 국이 있다.

- 총무국: 일상행정 사무
- 공보실: 선전활동
- 경무국: 경무에 관한 사항
- 정치국(제1국): 정치범 , 반공분자색출
- 경비국(제2국):노동자들의 폭동방지, 공업, 상업 등의 단속
- 치안국(제3국): 호적관리, 주민등록증의 인쇄, 교통관리 등
- 변방관리국(제4국):국경수비, 출입국자의 감시 등
- 형사국(제5국): 전국의 범죄정세 파악 등
- 출입국관리국(제6국): 중국인민의 사적인 출입국 및 일반여권을 소지하는 외국인의 출입국, 체류, 여행 등의 관리사무의 지도 등
- 그 밖에 요인경호국, 철도공안국, 전기통신국, 수사국, 예심국, 교통국, 민간항공국, 산림국 등이 경찰업무를 수행하고 있다.

(2) 임무

일반 경찰업무 외에 국경경비, 재해대책, 소방활동, 방공활동, 노동개조기관의 지도감독까지 매우 광범위한 업무를 담당하고 있다. 또한 반혁명의 단속 등 정치경찰업무도 한다.

나. 인민경찰

하부 지방조직으로서 우리의 지방경찰청이지만, 행정기관의 종류에 따라 구체적인 조직에는 차이가 있다. 기본적으로 공안부, 공안청 또는

공안국, 공안파출소의 3단계로 나뉜다.

(1) 조직

1급 행정기관인 성 · 자치구 · 직할시에 지방경찰청에 해당하는 것으로 성 · 구공안청 · 시공안청이 있다. 2급 행정기관인 자치주 현 · 자치현 시에 공안국, 직할시의 시 · 규모가 큰 시의 구나 현에 공안분국이 있다. 3급 행정기관에는 공안파출소가 있다.

(2) 임무

공안청 등 지방공안기관은 국무원 공안부의 지도 감독에 있으며, 그 임무는 법률에 의거, 반혁명 분자의 단속, 기타 범죄분자의 파괴활동의 예방, 제지, 공공의 질서와 사회치안의 유지, 공공의 재산보호, 공민의 재산 인권 및 기타 권리보호, 치안관리, 호적관리, 소방관리, 총기, 폭발물, 화학제품, 무선기기, 인쇄업의 관리, 국경관리, 출입국, 대외화교관리 공작의 총괄이다.

다. 공안파출소

공안파출소는 경찰기관의 최하위조직으로 시 · 현 공안국 또는 공안분국의 지도로 일선업무를 직접 수행한다. 도시에는 공안파출소를 설치하고, 농촌에는 농촌공안파출소 또는 공안특파원을 둔다. 이것은 통상 소장 1명, 부소장 2명, 파출소원 약간 명으로 조직되어 있는데, 80명 정도 또는 그 이상의 공안파출소도 존재한다. 도시에서는 시가, 시내 및 철도역 등에, 농촌에서는 마을, 인민공사에 있다.

공안파출소의 업무는 사회질서와 치안에 관한 법률의 시행확보, 반혁명분자 기타 범죄분자, 요주의 인물의 발견, 주민감시 외에 법에 따라 감독관찰을 받는 범죄자, 기타 위법행위를 한 자에 대한 교육, 개조 감독, 관찰 등, 호적 및 주민등록증의 관리 업무로 호적기재, 주민등록증 발급, 인구통계, 주민의 신상관계, 경제사정, 교제관계 및 사회관계의 파악호적관리, 형사경찰의 사건해결에 협력, 주민자치조직이 공안보위위원회가 행하는 특별한 업무, 방화활동 등의 원조, 법률 사회질서 사회도덕의 홍보활동, 주민의 복지업무에 협력하거나 스스로 참가, 방첩 절도 강도방지 등의 업무를 수행한다.

특히 중국 특유의 경찰제도로서 호적경찰이 있다. 호적경찰관은 관할구역 내에서 거동이 불편한 노인이 있으면 세탁, 청소, 물건구입, 통원치료의 도움을 주기 때문에 일종의 부조를 하는 경찰이다.

3. 인민무장경찰대

인민무장경찰대는 국가안전보위 임무를 담당하는 무장부대로 인민해방군 중앙경호국이라고도 하며 우리의 전투경찰대에 해당한다. 주로 집회시위의 단속이나 진압에 동원되고 있다.

4. 주민자치방위조직

이 조직은 경찰조직은 아니지만, 경찰의 최하위조직인 공안파출소와 함께 주민의 자치방위의 말단조직인 거민위원회 및 치안보위위원회를 구성하여 치안유지에서 큰 역할을 하고 있다. 중국은 10년 동안의 문화대혁명의 혼란을 수습하고 경찰, 검찰체제의 회복과 법제 정비를 위해 1979년 문화대혁명으로 정지되었던 중국 건국 이래 '법률 법령의 효력문제에 관한 전국 인민대표대회 상무위원회 결의'를 채택하여 법규의 회복을 도모하고 그 일환으로 주민 자치조직과 관련해서는 ① 성·시 거민위원회조직조례 ② 치안보위위원회조직조례 등의 조례가 효력을 회복하여 일선 주민 자치조직도 전면적으로 회복하였다.

이 밖에 파출소 등에 협력하는 민간방범조직으로서 연방 등의 '민간인실행부대'가 있다.

5. 국가안전부

정보업무는 원래 전술한 행정계통의 정보기관으로 전국의 치안활동을 지도하는 국가공안부가 있어 국민의 감시와 통제를, 외국인에 대한 감시를 행하였다. 그러다가, 국가의 안전확보와 대간첩업무를 강화하기 위하여 1983년에 국가안전부가 설치되었다.

국가안전부는 사회주의 통치기관의 하나로 현행정권의 중요한 구성부분의 하나이고, 당의 안전과 위험 국가의 안전과 위기에 직접 관계하는 것을 그 임무로 한다. 구체적으로 그 임무는 대내임무와 대외임무가 있다. 대내임무는 국가기밀의 보호, 첩보혐의자의 추적, 감시 도청, 반민주운동조직 및 불법출판물의 단속, 긴급한 조건에서 검찰의 승인을 얻지 않고 경찰의 수사 구류 예심의 직권의 행사이다. 대외임무는 중국주재 외국대사관 영사 등 관원의 위법행위의 단속, 외국통신사의 위법행위의 단속, 친척방문, 관광의 귀국화교의 위법행위단속, 감독관을 재외기관에 파견하여 안전관리를 맡기는 외에 유학생 등의 해외에서의 위법행위의 구속, 기타 안전관리공작이다. 이밖에 국가기밀의 보호 및 유지업무도 행한다.

6. 기타 사법기관

가. 특별경찰

일반적인 경찰조직 이외에 공안부 소속의 4가지 특별경찰이 있다. 이들은 철도경찰, 수상경찰, 민간항공경찰, 산림경찰이 그것이다. 특별경찰은 말 그대로 스스로가 속한 전문분야에서 법집행에 대한 책임이 있다. 즉, 철도경찰은 철도나 역에서의 질서유지와 철도운송에 관한 범죄의 수사를 담당하고 민간항공경찰은 공항에서의 질서유지와 민간항공운송에 대한 안전을 담당한다. 수사경찰, 산림경찰도 마찬가지다. 특별경찰은 공안부에서 지도와 원조를 받는다. 이들은 공안부의 규정과 지침에 종속한다.

나. 중국공산당중앙정법위원회

위원회의 임무는 사회주의 민주화와 법제의 건전화, 사회주의의 강화, 사회주의 현대화의 촉진으로 공안부분, 국가안전부문, 사법부문, 민생안전부문, 인민법원, 인민검찰원 등 사법관계관을 통일적으로 지도하고 조정하여 통괄하는 국내 치안담당의 최고기관이다. 지방에도 가령 북경시 당위원회에 정법위원회가 있는 등 정법관계조직이 있다.

다. 국무원 사법부

법원과 검찰 조직과 별도로 사법부문의 통괄기능으로서 국무원 사법부가 있다. 국무원 사법부는 사법행정계통의 최고단계로 우리의 법무부에 해당한다. 이는 광의의 법집행기관으로서 법무행정에 담당하는 자를 포괄하고 있다. 국무원 사법부의 재설치는 1979년에 결정하였으며, 이것으로 지방의 각 사법행정기관도 성립하였다. 그 임무는 법률안의 기초, 형벌 및 행정구치의 집행, 법정간부의 양성, 변호사의 감독, 여러 외국과의 사법협력, 중국공산당 중앙정법위원회가 지도하는 신문인 중국법제지의 발행 등이다.

제 8 절 스페인 경찰

Ⅰ. 일반현황

스페인은 에스파나 왕국(Reino de España) 또는 스페인 왕국(Kingdom of Spain)으로 불리며 유럽 서남부 이베리아 반도에 있는 나라이다. 북쪽으로는 안도라와 프랑스 서쪽으로는 포르투갈에 마주한다. 유럽 연합에서 프랑스에 이어서 두 번째로 영토가 넓은 나라로 의원 내각제가 결합된 입헌 군주제를 시행하고 있다. 한때 멕시코를 비롯한 아르헨티나, 코스타리카 등 중남미의 여러 나라와 필리핀, 적도 기니 등 세계 여러 지역을 식민지로 거느린 나라였다.

스페인은 입헌 군주제 국가이다. 양원제 국회를 갖추고 있으며, 입법부가 있어 분권 체제를 갖추고 있다. 국가 원수는 국왕이나 주권은 국민에게 있으며, 상하원은 직접·간접 투표로써 선출된다. 상원의 경우 총 259석이며, 208석은 직접 선거로 나머지 51석은 각 지방 정부의 입법부가 천거하는 방식을 택하고 있다. 임기는 4년이다. 행정부의 수반은 총리이며, 두 명의 부총리가 보좌한다. 내각의 수반인 장관은 총리가 지명한다.

스페인의 행정구역은 17개의 자치 지방으로 구성되며, 2개의 자치시인 세우타와 멜리야가 있다. 17개의 자치 지방은 50개의 주로 다시 나뉜다.

Ⅱ. 경찰조직

스페인 경찰조직은 중앙정부에 속한 국가 중앙경찰, 광역자치단체에 속한 주경찰, 그리고 기초자치단체에 속한 자치경찰이 있다.

1. 국가경찰 조직

내무부 소속의 국가경찰이 있고, 국가 경찰 소속으로 군인경찰이 설치·운영되고 있다. 즉 일부는 내무부 소속인 경우도 있고, 다른 일부는 국방부 소속으로 근무하는 등 이원화되어 있기도 하다. 특히 인구 2만명이 넘는 지역은 반드시 국가경찰이 있어야 한다는 의무규정이 있다. 국가경찰의 3대 임무는 범죄예방, 마약중개자 추적, 국제협력 등이다. 국가경찰의 기능으로는 불법이민문제, 스페인 영토 내에서 복권이 합법인가를 감시하고, 주민등록증 발급 및 여권의 발급 등을 담당한다. 그리고 보안경찰위원회와 지역경찰 위원회가 정책적인 차원에서 조직되었다

(1) 국가경찰 조직체계

스페인 국립경찰은 다른 나라의 경우와 마찬가지로 내무부장관에 소속되어 기능하고 있는 민간 성격의 무장기관으로 귀결된다. 그리고 군인경찰이 구성되어 있는데 이는 군사적 성격을 지니고 있는 무장기관이다. 군인 경찰의 특징은 평상시에는 내무부장관의 지휘를 받으며 치안업무를 수행하지만 전시와 계엄시에는 국방부장관의 지휘를 받는 체계를 이루고 있다. 특히 내무부장관의 책임하에 공안청장의 지휘를 받고 기능하는 국립경찰국, 군인경찰관리국, 치안행정국으로 구성되어 있다.

(2) 국립경찰국

국립경찰국은 고등경찰청, 도경찰청, 경찰서, 지구경찰서, 출입국 분실의 구조를 이루고 있다. 고등경찰청은 17개 주의 수도에 위치하며 해당된 주에 속하는 도경찰국의 업무를 관장한다. 도경찰청은 주의 수도가 위치한 도를 제외한 지역의 도총소재지에 위치해 있고 예하의 경찰서들을 감독한다. 도지사 관리하의 경찰국장이 직접적인 지휘권을 행사하고 있다. 경찰서의 경우는 대도시 경찰서와 중소도시 경찰서로 나누어진다. 지구경찰서의 경우는 대도시 지역을 행정상의 편의를 위해 여러 개의 구역으로 나누어 단위구역의 치안활동을 수행하는 국립경찰의 최일선경찰기관이다.

(3) 군인경찰국

자치경찰제를 실시하지 못하는 작은 지역은 그 지역을 지키는 군인경찰이 치안을 유지해 주고 있다. 2만명 이하의 인구지역은 국가경찰에 해당하는 군인경찰이 와서 수사활동을 하고 있다.

군인경찰은 관구사령부와 지역대로 나뉘어지는데, 관구사령부는 일반

도의 행정구역과 일치한다. 경찰업무처리기관으로 참모회의, 중대본부, 병참부, 정보본부가 설치되어 운영되고 있고, 대민접촉기관으로 총포통제부가 폭발물과 무기의 통제 및 관리를 담당하고 있다. 한편 치안행정국은 국가경찰조직에 있어서 공통된 지원업무를 담당하고 있다.

2. 자치경찰 조직

스페인 헌법 제149조 1항 29호에 17개 관역자치단체와 행정의 기초단위인 시에 자체적으로 경찰력을 보유할 수 있는 권한을 명시하고 있다.

(1) 광역자치단체(주경찰)

스페인 전체 17개 주 가운데 7개 주의 자치규약에 따르면 광역자치경찰의 창설에 대한 규정이 있다. 그러나 3개주(빠이스 바스코, 까달루니아와 나바라 주)만은 자체적으로 예외적인 경찰을 보유하고 있지만, 특히 주의 규약에 자체적으로 경찰창설을 규정하고 있으면서도 실제로는 주경찰을 보유하고 있지 못한 주도 있다(안달루시아, 카나리, 갈리시아, 발렌시아). 이들 4개 주는 중앙정부에 국가경찰 소속의 경찰력 지정을 내무부를 통해 요청하는 것이 가능하다. 민선 주지사가 경찰관의 임명권을 가지며, 기초경찰조정위원회를 통해 해당 주 내의 기초단위자치경찰에 대한 조정과 감독의 권한을 행사한다.

(2) 기초자치단체 경찰(시경찰)

주민이 5천명 이상인 기초자치단체에 자치경찰의 창설권이 부여되어 있기는 하지만 주별로 다른 자치규약체제와 각시의 규약이 다른 관계로 그 형태는 다양하게 나타나고 있는 실정이다. 시경찰의 활동은 해당 시내에 한하는 것을 원칙으로 한다. 민간 성격의 무장기관으로 계급제 구조와 조직으로 구성되어 있다. 특히 치안조직법, 주의 각종 처분, 법규, 기타 당해 시당국 규칙에 지배를 받으며 규정된 복장의 착용을 원칙으로 하고 있다. 한편 시경찰이 없는 시의 경우는 경찰의 권한을 재산과 시설을 보호하는 요원으로 대체하는 경우도 있다.

Ⅲ. 자치경찰의 활동

1. 자치경찰의 운영 현황

스페인의 자치경찰은 약 5만명 정도이다. 지방자치단체가 시험을 통해 모집한 후 경찰아카데미에 들어와 교육은 실시하지만, 프로그램은 상이하다. 스페인의 자치경찰은 자체적으로 능력이 있는 것이 아니라 협력을 하는 것이 핵심사항이다.

자치경찰은 사법권을 없고, 시청에 소속되어 있으면서 보조역할을 할 뿐이고 담당 지역을 벗어나면 아무 권한이 없다. 자치경찰을 설치하지 않는 지역은 예산이 없어서이고 일단 자치경찰제를 실시하면 국가경찰로부터 서비스를 받지 못하게 된다. 이렇기 때문에 자치경찰을 시행하지 않는 지역이 많다. 자치경찰은 권한은 없어도 시민은 자치경찰기관에 범죄를 신고하는 것이 가능한데, 이 경우 자치경찰은 국가경찰이 도착할 때까지 다른 사람이 범죄현장에 들어오지 못하게 통제만 할 수 있다.

(2) 운영모형

스페인 헌법은 광역자치단체와 기초자치단체에서 자치경찰을 창설해야 한다는 점을 자치단체의 자율에 맡기고 있어, 재정자립도가 가능한 지역에서는 자치경찰의 설치가 가능하다.

2. 자치경찰의 활동

광역자치경찰은 스페인 헌법 제 148조에 따르면 주경찰(광역단위의 자치경찰) 창설의 권한은 해당 주에게 위임하고 있다. 그러나 물론 강제성을 부여하지 않는데 이 경우에는 미리 법률로 국회의 승인을 받도록 규정하고 있다.

기초자치경찰은 지방행정체제의 기본법에 따라 인구 5,000명 이상의 기초자치단체는 경찰권을 가진다. 그러나 자치경찰은 기능면에서 국가경찰에 비해 상당히 제한적이다. 즉 국립경찰의 기능을 보완하는 역할을 수행한다. 또한 시장과 시의회의 지휘를 받고 있다. 이는 시장 지휘하에서 시민적 무장조직으로 계급적 구조와 조직을 가지고 기능하고 있는데, 시장이 임명하는 본부장이 직접 지휘하고 있다

자치경찰의 업무분장을 살펴보면, 광역자치경찰의 고유기능은 광역자치단체가 제정한 법령 및 규칙 위반 행위의 감시와 법령에 따른 강제집행을 하며, 광역자치단체 소속 요인 및 시설물 보호를 담당하고 있다. 국가경찰과 관련된 기능으로는 중앙정부의 제정법령 이행여부에 대한 감시와 중요 공공서비스 제공의 담보, 사법경찰에 대한 협력자로서의 기능 수행과 공공장소의 감시, 시위보호, 다중 운집장소에서의 질서유지 등이다.

기초자자치경찰의 직무영역은 네 가지로 정리할 수 있다. 즉 공공장소에서의 안전유지, 도로상에서의 교통안전 유지 활동과 교통사범의 처리, 시의 법집행을 지원하는 행정경찰 업무, 법이 정하는 바에 따라 국가경찰 조직과 협력업무를 수행한다.

단원정리

1. 선진외국의 경찰법제는 기본적으로 대륙법계와 영미법계를 근간으로 발전하여 왔다. 대륙법계의 국가는 프랑스와 독일을 중심으로 발전하여 왔으며, 영미법계의 국가는 영국과 미국을 중심으로 발전하였다.

2. 영국은 세계에서 가장 먼저 자치경찰제도를 확립한 국가이며 영미법계 국가의 대표주자로서 고대의 티싱(Tything) 등 자경제도, 중세 윈체스터법령, 근대 수도경찰청법 등을 바탕으로 지역별 특성에 따른 경찰위원회중심의 3원주의 경찰관리방식등 다양한 경찰제도를 유지하고 있다.

3. 미국은 영국의 전통을 이어 받아 서부개척시대를 거치면서 지역별로 상이한 경찰제도와 민간경비체제 등을 발전시켰으며 형사법상의 증거법칙을 발전시키고 다양한 형태의 국가경찰과 자치경찰제도를 필요에 따라 설치운영하고 있다.

4. 독일은 비스마르크의 동일통일이후의 경찰은 국가사무로 보고 경찰법제를 마련하였으며 특히 1,2차 세계대전을 거치면서 강력한 국가경찰사무를 중심으로 경찰의 비대화를 불러왔으나 전후에는 비경찰화 작업을 통하여 연방경찰과 주경찰이 각각 독자적인 영역을 가지고 있다.

5. 프랑스는 프랑스혁명을 통하여 프레보(Prévôt) 등 절대주의하의 구제도의 경찰을 타파하고 프랑스국립경찰과 군인경찰중심의 대륙법계의 중앙집권적 경찰제도를 발전시켰다.

6. 일본은 메이지유신(1853~1872)을 통하여 사무라이 막부체제를 무너뜨리고 대륙법계의 전통을 이어받아 일왕중심의 강력한 국가경찰체제를 구축하여 오다가 2차세계대전에서 패하고 맥아더 미군사정부하에서 1947년 구경찰법을 제정하여 시 · 정 · 촌 중심의 자치경찰체제를 확립하였으나, 경찰의 난립과 협조 조정이 제대로 이루어지지 않아 1954년 신경찰법을 만들어 도도부현중심의 광역자치단위의 자치경찰체제로 전환하여 오늘에 이르고 있다.

7. 중국은 장개석 국민당정부가 몰락하고 모택동 공산주의 혁명 이후에 여러 변화과정이 있지만 국가경찰중심 체제로 이루어져 있어서 국무원 공안부이외에도 다양한 경찰조직이 활동하고 있다. 최근에는 경찰관련법의 제정으로 공산당중심에서 법치주의의 기본 틀을 만들어 가고 있다.

8. 스페인은 대륙법계 국가에 속하며, 국가경찰과 자치경찰이 완전히 서로 분리된 형태로 별도의 조직을 가지고 움직이는 것이 독특하다. 자치경찰은 수사권이 없고, 지역사회의 안전과 법집행업무를 중심으로 활동하는 것이 특징이다.

제 4 장

경찰법제(Ⅰ)

학습목표

1. 경찰행정은 법집행의 기본업무는 엄격한 법과 제도의 틀 안에서 이루어진다. 경찰학의 핵심은 경찰행정법의 기본구조와 개념에 대한 이해를 전제로 출발한다.

2. 민주주의와 법치주의는 국민의 자유와 권리를 지키는 기본틀이다. 법치주의의 핵심사상은 경찰관련법의 주요내용에 기본적 전제가 되므로 충분히 이해하여야 한다.

3. 경찰과 법치주의와의 관계를 어떻게 설정하는지 고찰한다. 경찰은 움직이는 작은 정부로서 치안행정과 관련하여 법치주의의 구현은 궁극적으로 경찰을 통하여 이루어진다는 점을 이해한다.

4. 경찰법체계인 경찰조직법, 경찰작용법, 경찰구제법에는 어떠한 것이 있으며 이들의 상호관계는 어떻게 설정되어야 하는지를 학습한다.

4
chapter

경찰법제(Ⅰ)

제1절 법치행정

Ⅰ. 법치행정주의의 의의

경찰의 활동은 모든 것이 법에 근거하고 법의 기본 틀 안에서 움직여야 한다. 이러한 경찰의 활동에 기본적인 지침이 되는 것이 법치행정의 원리이다. 법치행정의 원리는 법치주의의 필수요건으로, 행정은 의회에서 제정한 법률에 의거하여 행하여야 한다는 원칙이다.

넓게는 법에 의한 정치를 말하며, 과거 왕정중심의 절대주의 국가를 부정함으로써 성립한 근대 시민국가의 정치원리이다. 이 원칙이 구체적으로 실현된 것은 나라마다 역사적 사정에 따라 다르지만, 영·미에서는 '법의 지배'로 전개되었고, 유럽 대륙에서는 '법치국가'로서 발전하였다.

경찰행정에 있어서 법치행정이란 경찰행정이 국민의 권리의무에 관계되는 작용을 행할 경우에는 반드시 법률에 따라야 한다는 원칙이다. 법률에 근거하여 경찰권 발동한 경우 경찰관은 국가와 국민에 대해서

법에 따라 행정을 수행할 책임을 진다. 경찰관이 법에 위반하여 불이익한 조치를 하였다면 불이익을 받은 국민에게는 재판 기타 법적 구제절차가 보장된다. 근대적 법치행정의 원리는 법에 양면적 구속력을 인정하여 경찰관으로 하여금 국민에 대해서도 법 준수의 책무를 지게 하는데 커다란 의의가 있다.

1. 헌법

(1) 행정법은 본질적으로 각 시대의 헌법에 의하여 규정된다. 헌법의 개념은 보통 형식적 의미의 헌법과 실질적 의미의 헌법으로 구분한다. 형식적 의미의 헌법은 규정되어 있는 내용과 관계없이 '헌법'이라는 이름을 가진 규범으로서 곧 성문헌법을 말한다. 한국의 헌법은 1948년 7월 17일에 제정되었고, 9차례 개정하였으며, 전문과 총강, 국민의 권리와 의무, 국회, 정부, 법원, 헌법재판소, 선거관리, 지방자치, 경제, 헌법개정의 10장으로 나누어진 전문 130조와 부칙으로 되어 있다.

실질적 의미의 헌법은 규범의 형식과 관계없이 국가의 통치조직·작용의 기본원칙에 관한 규범을 총칭한다. 실질적 의미의 헌법에는 형식적 의미의 헌법 뿐 아니라 정부조직법·국회법·법원조직법·정당법·선거법 등의 법률과 관련 명령·규칙, 헌법적 관습 등 명칭과 존재 형식에 불구하고 국가의 통치조직과 작용에 관한 기본원칙을 규율하는 모든 규범이 포함된다.

형식적 의미와 실질적 의미의 헌법은 그 내용과 범위가 반드시 일치하지는 않는다. 헌법 현실의 부단한 변화와 헌법의 특성에 비추어 실질적 의미의 헌법을 모두 성문화하는 것은 입법 기술상 불가능하며, 실질적 의미의 헌법이 아닌 사항이 정책적으로 형식적 의미의 헌법에 포함되는 경우가 있기 때문이다.

(2) 헌법이 국가의 기본질서와 가치를 나타낸 최고의 규범이라 한다면, 행정법은 이러한 헌법의 정신과 이념을 세부적으로 구체화한 '헌법

의 구체화법'으로서 성격을 갖는다.

헌법은 다소 추상적인 성격을 갖는데 반하여 행정법은 헌법의 이념을 실현하는 기능을 수행하게 된다.

헌법에 표현된 국가조직과 작용 및 주요정책에 관한 결정 등은 행정법을 통하여 현실화되고 구체화된다.

2. 법률

(1) 헌법이 정하는 절차에 따라 국민의 대표기관인 국회의 심의를 거쳐 제정 공포된 형식이 법률이다. 국가와 국민 사이에 기본적인 문제는 의회에 의하여 규율되어야 하고(법률우위), 국회에 의해 정립된 형식인 법률은 다른 법원에 우선하기 때문이다(법률의 우위). 그러나 행정법은 통일된 하나의 법전 형식으로 제정되어 있지 않고 개개의 행정법은 행정작용별로 나누어 제정되어 있는 것이 보통이다.

(2) 전체적으로 통일된 법전이 없기는 하지만 행정법의 총칙적 내용을 담고 있는 행정절차법이 마련되어 있고, 또한 일정한 사항에 대해서는 일련의 기본법이 마련되어 있다(예, 국세기본법). 그리고 경찰행정은 각각 경찰행정법 분야별로 법률이 제정되어 있다. 예를 들면, 경찰법, 경찰공무원법, 경찰관 직무집행법, 경범죄 처벌법, 도로교통법, 청소년보호법, 집회 및 시위에 관한 법률, 풍속영업의 규제에 관한 법률, 총포·도검·화약류 등 단속법 등이다.

3. 법규명령

법규명령은 헌법이나 법률의 위임에 근거하여 행정권에 의해 정립되는 법형식이다. 법규명령은 법규의 성질을 가진 명령이다. 여기에는 법령에 위임한 사항을 규정하는 위임명령과 법령을 집행하기 위한 사항을 정하는 집행 명령이 있다.

4. 행정규칙(훈령)

행정규칙은 사위법령의 위임없이 행정조직 내부활동의 규율을 목적으로 행정권에 의해 정립된 법형식이다. 직무명령과 같이 특별권력관계 내부에서 상급관청이 하급관청에 발하는 것이다. 따라서 훈령은 국민에게 구속력이 없다. 단, 불평등한 조치를 받았을 경우 국민에게 예외적으로 영향을 미치며 이를 훈령의 외부화 현상이라 한다.

훈령의 종류에는 협의의 훈령(행정규칙) 일반적 업무에 대하여 상급관청이 하급관청에게 발하는 것이고 예규는 행정사무처리규칙이라 하여 업무처리의 기준을 정한 것이다. 지시는 개별적이고 구체적 형식을 명하는 것이고 일일명령은 일과 업무에 관한 당직, 휴가, 출장 등에 대한 것이다. 훈령의 형식에는 제한이 없다.

훈령은 구성원의 변동에 따라 효력에 영향을 받지 않으며 직무명령의 성격도 있다. 훈령은 반드시 직무상에 관련된 것만 가능하며 법적근거를 요하지 않는다. 훈련은 반드시 관보에 공고해야 하는 것은 아니며 관보에 공고한 경우에는 5일 후에 효력이 발생한다.

성립요건으로 법규·공익에 반하지 않으며 실현 가능하고 명백해야 한다. 정당한 권한을 가진 상급관청이 권한 내에서 하급관청에 절차·형식에 맞게 명하는 것이다.

Ⅱ. 법과 경찰활동과의 관계

경찰행정활동이란 경찰행정의 목적수행을 의미하는 것으로서 경찰행정활동은 다음의 세 가지 차원에서 법에 구속된다.

(1) 모든 경찰기관의 활동은 조직규범으로서의 법률에 정해진 권한의 범위 내에서 행해져야 한다. 따라서 경찰의 직무는 경찰법 제3조에서 정한 범위내에서 행해져야 한다. 만일 경찰관이 조직법상의 직무범

위외의 행위를 하는 경우에는 그것은 직무행위로 볼 수 없으므로 그 효과는 행정주체인 국가에 귀속되지 않는다. 즉, 경찰관의 행위는 조직법에 근거가 있을 때 비로소 경찰기관의 행위가 되며, 경찰작용으로 인정된다.

(2) 어떠한 경찰활동도 제약규범에 위반하여서는 안 된다. 즉, 경찰관청은 국민에게 법의 취지에 저촉되는 명령을 발해서도 안 되며, 경찰조직 내부에서도 법의 취지에 반하는 직무명령을 발해서도 안 된다. 이는 모든 경찰활동에 적용되는 것으로서 이러한 원칙을 법률의 우위라고 한다.

(3) 법률유보의 문제로 경찰작용도 법치행정의 원리상 당연히 법률의 근거가 필요하다. 즉, 법률에 일정한 행위를 일정한 요건 하에 행하도록 권한을 부여하는 근거규정이 없으면 경찰기관은 자기의 판단에 따라 독창적으로 행위할 수 없다.

제 2 절 경찰작용의 근거와 한계

Ⅰ. 경찰작용의 근거

1. 경찰행정과 법치국가의 원리

경찰법은 경찰의 조직과 작용 및 그 구제에 관한 국내공법이라고 할 수 있다. 경찰의 법제는 경찰작용의 기초를 이루는 것으로 그 근거가 된다. 경찰행정은 전형적인 침해행정이다. 따라서 법치국가의 요청인 행정의 법률적합성의 원칙에 따라 당연히 법률상의 근거가 필요하다. 법률상의 근거란 원칙적으로 국회의 제정법률인 형식적 의미의 법률이어야 한다. 이 경우에 있어서 법률은 조직법규인 직무분배규정이나 포괄적 · 일괄적인 수권수정이 아니라 개별적이고 구체적인 경찰작용법적인 규정이 있어야 한다.

2. 경찰법제의 구분

(1) 경찰조직법 : 경찰행정을 운영하는 조직이나 기구에 관해 정한 규범으로 정부조직법, 경찰법 등이 있다.

(2) 경찰인사법: 경찰공무원의 인사에 관한 법으로 국가공무원법, 경찰공무원법등이 있다.

(3) 경찰작용법 : 경찰행정이 실시해야 할 행정의 내용을 정한 규범으로 경찰관 직무집행법, 도로교통법, 집회 및 시위에 관한 법률 등이 있다.

(4) 경찰구제법 : 위법한 경찰활동에 의해 국민이 침해받은 국민의 권리를 보장하기 위한 구제절차규범이며, 오늘날 사전절차의 준수 등 절차적 권리가 강조되는 행정절차법 등이 있다.

Ⅱ. 경찰권 발동의 한계

경찰권은 사회공공의 안녕과 질서를 유지하기 위하여 일반통치권에 의거하여 국민에게 명령 · 강제하여 그 자연적 자유를 제한하는 권력적 작용을 내용으로 하는 것이 주이므로 경찰권의 행사는 개인의 기본적 인권에 대한 침해의 우려가 크다. 따라서 필연적으로 기본적 인권에 대한 제한이 따른다.

경찰법규에는 위험상태에 대한 일반추상적인 불확정법 개념이 인정된다. 그 해석을 통한 경찰권의 발동이 항상 문제가 되고 이에 대한 일차적인 판단은 경찰기관에 맡겨진다. 경찰의 재량권의 행사는 무제한 인정되는 것이 아니라 헌법상의 일반원칙과 기본권 등을 통한 일정한 통제와 한계가 있다고 볼 것이다. 경찰권 발동의 한계에는 법규상 한계와 조리상 한계가 있다.

1. 법규상의 한계

가. 개념

법치행정의 원리상 경찰권의 발동은 법률의 근거가 있을 때에만 발동될 수 있으므로 법률의 근거가 있다 할지라도 법규에 허용된 한도 내에서만 발동되어야 하고, 만일 경찰권의 발동이 법규상의 한계를 일탈한 경우에는 당연히 위법행위가 된다. 그러므로 경찰법규는 경찰권의 근거인 동시에 한계이다.

나. 내용

국회가 제정한 법률이 원칙이며, 예외적으로 행정입법 중 법규명령을 포함한다. 경찰작용은 주로 장래에 있어서의 사회적 장애를 제거하는 작용이므로 이를 모두 법으로 규정하기에는 입법기술상 상당히 곤란하다. 경찰법규는 광범위한 재량조항을 두고 있다. 그 재량은 자유재량이 아니고 기속재량이다.[1] 그러므로 경찰권발동은 법규상의 한계뿐만 아니라 조리상 한계가 강조되고 있다.

1) 행정행위는 법 아래서 법의 내용을 실현하는 행위이지만 현대행정이 매우 넓고 복잡하다. 그러므로 엄격한 법의 기속이 요청되는 행정 분야에 있어서나, 구체적인 사정에 적극적으로 공익목적 달성을 위한 행정분야에 있어서나, 행정청의 재량을 인정하지 않을 수 없다. 따라서, 행정행위에는 비교적 법의 기속을 받는 경우와 비교적 광범한 행정청의 재량이 인정되는 경우가 있다. 행정행위가 법의 구체화 또는 단순집행으로 행해지는 행위를 기속행위라 하고 어느 정도 행정청의 재량이 인정되고 이 재량에 의해 행하여지는 행위를 재량행위라 한다. 이러한 구분은 해당행위가 법에서 어느 정도 자유로운 행위냐 아니냐에 대한 판단의 근거가 될 수 있다.

2. 조리상 한계

가. 개념

경찰권의 발동에는 법규상 한계 외에 경찰권의 목적·성질에 비추어 일정한 조리상 한계가 있는데, 만일 조리상 한계를 넘는 경찰권의 발동이 있는 경우에는 재량권의 유월 또는 남용으로 위법이 된다. 조리상 한계는 법의 일반원칙이며 공동체 사회에서 인간으로서 지켜야 할 도리라 할 수 있다.

나. 종류

(1) 소극목적의 원칙

경찰권의 발동은 경찰목적을 위한 위험의 방지와 장해의 제거라는 소극적 목적을 위해서만 행사되어야 한다. 경찰작용은 사회공공의 안녕과 질서유지에 국한하는 것으로 적극적으로 사회복지증진을 위해서 경찰권을 발동할 수 없다는 원칙이다.

다만 경찰작용도 오늘날 복리행정의 추세에 관련되는 예가 많이 늘어나고 있으므로 적극적인 규제작용과의 구분이 분명하지 않을 경우가 있을 것이다(예, 치안서비스 제공).

(2) 공공의 원칙

경찰공공의 원칙 또는 사생활 자유의 원칙이라고도 한다. 경찰권발동은 사회공공의 안녕과 질서를 유지하기 위해서만 발동할 수 있는 것을 의미하므로 사회공공의 안녕과 질서유지에 직접 관계되지 아니하거나 사생활 관계에는 경찰권발동을 할 수 없다는 원칙이다. 이를 몇 가지로 나누어 보기로 한다.

(가) 사생활 불가침의 원칙

사생활불가침의 원칙이란 사회질서에 아무런 영향을 끼치지 않는 개인의 사생활은 프라이버시에 속하는 것이므로 경찰은 간섭할 수 없다는 것을 말한다. 그러나 사생활에 속하는 것이라도 공공의 안전이나 질서에 중대한 위해를 끼치는 경우에는 경찰권발동의 대상이 된다.

(나) 사주소 불가침의 원칙

사회와 직접 접촉이 없는 사적인 주거공간에 대하여는 경찰권이 발동되지 않는다는 원칙이다. 여기서 사주소의 범위에 대해서는 일반적으로 주택, 사무소, 회사 등이 있으며 대중에게 개방되어 있는 장소인 여관, 음식점, 역 등은 사주소에 포함되지 않는다고 본다.

(다) 민사관계불간섭의 원칙

개인의 계약관계나 사유재산권행사와 같은 민사상의 법률관계에 대한 분쟁은 당사자의 청구에 기초하여 사법기관에 의한 해결을 도모해야하고 경찰권이 개입할 상황은 아니다. 즉, 민사상의 분쟁이 되는 대립은 이해 당사자 간의 이해조정만이 문제가 될 뿐이지 공공의 안녕과 질서에 대해 어떠한 위해도 가하지 않기 때문이다.

(3) 경찰책임의 원칙

(가) 의의

원칙적으로 질서위반의 행위 또는 상태의 위험 및 발생에 대하여 직접 책임질 지위에 있는 자에 대해서만 발동할 수 있다는 것을 말하는 것으로 직접 책임질 지위에 있지 아니한 제3자에게는 발동할 수 없다는 원칙이다. 직접원인 제공자가 제1차 경찰책임자이다. 상태책임과 행위책임이 동시에 발생시 행위책임이 우선한다. 경찰책임은 고의・과실을 요하지 않는다. 객관적 생활영역 기준에 의해 판단한다.

(나) 종류

① 행위책임 : 자기가 한 행위책임을 인정하고 책임을 져야 한다(행위자 책임). 또한 자기보호 감독 하에 있는 행위에 대한 책임이 있다(지배자 책임). 후자의 예로서, 친권자와 미성년자 또는 사용자와 고용인 등을 들 수 있다.

② 상태책임 : 공공의 안녕과 질서에 대한 위해가 어떤 물건·동물로부터 발생된 경우에 그 물건에 대한 소유자·점유자·관리자가 책임을 지는 것을 말한다. 붕괴될 위험이 있는 축대의 소유자가 부담하는 경찰상의 책임이 상태책임의 예이다.

③ 복합적 책임 : 행위책임과 상태책임이 중복된다면 행위책임이 우선한다. A가 B소유의 자동차를 국도에 방치하고 달아난 경우에 A가 경찰위반상태에 대한 책임을 진다.

(4) 비례의 원칙(과잉금지의 원칙)

경찰법상 경찰권발동에 대한 편의주의가 인정되므로 경찰권의 행사여부는 원칙적으로 경찰의 재량에 속한다. 여기서의 재량은 무제한적인 것이 아니라 의무에 합당하는 재량권의 행사를 의미하는 것인데 법치국가의 원리인 비례원칙의 제한을 받는다.

① 합목적성의 원칙: 경찰기관이 취하는 수단은 장해의 제거 또는 위험의 방지라는 경찰목적을 달성하기 위한 수단이어야 한다.

② 적합성의 원칙 : 경찰기관이 취하는 수단은 경찰목적을 달성하는데 가장 적합한 수단을 말한다. 따라서 수범자에게 있어 법적으로 허용되지 않거나 사실상 불가능한 행위를 요구하는 조치는 적합성을 결한 수단으로 위법이 된다.

③ 필요성의 원칙 : 경찰의 조치는 경찰목적을 위하여 필요한 최소한의 침해를 가져올 것으로 예견되는 수단을 선택해야 한다는 원칙을 말한다. 이를 최소침해의 원칙이라고도 한다.

④ 상당성의 원칙 : 경찰조치는 그것이 필요한 경우라도 그로부터 발생할 불이익이 그것에 의해 달성될 위험방지의 효과보다 더 큰 경우에는 행사할 수 없다는 것을 말한다. 협의의 비례원칙이라 하며 법익균형을 말한다.

(5) 경찰평등의 원칙

모든 국민은 법 앞에 평등하다. 경찰권을 행사함에 있어서 헌법 제11

조의 평등의 원칙에 따라 성별·종교·사회적 신분·인종 등을 이유로 불합리하게 차별할 수 없다는 것을 말한다.

Ⅲ. 법규상·조리상 한계일탈의 효과 및 구제

(1) 한계일탈의 효과

경찰권의 발동이 법규상·조리상 한계를 일탈한 경우에는 위법한 행위가 되므로 법규상 한계를 일탈한 경우에는 당연히 위법행위가 되어 무효 또는 취소사유가 되고, 조리상 한계를 일탈한 경우에도 단순한 부당행위로 되는 것이 아니라 위법행위로서 무효 또는 취소사유가 된다.

(2) 구제방법

경찰권발동이 법규상·조리상 한계를 일탈하여 국민의 권리와 이익을 침해한 경우에 그 국민은 위법행위로서 행정소송이나 손해배상 등의 통상의 구제방법으로 구제받을 수 있고, 당해 공무원의 형사·징계책임 등 간접구제 등으로도 구제받을 수 있다.

제 3 절　경찰법의 법원(法源)

1. 법원의 개념

경찰법의 법원이란 경찰의 조직과 작용 및 그의 통제에 관한 법의 존재형식 내지 인식근거를 말한다. 즉, 이러한 법의 존재형식을 묻는 것이 법원론이다. 이러한 법원에는 입법자가 법조문의 형식으로 정립한 성문법원이 원칙이지만 성문법령이 아닌 불문법원도 있다.

2. 성문법주의 원칙과 예외

(1) 성문법주의의 원칙

① 경찰권발동은 명령·강제작용이므로 국민의 권리와 자유를 침해할 가능성이 크기 때문에 국민의 기본권을 보장하기 위하여 미리 그 한계와 조건을 명백히 규정함을 요한다.

② 경찰권의 한계와 조건을 명백히 하는 것은 국민의 장래에 대한 예측가능성과 법적 안정성을 도모함을 뜻하며 경찰사무의 공정성실현을 위해서도 필요하다.

(2) 불문법의 보완

① 경찰법의 특성상 그 규율대상은 매우 다양하고도 가변적이다.

② 경찰작용은 응급비상수단인 경우가 많다.

③ 입법기술상 한계가 있어 불문법원도 보충적으로 법원이 된다.

2. 경찰법의 법원

원칙은 성문법상 공공의 안녕과 인권보장이지만 확대되어 가고 있다. 예외(보충법원)로는 불문법 즉, 관습법·판례법·조리법(최후의 보충법원)이 있다. 관습법은 다년간 걸쳐 행해진 관행이 존재하고, 이러한 관행이 법적 확신을 통해 법규범으로 인식·승인된 것을 말한다. 판례를 법원으로 인정할 수 있는가에 관하여 우리나라는 학설이 나뉘며, 법원조직법 제8조는 상급법원의 법률적 사실적 판단은 하급심을 기속하는 효력을 가질 뿐이라고 규정하고 있어 판례법을 긍정하지는 않는다. 그러나 대법원의 판결을 통한 유권해석이나 법률적인 판단은 사실상 하급심을 구속하는 '사실상의 구속력'을 갖는다.

조리법은 일반적으로 정의에 합치되는 보편적 원리이며 법의 일반법칙이다. 권리남용의 원칙·신의성실 원칙·신뢰보호의 원칙·비례의 원칙·평등의 원칙·금반언의 원칙 등 공동체 사회에서 인간으로서 지켜야 할 도리이며 오늘날 성문화되어 가는 추세이다.

제 4 절 경찰의 직무관할

Ⅰ. 사물관할

(1) 의의

경찰의 사물관할이라 함은 경찰이 처리할 수 있고 또 처리해야 하는 사무내용의 범위를 말하는 것으로 이는 넓은 의미로 경찰권이 발동될 수 있는 범위를 설정함으로써 그 범위를 넘는 분야에 관하여는 경찰이 개입할 수 없다는 점에서 법적 한계로서의 의미도 가진다.

(2) 우리나라의 사물관할

① 우리나라는 영·미경찰개념의 영향을 받아 범죄의 수사에 관한 임무가 경찰의 사무관할로서 인정되고 있는 특색이 있다. 다만, 이 경우에도 형사소송법 제197조와 사법경찰관리의 직무를 행할 자와 그 직무범위에 관한 법률, 사법경찰관리집무규칙 등에 의거하여 국가정보원 직원, 군사법경찰관리, 교도소장, 근로감독관, 산림보호종사원, 선장 등은 원칙적으로 각 소속관서의 관할구역내에서 법정의 범죄에 대해 사법경찰관리로서의 직무를 행하므로 그 범위만큼은 우리 경찰의 사물관할 또는 지역관할에서 제외됨을 유의해야 한다.

② 우리는 보통사법경찰관리로서의 직무행위만을 사물관할에 해당시킨다.

③ 우리나라는 경찰작용법인 경찰관직무집행법에 조직법적인 임무규정이 포함되어 있는 특색이 있다.

Ⅱ. 인적 관할

인적 관할이란 넓은 의미의 경찰권이 어떤 사람에게 적용되는가의 문제를 의미하는 것으로 경찰권은 모든 사람에게 적용되는 것이 원칙이지만 국내법상으로는 대통령과 국회의원이 국제법상으로 외교사절과 SOFA 등의 특례가 규정되어 있다.

(1) 내국인

대통령은 재직 중 내란·외환죄 이외에는 소추당하지 아니한다. 국회의원은 국회 내에서 발언·표결한 것에 대하여는 국회 외에서 책임지지 않는 면책특권을 가지고 있고 또한 회기 중 현행범 이외에는 국회의 동의 없이 체포당하지 아니하는 불가침 특권이 있다.

(2) 외국인

① 치외법권자: 외국원수, 배우자, 자녀, 종자, 공사, 대사 포함. 단 영사는 아니다.

면책(과세권 · 사법권 · 경찰권)과 불체포 · 불가침(신체 · 생명 · 문서(국가보안법 위반은 예외) · 관서 등)

② SOFA

㉠ 미군인 + 배우자 + 21세 미만 자녀

㉡ 미군속 + 배우자 + 21세 미만 자녀

㉢ 미군인 또는 미군속으로부터 월 50% 이상 생활비를 지원받는 자

㉣ 초청계약자(단, 미군사고문단원은 제외. 이들은 치외법권자이다.)

Ⅲ. 지역 관할

(1) 해양안전본부와의 관할구분

원칙적으로 해양안전본부는 해양에서의 해양안전사무에 대하여 관할권을 가진다. 종래 해양경찰청 업무가 국민안전처로 바뀌면서 양자간의 관할 범위를 명백히 할 필요가 생겨났다. 해경에 있던 정보와 수사권이 경찰로 이관되었으므로 초동조치만이 해양안전본부의 관할이다.

(2) 철도청과의 관할구분

경찰청과 철도청간의 수사업무한계협정에 의하였던 것을 2005.2.3. 국토교통부와 경찰청과의 수사업무한계협정에 따라 그 내용은 다음과 같다.

① 철도시설 및 열차 안에서 발생하는 철도안전법에 규정된 범죄와 역구내 및 열차 안에서 발생한 현행범 처리일체를 국토교통부에서 책임처리하고 그 외의 범죄는 경찰청에서 처리한다.

② 역구내 및 열차 안에서 발생한 현행범 중 살인·화재·변사 등 중요사건에 대하여 국토교통부로부터 협조의뢰가 있을 때에는 경찰청에서 처리한다.

③ 경찰청에서 처리하여야 할 사건에 대하여 국토교통부는 신속하게 이를 통보하고, 사건현장 보존조치를 하는 등 사건처리에 협조하여야 한다.

④ 국토교통부에서 처리하여야 할 사건에 대한 사건수배는 건설교통부의 수사 협조의뢰가 있을 때에만 수배한다.

⑤ 역구내 및 열차안, 철도부지 및 시설물에 대한 방범활동과 행정단속은 국토교통부에서 전담한다.

⑥ 열차사고는 경찰청에서 처리함을 원칙으로 한다.

⑦ 특별한 경우에는 역구내에 경찰관을 배치할 수 있으며, 국토교통부와 경찰청은 위에서 정하는 사항 외에도 범죄예방과 수사에 관하여

적극 협력한다.

⑧ 즉결심판 청구사건은 국토교통부에서 관련서류 등을 구비하여 관할 경찰서장에게 인계한다.

⑨ 국토교통부로부터 피의자의 입감의뢰가 있을 때에는 협조한다.

(3) 국회

① 국회의장에게는 국회경호권한이 있어 국회안에서 경호권을 행사하며, 의장은 필요시 정부에 대하여 경찰관의 파견을 요청할 수 있다. 그러나 이 경우에 경찰관은 회의장은 건물 밖에서만 경호하도록 제한되어 있다.

② 국회안에 현행범인이 있을 때에는 경찰관은 이를 체포한 후 의장의 지시를 받아야 하며, 다만 회의장 안에 의원이 있는 경우에는 의장의 명령 없이는 이를 체포할 수 없다.

(4) 법정

법원의 법정경찰권은 재판장이 이를 행사하도록 되어 있으므로, 재판장의 경찰관 파견요청이 있는 경우에도 법정 내외의 질서유지에 관하여는 재판장의 지휘를 받아야 한다.

(5) 치외법권지역

① 외교공관과 외교관의 개인주택은 국제법상 치외법권 지역이므로 불가침의 대상이다. 따라서 외교사절의 요구나 동의가 없는 한 경찰은 직무수행을 위하여 거기에 들어갈 수 없는 것이 원칙이다.

② 관사에 대한 불가침에 준하여 외교사절의 승용차, 보트, 비행기 등 교통수단도 불가침의 특권을 갖는다. 그러나 경찰상의 상태책임과 관련하여서는 화재나 전염병의 발생 등과 공안을 유지하기 위하여 긴급을 요하는 경우에는 사전의 동의 없이도 공관에 들어갈 수 있는데 이는 국제적 관습으로 인정되고 있다.

(6) 미군영 내

SOFA협정은 군대의 규율과 질서를 유지해야 하는 군대의 특수성을 감안하여 미군 당국이 부대 영내 외에서 경찰권을 행사함으로써 자체적으로 질서와 안전의 유지를 위하여 필요하고도 적절한 조치를 취할 수 있도록 하고 있다.

제 5 절 경찰의 민주적 통제

1. 경찰통제의 의의와 목적

(1) 의의

민주주의 국가에서 경찰조직은 경찰의 이념을 성실하게 구현함으로써 헌법과 법률에 기초한 국민의 기대에 부응하는 것을 목표로 한다. 그러나 현실적으로 전개되는 경찰의 활동은 언제나 처음에 기대한 결과로 나타나는 것은 아니다. 조직국성원의 다양성이나 관료조직의 생리상 경찰조직의 운영과 관리상에 여러 가지 문제점이 있을 수 있다. 이러한 문제점을 예상하여 경찰조직과 그 구성원의 활동을 점검 혹은 평가하고 문제점을 시정함으로써 경찰을 국민에게 봉사하는 민주적 조직으로 관리할 필요가 있다. 경찰통제란 경찰의 조직과 활동을 체크함으로써 경찰조직과 경찰활동의 적정성을 도모하기 위한 제도적 장치 또는 활동을 말한다.

(2) 경찰통제의 목적

① 경찰의 민주적 운영 ② 경찰의 정치적 중립 확보 ③ 경찰활동에 있어서 법치주의 확립 ④ 국민의 인권을 보호 ⑤ 부패를 방지하고 건강한 조직을 유지

2. 경찰통제의 기본원칙

(1) 권한의 배분

① 상급자와 하급자간의 권한배분

② 중앙집중화되어 있는 권한을 지방으로 분산

(2) 정보의 공개

① 국민의 알권리를 보장

② 행정의 독선과 부정부패 방지

③ 국정에 대한 국민의 참여

④ 경찰행정의 투명성 확보

(3) 절차적 참여의 보장

① 행정절차상의 민주성 · 신뢰성 · 공정성 · 투명성 등의 확보방안

② 경찰의 주요 정책에 대한 민주적 통제 수단의 확보

(4) 부정부패에 대한 법적 책임강화

경찰조직의 정책결정의 과오나 구조적인 문제점 등에 대해서는 아무도 책임을 지지 않으려는 경향이 있어 구성원 개인의 위법행위나 비위에 대한 형사상 · 민사상 · 행정상의 책임을 강화할 필요가 있음

(5) 정책평가와 시정조치

민주적 경찰통제는 경찰행정 목표와 관련하여 그 수행과정의 적정여부를 점검하여 그 결과에 따라 신상필벌하고, 환류를 통해 정책에 반영하여 지속적인 경찰혁신을 유도할 필요가 있다.

3. 통제의 유형 및 그 장치

(1) 민주적 통제

① 현행 민주적 통제의 예로서 경찰위원회가 있고 우리나라는 1991년에 경찰법 제5조~제10조에 규정하고 있다.

② 자치체 경찰제도, 경찰조직의 선거제도 등이 있으며 우리 경찰은 국가경찰로서 현재 제주도가 자치경찰을 부분적으로 도입하고 있다.

(2) 사법적 통제

행정작용에 대하여 행정소송법, 국가배상법등에 의거한 사법적 통제수단 확보

(3) 사전통제와 사후통제

(가) 사전통제

행정절차법에 의거한 행정에 대한 사전통제, 입법예고제, 행정예고제, 국회의 입법권, 예산심의권 등을 통한 통제

(나) 사후통제

사법부에 의한 사법심사, 입법부에 의한 국회의 예산결산권, 국정감사·조사권 등

(4) 내부적 통제와 외부적 통제

(가) 내부적 통제

감사제도를 통한 직무감찰활동, 훈령권·직무명령권등에 의한 행정통제, 행정심판의 재결권

(나) 외부적 통제

경찰위원회의 중요정책의안의 심의, 국회의 통제로 입법권, 예산심의권, 결산권, 국정감사·조사권 등이 있고, 법원에 의한 통제로 행정소송과 국가배상 및 공무원 개인에 대한 민·형사상 책임을 추궁하는 방법

등이 있다. 행정부에 의한 통제로는 행정수반인 대통령에 의한 통제, 감사원의 감사활동, 행정자치부장관에 의한 통제, 국민권익위원회에 의한 통제, 국가정보원 · 국방부 · 검찰 등에 의한 통제, 시민통제 등을 들 수 있다.

단원정리

1. 경찰의 활동에 기본적인 지침이 되는 것이 법치행정의 원리이다. 법치행정의 원리는 법치주의의 필수요건으로, 행정은 의회에서 제정한 법률에 의거하여 행하여야 한다는 원칙이다.

2. 경찰법은 경찰의 조직과 작용 및 그 구제에 관한 국내공법이라고 할 수 있다. 경찰의 법제는 경찰작용의 기초를 이루는 것으로 그 근거가 된다. 경찰행정은 전형적인 침해행정이다. 따라서 법치국가의 요청인 행정의 법률적합성의 원칙에 따라 당연히 법률상의 근거가 필요하다.

3. 경찰권발동에는 법규상의 한계와 조리상의 한계가 있다. 조리상의 한계에는 소극목적의 원칙, 경찰공공의 원칙, 경찰비례의 원칙, 평등의원칙, 경찰책임의 원칙이 있다.

4. 경찰권의 발동이 법규상·조리상 한계를 일탈한 경우에는 위법한 행위가 되므로 법규상 한계를 일탈한 경우에는 당연히 위법행위가 되어 무효 또는 취소사유가 되고, 조리상 한계를 일탈한 경우에도 단순한 부당행위로 되는 것이 아니라 위법행위로서 무효 또는 취소사유가 된다.

5. 경찰법의 법원이란 경찰의 조직과 작용 및 그의 통제에 관한 법의 존재형식 내지 인식근거를 말한다. 경찰법은 성문법주의가 원칙이고, 예외적으로 불문법이 적용된다.

6. 경찰의 사물관할이라 함은 경찰이 처리할 수 있고 또 처리해야 하는 사무내용의 범위를 말하는 것으로 이는 넓은 의미로 경찰권이 발동될 수 있는 범위를 설정함으로써 그 범위를 넘는 분야에 관하여는 경찰이 개입할 수 없다는 점에서 법적 한계로서의 의미도 가진다.

7. 경찰통제란 경찰의 조직과 활동을 체크함으로써 경찰조직과 경찰활동의 적정성을 도모하기 위한 제도적 장치 또는 활동을 말한다.

제 5 장

경찰법제(Ⅱ)

제 1 절　경찰작용의 제형태
제 2 절　경찰상 의무이행확보수단
제 3 절　경찰관직무집행법
제 4 절　경찰상 권리구제제도

학습목표

1. 모든 경찰활동의 토대가 되는 행정행위의 기본개념과 제형태를 이해할 수 있다.

2. 경찰의무이행의 확보수단의 종류와 내용을 학습할 수 있다.

3. 경찰관직무집행법의 주요내용을 파악하고 경찰작용의 법적 요건과 효과를 공부함으로써 경찰상 직무집행의 전반적인 이해가 가능하다.

4. 경찰행정상 권리구제제도의 중요성에 대한 인식과 학습이 가능하다.

5
chapter

경찰법제(II)

제 1 절 경찰작용의 제형태

I. 행정행위의 개념

1. 행정행위 의의 및 특성

행정행위라 함은 행정권에 의하여 행정법규를 구체적으로 적용·집행하는 행위를 행정행위라 한다.

사법에서 계약이 결정적인 법률행위의 형식이듯 행정법에서는 행정행위는 결정적인 행정의 행위형식이다. 행정행위도 법적 행위라는 데서 사법행위와 본질적인 차이는 없으나, 행정행위는 그 성립·효력 등에 있어서 사법의 원리와는 다른 공법상의 특수한 법원리가 적용된다.

행정작용 중 일정한 행위(처분 등)에 대해서만 행정쟁송을 제기하도록 하고 있을 뿐만 아니라, 행정행위에 대해서는 공정력이나 자력집행력 등 사법상 법률 행위나 다른 행정작용에서는 볼 수 없는 특수한 효

력이 인정되고 있다

2. 행정행위의 개념요소

가. 개념적 요소

행정행위는 우리나라의 경우는 학문상의 개념이다. 행정행위는 통설적 입장에서 '행정청이 구체적 사실에 관한 법집행으로서 행하는 권력적 단독행위인 공법행위'라고 한다. 이를 나누어 보면 다음과 같다.

(1) 행정청의 행위

(가) 행정행위는 원칙적으로 행정청이 행하는 행위이다. 행정절차법에서 행정청을 '행정에 관하여 의사를 결정하여 표시하는 국가 또는 지방자치단체의 기관 기타 법령 또는 자치법규에 의하여 행정권한을 가지고 있거나 위임 또는 위탁을 받은 공공단체나 그 기관 또는 사인'으로 정의하고 있다(동법 제2조 제1호).

(나) 따라서 행정청은 조직법상의 행정청인 국가나 지방자치단체의 행정기관뿐만 아니라 공사 기타 공법인이나 공무수탁사인이라도 국가로부터 행정권을 부여받은 범위 안에서 행정청에 포함된다.

(2) 법적 규율행위

(가) 행정행위의 가장 중심된 개념요소는 '법적인 규율행위'라는 점이다. 행정행위는 법적효과의 발생·변경·소멸을 의도하는 법적으로 구속력 있는 행위이다.

(나) 행정행위는 "외부(국민)에 대하여 직접적인 법적 효과를 가져오는 행위'이다. 따라서, 행정조직 내부의 행위는 그것이 법적규율행위라 하더라도 행정행위가 아니다.

(3) 공법적 행위

행정행위는 행정청에 의한 법적 행위로서 공법상의 행위이어야 한다.

행정청의 법적인 행위라도 물자구매 등 국고행위나 영리활동 등 공적 임무를 수행하기위한 사법상의 계약은 행정행위가 아니다.

(4) 구체적 사실에 대한 규율행위

행정행위는 구체적 사실에 대한 규율행위이지만 특정할 수 있는 수많은 개별적인 사실들을 행정행위의 개념하에 묶어서 규율할 수도 있다. 이것을 일반처분이라 한다.

(5) 권력적 단독행위

행정행위는 공권력의 행사로서 행정주체가 행정객체에 대하여 우월한 지위에서 행하는 구체적 사실에 관한 법 집행행위이다. 행정해위는 일방적으로 행하는 권력적 단독행위이므로 공법상의 계약 또는 공법상의 합동행위와 구별된다.

나. 행정행위 개념과 행정쟁송법상 처분개념과의 관계

(1) 문제의 소재

행정행위 개념정립은 학문적 의미의 행정행위 개념과 실정법상의 개념이 일치하는 것이 가장 이상적이다. 그러나 우리나라의 경우 행정행위는 학문상의 용어이고, 실정법상에서는 허가·인가·면허등 용어가 다양하므로, 행정행위와 행정쟁송법상 처분을 같은 개념으로 이해할 것인지에 대하여 논의할 필요가 있다.

(2) 학 설

(가) 이원설: 행정쟁송법상의 행정쟁송의 대상인 처분개념을 실체법상의 행정행위 개념보다 넓게 파악하여 양자를 이원적으로 이해하는 입장이다.

(나) 일원설: 행정심판법과 행정소송법상의 처분개념은 실체법상의 행정행위 개념과 동일한 것으로 보는 입장이다.

(3) 결 어

연혁적으로 행정행위의 개념정립은 행정쟁송제도와 밀접한 관계를 갖는 것이 사실이지만, 오늘날 행정쟁송(항고쟁송)의 대상을 행정행위로 한정할 필요는 없다.

3. 행정행위의 기능과 특수성

가. 행정행위의 기능

(가) 실체법적 기능: 행정행위는 일반 법률을 개별적인 경우에 구체화함으로써 특정인에 대하여 구속력 있는 법률효과를 발생시키는 수단이 된다.

(나) 절차법적 기능: 행정청이 행정행위를 하려고 하면, 법률상 요구되는 일정한 절차를 거쳐야 하는 경우가 있다.

(다) 집행법적 기능: 행정행위는 행정집행을 위한 근거가 된다.

(라) 쟁송법적 기능: 위법한 행정행위에 대해서는 쟁송을 통하여 권리구제를 받을 수 있으므로, 행정행위는 쟁송을 제기하기 위한 전제 요건으로 작용한다.

나. 행정행위의 특수성

행정행위의 특수성인 행정의사의 법률적합성, 행정의사의 우월적 지위에서 갖는 특성(공정력 · 존속력 · 강제력), 권리구제수단의 특수성 등이 있다.

행정행위에 대한 권리구제수단은 행정심판법과 행정소송법에서 정하는 바에 따라 구제를 받을 수 있고 그밖에 적법한 공권력의 행사를 통하여 재산권의 침해를 받은 자에게는 손실보상제도가, 위법한 행정활동을 통하여 손해를 받은 자에게는 국가배상제도가 마련되어 있다.

Ⅱ. 법률행위적 행정행위와 준법률행위적 행정행위

행정행위는 법률효과의 발생원인에 따라 법률행위적 행정행위와 준법률행위적 행정행위로 구분한다. 법률행위적 행정행위는 크게는 명령적 행위와 형성적 행위로 나눈다. 명령적 행위에는 하명 · 허가 · 면제가 있으며, 형성적 행위에는 특허 · 대리 · 인가가 있다. 또한, 준법률적 행정행위에는 확인 · 공증 · 통지 · 수리로 나누어진다. 이를 도표로 나타내면 아래와 같다. 행정행위를 차례로 살펴보기로 한다.

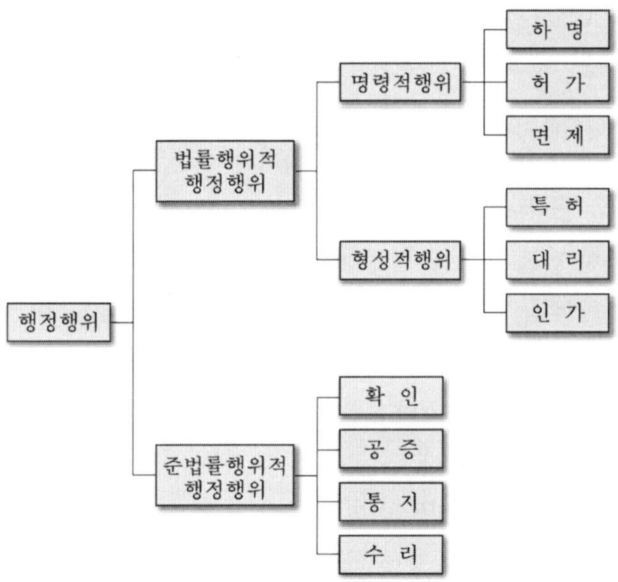

〈그림 5-1〉 행정행위의 분류

1. 명령적 행위

명령적 행위는 국민에 대하여 일정한 의무를 부과하거나 이들 의무를 해제함을 내용으로 하는 행정행위이다. 공공의 필요에 의해 개인의 자유를 제한하거나 의무를 부과하고 제한된 자유를 회복시키거나 의무를 소멸시키는 행정행위이다.

(1) 하명

(가) 하명의 개념: 하명은 개인의 자유를 제한하고 의무를 부과하는 것을 내용으로 하는 행정행위를 말한다. 따라서 하명은 법적인 근거를 필요로 하고 또한 기속행위인 것이 원칙이다.

(나) 하명의 성질: 하명은 개인의 자유를 제한하거나 새로 의무를 부과하는 것을 내용으로 하는 행정행위이므로 부담부 행정행위이다.

(다) 하명의 종류: 하명은 부과된 의무의 내용에 따라 작위하명(예, 무허가 건물의 철거 명령), 부작위 하명(예, 도로통행의 금지), 급부하명(예, 납세고지), 수인하명(예, 강제접종결정)으로 나누어진다.

(라) 하명의 성립

① 하명은 보통 법령에 의거한 행정행위(하명처분)로서 이루어진다.

② 하명의 대상은 일반적으로 사실행위(예, 무허가 건물의 철거)이지만 법률행위(예, 영업행위의 금지)일 경우도 있다.

(마) 하명의 효과

하명의 효과는 상대방에게 그 내용에 따른 일정한 공법상의 의무를 발생시키는데 있다. 하명의 효과는 원칙적으로 하명의 상대방 즉, 수명자에게 발생한다.

(바) 하자 있는 하명에 대한 구제

위법 또는 부당한 하명에 의하여 권리, 이익을 침해당한 자는 행정쟁송절차를 통하여 그 취소, 변경을 구할 수 있으며, 그로 인한 손해에 대해서 국가배상을 청구할 수 있다.

(2) 허가

(가) 개념

허가는 법령에 의한 일반적 금지(부작위의무)를 특정한 경우에 해제함으로써 적법하게 일정한 행위를 할 수 있도록 해주는 행정행위를 말한다(예, 건축허가). 허가는 법령에 의하여 제한된 자연적 자유를 회복시켜 준다는 점에서 금지의 해제라는 의미를 갖는다. 허가는 1차적으로 개인이 의도한 행위 및 그 조건이 공익적 관점에서 공법상의 규정과 일치하는 지를 사전에 통제하는데 그 의의가 있다. 허가는 2차적으로 개인의 투자이익을 보호하기 위하여 존재한다.

(나) 구별개념

① 예외적 승인

행정법상 금지의 유형에는 '예방적 금지'와 '억제적 금지'가 있다. 예방적 금지는 본래 허용된 행위를 예방적 목적에서 통제하는 것이고, 억제적 금지는 원칙적으로 금지된 행위를 특정한 경우에만 예외적으로 허용하는 것이다. 예방적 금지에 대한 해제가 허가이며, 억제적 금지에 대한 해제가 예외적 승인이다.

② 신고유보부 금지

신고유보부금지라는 관념을 인정하여, 신고유보부금지의 경우에는 개인의 신고에 의하여 금지가 해제된다고 보고 따라서, 그것을 허가의 일종으로 보는 견해도 있다.

③ 허가와 특허, 인가: 허가는 특허 및 인가와도 구별된다.

(다) 허가의 성질

① 명령적 행위, 형성적 행위

종래의 통설은 허가는 상대방에게 금지를 해제하여 자연적 자유를 회복시켜 주는 행위이므로 명령적 행위로 본다. 그러나 오늘날 다수 견해는 형성적 행위로서의 성질도 갖는다고 한다.

② 기속행위, 재량행위

종래의 통설적 견해인 효과재량설에 의하면 허가는 금지를 해제하고 이익을 부여하는 행위라는 점에서 재량행위로 보았으나, 오늘날 허가란 특별히 어떤 권리를 설정해 주는 것이 아니라 제한되었던 자유를 회복시켜 주는 행위이므로 허가요건에 해당하면 반드시 허가를 부여해야 할 기속을 받는 점에서 허가는 일반적으로 기속행위의 성질을 갖는다고 한다.

(라) 허가의 종류

허가는 그 대상에 따라 대인적 허가 대물적 허가 그리고 이들 양자를 모두 포함하고 있는 혼합적 허가로 나뉜다.

(마) 허가의 성립

① 허가는 상대방의 신청에 의해 이루어지므로 신청(출원)은 허가의 필요요건이다.

② 허가는 법령에 근거하여 처분의 형식으로 이루어진다.

(바) 허가의 효과

① 금지해제

허가는 일반적 금지를 해제하여 상대방으로 하여금 어떤 행위를 적법하게 할 수 있게 한다. 즉, 허가는 본래의 자유를 회복시키는데 불과하고, 권리, 권리능력 또는 포괄적 법률관계를 설정해 주는 형성적 행위와는 그 성질이 다르다.

② 법률상 이익

허가를 받은 자는 일반적으로 금지되어 있는 행위를 할 수 있게 되므로 사실상 일정한 독점적 이익을 받기도 한다.

③ 타법상의 제한

허가의 효과는 특정행위에 대한 법규상의 금지가 소멸되는 것으로 그 금지 이외의 법적 제한까지 소멸하는 것은 아니다.

④ 허가효과의 승계

허가의 효과는 그 허가를 받은 자에 대한 관계에서만 발생한다.

⑤ 무허가행위의 효과

허가받아야 할 행위를 허가 없이 한 경우에는 행정상의 강제집행이나 행정벌의 대상이 되지만, 행위자체의 법률상 효력에는 영향이 없다.

(사) 허가의 갱신, 소멸

원칙적으로 허가는 일정한 기한을 붙여서 이루어진 기한부 허가의 경우에는 그 기한이 도래되면 허가의 효력이 상실된다. 그러나 허가의 효력이 없어지기 전에 갱신됨으로써 종전의 효력이 계속되는 경우도 있다.

또한 대인적 허가의 경우 사망으로 허가가 소멸(예, 운전면허 소지자의 사망)하나 대물적 허가의 경우 허가대상의 멸실(예, 총기소지허가자의 총기분실)로 허가가 소멸한다.

(3) 면 제

면제는 법령에 의해 일반적으로 부과되는 작위, 급부, 수인, 등의 의무를 특정한 경우에 해제해 주는 행정행위를 말한다.

2. 형성적 행위

형성적 행위는 상대방에게 권리, 능력 또는 포괄적 법률관계 기타 법률상의 힘을 발생, 변경, 소멸시키는 행정 행위를 말한다.

(1) 특 허

(가) 특허의 의의

① 특허의 개념

특허는 특정인에 대하여 새로이 일정한 권리, 능력 또는 포괄적 법률관계를 설정하는 행위이다. 특정인에 대하여 새로운 권리 또는 권리능력을 설정하거나 법률상의 지위를 부여하는 행위라는 점에서 '설권행위'라고도 한다.

② 특허의 성질

특허는 사람이 자연적으로 갖지 못한 법률상의 힘, 즉 권리, 능력, 포괄적 법률관계를 설정하는 행위라는 점에서 형성적 행위의 성질을 갖는다.

(a) 쌍방적 행정행위

특허가 출원을 요건으로 하는 단독행위인지 공법상 계약인지에 관하여 다툼이 있다. 특허는 사인의 의사표시와 행정청의 의사표시에 대등한 가치를 인정하지 않고 출원을 효력요건으로 하는 행정행위로 보고 있다.

(b) 재량행위

특허는 공익의 필요에 따라 특정인에게 법률상의 힘을 부여하는 행위이기 때문에 특허를 할 것인지의 여부는 보통 행정청의 재량에 맡겨진다.

(c) 허가와의 구별

특허와 허가는 외관상 유사하지만 양자는 구별해야 한다. 허가는 자연의 자유를 회복시켜 주는 금지해제행위로 명령적 행위인데 대하여 특허는 상대방에게 새로운 법률상의 힘을 설정해주는 형성적 행위이다.

(d) 인가와의 구별

특허와 인가는 모두 법률행위적 행정행위로서 형성적 행위이다. 또한, 신청을 필요로 하고 처분의 형식으로 이루어지며, 처벌요건이 아니라 유효요건이라는 점에서 양자는 같다.

그러나 특허는 직접 상대방을 위한 행정행위이지만 인가는 제3자를 위한 행정행위이고 특허는 특정인에게 권리를 설정해 주는 행위이지만 인가는 제3자의 법률상의 힘을 보충하여 그 법률상의 효력을 완성시켜 주는 행위이지 권리를 부여하는 행위가 아니다.

(나) 특허의 성립

① 특허의 신청

특허는 상대방의 출원을 필요요건으로 한다.

② 특허의 형식

특허는 특정인에 대하여 이루어진다. 따라서 특허는 원칙적으로 구체적인 행정행위(특허처분)로 이루어진다.

(다) 특허의 효과

특허는 특정의 상대방에게 권리·능력 등의 법률상의 힘을 발생시킨다. 그러므로 특허 받은 자는 특허된 법률상의 힘을 제3자에게 행사할 수 있다.

(2) 인가

(가) 인가의 개념·성질

인가는 제3자의 법률행위를 보충하여 그 효력을 완성시키는 행정행위이다.

행정객체의 법률행위는 행정청의 인가를 통해 비로소 그 효력이 완성된다는 점에서 인가는 형성적 행위의 성질을 갖는다.

(나) 인가의 성립

① 인가는 당사자의 법률적 행위의 효력을 보충하는 것이므로 기본이 되는 법률행위를 하려는 당사자의 신청이 있는 경우에만 이루어진다.

② 인가의 대상은 허가의 경우와는 달리 반드시 법률행위이어야 한다.

(다) 인가의 형식

인가는 일반적 형식이 아닌 언제나 구체적인 처분의 형식으로 이루어진다.

(라) 인가의 효과

인가의 효력은 제3자의 법률행위를 보충하여 그 효력을 완전히 발생시키는 것이다. 인가를 받을 행위를 인가받지 않고 한 행위는 무효이다. 인가는 제3자의 법률행위의 효력을 보충하여 이를 완성시켜 주는 보충적 행위이다

(3) 공법상 대리

(가) 의의 및 성질

대리는 타인이 해야 할 행위를 행정청이 대신하여 본인이 한 것과 동일한 법적 효과를 발생하는 행정행위를 말한다.

(나) 유 형

공법상의 대리에는 감독차원에서 이루어지거나 일반행정행위의 실효성을 도모하기 위하여 또는 당사자 사이의 협의가 이루어지지 않는 경우의 조정적 차원에서 이루어진다(조세체납처분으로서의 공매처분).

3. 준법률행위적 행정행위

(1) 확인

(가) 확인의 개념 및 성질

확인은 특정한 사실 또는 법률관계의 존부(存否) 또는 정부(正否)에 관하여 의문이 있거나 다툼이 있는 경우에 행정청이 이를 공적으로 판단 및 확정하는 행정행위를 말한다. 확인은 기존의 사실 또는 법률관계의 의문이나 다툼에 대한 판단작용이란 점에서 법원의 판결과 성질이 비슷하다.

(나) 확인의 형식

확인은 언제나 구체적 처분의 형식으로 이루어지며 법령에 의한 일반적 확인은 불가능하다.

(다) 확인의 효과

확인은 일반적으로 특정한 사실 또는 법률관계의 존재나 정당성을 공적으로 하는 확정하는 효과를 발생한다.

(2) 공증

(가) 공증의 개념 및 성질

공증은 특정한 사실 또는 법률관계의 존재를 공적으로 증명하는 행정행위이다. 공증은 효과의사의 표시가 아닌 점에서 확인과 같다.

(나) 공증의 형식

공증은 특별한 사실이나 법률관계의 존재를 공적으로 증명하는 것이다.

(다) 공증의 효과

공증의 공통된 효과는 공증된 사항에 공적 증거력이 생긴다는 데에 있다.

(라) 공증의 처분성 문제

이렇듯 공증은 행정행위의 중요한 효력중의 하나인 공정력이 부인된다는 점에서 공증의 처분성(행정행위성)을 인정할 수 있을 것인지가 문제된다.

공증은 준법률행위적 행정행위로서 처분성을 긍정하는 견해도 있으나 판례와 일부견해는 일정한 유형의 공증에 대하여 그 처분성이 부인된다고 보는 절충설의 입장이 타당해 보인다. 공증행위 자체가 바로 법적 권리관계의 변동을 가져오지는 않기 때문이다.

(3) 통지

통지는 특정인 또는 불특정 다수인에 대하여 특정한 사항을 알리는 행정행위이다. 통지에는 특정한 사실에 관한 관념을 알리는 행위와 의사를 알리는 행위가 있다.

(4) 수리

수리는 타인의 행위를 유효한 행위로서 받아들이는 행위(예, 혼인신고서의 수리)이다. 수리는 행정청이 타인의 행위를 유효한 것으로 받아들이는 의사작용이라는 점에서 실제로 단순한 도달이나 신고의 접수와는 구별되어야 한다. 수리의 거절행위는 불수리의 의사표시로서 소극적 행정행위이며 행정쟁송이 가능하다.

Ⅲ. 기타 행정행위의 구분

1. 기속행위와 재량행위

기속행위는 행정작용의 근거가 되는 행정법규가 요건에 따른 행위의 내용이 일의적 확정적으로 규정되어 있어서 행정청이 단순히 기계적으로 법규를 집행하는데 그치는 행정행위를 말한다. 반면재량행위는 법규의 해석상 행정청에게 행정행위나 내용에 관하여 선택가능성을 부여하고 있어서 그 중에서 선택할 수 있는 자유가 부여되어 있는 행정행위를 말한다. 그러한 의미에서 재량행위를 행위재량 또는 효과재량이라고도 한다. 행정청의 재량행위라 하더라도 재량권이 무한하게 인정된 것이 아니라는 점에서 기속행위와 재량행위의 구별은 상대적이다.

2. 수익적 행정행위 · 부담적 행정행위 · 복효적 행정행위

(1) 수익적 행정행위와 부담적 행정행위

수익적 행정행위는 상대방에게 권리, 이익을 부여하거나 권리의 제한을 없애는 행정행위이다. 부담적 행정행위란 권리를 제한하거나 의무를 부과하는 등 상대방에게 불리한 효과를 발생시키는 행정행위를 말한다.

수익적 행정행위와 부담적 행정행위의 구별의 실익은 법률유보, 쌍방적 행정행위성, 재량성, 절차적 규제, 부관, 취소철회의 제한, 강제적 실현, 행정소송 등에서 차이가 나므로 구별의 실익이 있다.

(2) 복효적 행정행위(이중효과적 행정행위)

복효적 행정행위는 하나의 행정행위가 동일인에게 수익적 효과와 부담적 효과가 함께 발생하거나 한 사람에게는 수익적 효과가 발생하고 다른 사람에게는 부담적 효과가 발생 되는 경우(예, 공해물질을 발산하는 공장의 허가)를 말한다. 후자를 특히 '제3자효 행정행위'라고도 한다.

복효적 행정행위에 있어서 제3자의 법익보호의 필요성이 있다면 행정쟁송을 통한 사후구제뿐만 아니라 사전절차를 통하여 제3자에게 의견 진술 기타 청문절차의 기회를 제공하는 것이 바람직하다.

3. 대인적 행정행위 · 대물적 행정행위 · 혼합적 행정행위

(1) 대인적 행정행위란 오직 그 상대방의 기능 · 학식 · 경험과 같은 개인적 사정에 따라 이루어진 행정행위를 말하고 대물적 행정행위란 오로지 물건의 구조 · 성질 등의 객관적 사정에 따라 이루어진 행정행위를 말하며 혼합적 행정행위란 전당포 영업허가의 경우처럼 그 상대방의 인적 물적 사정을 아울러 고려하여 이루어진 행정행위를 말한다.

(2) 이들 행정행위의 구분은 그 행정행위의 효과적 이전성의 유무에 있다

4. 일방적 행정행위 · 협력을 요하는 행정행위

일방적 행정행위는 행정청이 직권에 의해 일방적으로 행하는 행정행위이다. 협력을 요하는 행정행위에서 특히 문제가 되는 것은 상대방의 의사표시인 동의에 흠이 있는 경우에 행정행위의 효력에 관한 것이다.

5. 요식행위 · 불요식행위

행정행위가 일정한 형식을 요하는 것이냐 아니냐에 의한 구별이다.

6. 개별적 행정행위 · 일반적 행정행위

행정행위의 상대방이 특정된 자인지 불특정 다수인인지에 의한 구별이다.

7. 수령을 요하는 행정행위 · 수령을 요하지 않는 행정행위

행정행위가 그 상대방에게 수령될 것을 요하는지의 여부에 따른 구

별이다.

8. 가행정행위

(1) 행정행위는 전체과정과 관련하여 그 종국적인 효력이 곧바로 나타나는 종국적 행정행위가 일반적이다. 그러나 가행정행위는 사실관계 또는 법률관계의 계속적인 심사를 유보한 상태에서 당해 행정법관계의 권리와 의무를 잠정적으로만 확정하는 내용의 행정행위를 말한다. 운전면허발급전 연습면허발급이 대표적 사례이다

(2) 가행정행위의 특징으로는 사실관계와 법률관계에 대한 개략적인 심사에 기초하여 행하여진다. 가행정행위는 예컨대 보조금법에서 수령자의 이익을 보호하거나 경찰법 원자력법 조세법 등에서 공익을 보호하기 위한 수단으로서 필요하다.

Ⅳ. 행정행위의 부관

1. 부관의 의의

가. 개 념

종래의 통설적 견해는 행정행위의 부관은 행정청에 의해 주된 행정행위에 부가된 종된 규율을 말한다. 종래의 통설적 견해는 행정행위의 부관의 개념을 행정행위의 효과를 제한하기 위하여 주된 의사표시에 부가된 종된 의사표시로 이해하였다.

종래의 통설적 견해는 부관의 목적을 법률행위의 효과를 제한하기 위하여 부가되는 종된 의사표시로 이해하고 있으나 근래의 다수설은 허가의 요건을 충족하지 못한 경우에 요건의 보충을 조건으로 하는 부관도 붙일 수 있다고 한다.

나. 유사개념과의 구별

(1) 법정부관: 행정행위의 부관은 행정청의 의사에 부가되는 것이므로 법령에 의하여 직접 부가되는 법정부관과도 구별된다.

(2) 행정행위 자체의 내용상 제한: 행정행위의 부관은 주된 행정행위에 대한 부가적인 규율이다

2. 부관의 종류

가. 조 건

조건은 행정행위의 효과의 발생 또는 소멸을 '장래의 불확실한 사실의 성부에 의존시키는 부관을 말한다. 행정행위의 부관으로서의 조건은 내용상 사법상의 법률행위의 조건과 같다.

조건은 행정행위의 효과를 장래의 불확실한 사실에 의존시키는 정지조건과 조건의 성취로 행정행위의 법적 효과를 소멸케 하는 해제조건으로 구분된다.

나. 기 한

기한은 행정행위의 효과의 발생 또는 소멸을 장래에 발생하는 것이 확실한 사실에 의존케 하는 부관이다. 종기가 행정행위의 절대적 소멸원인이 되느냐 하는 문제에 대해서는 그 내용상 장기계속성이 예정되는 행정행위의 존속기간이 아니다.

다. 부 담

(1) 의 의

부담은 행정행위의 주된 내용에 부가하여 그 행정행위의 상대방에게 작위·부작위·급부·수인의 의무를 과하는 부관이다.

(2) 조건과의 구별

실정법과 행정실무상 부담을 조건이라는 용어로 통칭함에 따라 본래의 조건과 부담의 구별이 문제되어 왔다.

부담은 정지조건과는 구별되는데 정지조건부 행정행위는 조건의 성취여부가 정해지지 않는 동안에는 그 효력이 불완전한 상태에 있지만 부담이 붙은 행정행위는 처음부터 완전한 효력을 발생하고 다만 특별한 의무가 부과될 뿐이라는 점이다.

부담은 해제조건과도 구별되는데 해제 조건부 행정행위는 조건 성취에 의해 그 효력을 상실하지만 부담부 행정행위는 상대방이 의무를 행하지 않은 경우에도 당연히 그 효력이 소멸되지 않는다.

라. 철회권의 유보

(1) 의 의

철회권의 유보는 일정한 경우에 행정행위를 철회하여 그 효력을 소멸케 할 수 있음을 정한 부관이다.

(2) 철회권 유보의 행사제한

철회권의 유보는 본체인 행정행위의 실효여부가 행정청의 의사표시에 좌우되므로 상대방의 권익을 침해할 가능성이 높다. 철회사유가 법령에 명시되어 있는 경우에 법정철회 사유 이외의 사유를 들어 철회권을 유보할 수 있는지가 문제가 될 수 있으나 법치행정의 원칙에 비추어 소극적으로 해석하는 것이 타당하다.

마. 부담유보

부담유보는 행정청이 행정행위를 발하면서 사후적으로 부담을 설정 변경 보완할 수 있는 권리를 유보해 두는 경우의 부관이다. 부담유보의 법적 성질에 대해 우리나라에서는 이를 철회권의 유보의 일종으로 보는 견해도 있다.

바. 부진정부관

행정행위의 부관으로서 그 성질이 문제되는 부진정한 부관으로서는 수정부담과 법효과의 일부배제가 있다.

3. 부관의 한계

가. 부관의 가능성

우리나라에는 행정행위에 부관에 대한 통칙적 규정은 없고 개별법에서 부관에 관한 규정을 두고 있다. 법률의 명문규정이 없더라도 허가, 특허 등의 수익적 행정행위에 부관을 붙일 수 있다는 데에 이론이 없다.

통설과 판례는 준법률행위적 행정행위에 대해서는 부관을 붙일 수 없고 행정행위의 부관은 재량행위에만 붙일 수 있다고 한다.

나. 부관의 일반적 한계

(1) 법규상 한계: 부관은 법령에 위배되지 않는 한도에서 붙일 수 있다.

(2) 내용상 한계: 부관의 내용은 가능한 명확해야 하고 실행 가능한 것이어야 한다.

(3) 목적상 한계: 부관은 주된 행정행위가 추구하는 본질적 목적에 위배해서는 붙일 수 없다.

(4) 일반법규정의 한계: 부관은 평등원칙 및 비례 원칙, 특히 부당결부금지의 원칙등 법의 일반원칙에 위배하여 붙일 수 없다.

다. 사후부관

행정행위를 발한 후에 예컨대 새로이 부담을 추가하거나 이미 붙여진 부담을 사후에 변경, 보충할 수 있는가에 대하여 이는 행정행위의 사후부관의 문제이다. 긍정설과 부정설이 있지만 부관 중 부담은 주된 행정행위를 전제로 한 것일 뿐 그 자체로서 하나의 행정행위를 이루는 것이므로 부담의 경우에만 사후부관이 가능하다는 입장이다.

4. 부관의 하자와 행정쟁송

가. 하자 있는 부관의 효력

부관에 하자가 있는 경우에는 부관의 효력뿐만 아니라 행정행위 효력에도 영향을 미치는 경우가 있다.

나. 하자 있는 부관이 붙은 행정행위의 효력

(1) 처음부터 당연 무효인 부관은 부관만이 무효가 될 뿐 주된 행정행위에는 아무런 영향을 미치지 않는다(통설, 판례).

(2) 취소할 수 있는 부관은 권한 있는 기관에 의하여 취소될 때까지 일단 유효한 부관이다.

다. 하자 있는 부관에 대한 행정쟁송

하자 있는 부관으로 인하여 권익이 침해된 경우 관련 당사자는 행정쟁송을 통하여 구제되어야 한다. 이 문제는 행정행위의 부관 중에서 부담을 제외한 기타의 부관에 대해서는 현행 행정쟁송제도 아래서는 그 부관 자체를 독립한 쟁송대상으로 할 수 없다고 보는 것이 다수의 입장이다. 판례도 같은 입장이다.

Ⅴ. 행정행위의 무효

1. 의의

행정행위의 무효란 행정행위가 중대하고 명백한 하자를 간직하고 있기 때문에, 행정행위로서의 외형은 존재하나 처음부터 당연히 행정행위로서의 효력이 발생하지 아니하는 것을 말한다. 행정행위의 무효는 행정행위로서의 외형은 존재하는 것이기 때문에, 행정청 또는 관계인은 그것이 유효한 것으로 오인할 우려가 있으며, 따라서 그 무효임을 공적으로 선언하는, 즉 무효선언을 하는 경우도 없지 아니하다. 이러한 경우의 무효선언이 행정행위의 취소라고 불리우는 때도 있으나, 무효선언은 일응 유효하게 성립된 행정행위의 효력을 소멸시키는 행위가 아니고, 당연히 무효인 행정행위의 무효성을 공적으로 확인·선언하는데 그치는 것이라는 점에서 서로 다르다.

2. 효과

행정행위가 무효인 경우에는 행정청의 특별한 의사표시를 기다릴 것 없이 처음부터 당연히 아무런 효력도 가지지 아니하는 것이므로 행정행위의 무효는 행정행위의 성립 후에 실효사유의 발생으로 인하여 장래에 향하여 그 효력이 소멸되는 행정행위의 실효와 다르다.

3. 무효사유

행정행위의 무효사유는 중대하고 명백한 하자의 존재이다. 디시 말하면, 행정행위는 그 위법성 또는 부당성이 중대한 것일 뿐만 아니라, 그 하자의 존재가 객관적으로 명백한 경우에는 무효이다. 행정행위의 무효사유인 하자는 성립요건과의 관계에서, 주체상의 하자, 내용상의 하자, 절차상의 하자 및 형식상의 하자로 나누어 볼 수 있다.

(1) 주체상의 하자

행정행위는 정당한 권한을 가진 행정청이 그 권한의 범위 안에서 정상적인 의사에 따라 행한 것이 아니면 아니되는데, 이러한 요건을 갖추지 못한 것이 객관적으로 명백한 행정 행위는 원칙적으로 무효이다. 주체상의 하자의 내용은 구체적으로 다음과 같이 나누어 볼 수 있다.

(가) 정당한 권한을 가지지 아니하는 행정기관의 행위

(나) 행정기관의 권한외의 행위

(다) 행정기관의 정상의 의사에 의하지 아니한 행위

(2) 내용상의 하자

행정행위의 내용이 불분명하거나, 사실상 및 법률상 현실불능인 행정행위는 무효인 것이 원칙이다.

(3) 절차상의 하자

행정행위는 그 성립요건 또는 효력요건으로서 법률상 요구된 절차에 위반된 경우에는 원칙적으로 무효이다. 다만, 법률상 요구된 절차가 단순히 행정의 능률화와 합리화를 도모하기 위한 내부적·참고적인 절차에 지나지 아니하는 것인 경우에는, 그 절차에 따르지 아니함으로써 곧 무효가 되는 것이 아니라 취소할 수 있음에 그친다.

(가) 필요한 상대방의 신청이나 동의가 없는 행위

(나) 필요한 고지 없이 한 행위

(다) 소정의 청문 기타 의견진술의 기회를 주지 아니하고 한 행위

(라) 이해관계인의 필요적 참여나 협의를 택한 행위

(4) 형식상의 하자

요식행위에 있어서는 소정의 형식을 갖추지 아니한 행위는 원칙적으로 무효인데, 형식상의 하자의 일반적인 것을 보면 다음과 같다.

(가) 서면에 의하지 아니한 행위

(나) 필요적 기재가 없는 행위

(다) 행정기관의 서명·날인이 없는 행위

VI. 행정행위의 취소

1. 의의

행정행위의 취소라 함은 좁은 의미로는 직권취소, 즉 일단 유효하게 성립한 행정행위를 흠이 있음을 이유로 또는 부당함을 이유로 행정청이 그 효력을 소멸시키는 행정행위를 말한다. 이러한 의미의 직권취소 외에 이해관계인 쟁송제기에 의해 심판기관이 행하는 취소(쟁송취소)까지도 포함하는 취소를 광의의 취소라 할 수 있다. 그러나 그 직권취소와 쟁송취소는 너무나 차이가 많다고 하는 점을 인식함에 따라, 오늘날에는 단순히 '취소'라고 하는 경우, 더욱이 행정행위에서 취소라고 하는 경우는 직권취소만을 의미함이 보통이다.

행정행위의 취소는 '일단 유효하게 성립한 행정행위'의 효력을 소멸시키는 행위인 점에서 처음부터 효력을 발생하지 않는 무효인 행정행위임을 공적으로 확인하는 행위인 무효선언과 구별되며, 또한 그 '성립당시에 흠이 있음'을 이유로 효력을 소멸시키는 행위인 점에서 흠 없이 성립하였으나 그 효력을 존속시킬 수 없는 새로운 사유의 발생을 이유로 하는 철회 및 취소와 철회를 합친 의미의 해지와도 구별된다.

2. 종류

행정행위의 취소는 그것을 구별하는 기준에 따라 다음과 같이 분류될 수 있다.

(1) 행정청에 의한 취소와 법원에 의한 취소

이는 행정행위를 취소할 수 있는 권한을 가진 기관에 따른 구별이다. 법원에 의한 취소는 언제나 행정취소인데 대하여, 행정청에 의한 취소는 직권취소와 쟁송취소(행정심판)로 나누어진다.

(2) 직권취소와 쟁송취소

이는 행정행위의 취소권을 발동하게 된 직접적인 동기에 따른 구별이다. 즉, 행정청이 직권으로 하는 것이 직권취소이고, 상대방이나 이해관계인의 쟁송제기에 의해 쟁송기관이 행하는 것이 쟁송취소이다.

(3) 수익적 행정행위의 취소와 담보적 행정행위의 취소

이는 취소의 대상인 행정행위의 종류에 따른 구별인데, 이러한 구분은 직권에 의한 취소에 있어서의 취소권의 제한과 관련하여 중요한 의미를 갖는다.

(4) 광의 · 최광의의 취소와 협의의 취소

협의의 취소에는 직권취소만 의미하며, 광의의 취소는 직권취소 외에 쟁송취소를 포함한다. 또한 광의의 취소에 무효선언과 철회를 포함시켜 이를 최광의의 취소로 보는 견해도 있다.

(5) 전부취소와 일부취소

행정행위전체를 취소하는 경우인가 일부만 취소하는 경우인가에 따른 구분이다.

3. 취소의 효과

행정행위의 취소의 효과는 원칙적으로 당해 행정행위를 한 때에 소급하여 처음부터 그 행위가 없었던 것과 같은 효과를 발생한다. 다만, 행정행위의 취소의 소급효과를 인정하므로 인하여, 기성의 법률질서를 파괴하고 선의의 상대방에게 예측불가능한 손해를 입히는 것은 법의 취지에 반하므로, 그 취소원인이 상대방의 귀책사유에 인하지 아니한 것인 때에는 취소의 효과는 소급하지 아니하고 장래에 향하여서만 발생한다.

4. 취소의 사유

행정행위의 취소사유는 법령에서 명문으로 규정되어 있는 경우 외에는 통칙적 규정이 없기 때문에 의문의 여지가 있기는 하다. 그러나 행정행위에 흠이 있을지라도 흠이 중대·명백하지 않는 경우 및 흠이 중대하기는 하나 명백하지 않은 경우의 행정행위가 취소의 대상이 된다고 말할 수 없다.

학설 또는 판례를 통해 취소사유로 제시되는 것으로서는, ① 권한초과, ② 행위능력 결여, ③ 사기, 강박, 증뢰 등 부정행위에 의한 경우, ④ 착오의결과로서 위법, 부당하게 된 경우, ⑤ 공서양속에 위배되는 경우, ⑥ 기타 행위내용이 단순히 경미한 법규위반, 조리법 등 부문법위반인 경우, 또는 공익위반인 경우, ⑦ 경미한 절차나 형식을 결여한 경우 등이 있다.

5. 취소권의 제한

취소원인인 하자를 간직하는 행정행위는 무효인 행정행위와는 달리, 취소될 때까지는 유효한 행정행위로서 존속하는 것이며, 그 유효함을 전제로 하여 현실적으로 법률질서가 형성된다. 그러므로 만일 행정행위의 성립에 하자가 있다는 것만으로 언제나 취소할 수 있다고 한다면, 기성의 법률질서를 파괴함은 물론, 일반의 신뢰 및 법적 생활의 안정을 해치는 결과를 가져오는 경우가 적지 아니할 것이다. 따라서 하자있는 행정행위를 취소하는 데에는 일정한 조리상의 제약이 있다.

취소권의 행사가 제한되는 중요한 경우로는 첫째, 개인의 기득의 권익을 침해하게 되는 경우, 둘째, 공공의 이익을 해치게 되는 경우, 셋째 준사법적 행정행위인 경우를 들 수 있다.

Ⅶ. 행정행위의 철회

1. 의의

행정행위의 철회라 함은, 흠 없이 성립한 행정행위를, 그의 효력을 존속시킬 수 없는 새로운 사정이 발생하였음을 이유로 장래에 향하여 그의 효력을 소멸시키는 행정행위를 말한다. 실정법상으로는 대부분 취소라는 용어가 사용되고 있다.

행정행위 전체를 소멸시키는 경우는 물론, 부분철회도 철회에 포함된다고 보아야 할 것이다.

2. 철회의 효과

행정행위가 철회되면 그 행정행위의 효과는 장래에 향하여 소멸된다.

철회원인이 상대방의 귀책사유와는 전혀 관계없는 것인 경우에, 행정행위의 철회로 말미암아 그 상대방에게 손실을 가하게 되는 때에는, 행정청은 그 손실을 보상할 책임을 지게 된다.

3. 철회사유

행정행위의 철회사유는 취소사유가 당해 행정행위의 성립상의 하자인 것과는 달리, 행정행위가 유효하게 성립된 후에 생긴 사유이다.

행정행위의 철회사유에 관하여는 각 법령에 특별한 규정이 있는 경우가 많으나, 실정법상 규정이 없는 경우에도, 철회권의 유보 또는 공익에 대한 중대한 장애 등은 철회사유가 될 수 있다. 즉, ㉮ 불이익을 주는 행정행위의 법률요건의 소멸, ㉯ 철회권이 유보된 행정 행위에 있어서 유보사유의 발생, ㉰ 상대방의 의무위반, ㉱ 당해 행정행위의 존속으로 인한 공익상의 중대한 장애 및 ㉲ 법령에 규정된 철회사유의 발생 등이 그 예이다.

4. 철회권의 제한

법의 지배의 원리에 입각하여 볼 때, 법령의 근거 없이 단순히 공익상의 필요만을 이유로 하여 행정행위를 할 수 없는 것과 마찬가지로, 행정행위의 철회권 역시 법령의 근거나 상대방의 동의 내지 신청 또는 철회권의 유보에 따라서만 행사할 수 있다고 보아야 할 것이다.

Ⅷ. 무효 · 취소 · 철회의 비교

1. 무효와 취소의 구별

(1) 행정행위의 하자의 태양을 위에서 본 바와 같이 무효인 것과 취소할 수 있는 것의 두 가지로 나누는 경우에, 이들 양자의 구별기준에 관한 학설의 태도는 다양하다.

(2) 하자의 효과는 결국 구체적인 경우에 있어서 법규의 합리적인 해석 및 법치주의의 정신에 따라서 결정되어야 할 것이므로, 행정행위에 내포된 하자가 중대한 것인가의 여부 및 그 하자의 존재가 객관적으로 명백한가의 여부를 보아 무효원인인 하자와 취소원인인 하자를 구별하려는 것이 통설, 판례의 태도이다.

(3) 그러므로, 내용적으로 중대하고 객관적으로 명백한 하자가 있는 행정행위는 무효이고, 그 이외의 하자, 즉 내용적으로 중대하기는 하되 객관적으로 명백하지 아니한 하자, 또는 명백하기는 하나 중대하지 않은 하자가 있는 행정행위는 취소할 수 있음에 그친다. 여기에서 하자가 명백하다 함은 그 행정행위 자체에 하자 있음이 외관상 명백한 것을 말한다.

2. 취소와 철회의 구별

취소와 철회의 구별은 첫째로 그 대상이 하자있는 행정행위인가, 무하자의 행정행위인가, 둘째로 직권에 의한 경우에의 취소권자·철회권자는 처분청 및 감독행정청인가, 처분청만인가, 셋째로 그 효과가 행정행위 성립시까지 소급하는가, 장래에 향해서만 발생하는가 등의 기준에 따르고 있다.

제 2 절 경찰상 의무이행확보수단

Ⅰ. 경찰강제의 의의 및 성질

1. 경찰강제의 의의

경찰강제란 경찰행정상의 목적을 위하여 개인의 신체·재산 또는 가택에 실력을 가함으로써 행정상 필요한 상태를 실현하는 질서행정기관의 사실상의 작용을 말한다.

2. 경찰강제의 성질

경찰강제는 실력행사에 의한 사실작용이며, 이 점에서 경찰처분·경찰허가 등 법률행위적 작용과 구별된다. 경찰강제는 경찰상의 강제집행과 경찰상의 즉시강제 및 경찰상의 조사와 구분할 수 있다. 경찰상의 조사라는 것을 별도로 인정할 것인가에 대하여는 견해의 대립이 있다.

Ⅱ. 경찰상 강제집행

1. 경찰상 강제집행의 개념

경찰상의 강제집행이란 경찰상의 경찰의무의 불이행에 대하여 경찰행정청이 실력을 가하여 그 경찰의무를 이행시키거나 이행이 있는 것과 같은 상태를 실현시키는 작용을 말한다.

2. 경찰상 강제집행의 근거

(1) 종래의 통설 : 경찰상의 강제집행의 근거에 관하여 종래 경찰상의 의무를 명하는 법규 외에, 강제집행권을 부여하는 특별한 실정법상의 근거가 없는 경우에도 당연히 강제집행을 할 수 있다고 보는 것이 일반적이었다. 우리나라에서도 종래에는 이러한 입장이었다.

(2) 오늘날의 통설 : 그러나 종래의 견해와 달리 오늘날에는 경찰상의 강제집행을 위해서는 의무를 명하는 법규와는 별도로 그 의무의 이행을 강제하는 데 필요한 법적 근거가 있어야 한다고 본다. 의무를 명하는 행위와 의무의 내용을 강제적으로 실현하는 행위는 성질상 별개의 행위이며, 따라서 경찰권의 근거법이 당연히 강제권의 근거법이 될 수는 없는 것이기 때문이다.

경찰상의 강제집행에 관한 실정법으로서는, 대집행에 관한 일반법인 행정대집행법, 행정상 강제징수에 실질적인 일반법으로 국세징수법이 있으며, 그 외에 단행 법률로 출입국관리법, 토지수용법, 군사시설보호법, 해운기지법, 방어해면법 등이 있다.

3. 경찰상의 강제집행의 수단

경찰상의 강제집행의 수단으로는 대집행 · 집행벌 · 직접강제 및 경찰상의 강제징수를 들 수 있으나, 우리나라의 현행법에서는 대집행과 행정상의 강제징수만이 일반적으로 인정되고 있다.

Ⅲ. 경찰상 즉시강제

1. 경찰상 즉시강제의 개념

경찰상의 즉시강제란 목전의 급박한 경찰상 장해를 제거해야 할 필요가 있는 경우에 미리 의무를 명할 시간적 여유가 없거나 또는 그 성질상 의무를 명하는 것으로는 그 목적을 달성하기 곤란한 때에 직접 개인의 신체·재산 또는 가택에 실력을 가하여 경찰상 필요한 상태를 실현하는 작용을 말한다.

2. 경찰상 즉시강제의 근거

(1) 엄격한 법적 근거의 요청

경찰상의 즉시강제는 법적 안정성과 예측가능성을 부정하는 작용인 점에서 경찰상의 강제집행보다 더 엄격한 법적 근거를 요한다.

(2) 허용한계

경찰상의 즉시강제는 행정수단에 의하여 경찰목적을 달성할 수 없는 상당한 이유가 있는 예외적인 경우에 한하여 그 경찰목적의 달성에 필요한 최소한도의 범위 내에서 허용된다.

(3) 실정법적 근거

경찰상의 즉시강제에 관한 실정법적 근거로는 일반법으로 경찰관직무집행법이 있는 것 외에 개별법으로 소방법·식품위생법·마약법 등이 있다.

3. 경찰상 즉시강제의 수단

(1) 경찰상의 즉시강제의 수단에 관해서는 일반법적인 규정을 가지고 있는 경찰관직무집행법을 비롯하여 여러 단행법 등에서 규정하고 있는데, 이들은 그 대상에 따라 대인적 강제·대물적 강제·대가택강제로 분류할 수 있다.

(2) 경찰관직무집행법을 기준으로 이를 구분하면 다음과 같다.

대인적 즉시강제 : 불심검문·보호조치·위험발생방지조치(인명·신체의 경우)·범죄의 예방과 제지조치·출석요구·장구사용 및 무기사용

대물적 즉시강제 : 임시영치·위험발행방지조치(토지·물건 등의 경우)

대가택적 즉시강제 : 토지 및 가택출입·가택수색

(3) 기타 단행법규상 인정되는 경찰상 즉시강제의 수단은 다음과 같다.

대인적 즉시강제 : 교통차단·강제격리·강제건강진단·강제수용 등

대물적 즉시강제 : 영치·물건의 폐기·물품장부의 검사 및 압수 등

대가택적 즉시강제 : 가택출입·임검 및 수색 등

4. 경찰상 즉시강제의 한계

경찰상의 즉시강제는 구체적 의무를 명함이 없이 직접 실력을 행사한다는 점에서, 법적안정성과 예측가능성이라는 법치국가적 요청에 반하는 전형적 권력작용이다. 따라서 즉시강제의 발동요건은 보다 엄격한 법적 근거를 필요로 하면, 법규의 테두리 안에서도 그 목적을 위하여 필요한 최소한도 내에서 행사하여야 하며, 이를 남용해서는 아니될 일정한 조리상의 한계가 있다.

5. 경찰상 즉시강제와 영장주의

(1) 영장주의의 원칙적 적용

경찰상의 즉시강제의 실행에도 헌법상의 영장주의를 적용할 것인가가 문제된다. 헌법상의 영장제도는 국민의 기본권보장에 그 의의가 있기 때문에 이는 원칙적으로 형사사법작용뿐만 아니라 행정상의 즉시강제에도 적용되는 것으로 보아야 한다.

(2) 영장주의의 예외적 배제

다만, 행정상의 즉시강제의 성질상 행정목적의 달성을 위하여 불가피하다고 인정할만한 합리적인 이유가 있는 특수한 경우에 한하여 영장주의의 적용이 배제될 수도 있으나, 그러한 예외는 국민의 기본권보장의 취지에 입각하여 엄격하게 해석하여야 한다.

6. 경찰상 즉시강제에 대한 구제

(1) 적법한 즉시강제에 대한 구제

경찰상의 즉시강제는 적법하게 행하여졌으나, 그로 말미암아 귀책사유없이 수인의 정도를 넘은 특별한 손실을 입은 자에게는 그 재산상의 손실에 대한 보상청구권을 인정하여야 한다.

(2) 위법한 즉시강제에 대한 구제

경찰상의 즉시강제가 법률의 근거없이 행하여지거나 법률에 근거하더라도 법률상 또는 조리상의 한계를 일탈하고 강제권을 남용하여 국민의 자유와 재산을 위법하게 침해한 경우에는, 행정상쟁송 · 행정상손해배상 · 정당방위에 의한 구제가 가능하다.

Ⅳ. 경찰상 조사

1. 경찰상 조사의 의의

경찰상의 조사란 경찰기관이 사회공공의 안녕질서를 유지하기 위하여 필요한 자료나 정보를 얻기 위하여 하는 권력적 조사작용을 말한다. 경찰상의 조사라는 별도의 개념을 행정상의 즉시강제로부터 분리시키고자 하는 견해와 양자의 구분을 상대적인 것으로 이해하는 견해가 있다. 행정조사에 관한 개념을 인정하는 경우 행정법의 총론적 개념의 정의가 경찰상의 조사에도 그대로 적용된다.

2. 경찰상 조사의 성질 및 근거

경찰상의 조사는 국민의 신체나 재산에 침해를 가져오는 권력적 조사작용이므로 법치주의가 엄격하게 적용된다. 따라서 경찰상의 조사를 행함에 있어서는 법률의 근거를 필요로 한다.

3. 경찰상의 조사와 절차적 한계

(1) 영장주의와의 관계

원칙적으로 행정조사에도 영장주의의 적용을 요한다 할 것이다. 그러나 형사책임추구를 위한 조사작용이 아니거나, 강제의 태양이 상대방에 대하여 직접 물리적인 강제를 결과하는 것이 아닌 조사작용의 경우에는 영장주의가 적용되지 않는다고 보아야 한다.

(2) 증표의 제시

증표의 제시는 경찰상의 조사의 요건이다.

4. 경찰상 조사의 수단

경찰상의 조사는 그의 대상에 따라 대인적 조사(질문 등)·대물적 조사(물건의 수거 또는 검사 등)·대가택조사(가택의 출입 등)로 구분할 수 있다.

5. 경찰상 조사에 대한 구제

(1) 적법한 조사에 대한 구제

적법한 조사로 인하여 권익을 침해받은 자는 법률이 정하는 바에 따라 적정한 보상을 청구할 수 있다. 다만, 귀책사유가 없어야 하며, 또한 권익침해가 '특별한 희생'에 해당되어야 한다.

(2) 위법한 조사에 대한 구제

위법한 조사에 대한 구제는 행정쟁송, 민사상의 구제(손해배상청구) 및 형사상의 구제로 나눌 수 있다.

V. 경찰벌

1. 경찰벌의 의의

경찰벌이라 함은 경찰법규상의 의무위반, 즉 경찰법규에 의한 명령 또는 금지위반에 대한 제재로서 일반통치권에 의거하여 과하는 처벌을 말한다. 이는 행정벌의 일종이며, 이 점에서 형사벌과는 구별된다. 경찰벌이 과하여지는 경찰의무위반행위를 경찰벌이라 한다.

2. 경찰벌의 근거

경찰벌도 일종의 벌이기 때문에 헌법상 죄형법정주의의 원칙이 적용되며, 경찰벌을 과하기 위해서는 반드시 법률에 근거가 있어야 한다.

3. 경찰벌의 종류

(1) 경찰형벌

경찰형벌은 경찰법규상의 의무위반에 대한 제재로서, 사형·징역·금고·자격상실·자격정지·벌금·구류·과료 및 몰수와 같이 형법상의 형을 과하는 경찰벌을 말한다.

(2) 경찰질서벌

경찰질서법은 경찰법규상의 의무위반에 대한 제재로서 형법에 형명이 없는 벌인 과태료를 과하는 경찰벌을 말한다.

4. 경찰벌의 과벌절차

(1) 경찰형벌의 과벌절차

경찰형벌을 과하는 절하는 형사소송법에 의함이 원칙이지만 간이한 특별처리절차로서 통고처분과 즉결심판이라는 예외적인 과벌절차가 인정되고 있다.

(2) 경찰질서벌의 과벌절차

다른 법률에 특별한 규정이 없는 경우에는 과태료에 처할 자의 주소지를 관할하는 지방법원이 비송사건절차법상의 재판절차에 의한다.

제3절 경찰관직무집행법

경찰활동은 사회공공의 안녕과 질서유지를 위해 필수적인 국가 권력의 발동이지만, 시민의 자유와 권리를 침해할 소지가 많은 활동이기도 하다. 따라서 경찰활동에 있어 가장 기본적인 과제는 효율적인 경찰권 행사와 더불어 경찰권 남용의 방지이다. 이를 규정한 법률이 경찰관 직무 집행법으로, 1953년 12월 14일 법률 제299호로 제정되었다. 이 법은 국민의 자유와 권리의 보호 및 사회공공의 질서유지를 위한 경찰관의 직무수행에 필요한 사항을 규정함을 목적으로 하여 제정된 법률이다(경찰관직무집행법 제1조 1항).

경찰관은 이 법에 따라서 불심검문·보호조치·위험발생의 방지·범죄의 예방 및 제지·위험방지를 위한 출입·무기사용·최루탄의 사용 등의 조치를 할 수 있다. 다만 그 조치는 이 법률의 목적을 달성하기 위하여 필요한 최소한도의 범위 내에서 행사해야 하며 그 남용은 금지된다(제1조 2항).

경찰관직무집행법의 주요내용을 살핌으로써 경찰권 행사의 범위와 한계를 분명히 알 수 있다.

Ⅰ. 목적(제1조)

① 이 법은 국민의 자유와 권리를 보호하고 사회공공의 질서를 유지하기 위한 경찰관(국가경찰공무원만 해당한다. 이하 같다)의 직무 수행에 필요한 사항을 규정함을 목적으로 한다. ② 이 법에 규정된 경찰관의 직권은 그 직무 수행에 필요한 최소한도에서 행사되어야 하며 남용되어서는 아니 된다.

경찰은 사회공공의 안녕과 질서를 유지하기 위해 국민에게 명령 강제하는 권력적 침해 작용이므로 그 발동에는 반드시 법률의 근거가 있어야 한다.

1. 경찰권 발동의 근거

가. 개별적 수권조항 : 제3조(불심검문)이하 규정

나. 일반(개괄)조항[1] : 경찰권 발동의 개별적인 법률규정이 없는 경우 일반적 보충적 근거가 될 수 있도록 포괄적 내용을 규정한 조항을 말하는 것으로 제2조 제5호가 이에 해당됨.

2. 경찰권 발동의 한계

가. 일반 원칙

구 분		내 용
법규상 한계	법률 우위의 원칙	경찰권의 행사가 법에 위반할 수 없다.
	법률 유보의 원칙	경찰권의 행사는 반드시 법에 근거해야 한다.
조리상 한계	소극목적의 원칙	경찰권은 사회공공의 안녕 · 질서에 대한 위해의 방지 · 제거라는 소극 목적을 위해서만 발동될 수 있고 복리증진이라는 적극목적을 위해서는 발동이 불가능하다.
	공공의 원칙	경찰권은 사회 공공의 안녕 · 질서와 관계없는 생활관계 즉, 사생활 · 사주소 민사관계 · 사경제는 경찰권 발동의 대상이 되지 아니한다.
	비례의 원칙	경찰권의 발동은 조건 및 정도에 있어 필요최소한도 내에서 이뤄져야 한다.(적합성 필요성 상당성)
	평등의 원칙	경찰권 발동에 있어서 상대방의 성별, 종교 · 사회적 신분 등을 이유로 차별하여서는 아니된다.
	책임의 원칙	행위책임, 상태책임, 복합적 책임

1) 일반조항 인정여부에 대해 판례와 다수설은 긍정하는 입장이다. 단, 공공의 안녕 질서에 대한 위해의 예방 및 제거가 필요하여야 하며 일반원칙에 의한 제한이 뒤따른다.

나. 경찰개입청구권

경찰권발동이 경찰관의 의무사항으로 인정될 것인가의 문제와 관련하여 공공의 안녕과 질서에 대한 위험이 중대하며 급박한 경우에는 경찰권발동이 '재량권의 0으로의 수축' 이론에 의거 의무화된다는 주장[2)]에 의하면 근래에는 국가관의 변천, 개인의 법적 지위향상 등의 추세에 따라 사인의 경찰권개입의 주체성을 인정하기 시작한 것을 볼 수 있다.

다. 관련 판례

〈사례 1〉 경찰관이 경직법 5조의 위험발생방지조치를 취하지 않았음을 이유로 국가배상책임을 인정한 사례(대판 98다16890)

[1] 사건개요

경찰관이 농민들의 시위를 진압하고, 시위과정에 도로상에 방치된 트랙터 1대에 대하여 이를 도로 밖으로 옮기거나 후방에 안전표지판을 설치하는 등 위험발생방지조치를 취하지 아니한 채 그대로 방치하고 철수하여 버린 결과, 야간에 그 도로를 진행하던 운전자가 방치된 트랙터를 피하려다가 다른 트랙터에 부딪혀 상해를 입은 것임

[2] 판단

경직법 5조는 규정형식상 경찰관에게 재량에 의한 직무수행권한을 부여한 것처럼 되어 있으나, 경찰관에게 그러한 권한을 부여한 취지·목적에 비추어 구체적 사정에 따라 경찰관이 그 권한을 행사하여 필요한 조치를 취하지 아니하는 것이 현저하게 불합리한 경우에는 권한의 불행사는 직무상 의무를 위반한 것이 되어 위법함(본건에서 국가배상책임 인정)

2) 김남진, 행정법Ⅱ, 212면

〈사례 2〉 피해자로부터 범죄신고와 함께 신변보호요청을 받은 경찰관의 보호의무위반을 인정한 사례(대판 98다11635)

[1] 사건개요

가해자가 피해자를 살해하기 직전까지 오랜 기간에 걸쳐 원한을 품고 집요하게 피해자를 괴롭혀 왔고, 이후에도 피해자의 생명 · 신체에 계속 위해를 가할 것이 명백하여 피해자의 신변이 매우 위험한 상태에 있어 피해자가 살해되기 며칠 전 범죄신고와 함께 신변보호를 요청하고 가해자를 고소한 경우

[2] 판단

범죄신고와 함께 신변보호요청을 받은 담당경찰관은 사태의 심각성을 깨달아 수사를 신속히 진행하여 가해자의 소재를 파악하는 등 조치를 취하고, 피해자에 대한 범죄의 위험이 일상적인 수준으로 감소할 때까지 피해자의 신변을 특별히 보호해야 할 의무가 있다고 한 사례

Ⅱ. 직무의 범위(제2조)

경찰관은 다음 각호의 직무를 행한다.
1. 국민의 생명·신체 및 재산의 보호
2. 범죄의 예방·진압 및 수사
3. 경비, 주요 인사(人士) 경호 및 대간첩·대테러 작전 수행
4. 치안정보의 수집·작성 및 배포
5. 교통 단속과 교통 위해(危害)의 방지
6. 외국 정부기관 및 국제기구와의 국제협력
7. 그 밖에 공공의 안녕과 질서 유지

1. 국민의 생명 · 신체 및 재산의 보호

경찰의 기본임무에 대한 경찰직무수행의 목적과 방향을 제시

2. 범죄의 예방 · 진압 및 수사

가. 범죄 : 법률에 의해 형벌이 과해지는 행위

나. 예방의 대상인 범죄 : 미래의 범죄

다. 진압의 대상인 범죄 : 현재의 범죄

(1) 예방의 대상으로서의 범죄의 범위보다 좁다.

(2) 구체적으로 특정된 법익침해가 진행되고 있는 범죄행위에 대해서만 가능[3)]

라. 수사의 대상인 범죄 : 과거의 범죄

구성요건 해당, 위법, 유책하고 공소제기의 가능성이 있는 행위만 가능

3. 경비, 주요 인사(人士) 경호 및 대간첩 · 대테러 작전 수행

가. 경비 : 인명과 재산을 인위적 · 자연적 위해로부터 보호하기 위하여 특정한 지역, 국가시설 및 중요시설을 경계 · 순찰 · 방비하는 것[4)]

나. 주요인사경호 : 국가, 사회적으로 중요한 직책에 있거나 기밀 등을 알고 있어 보호를 요하는 자에 대한 경계와 보호를 하는 것

다. 대간첩 · 대테러 작전수행 : 적국을 위하여 국가기밀을 탐지 · 수집하는 간첩활동의 방지 · 억제와 간첩활동을 하는 자의 체포 및 항거의 억제 등의 일련의 활동과 테러분자의 소탕을 위하여 행하여지는 대테러활동의 수행

4. 치안정보의 수집 · 작성 및 배포

공공의 질서유지를 위한 경찰활동의 준비단계로서 범죄예방과 중첩되며, 치안정보의 범위는 공공의 안녕과 질서를 유지하기 위한 정보에 한정된다고 본다.

5. 교통의 단속과 교통위해의 방지

교통단속이란 처벌이나 범칙금부과를 위한 통제행위만을 의미하는 것은 아니고 원활한 교통소통을 위한 모든 행위를 포함한다. 교통상 위

3) 현행범인의 체포, 불법집회 및 시위의 진압 및 해산 등인데 특히 집단범죄에 있어 진압의 필요성이 크다.

4) 대판 1970. 9. 17 70도1391

해는 사회공공의 평온한 상태에 대한 위험과 장해를 말한다.

6. 외국 정부기관 및 국제기구와의 국제협력

재외국민의 보호와 외국인의 안전확보등을 위하여 외국이나 유엔등 관련국제기구와 인터폴등 국제 치안관련기구와의 국제공조와 협력활동

7. 기타 공공의 안녕과 질서유지(5호)

불확정 개념이나 사회의 발전과 기술의 진보에 따라 사회사정이나 가치관의 변화 그밖에 입법자가 예측할 수 없는 위험의 발생 등을 고려할 때 적용될 수 있는 개괄조항이라고 본다. 다만, 개별적 수권조항에 대해 보충적이고 예외적으로만 인정되고 일반원칙에 의한 통제가 따른다.

Ⅲ. 불심검문[5](제3조)

① 경찰관은 다음 각 호의 어느 하나에 해당하는 사람을 정지시켜 질문할 수 있다.

1. 수상한 행동이나 그 밖의 주위 사정을 합리적으로 판단하여 볼 때 어떠한 죄를 범하였거나 범하려 하고 있다고 의심할 만한 상당한 이유가 있는 사람
2. 이미 행하여진 범죄나 행하여지려고 하는 범죄행위에 관한 사실을 안다고 인정되는 사람

② 경찰관은 제1항에 따라 같은 항 각 호의 사람을 정지시킨 장소에서 질문을 하는 것이 그 사람에게 불리하거나 교통에 방해가 된다고 인정될 때에는 질문을 하기 위하여 가까운 경찰서·지구대·파출소 또는 출장소(지방해양경비안전관서를 포함하며, 이하 "경찰관서"라 한다)로 동행할 것을 요구할 수 있다. 이 경우 동행을 요구받은 사람은 그 요구를 거절할 수 있다. 〈개정 2014.11.19.〉

5) 불심(不審)의 사전적 의미는 자세히 알지 못하거나, 의심스러운 것을 말함

③ 경찰관은 제1항 각 호의 어느 하나에 해당하는 사람에게 질문을 할 때에 그 사람이 흉기를 가지고 있는지를 조사할 수 있다.
④ 경찰관은 제1항이나 제2항에 따라 질문을 하거나 동행을 요구할 경우 자신의 신분을 표시하는 증표를 제시하면서 소속과 성명을 밝히고 질문이나 동행의 목적과 이유를 설명하여야 하며, 동행을 요구하는 경우에는 동행 장소를 밝혀야 한다.
⑤ 경찰관은 제2항에 따라 동행한 사람의 가족이나 친지 등에게 동행한 경찰관의 신분, 동행 장소, 동행 목적과 이유를 알리거나 본인으로 하여금 즉시 연락할 수 있는 기회를 주어야 하며, 변호인의 도움을 받을 권리가 있음을 알려야 한다.

⑥ 경찰관은 제2항에 따라 동행한 사람을 6시간을 초과하여 경찰관서에 머물게 할 수 없다.

⑦ 제1항부터 제3항까지의 규정에 따라 질문을 받거나 동행을 요구받은 사람은 형사소송에 관한 법률에 따르지 아니하고는 신체를 구속당하지 아니하며, 그 의사에 반하여 답변을 강요당하지 아니한다.

경찰관이 거동이 수상한 자를 발견한 때에 이를 정지시켜 조사하는 행위로 사전에 범죄를 예방하는 한편 이미 범해진 범죄의 혐의자를 발견할 수 있는 경찰활동

1. 법적 성격

경찰관직무집행법이 범죄자의 발견보다 범죄의 예방과 이를 통한 질서유지라는 행정목적을 달성하기 위해 제정된 법이고 아직 특정되지 않은 범죄나 범죄인을 전제하고 이루어지는 경찰활동으로서 불심검문의 결과 수사절차로 발전하는 경우는 있지만 수사 그 자체는 아니라고 보아야 하기 때문에 행정경찰 작용이라고 본다.[6)]

6) 강동욱, 불심검문에 관한 연구, 한양대학교 박사학위 논문, 1992, 16-17면

2. 불심검문의 요건

가. 판단요소

(1) 수상한 거동 : 비정상적이고 자연스럽지 못한 언어 · 동작 · 태도 · 착의 · 휴대품 소지 등으로 시간적, 장소적 상황과의 관련 하에서 판단될 수 있다. 예컨대 경찰관을 보고 급히 도주하거나 빈집을 몰래 기웃거리는 행위 등

(2) 주위의 사정 : 대상자의 직접적 거동 이외의 사정, 즉 인적 · 물적 · 시간적 · 장소적 상황을 의미. 주위의 사람들이 다수인지 여부, 위험한 물건이 있는지 여부, 주간인지 여부, 번화가인지 골목인지 여부 등

나. 판단표준 : 합리적 판단일 것

직무를 행하는 경찰관의 주관적이고 독단적인 판단이 아닌 객관적인 합리성이 담보되어야 함. 경찰관 중에서 평균적인 표준인을 기준으로 결정되는 주관적인 판단을 기초로 한다.

다. 대상자

(1) 어떠한 죄를 범하였거나 범하려 하고 있다고 의심할만한 상당한 이유가 있는 자

'어떠한 죄'라 함은 형법상 형벌의 대상이 되는 죄형법정주의에 입각한 형식적 의미의 범죄행위가 모두 해당된다. 단, 경범죄처벌상의 경범죄는 사소한 위법 내지 범칙행위이므로 경찰비례의 원칙에 비추어 허용되지 않을 것임. 보안처분이 부과될 행위도 불심검문단계에서 구분될 수 없으므로 보안처분이 부과될 가능성이 있는 행위자도 대상이 된다.

행정질서벌은 범죄를 대상으로 하지 않으므로 그 행위자는 불심검문의 대상자가 아니라고 볼 것임. 범죄성립의 정도에 있어서도 유책성 여부는 검문 당시 판별하기 어려울 것이므로 요하지 않는다고 함이 타당

하다.

'의심할 만한 상당한 이유'라 함은 불심검문은 수사가 아니므로 체포 내지 구속에 필요한 혐의의 정도보다 낮다고 보아야 하고 따라서 충분한 범죄혐의 내지 범죄혐의의 고도의 개연성까지는 요구되지 않는다.

일제검문[7]의 허용 여부와 관련하여 다른 법률에 근거가 없는 한 수상한 거동 및 범죄와의 관련성의 요건이 갖추어지지 않은 일반국민을 대상으로 하는 검문은 경찰권의 남용으로서 허용될 수 없다고 해석될 수 있으나 실무상 이러한 검문이 필요한 경우가 있을 수 있다. 가령 버스내의 소매치기 범인 색출과 같은 사건발생으로 인한 신고의 경우나 경기장 안전유지와 같은 장소적 상황에 따른 경우 등이다.

(2) 이미 행하여진 범죄나 행하여지려고 하는 범죄행위에 관하여 그 사실을 안다고 인정되는 자

범죄의 피해자, 범죄현장의 목격자, 교통사고시의 승객 등으로 수상한 거동 유무는 문제되지 않는다. 범죄예방이나 수사 단서를 얻기 위한 목적으로 행해지는 경우가 많다. 제3에 대한 것이므로 경찰책임의 원칙에 대한 예외라고 할 수 있다.

3. 불심검문의 절차

가. 정지

상대방에게 재고를 촉구하거나 협력을 구하기 위해 끈덕진 설득은 허용되나 상대방이 정지를 거부하는 의사를 분명히 하였거나 그 장소를 떠나는 경우에 불심검문을 이유로 실력을 행사하여 강제로 정지시킬 수는 없다.[8] 다수설은 사태의 긴급성, 혐의정도, 질문필요성, 수단상당성을 고려하여 강제에 이르지 않는 정도의 유형력 행사[9]는 허용된다

7) 일정한 지역 또는 일정한 시간대를 정하여 이 범위 내에 들어오는 일반인을 대상으로 하는 무차별적으로 실시하는 검문을 말한다.

8) 치안연구소, 불심검문의 실태와 개선에 관한 연구, 97. 3.

9) 불심검문 대상자를 검문하기 위하여 검문에 불응하는 사람의 가는 길을 막거나

고 보아야 한다.

나. 검문 경찰관의 준수사항

1) 자신의 신분을 표시하는 증표(경찰공무원증) 제시

동법 제3조 제4항에서 경찰관은 불심검문과 관련하여 질문하거나 동행을 요구할 경우 자신의 신분을 표시하는 증표를 제시하여야 한다고 하고 동 법 시행령 제5조에서 신분을 표시하는 증표는 경찰관의 공무원증으로 한다고 규정. 따라서 공무원증이 없는 전의경은 독자적으로 불심검문을 할 수 없으며 경찰공무원증을 소지한 직원과 함께 근무할 경우 가능하다.

2) 소속과 성명을 밝힘

3) 검문의 목적과 이유 고지

〈정복 근무 경찰의 신분증 제시 관련 판례(2004도4029)〉

• 취지

정복을 입은 경찰로부터 불심검문을 받을 경우 경찰이 신분증을 제시하지 않더라도 정황상 경찰이라는 점을 알 수 있는 경우에는 검문에 응해야 된다.

• 내용

재판부는 판결문에서 "피고인은 상해사건 현장에서 경찰관들이 정복을 입고 있었기 때문에 무수행중이라는 점을 의심하지 않았고, 신분확인요구도 안했다는 점 등에 비춰보면 경찰관들이 피고인에게 인적사항을 질문한 것은 직무수행을 위한 것이라는 점에 의문이 없는 상황이었다"며 "피고인은 경찰관들에게 공무원증 제시를 요구하거나 답변을 거부하면 충분한 것임에도 욕설과 함께 폭력을 행사해 경찰관에게 상해를 입힌 이상 경찰관들이 공무원증을 제시하지 않았다고 하더라도 공무원의 직무집행을 방해한 것으로 봄이 상당하다"고 판결하였다.

몸에 손대거나 추적하는 정도는 허용되어야 한다.

다. 질문

질문은 경찰관의 합리적인 의심을 해소하거나 경찰목적상 필요한 것을 알아내기 위한 것이므로 불심검문의 목적 범위내로 한정함이 필요하다. 질문에 대해 답변은 강요당하지 아니한다. 따라서 범죄예방에 협력하는 의무이상의 강제는 허용되지 아니한다.

동 법 제3조 ⑦항의 답변 강요금지와 형소법상 진술거부권고지의 문제 : 불심검문 중 구체적 범죄사실이 드러남으로써 구체적 질문이 행해지는 경우는 피의자신문에 해당하는 절차로 진술거부권을 고지하면 될 것이고 불심검문 자체의 질문에서는 행정경찰작용으로서 진술거부권 고지가 불필요하다.

라. 소지품 검사

(1) 의의 : 불심검문에 수반하여 흉기 등의 물건의 소지여부를 밝히기 위하여 거동이 수상한 자의 옷이나 휴대품을 조사하는 것

(2) 단계 : 관찰 - 질문 - 제시요구 - 외표검사 - 개피행위

'관찰과 질문'은 정지와 질문에 속하는 단계로서 어떠한 견해에서도 허용되며, '제시요구 및 검사'는 흉기소지여부를 확인하거나 질문의 내용과 관련이 있는 경우 임의적 방법이면 허용된다. '외표검사'는 신체의 외표, 특히 착의의 바깥쪽을 가볍게 두드리거나 더듬는 행위를 말한다.

(3) 소지품검사의 대상

(가) 흉기 : 사람을 살상함에 충분한 성능을 가진 물건으로 성질상의 흉기와 용법상의 흉기로 경우로 나누어진다. 성질상의 흉기란 원래 용도가 살상용으로 제작된 도구(무기, 칼 등)를 말하며, 용법상의 흉기란 용법에 따라서는 인명의 살상이 가능한 도구를 뜻한다.

(나) 흉기 이외의 소지품 검사의 허용 여부

마약류, 위조지폐, 음란물, 장물 등의 경우 현실적인 필요를 들어 허용하는 견해가 있으나 입법론으로는 몰라도 명문 규정에 반하여서까지

허용됨은 부당하다.

소지품 검사 결과 흉기가 발견되고 소지에 허가를 요하는 물건(총포 도검 화약류 등)에 해당되는 경우 총포도검화약류단속법에 의거 체포 대상이 되며 소지품 검사 결과 다른 법으로 소지에 허가를 요하는 것은 아니나 폭력행위등 처벌에 관한 법률상 규정된 범죄(특수한 유형의 폭행 상해 등)에 공하기 위한 흉기를 소지할 때에는 동법 제7조(우범자)에 해당하여 체포대상이 되고 정당한 이유 없이 숨기어 지닌 경우 경범죄처벌법 제1조 제2호(흉기의 은닉 휴대)에 따라 즉심대상이 된다.

마. 임의동행

(1) 법적 성격 : 임의수단

(2) 동행 사유[10] : 당해인에게 불리하거나 교통의 방해가 된다고 인정되는 경우

(3) 절차적 보장

(가) 고지의무 : 가족 등에게 고지, 본인에게 연락기회의 부여 및 변호인의 조력을 받을 권리 고지

(나) 동행시간의 제한 : 6시간

(다) 동행장소 : 부근의 경찰서 · 지구대 · 파출소 또는 출장소 등

(라) 보고의무 : 임의동행시 소속 경찰관서의 장에게 이를 보고

4. 자동차 검문

가. 논점

자동차 검문은 세 가지의 논점으로 나누어 생각할 수 있다.

직접적 근거 규정이 없는데 무엇을 근거로 자동차 검문을 할 수 있는가?

10) 수사상 임의동행과의 관계 : 동행의 상대방의 자격이 다르고 근거법률이 다르며 피의자 신문 대상인지에 차이가 있어 수사를 위한 임의동행과는 다른 것으로 보아야 할 것임.

탑승자가 거동수상자인가를 판별할 수 없는데 불심검문을 하기 위하여 우선 자동차를 정지시키는 조치가 합법적인가?

차량의 내부공간 및 트렁크의 수색방법은?

나. 검문의 방법

일반 보행자와 달리 외관으로부터 불심검문의 요건사실을 발견하기 어렵고 일체검문 식으로 차량을 정지시켜야 한다는 점에서 그 허용한계의 문제된다. 도로교통법을 포함한 교통관계법규는 보행자에 비하여 운전자를 보다 광범위하게 규제하고 있으므로 자동차에 대한 검문이 가능하며 불심검문의 요건을 확인하기 위한 질문을 하기 위한 활동, 즉 불심검문의 전단계적 조치로 자동차를 정지시켜 불심검문의 요건을 판단하는 것은 불법이라 할 수 없다.

다. 검문의 한계

정차 후 운전면허증의 제시요구, 운전자 또는 동승자에 대한 질문, 차체 등 외관상의 조사 등은 일반적으로 허용되나, 트렁크 내부 등 눈에 보이지 않는 곳에 대한 검사는 상대방의 동의가 있는 경우에 한하여 인정된다.[11] 상대방의 동의가 없는 경우라 하더라도 사회 공공의 위험이 큰 경우라면 제한적으로 경찰상 즉시강제의 법리에 따라 조치할 수 있을 것이다. 검문에 불응한 자동차를 추적하여 강제로 정차시키는 행위가 허용되지 않는다는 견해가 있으나,[12] 정지를 하지 않는 경우 이는 도교법상 경찰관의 수신호를 무시한 현행범 내지 물음에 대하여 도망한 준현행범으로 일단 간주하여 형소법에 의한 강제가 가능하다.

11) 강동욱, 전게서, 317면

12) 강동욱, 전게서, 318-319면

라. 관련판례

〈사례 1〉 도로차단후 불특정다수인을 상대로 실시하는 일제단속식 음주단속이 위헌적인 경찰작용인지 여부(소극)(2002헌마293 무작위음주운전단속위헌확인)

[판결 요지]

음주운전으로 인한 피해를 예방하여야 하는 공익은 대단히 중대하며, 그러한 단속방식이 그 공익을 보호함에 효율적인 수단임에 반하여, 일제단속식 음주단속으로 인하여 받는 국민의 불이익은 비교적 경미하다. 검문을 당하는 국민의 불이익은 교통체증으로 인한 약간의 시간적 손실, 주관적·정서적 불쾌감 정도에 불과하고, 음주측정을 실시하는 경우라 할지라도 그것은 단속현장에서 짧은 시간 내에 간단히 실시되고 측정결과도 즉석에서 알 수 있는 호흡측정 방법에 의하여 실시되므로 편이성이 높다. 따라서 도로를 차단하고 불특정 다수인을 상대로 실시하는 일제단속식 음주단속은 그 자체로는 도로교통법 제41조 제2항 전단에 근거를 둔 적법한 경찰작용이다.

그러나 그 경우에도 과잉금지원칙은 준수되어야 하므로, 음주단속의 필요성이 큰, 즉 음주운전이 빈발할 것으로 예상되는 시간과 장소를 선정하여야 할 것이고, 운전자 등 관련국민의 불편이 극심한 단속은 가급적 자제하여야 하며, 전방지점에서의 사전 예고나 단시간내의 신속한 실시 등과 같은 방법상의 한계도 지켜야 할 것이다.

〈사례 2〉 순찰차의 정지지시에 불응·도주하는 차량을 체포목적 추적중 도주차량에 의하여 제3자가 손해 입은 경우, 그 추적행위가 위법한 것인지 여부(한정 소극) (2000다26807)

[사건개요]

甲은 01:20경 승용차로 중앙선을 침범하여 불법유턴하였고, 순찰근무하던 A·B는 확성기·수신호로 정지 지시하였으나 甲이 시속 120㎞로 도주하자, A·B가 경광등은 켜고 사이렌은 불취명상태로 정지지시를 반복하면서 70m의 간격을 두고 추적중, 甲은 01:30경 정지신호를 무시하고 진행하

다가 영업용택시를 들이받아 4명을 치사상케 한 사건

[판단]

경찰관이 교통법규 등을 위반하고 도주하는 차량을 순찰차로 추적하는 직무를 집행하는 중에 그 도주차량의 주행에 의하여 제3자가 손해를 입었다고 하더라도 그 추적이 당해 직무 목적을 수행하는 데에 불필요하다거나 또는 도주차량의 도주의 태양 및 도로교통상황 등으로부터 예측되는 피해발생의 구체적 위험성의 유무 및 내용에 비추어 추적의 개시·계속 혹은 추적의 방법이 상당하지 않다는 등의 특별한 사정이 없는 한 그 추적행위를 위법하다고 할 수는 없다.

Ⅳ. 보호조치(제4조)

① 경찰관은 수상한 행동이나 그 밖의 주위 사정을 합리적으로 판단해 볼 때 다음 각 호의 어느 하나에 해당하는 것이 명백하고 응급구호가 필요하다고 믿을 만한 상당한 이유가 있는 사람(이하 "구호대상자"라 한다)을 발견하였을 때에는 보건의료기관이나 공공구호기관에 긴급구호를 요청하거나 경찰관서에 보호하는 등 적절한 조치를 할 수 있다.

1. 정신착란을 일으키거나 술에 취하여 자신 또는 다른 사람의 생명·신체·재산에 위해를 끼칠 우려가 있는 사람
2. 자살을 시도하는 사람
3. 미아, 병자, 부상자 등으로서 적당한 보호자가 없으며 응급구호가 필요하다고 인정되는 사람. 다만, 본인이 구호를 거절하는 경우는 제외한다.

② 제1항에 따라 긴급구호를 요청받은 보건의료기관이나 공공구호기관은 정당한 이유 없이 긴급구호를 거절할 수 없다.

③ 경찰관은 제1항의 조치를 하는 경우에 구호대상자가 휴대하고 있는 무기·흉기 등 위험을 일으킬 수 있는 것으로 인정되는 물건을 경찰관서에 임시로 영치(領置)하여 놓을 수 있다.

④ 경찰관은 제1항의 조치를 하였을 때에는 지체 없이 구호대상자의 가족, 친지 또는 그 밖의 연고자에게 그 사실을 알려야 하며, 연고자가 발견되지 아니할 때에는 구호대상자를 적당한 공공보건의료기관이나 공공구호기관에 즉시 인계하여야 한다.

⑤ 경찰관은 제4항에 따라 구호대상자를 공공보건의료기관이나 공공구호기관에 인계하였을 때에는 즉시 그 사실을 소속 경찰서장이나 지방해양경비안전관서의 장에게 보고하여야 한다. 〈개정 2014.11.19.〉

⑥ 제5항에 따라 보고를 받은 소속 경찰서장이나 지방해양경비안전관서의 장은 대통령령으로 정하는 바에 따라 구호대상자를 인계한 사실을 지체 없이 해당 공공보건의료기관 또는 공공구호기관의 장 및 그 감독행정청에 통보하여야 한다. 〈개정 2014.11.19.〉

⑦ 제1항에 따라 구호대상자를 경찰관서에서 보호하는 기간은 24시간을 초과할 수 없고, 제3항에 따라 물건을 경찰관서에 임시로 영치하는 기간은 10일을 초과할 수 없다.

[전문개정 2014.5.20.]

1. 보호조치 대상자

구 분	대 상
강제 보호조치 대상자	정신착란 또는 술 취한 상태로 인하여 자기 또는 타인의 생명 신체와 재산에 위해를 미칠 우려가 있는 자와 자살을 기도하는 자
임의 보호조치 대상자	미아 병자 부상자 등으로서 적당한 보호자가 없으며 응급의 구호를 요한다고 인정되는 자.

가. 강제보호조치 대상자(대인적 즉시강제)

(1) 정신착란자

(2) 술 취한 상태에 있는 자 : 과음하여 사리분별력을 상실한 상태에 있는 자

(3) 자살을 기도하는 자 : 자살결행의 구체적 징후를 행동에 옮기는 등 위험성이 있는 자

나. 임의보호조치 대상자(비권력적 사실행위)

(1) 미아 : 보호자의 보호범위를 벗어나 스스로 안전을 도모할 수 없는 아동

(2) 부상자 : 자상을 포함하여 부상을 입은 사람으로서 본인의 자력으로 병원을 찾아가거나 귀가할 수 없는 정도에 이른 사람.[13]

다. 등(等) : 버려진 아이(棄兒), 기아상태에 있는 자, 조난자, 도로에서 길을 잃은 병약한 노인, 도로 또는 승차상태에서 산기로 고통 받는 임산부등이 포함될 수 있다. 다만, 가출자는 자신의 의사로 집을 나온 자이므로 보호조치대상자에 포함되지 않는다.

라. 적당한 보호자의 개념

자구능력이 없는 자에 대한 부모, 형제, 교사, 의사, 책임 있는 동행자등 경찰관에 우선하는 일차적 보호책임자를 말한다.

2. 방법

가. 보건의료기관에 긴급구호

보건소 · 병원 · 한의원 · 조산소등 응급조치로 생명신체의 구조를 행

13) 보호자로부터 이탈 · 무보호자의 18세미만 아동(요보호아동)에 대한 지자체의 보호조치를 규정한 아동복지법에 비추어, 원칙으로 본 법상 미아는 18세미만의 미아로 봄이 타당하다.

할 수 있는 공 · 사기관

나. 공공구호기관에 긴급구호

국가나 지방자치단체 설립 아동보호소 · 부녀보호소(요구호부녀자) · 갱생원(부랑아 걸인) · 양로원, 고아원등 일체의 사회보장시설

다. 경찰관서에 보호

일반적으로 경찰서의 보호실이 없다고 하여 유치장이나 소위 형사피의자대기실을 보호 장소로 사용하는 것은 바람직스럽지 않다.

라. 등(等) : 임시 부근의 민가나 여관 등을 이용한 보호 조치등

3. 긴급구호요청의 거부금지(제②항)

가. 거부의 "정당한 이유"

의사의 장기출장이나 병원의 수리 등 객관적으로 인정 가능하여야 한다.

나. 치료비 부담의 문제

보건의료기관을 이용한 경우 수익자부담의 원칙에 따라 본인 부담이 원칙이다. 환자본인이 치료비를 지불하지 못하는 경우에 보건의료기관이 지방자치단체(시 · 군 · 구 사회복지과)에 의료비 전액을 요청할 수 있으므로 이를 안내하는 것이 바람직하다.

(1) 극빈자나 무연고자의 경우: 국민기초생활보장법에 의한 수급자 등의 치료비용은 의료급여법에 의해 시군구청장이 지급한다.

(2) 일반환자인 경우: 응급의료에 관한 법률에 의해 응급의료기금의 관리기관장이 우선 지급 후 구상한다.

4. 보호조치시 부수사항

가. 무기 · 흉기등 위험한 물건의 임시영치

'임시영치'란 물건의 소지가 경찰상 위험을 발생케 할 만한 상당한 이유가 있다고 인정되는 경우에 일시 그 소지를 박탈하여 경찰관서에 강제적으로 보관하는 것을 말한다. 경찰관서의 장은 상대방에게 그 증명서를 교부하여 그 반환에 원활을 기하여야 한다.

나. 사후조치

(1) 연고자에 대한 통지
(2) 적당한 공중보건의료기관이나 공공구호기관에 즉시 인계
(3) 소속 경찰서장에게 보고
(4) 경찰서장의 통보

다. 보호 및 임시영치의 기간

(1) 보호기간 : 경찰관서에 24시간이상 초과하는 것이 금지된다. 사안에 따라 병원이나 구호기관 인계 혹은 귀가 조치필요하며, 기산시점은 처음 대면하여 조치하기 시작한 때이다.

(2) 임시영치 : 10일 이상 초과할 수 없다. 다만, 금제품의 경우 법에 따라 영치 · 몰수할 수 있음은 물론이다.

5. 관련 판례

가. 만취자에 대한 보호조치 주의의무 소홀(2001다24839)

[1] 술에 만취되어 행패를 부린다는 신고를 받고 출동 주취자를 파출소로 데리고 가 베개를 베어주지 않은 채 얼굴을 위로하고 긴 의자에 똑바로 눕혀 놓자 바로 코를 골며 잠이 들었다가 코를 골지 아니하

고 안색이 창백한 것을 보고 응급조치 후 곧바로 119구급대에 연락 병원으로 후송하였으나 후송 도중 사망한 사안에서

[2] 주취상태가 중한 경우임에도, 병원후송까지 필요 없다는 판단하에 순찰지구대에 보호하더라도 구토에 의한 기도폐쇄등 질식이 유발 가능한 점 등을 고려, 고개를 돌려놓는 등 지속적으로 관찰하여 생명·신체에 위해가 생기지 않도록 보호조치하여야 할 주의의무가 있음에도 이를 소홀히 한 책임을 인정함

나. 정신질환자인 세입자에 의해 살해당한 집주인의 유족이 정신질환자의평소 행동에 대한 사법경찰관리의 수사 미개시 및 긴급구호권 불행사를 이유로 제기한 국가배상청구를 배척한 사례(대법 95다45927)

[1] 긴급구호권한과 같은 경찰관의 조치권한은 일반적으로 경찰관의 전문적 판단에 기한 합리적인 재량에 위임되어 있는 것이나, 그렇다고 하더라도 구체적 상황하에서 경찰관에게 그러한 조치권한을 부여한 취지와 목적에 비추어 볼 때 그 불행사가 현저하게 불합리하다고 인정되는 경우에는, 그러한 불행사는 법령에 위반하는 행위에 해당하게 되어 국가배상법상의 다른 요건이 충족되는 한, 국가는 그로 인하여 피해를 입은 자에 대하여 국가배상책임을 부담한다.

[2] 정신질환자의 평소 행동에 포함된 범죄 내용이 경미하거나 범죄라고 볼 수 없는 비정상적 행동에 그치고 그 거동 기타 주위의 사정을 합리적으로 판단하여 보더라도 정신질환자에 의한 집주인 살인범행에 앞서 그 구체적 위험이 객관적으로 존재하고 있었다고 보기 어려운 경우, 경찰관이 그때그때의 상황에 따라 그 정신질환자를 훈방하거나 일시 정신병원에 입원시키는 등 경찰관직무집행법의 규정에 의한 긴급구호조치를 취하였고, 정신질환자가 퇴원하자 정신병원에서의 장기 입원치료를 받는 데 도움이 되도록 생활보호대상자 지정의뢰를 하는 등 그 나름대로의 조치를 취한 이상, 더 나아가 경찰관들이 정신질환자의 살인범행 가능성을 막을 수 있을 만한 다른 조치를 취하지 아니하였거나 입건·수사하지 아니하였다고 하여 이를 법령에 위반하는 행위에 해당한다고 볼 수 없다는 이유로, 사법경찰관리의 수사 미개시 및 긴급구호권 불행사를 이유로 제기한 국가배상청구를 배척하였다.

6. 주취자 처리

가. 행정적 조치

(1) 요구호자에 대한 보호

경찰관은 수상한 거동 기타 주위의 사정을 합리적으로 판단하여 술에 취한 상태로 인하여 자기 또는 타인의 생명·신체와 재산에 위해를 미칠 우려가 있는 자에 해당함이 명백하여 응급의 구호를 요한다고 믿을 만한 상당한 이유가 있는 자를 발견한 때에는 보건의료기관 또는 공공구호기관에 긴급 구호를 요청하거나 경찰관서에 보호하는 등 적당한 조치를 할 수 있다.

본 조의 보호는 요구호자를 의료기관등 관계기관 및 보호자 등에게 신속히 인도하는 것을 예정하는 일시적 내지 응급적인 조치이다. 계속적인 의료, 구호, 생활보호 등의 조치는 그것을 담당하는 타 기관 및 책임 있는 가족의 임무여서 본조에 의해 경찰이 지는 임무는 적당한 관계자 또는 기관에 연락·인계할 때까지 요구호자를 보호하는데 머무르게 된다.

보호조치에는 상대방의 의사에 관계없이 24시간까지 강제보호조치하는 경우와 상대방의 의사에 기초하여 이뤄지는 임의보호조치의 경우로 나뉘는데 주취자는 강제보호조치 대상자에 해당하게 되며 주의할 것은 단순한 주취자가 아니라 주취상태로 인하여 자기 또는 타인의 생명·신체와 재산에 위해를 미칠 우려가 있는 자에 해당하는 경우로서 응급의 구호를 요하는 경우에 한한다는 점이다. 따라서 단순히 음주하여 시비·소란을 피우는 경우 보호조치의 대상이 아니라 형법 및 특별법 등에 의율되어 규제되어야 할 단속대상이 된다.

(2) 즉시강제

(가) 요구호자에 대한 즉시강제

술취한 상태로 인하여 자기 또는 타인의 생명 신체와 재산에 위해를 미칠 우려가 있는 자로 응급의 구호를 요한다고 믿을 만한 상당한 이유가 있는 자에 대한 보호조치는 본인의 의사여하에 불구하고 강제적으로 이뤄지는 강제보호조치 대상자이고 이러한 강제적 보호조치는 당사자 및 타인에 대한 위해방지라는 소극목적에 한정되는 경찰상 즉시강제[14]의 성격을 갖는다.

따라서 약간 술에 취한 경우에 지나지 않는 경우는 본조의 보호조치 대상자에 해당하지 않으나 술에 취하여 지나가는 행인에게 시비를 걸고 통행 차량을 가로막는 등의 행위를 하고 있었고 또한 경찰관의 제지 및 귀가 요구에 불응하는 경우 파출소로 연행하여 보호조치한 것은 경찰상 즉시강제에 해당하는 적법한 직무집행에 해당한다는 판례를 참조할 필요가 있다(아래 관련 판례 참조; 판사는 응급의 구호를 요하는 주취자임을 전제한 것으로 보임).

(나) 주취소란등 행위자에 대한 즉시강제

주취자의 행위가 인명 또는 신체에 위해를 미치거나 재산에 중대한 손해를 끼칠 우려가 있는 위험한 상태에 해당되면 경직법 제5조(위험발생의 방지)에 의하여 필요하다고 인정되는 조치를 취할 수 있고 그러한 사태가 목전에 행하여지려고 하는 범죄행위라면 경직법 제6조(범죄의 예방과 제지)에 의하여 그 행위를 제지할 수 있다.

또 경찰장비의 사용기준등에 관한 규정(대통령령 제19563호 2006.6.29.) 제5조(자살방지등을 위한 수갑등의 사용기준 및 사용보고)에서 경찰관은 주취자의 자살 또는 자해기도를 방지하기 위하여 필요한 때에는 수갑·포승 또는 호송용 포승을 사용할 수 있다.

이러한 법 규정을 바탕으로 주취로 인한 위해의 발생에 있어 미리

14) 김동희, 『행정법2』, 박영사 2001: 이상규, 『신행정법론(하)』, 법문사 1994.

의무를 명할 시간적 여유가 없을 때 또는 성질상 의무를 명하여서는 목적달성이 곤란할 때에 즉시 주취자 등에 대해 실력을 행사하여 필요한 상태를 실현하는 즉시강제가 가능하다. 이 경우 목적 달성에 적합한 수단으로(적합성), 필요한 최소한도의 범위내에서(필요성), 공익과 사익 간의 균형(상당성)이 이루어져야 한다. 따라서 경찰이 주취소란자에 대해 정당한 제압 수준을 넘어 고의적 폭행을 행사하는 경우는 불법행위가 될 것이다.

주취로 인해 보호조치 대상자로 인정되는 피구호자를 보호조치하기 위하여 파출소로 연행하려고 하는데 이에 반항하며 난동을 부리는 상황에서 주취소란자에게 수갑을 사용하여 제압한 것은 부득이한 조치로서 판례는 적법하게 보고 있는바 고의적 폭행이 아닌 정당한 직무수행 중 발생한 상해에 대해 법원은 비교적 관대하게 보고 있다.

나. 형사상 조치

(1) 경미범죄로의 취급

주취자로서 흔히 범할 수 있는 경미범죄 행위 유형은 경범죄처벌법 제1조 제12호(업무방해), 제17호(노상방뇨), 제24호(불안감 조성), 제25호(음주 소란), 제26호(인근소란), 제51호(무임승차 및 무전취식)에 해당될 수 있다.

이 경우 형사절차는 통고처분 또는 즉결심판으로 처리하는데 이 과정에서 신원확인을 거부하여 주거가 불명한 경우는 형사소송법 제214조[15]에 의거 현행범으로 체포하고 이후 주거가 확인이 되면 즉시 석방하고 주거불명이 지속되는 한 유치장 등에 수감 · 대기시켰다가 48시간 내 즉결심판을 청구하게 된다.

---

15) 제214조(경미사건과 현행범인의 체포) 다액 50만원 이하의 벌금, 구류 또는 과료에 해당하는 죄의 현행범인에 대하여는 범인의 주거가 분명하지 아니한 때에 한하여 제212조(현행범인의 체포) 내지 제213조(체포된 현행범인의 인도)의 규정을 적용한다.

(2) 일반 형사범으로 처벌

형법상 폭행죄, 상해죄, 주거침입죄, 업무방해죄, 손괴죄 등 및 경우에 따라서 폭력행위등 처벌에 관한 법률 위반으로 의율될 수 있다.

특히, 경미한 소란행위였던 주취자의 행위라도 경찰관의 적법한 공무집행에 폭행 · 협박으로 항거하는 경우 공무집행방해죄로 의율 될 수 있으며 공공기관인 경찰관서에 적법하게 출입하였더라도 주취로 인한 업무방해 등을 이유로 퇴거요구를 받고도 이에 응하지 않는 경우는 퇴거불응죄에 해당될 수 있다.

보호조치는 주취상태가 해소되고 경찰상 위험이 존재하지 않을 때까지의 최소한도의 시간에 한하도록 하되 24시간을 초과하지 않아야 하고 보호조치된 주취자에 대해 주취시의 소란행위 등에 대해 신병확보를 통한 형사처리를 하고자 할 때에는 현행범 체포된 자로 취급되어야 하며 현행범 체포 시한을 판단하는 기준이 되는 체포시기는 보호유치를 위한 강제처분이 이루어진 때이다.[16)]

주취자의 자살 또는 자해기도를 방지하기 위해 필요한 때에는 수갑 · 포승 또는 호송용 포승을 사용(경찰장비의 사용기준 등에 관한 규정 제5조)할 수 있고 경찰관직무집행법 제10조의2에서 경찰장구의 사용기준이 마련되어 있으며 판례(서울고법 98초114)는 보호조치를 위해 수갑을 사용 연행하면서 순찰차문에 얼굴이 부딪혀 4주간의 치료를 요하는 상해를 입은 사안에 있어서 부득이한 조치로 적법한 직무집행이라고 보고 있음.

V. 위험발생의 방지(제5조)

> ① 경찰관은 사람의 생명 또는 신체에 위해를 끼치거나 재산에 중대한 손해를 끼칠 우려가 있는 천재(天災), 사변(事變), 인공구조물의 파손이나 붕괴, 교통사고, 위험물의 폭발, 위험한 동물 등의 출현, 극도

16) 김형훈, 전게 공청회자료, p. 28.

의 혼잡, 그 밖의 위험한 사태가 있을 때에는 다음 각 호의 조치를 할 수 있다.
1. 그 장소에 모인 사람, 사물(事物)의 관리자, 그 밖의 관계인에게 필요한 경고를 하는 것
2. 매우 긴급한 경우에는 위해를 입을 우려가 있는 사람을 필요한 한도에서 억류하거나 피난시키는 것
3. 그 장소에 있는 사람, 사물의 관리자, 그 밖의 관계인에게 위해를 방지하기 위하여 필요하다고 인정되는 조치를 하게 하거나 직접 그 조치를 하는 것

② 경찰관서의 장은 대간첩 작전의 수행이나 소요(騷擾) 사태의 진압을 위하여 필요하다고 인정되는 상당한 이유가 있을 때에는 대간첩 작전지역이나 경찰관서·무기고 등 국가중요시설에 대한 접근 또는 통행을 제한하거나 금지할 수 있다.

③ 경찰관은 제1항의 조치를 하였을 때에는 지체 없이 그 사실을 소속 경찰관서의 장에게 보고하여야 한다.

④ 제2항의 조치를 하거나 제3항의 보고를 받은 경찰관서의 장은 관계 기관의 협조를 구하는 등 적절한 조치를 하여야 한다.

[전문개정 2014.5.20.]

1. 일반적 위험방지조치

가. 요건

(1) 위해를 미칠 우려 (2) 재산에 중대한 손해 (3) 천재 사변 등 위험한 사태

나. 대상

(1) 그 장소에 집합한 자 (2) 사물의 관리자 (3) 기타 관계자

다. 수단

(1) 경고 (2) 억류 또는 피난조치 (3) 필요하다고 인정되는 조치

2. 대간첩작전수행과 소요사태진압을 위한 통행제한 조치

가. 주체 : 개개의 경찰관이 아닌 경찰관서의 장

나. 요건 : 대간첩작전수행, 소요사태의 진압

다. 수단 : 접근 또는 통행의 제한 · 금지, 고지

라. 제한대상 : 대간첩작전지역 또는 경찰관서 · 무기고등 국가중요시설

3. 사후조치

지체없이 소속 경찰관서의 장에게 보고하고, 보고를 받은 경찰관서의 장은 관계기관의 협조를 구하는 등 적정한 조치를 요한다.

4. 관련판례

〈사례 1〉 음주운전으로 적발된 주취운전자가 도로 밖으로 차량을 이동하겠다며 단속경찰관으로부터 보관 중이던 차량열쇠를 반환받아 몰래 차량을 운전하여 가던 중 사고를 일으킨 경우, 국가배상책임을 인정한 사례(대판 97다54482)

[1] 주취 상태에서의 운전은 도로교통법 제41조의 규정에 의하여 금지되어 있는 범죄행위임이 명백하고 그로 인하여 자기 또는 타인의 생명이나 신체에 위해를 미칠 위험이 큰 점을 감안하면, 주취운전을 적발한 경찰관이 주취운전의 계속을 막기 위하여 취할 수 있는 조치로는, 단순히 주취운전의 계속을 금지하는 명령 이외에 다른 사람으로 하여금 대신하여 운전하게 하거나 당해 주취운전자가 임의로 제출한 차량열쇠를 일시 보관하면서 가족에게 연락하여 주취운전자와 자동차를 인수하게 하거나 또는 주취 상태에서 벗어난 후 다시 운전하게 하며 그 주취 정도가 심한 경우에 경찰관서에 일시 보호하는 것 등을 들 수 있고, 한편 주취운전이라는 범죄행위로 당해 음주 운전자를 구속 · 체포하지 아니한 경우에도 필요하다면 그 차량열쇠는 범행 중 또는 범행 직후의 범죄 장소에서의 압수로서 형사소송법

제216조 제3항에 의하여 영장 없이 이를 압수할 수 있다.

[2] 경찰관의 주취운전자에 대한 권한 행사가 관계 법률의 규정 형식상 경찰관의 재량에 맡겨져 있다고 하더라도, 그러한 권한을 행사하지 아니한 것이 구체적인 상황 하에서 현저하게 합리성을 잃어 사회적 타당성이 없는 경우에는 경찰관의 직무상 의무를 위배한 것으로서 위법하게 된다.

〈사례 2〉 교통사고 현장보존지시를 한 경찰관의 후속사고 예방을 위한 주의의무의 내용(대판 92다21371)

교통사고 발생신고를 받고 현장에 나온 경찰관으로서는 사고내용에 관한 다툼이 있어 사고현장보존의 필요성이 있다 하더라도 사고 발생의 위험성이 예견되는 경우 관계자에게 사고 발생을 막을 안전조치를 하도록 지시하거나 그것이 여의치 아니할 경우 위와 같은 조치를 직접 하여야 할 주의의무가 있다.

Ⅵ. 범죄의 예방과 제지(제6조)

경찰관은 범죄행위가 목전(目前)에 행하여지려고 하고 있다고 인정될 때에는 이를 예방하기 위하여 관계인에게 필요한 경고를 하고, 그 행위로 인하여 사람의 생명·신체에 위해를 끼치거나 재산에 중대한 손해를 끼칠 우려가 있는 긴급한 경우에는 그 행위를 제지할 수 있다.

[전문개정 2014.5.20.]

1. 요건

가. 경고의 요건 : 범죄행위가 목전에 행하여지려고 하고 있다고 인정될 때

나. 제지의 요건 : 목전에 행해지려고 하는 범죄행위로 인하여 인명·신체에 위해를 미치거나 재산에 중대한 손해를 끼칠 우려가 있어 긴급을 요하는 경우

본조의 경고와 제지는 범죄행위의 전 단계에서만 인정된다. 이미 범죄가 범하여지거나 범죄가 종료된 후에는 현행범체포나 긴급체포 법리에 의하면 된다. 인명 신체에 위해를 미치거나 재산에 중대한 손해를 끼칠 우려가 있는 경우 외 경미한 결과가 예상되는 행위에는 제지가 불가하고 경고에 그쳐야 함.

2. 대상

가. 경고의 대상 : 관계인, 즉, 필요한 범위 내라면 범죄를 행할 우려가 있는 자, 범죄에 의해 피해를 받는 자, 이들이 보호를 요하는 요부조자 들일 경우 그 보호자 및 건물 등의 관리자, 소유자, 점유자 및 그 장소에 거하는 자 등

나. 제지의 대상 : 목전의 범죄를 범하려고 하는 자.

3. 수단

가. 경고 : 가해자, 피해자 기타의 관계인에게 주의 촉구·설득·지시·권고 등을 하는 것을 의미하므로 사실행위인 의사의 통지 내지는 중지할 것을 요구하는 부작위하명임

나. 제지 : 실력의 행사에 의한 범죄예비행위 및 범죄에 밀접하게 접근된 행위의 저지[17]

사람의 생명 혹은 신체에 위험이 미치지 않는다든가 재산에 중대한 손해를 받지 않을 경우에는 강제력을 사용하는 위의 제지는 허용되지

17) 제지행위의 대표적 유형
(1) 범죄를 행하려고 하는 자를 뒤에서 껴안는 행위
(2) 손을 잡고 파출소로 데리고 가는 행위
(3) 그의 앞을 가로막으며 떠미는 행위
(4) 집단행동과 관련하여 집단행진을 호위하여 따르거나 집단을 갈라놓거나 해산시키는 행위
(5) 쥐고 있는 흉기를 빼앗는 행위
(6) 범죄장소로 접근하고 있는 자를 가지 못하게 저지하는 행위

않는다고 보아야 한다.

〈사례〉 신고된 대학교에서의 집회가 집회장소 사용 승낙을 하지 아니한 대학교측의 요청으로 경찰관들에 의하여 저지됨이 인정된 사례(대판 90도870)

집회장소 사용 승낙을 하지 않은 A대학교측의 집회 저지 협조요청에 따라 경찰관들이 갑대학교 출입문에서 신고된 A대학교에서의 집회에 참가하려는 자의 출입을 저지한 것은 경찰관직무집행법 제6조의 주거침입행위에 대한 사전 제지조치로 볼 수 있고, 비록 그 때문에 소정의 신고 없이 B대학교로 장소를 옮겨서 집회를 하였다 하여 그 신고 없이 한 집회가 긴급피난에 해당한다고도 할 수 없다.

Ⅶ. 위험방지를 위한 출입(제7조)

① 경찰관은 제5조제1항·제2항 및 제6조에 따른 위험한 사태가 발생하여 사람의 생명·신체 또는 재산에 대한 위해가 임박한 때에 그 위해를 방지하거나 피해자를 구조하기 위하여 부득이하다고 인정하면 합리적으로 판단하여 필요한 한도에서 다른 사람의 토지·건물·배 또는 차에 출입할 수 있다.
② 흥행장(興行場), 여관, 음식점, 역, 그 밖에 많은 사람이 출입하는 장소의 관리자나 그에 준하는 관계인은 경찰관이 범죄나 사람의 생명·신체·재산에 대한 위해를 예방하기 위하여 해당 장소의 영업시간이나 해당 장소가 일반인에게 공개된 시간에 그 장소에 출입하겠다고 요구하면 정당한 이유 없이 그 요구를 거절할 수 없다.
③ 경찰관은 대간첩 작전 수행에 필요할 때에는 작전지역에서 제2항에 따른 장소를 검색할 수 있다.
④ 경찰관은 제1항부터 제3항까지의 규정에 따라 필요한 장소에 출입할 때에는 그 신분을 표시하는 증표를 제시하여야 하며, 함부로 관계인이 하는 정당한 업무를 방해해서는 아니 된다.

[전문개정 2014.5.20.]

본래 주거의 불가침은 헌법상의 기본권으로 보장되고 이에 대한 침해는 형사사법절차상의 수색영장에 의해서만 할 수 있는 것이므로 경찰행적목적을 위한 작용이라 할지라도 인명 · 신체와 재산에 대하여 위해 또는 중대한 손해가 일어나려고 할 경우에만 가능한 즉시강제 내지 권력적 행정조사이다.

1. 일반위험방지를 위한 출입(긴급출입)

가. 요건

(1) 경직법 제5조 ①항 · ②항 및 제6조 ①항에 규정한 위험한 사태의 발생

(2) 인명 · 신체 또는 재산에 대한 위해가 절박한 때

(3) 위해를 방지하거나 피해자를 구조하기 위하여 부득이하다고 인정할 때

나. 한계 : 합리적으로 판단하여 필요한 한도내

다. 객체 : 타인의 토지 · 건물 · 선차

라. 긴급출입권의 성질

경찰하명에 의하여 의무를 과할 여유가 없는 때의 경찰상 즉시강제이므로 행정규제법규처럼 당해 공무원의 출입검사권을 거절 · 방해 · 기피시 벌칙은 없지만 경찰관의 정당한 출입을 폭행 · 협박으로 저지한다면 공무집행방해죄를 구성하게 된다.

마. 긴급출입권의 내용

선차에 대한 출입권이 인정되는 이상 정차, 정선권도 당연히 인정된다.

2. 경찰상 공개된 장소에 대한 출입

가. 경찰상 공개된 장소란?

흥행장 · 여관 · 음식점 · 역 기타 불특정다수인이 출입하거나 집합하

는 장소를 말하며 요금의 유무는 불문한다. 특정다수인을 대상으로 하는 강연회장, 친목회장 등은 여기서 제외된다. 영업 또는 공개시간 내의 출입이 가능하다.

나. 요건 : 범죄의 예방 또는 인명·신체와 재산에 대한 위해예방.

제1항과 달리 모든 범죄의 예방을 위한 출입이 가능하다.

다. 성질 : 출입권이 아닌 출입 요구권을 규정하고 있음. 즉, 제1항과 같은 즉시강제가 아닌 행정조사의 성질을 가지는 것으로 직접 출입권을 인정할 필요가 없다. 정당한 이유가 없을 때 상대방의 승낙은 권리가 아닌 의무이므로 강제출입권의 성질을 가진다.

마. 관리자 또는 이에 준하는 관계인은 정당한 이유없이 출입을 거절할 수 없음.

3. 대간첩작전을 위한 검색[18)]

가. 검색의 요건 : 필요성

나. 대간첩작전지역의 범위 :

군사적인 고려하에서 그때그때 작전명령에 의하여 결정될 것이나 주로 전투경찰대설치법 제2조의 2로 규정되어 있는 경비구역내와 같은 의미임

다. 출입검색시간 : 제2항을 명시한 것으로 보아 영업시간내로 한정함이 입법취지에 적합하고 그 외의 시간은 제1항을 적용하여야 할 것임.

라. 대상 : 경찰상 공개된 장소

18) 검색 : 검사·수색, 간첩을 발견하는 것에 한하지 않고, 간첩을 발견하였을 때에 이를 체포·진압하는 작용도 포함한다.

4. 출입시 주의사항

가. 출입시 신분을 표시하는 증표 제시 의무

나. 함부로 관계인의 정당한 업무를 방해 금지

다. 단순한 행정목적상의 출입 제한

유흥접객업소나 숙박업소 등에 경찰관이 식품위생법이나 공중위생관리법 준수 여부를 조사하기 위하여 출입함은 제한된다. 이 경우의 출입은 그 행정법규가 정하고 있는 관계공무원만이 행할 수 있는 것이고 경찰관은 범죄의 예방이나 위해 방지상 필요에 의해서만 가능하다.

Ⅷ. 사실의 확인등(제8조)

> ① 경찰관서의 장은 직무 수행에 필요하다고 인정되는 상당한 이유가 있을 때에는 국가기관이나 공사(公私) 단체 등에 직무 수행에 관련된 사실을 조회할 수 있다. 다만, 긴급한 경우에는 소속 경찰관으로 하여금 현장에 나가 해당 기관 또는 단체의 장의 협조를 받아 그 사실을 확인하게 할 수 있다.
> ② 경찰관은 다음 각 호의 직무를 수행하기 위하여 필요하면 관계인에게 출석하여야 하는 사유·일시 및 장소를 명확히 적은 출석 요구서를 보내 경찰관서에 출석할 것을 요구할 수 있다.
> 1. 미아를 인수할 보호자 확인
> 2. 유실물을 인수할 권리자 확인
> 3. 사고로 인한 사상자(死傷者) 확인
> 4. 행정처분을 위한 교통사고 조사에 필요한 사실 확인
>
> [전문개정 2014.5.20.]

치안정보의 수집, 작성, 보호를 위한 자료수집, 범죄예방을 위한 자료수집등 공공의 안녕과 연관되는 내용을 파악하기 위한 구체적 법규정임. 비권력적 사실행위로서 강제집행이나 경찰벌의 대상이 되지 않는다.

1. 사실조회 및 직접확인

가. '사실조회'는 사람 · 동산 · 부동산 기타 모든 유체물 및 무체물에 대해 성상을 묻는 것이며, '직접 확인은 긴급을 요할 때 '경찰관서의 장의 지시'[19]에 의해 소속 경찰관이 현장에 출장하여 당해 기관 또는 단체의 장의 협조를 얻어 그 사실을 확인하는 것이다.

나. 요건 : 직무수행에 필요하다고 인정되는 상당한 이유

다. 주체 : 경찰관서의 장. 개개의 경찰관이 상사 지시없이 자의적으로 사실 조회하는 것과 같은 행정무질서를 야기하지 않기 위한 것이므로 넓은 의미의 관서장으로 해석하여도 문제없으므로 파출소장도 포함된다고 보아야 한다.

마. 대상 : 국가기관 또는 공사단체 등

2. 출석요구

가. 주체 : 최종결재권자인 경찰관

나. 사유 :

(1) 미아를 인수할 보호자 여부의 확인,

(2) 유실물을 인수할 권리자 여부 확인,

(3) 사고로 인한 사상자의 신원확인,

(4) 운전면허처분이나 차량운행정지처분을 위한 교통사고의 조사에 필요한 사실 확인 등

다. 성질 : 상대방에게 출석을 강제하는 조치가 없음. 불응시 벌칙도 없는 임의적 조치이다. 출석요구 자체가 일반국민에게 실질적 위협이나 자유의 제한이 될 수 있으므로 출석요구서 발부는 명문의 규정이 있는 경우에 한하여야 할 것이고, 위의 출석사유는 예시적 규정이 아닌 열거적, 제한적 규정으로 보아야 할 것이다.

19) 사전에 포괄적으로 할 수 있으며, 문서화된 지침으로도 가능

라. 방식 : 출석요구서이외에 긴급시 전화 등의 이용도 허용.

IX. 국제협력(제8조의2)

> 경찰청장(국민안전처 소속 경찰공무원의 직무에 관한 사항인 경우에는 국민안전처장관을 말한다)은 이 법에 따른 경찰관의 직무수행을 위하여 외국 정부기관, 국제기구 등과 자료 교환, 국제협력 활동 등을 할 수 있다. 〈개정 2014.11.19.〉

국제협력이란 경찰업무와 관련하여 국가간 또는 국제기구와의 포괄적인 협력활동을 말한다. 구체적으로는 외국 및 국제경찰관련기구의 경찰공조 · 상호방문 · 교육파견 · 자매결연 · 국제회의 및 세미나 참석 등을 통하여 외국경찰이나 인터폴 등 국제경찰관련기구와의 협력관계를 증진하고, 정보를 교환하며, 국제범죄에 보다 효율적으로 대처하기 위한 활동을 말한다.

X. 유치장(제9조)

> 법률에서 정한 절차에 따라 체포·구속된 사람 또는 신체의 자유를 제한하는 판결이나 처분을 받은 사람을 수용하기 위하여 경찰서와 지방해양경비안전관서에 유치장을 둔다. 〈개정 2014.11.19.〉

법률이 정한 절차에 따라 구속되거나 신체의 자유를 제한하는 판결 또는 처분을 받은 자를 수용하기 위하여 경찰서와 해양경비안전관서에 두는 보호시설

1. 구분

가. 구치소 : 검찰이나 법원 단계에서의 원칙적 미결구금장소

나. 교도소 : 재판이 확정된 자의 형집행 장소

다. 유치장 : 경찰의 적법절차에 따라 구속된 자, 구류형 선고자가 주로 구금되는 장소.

2. 수용대상자

가. 법률이 정한 절차에 의하여 구속된 자일 것

나. 신체의 자유를 제한하는 판결 또는 처분을 받은 자일 것

3. 관련판례(2001다 51466)

〈사례 1〉 공선법위반(배포금지 인쇄물 배포) 혐의로 현행범체포되어 유치장 수용된 여성피의자들에 대한 알몸신체검사가 그 허용범위를 일탈하여 위법하다고 한 사례(2001다51466)

호송규칙은 조직내부의 행정명령에 불과하므로(법규명령×), 본건의 적법성 여부는 행형법에 따라 판단되어야 하는바, 행형법상 신체검사를 허용하는 것은 수용자의 자살 · 자해등 사고방지, 유치장내 질서유지등을 위한 것인 점에 비추어, 이러한 신체검사는 위와 같은 목적달성을 위하여 필요최소한도의 범위내에서 수용자의 명예등이 부당하게 침해되지 않는 상당한 방법으로 행하여져야 하므로, 본건에서, 변호인접견시 접견실이 좁고 다른 피의자들과 함께 접견한 점에 비추어, 원고들이 다른 피의자들로부터 흉기등을 건네받을 수도 있었다고 의심할 수는 있으나, 접견절차 · 접견실구조 · 경찰관의 가시 거리내 감시등에 비추어, 원고들이 흉기등을 건네받았더라도 재수감되기 전에 신체 은밀부위에 은닉할 수 있었을 가능성은 극히 낮아서, 신체검사 당시 다른 방법으로는 은닉물을 찾아내기 어렵다고 볼 만한 합리적 이유는 없었으므로, 원고들의 옷을 전부 벗긴 상태에서 앉았다 일어서기를 반복하게 한 신체검사는 한계 일탈하여 위법한 것임.

XI. 경찰장비(제10조)

① 경찰관은 직무수행 중 경찰장비를 사용할 수 있다. 다만, 사람의 생명이나 신체에 위해를 끼칠 수 있는 경찰장비(이하 이 조에서 "위해성 경찰장비"라 한다)를 사용할 때에는 필요한 안전교육과 안전검사를 받은 후 사용하여야 한다.
② 제1항 본문에서 "경찰장비"란 무기, 경찰장구(警察裝具), 최루제(催淚劑)와 그 발사장치, 살수차, 감식기구(鑑識機具), 해안 감시기구, 통신기기, 차량·선박·항공기 등 경찰이 직무를 수행할 때 필요한 장치와 기구를 말한다.
③ 경찰관은 경찰장비를 함부로 개조하거나 경찰장비에 임의의 장비를 부착하여 일반적인 사용법과 달리 사용함으로써 다른 사람의 생명·신체에 위해를 끼쳐서는 아니 된다.
④ 위해성 경찰장비는 필요한 최소한도에서 사용하여야 한다.
⑤ 경찰청장은 위해성 경찰장비를 새로 도입하려는 경우에는 대통령령으로 정하는 바에 따라 안전성 검사를 실시하여 그 안전성 검사의 결과보고서를 국회 소관 상임위원회에 제출하여야 한다. 이 경우 안전성 검사에는 외부 전문가를 참여시켜야 한다.
⑥ 위해성 경찰장비의 종류 및 그 사용기준, 안전교육·안전검사의 기준 등은 대통령령으로 정한다.

[전문개정 2014.5.20.]

종전에는 경찰공무원법(제20조) · 경직법에 의한 무기휴대 및 사용, 경직법에 의한 경찰장구 · 최루탄 사용 근거 외에 가스분사기등 다른 장비의 휴대 및 사용근거가 모호하였으나 본 규정으로 경찰장비의 휴대 및 사용을 위한 포괄적 근거를 마련.

1. 경찰장비의 종류

(경찰장비의 사용기준등에 관한 규정 제2조)

구 분	종 류
경찰 장구	수갑 · 포승 · 호송용 포승 · 경찰봉 · 호신용경봉 · 전자충격기 · 방패 · 전자방패
무 기	권총 · 소총 · 기관총 · 산탄총 · 유탄발사기 · 박격포 · 3인치포 · 함포 · 크레모아 · 수류탄 · 폭약류 · 도검
분사기 등	근접분사기 · 가스분사기 · 가스발사총(고무탄 발사겸용 포함) · 최루탄(그 발사장치를 포함)
기 타	가스차 · 살수차 · 특수진압차 · 물포 · 석궁 · 다목적발사기 · 도주차량 차단장비

2. 경찰장비의 사용기준

가. 영장집행 등에 따른 수갑 등의 사용기준

경찰관은 체포 · 구속영장을 집행하거나 신체의 자유를 제한하는 판결 또는 처분을 받은 자를 법률이 정한 절차에 따라 호송하거나 수용하기 위하여 필요한 때에는 최소한의 범위 안에서 수갑 · 포승 또는 호송용 포승을 사용할 수 있다.

나. 자살방지 등을 위한 수갑 등의 사용기준 및 사용보고

경찰관은 범인 · 주취자 또는 정신착란자의 자살 또는 자해기도를 방지하기 위하여 필요한 때에는 수갑 · 포승 또는 호송용 포승을 사용할 수 있다. 이 경우 경찰관은 소속 국가경찰관서장에게 그 사실을 보고하여야 한다.

다. 불법집회 등에서의 경찰봉 · 호신용경봉의 사용기준

경찰관은 불법집회 · 시위로 인하여 발생할 수 있는 타인 또는 경찰관의 생명 · 신체의 위해와 재산 · 공공시설의 위험을 방지하기 위하여 필요한 때에는 최소한의 범위 안에서 경찰봉 또는 호신용경봉을 사용할 수 있다.

라. 경찰봉 · 호신용경봉의 사용시 주의사항

경찰관이 경찰봉 또는 호신용경봉을 사용하는 때에는 인명 또는 신체에 대한 위해를 최소화하도록 주의하여야 한다.

마. 전자충격기 등의 사용제한

경찰관은 14세 미만의 자 또는 임산부에 대하여 전자충격기 또는 전자방패를 사용하여서는 아니된다. 경찰관은 전극침(電極針) 발사장치가 있는 전자충격기를 사용하는 경우 상대방의 얼굴을 향하여 전극침을 발사하여서는 아니된다.

바. 총기사용의 경고

1) 경찰관은 본 법 제10조의 4의 규정에 의하여 사람을 향하여 권총 또는 소총을 발사하고자 하는 때에는 미리 구두 또는 공포탄에 의한 사격으로 상대방에게 경고하여야 한다.

2) 예외

(1) 경찰관을 급습하거나 타인의 생명 · 신체에 대한 중대한 위험을 야기하는 범행이 목전에 실행되고 있는 등 상황이 급박하여 특히 경고할 시간적 여유가 없는 경우

(2) 인질 · 간첩 또는 테러사건에 있어서 은밀히 작전을 수행하는 경우

사. 권총 또는 소총의 사용제한

(1) 경찰관은 본 법 제10조의 4의 규정에 의하여 권총 또는 소총을 사용하는 경우에 있어서 범죄와 무관한 다중의 생명 · 신체에 위해를 가할 우려가 있는 때에는 이를 사용하여서는 아니된다. 다만, 권총 또는 소총을 사용하지 아니하고는 타인 또는 경찰관의 생명 · 신체에 대한 중대한 위험을 방지할 수 없다고 인정되는 때에는 필요한 최소한의 범위 안에서 이를 사용할 수 있다.

(2) 경찰관은 총기 또는 폭발물을 가지고 대항하는 경우를 제외하고는 14세 미만의 자 또는 임산부에 대하여 권총 또는 소총을 발사하여서는 아니된다.

아. 동물의 사살

경찰관은 공공의 안전을 위협하는 동물을 사살하기 위하여 부득이한 때에는 권총 또는 소총을 사용할 수 있다.

자. 가스발사총 등의 사용 제한

(1) 경찰관은 범인의 체포 또는 도주방지, 타인 또는 경찰관의 생명·신체에 대한 방호, 공무집행에 대한 항거의 억제를 위하여 필요한 때에는 최소한의 범위안에서 가스발사총을 사용할 수 있다. 이 경우 경찰관은 1미터 이내의 거리에서 상대방의 얼굴을 향하여 이를 발사하여서는 아니된다.

(2) 경찰관은 최루탄발사기로 최루탄을 발사하는 경우 30도 이상의 발사각을 유지하여야 하고, 가스차·살수차 또는 특수진압차의 최루탄발사대로 최루탄을 발사하는 경우에는 15도 이상의 발사각을 유지하여야 한다.

차. 가스차·살수차·특수진압차·물포의 사용기준

(1) 경찰관은 불법집회·시위 또는 소요사태로 인하여 발생할 수 있는 타인 또는 경찰관의 생명·신체의 위해와 재산·공공시설의 위험을 억제하기 위하여 부득이한 경우에는 현장책임자의 판단에 의하여 필요한 최소한의 범위안에서 가스차 또는 살수차를 사용할 수 있다.

(2) 경찰관은 소요사태의 진압, 대간첩·대테러작전의 수행을 위하여 부득이한 경우에는 필요한 최소한의 범위안에서 특수진압차를 사용할 수 있다.

(3) 경찰관은 불법해상시위를 해산시키거나 정선명령에 불응하고 도

주하는 선박을 정지시키기 위하여 부득이한 경우에는 현장책임자의 판단에 의하여 필요한 최소한의 범위 안에서 경비함정의 물포를 사용할 수 있다. 다만, 사람을 향하여 직접 물포를 발사하여서는 아니된다.

카. 석궁의 사용기준

경찰관은 총기·폭발물 기타 위험물로 무장한 범인 또는 인질범의 체포, 대간첩·대테러작전 등 국가안전에 관련되는 작전을 은밀히 수행하거나 총기를 사용할 경우에는 화재·폭발의 위험이 있는 등 부득이한 때에 한하여 현장책임자의 판단에 의하여 필요한 최소한의 범위 안에서 석궁을 사용할 수 있다

타. 다목적 발사기의 사용기준

경찰관은 인질범의 체포 또는 대간첩·대테러작전 등 국가안전에 관련되는 작전을 수행하거나 공공시설의 안전에 대한 현저한 위해의 발생을 방지하기 위하여 필요한 때에는 최소한의 범위 안에서 다목적발사기를 사용할 수 있다.

파. 도주차량 차단장비의 사용기준

(1) 경찰관은 무면허운전이나 음주운전 기타 범죄에 이용하였다고 의심할 만한 차량 또는 수배중인 차량이 정당한 검문에 불응하고 도주하거나 차량으로 직무집행중인 경찰관에게 위해를 가한 후 도주하려는 경우에는 도주차량차단장비를 사용할 수 있다.

(2) 도주차량차단장비를 운용하는 경찰관은 검문 또는 단속 장소의 전방에 동 장비의 운용중임을 알리는 안내표지판을 설치하고 기타 필요한 안전조치를 취하여야 한다.

XII. 장구의 사용(제10조의2)

① 경찰관은 다음 각 호의 직무를 수행하기 위하여 필요하다고 인정되는 상당한 이유가 있을 때에는 그 사태를 합리적으로 판단하여 필요한 한도에서 경찰장구를 사용할 수 있다.
1. 현행범이나 사형·무기 또는 장기 3년 이상의 징역이나 금고에 해당하는 죄를 범한 범인의 체포 또는 도주 방지
2. 자신이나 다른 사람의 생명·신체의 방어 및 보호
3. 공무집행에 대한 항거(抗拒) 제지

② 제1항에서 "경찰장구"란 경찰관이 휴대하여 범인 검거와 범죄 진압 등의 직무 수행에 사용하는 수갑, 포승(捕繩), 경찰봉, 방패 등을 말한다.

[전문개정 2014.5.20.]

장구는 상대방을 물리적으로 제압해야 할 경우 무기사용 다음으로 인명 · 신체에 실력을 가하는 수단이다.

1. 요건

가. 현행범인인 경우

나. 사형 · 무기 또는 장기 3년 이상의 징역이나 금고에 해당하는 죄를 범한 범인의 체포 · 도주의 방지를 위한 경우
  (1) 범인 : 범인일 고도의 개연성을 갖는 자를 의미
  (2) 체포 : 구속영장에 의한 체포, 긴급체포 의미
  (3) 도주의 방지 : 이미 체포된 자가 도망하려는 것을 방지

다. 자기 또는 타인의 생명 · 신체에 대한 방호를 위한 경우

라. 공무집행에 대한 항거의 억제를 위한 경우

2. 한계

가. 상당한 이유가 있을 것
나. 합리적으로 판단하여 필요한 한도 내에서

3. 관련 판례(대판 96도561)

〈사례〉 수사기관에서 구속된 피의자의 도주, 항거 등을 억제하는데 필요한 한도 내에서 포승이나 수갑을 사용하는 것이 무죄추정의 원칙에 위배되는 것인지 여부(소극)

무죄추정 받는 피의자라 하더라도 구속사유가 있어 구속영장이 발부·집행된 이상 신체자유가 제한되는 것은 당연하고, 특히 수사기관에서 구속된 피의자의 도주·항거등을 억제하는데 필요하다고 인정할 상당한 이유가 있는 경우에는 필요한 한도내에서 포승·수갑(계구)을 사용할 수 있는 것이며, 이러한 조치가 무죄추정원칙에 위배되는 것은 아님

XIII. 분사기등의 사용(제10조의3)

경찰관은 다음 각 호의 직무를 수행하기 위하여 부득이한 경우에는 현장책임자가 판단하여 필요한 최소한의 범위에서 분사기(「총포·도검·화약류 등의 안전관리에 관한 법률」에 따른 분사기를 말하며, 그에 사용하는 최루 등의 작용제를 포함한다. 이하 같다) 또는 최루탄을 사용할 수 있다. 〈개정 2015.1.6.〉
1. 범인의 체포 또는 범인의 도주 방지
2. 불법집회·시위로 인한 자신이나 다른 사람의 생명·신체와 재산 및 공공시설 안전에 대한 현저한 위해의 발생 억제
[전문개정 2014.5.20.]
[시행일 : 2016.1.7.] 제10조의3

분사기 · 최루작용제와 최루탄은 최루가스를 발생시켜 일시적으로 신체 · 정신적 기능의 장해를 주는 것으로서 사람의 살상을 목적으로 제조된 무기는 아니나 그 사용여하에 따라서는 생명 · 신체에 중대한 위해를 발생시킬 수 있다.

1. 요건

가. 범인의 체포와 도주의 방지 또는 불법집회와 시위

나. 자기 또는 타인의 생명·신체와 재산 및 공공시설안전에 대한 중대한 위해발생의 억제

2. 한계

부득이한 경우로서 현장책임자의 합리적인 판단하에 신체에 직접적인 위해를 가하지 않는 범위내에서 이루어져야 함.[20]

3. 사용제한

가. 가스발사총(규정12조①) : 필요최소한의 원칙

(1) 범인의 체포 · 도주 방지, 타인 또는 경찰관의 생명 · 신체에 대한 방호, 공무집행에 대한 항거의 억제

(2) 1미터 이내의 거리에서 상대방의 얼굴을 향한 발사 금지

나. 최루탄(규정12조②)

(1) 최루탄발사기에 의한 발사 : 30° 이상의 발사각 유지

(2) 가스차 · 살수차 또는 특수진압차에 의한 발사 : 15° 이상의 발사각 유지

---

20) 본래 사용목적을 벗어나 직접 사람의 신체를 향해 발사하여 위해를 가하는 것은 한계를 일탈한 것임

4. 기록보관

가. 책임자는 사용일시, 장소, 대상, 현장책임자, 종류, 수량 등을 기록 보관

나. 사용시 직근상급 감독자에게 보고하고 직근상급 감독자는 3년간 보관의무(규정20조①)

5. 관련 판례

가. 경찰관이 난동 부리던 범인을 검거하면서 가스총을 근접 발사하여 가스와 함께 발사된 고무마개가 범인의 눈에 맞아 실명시 국가배상 책임을 인정한 사례(2002다57218)

가스총은 (장비규칙상) 위해성 장비로서 탄환은 사람에게 근접 발사시에는 고무마개가 가스와 함께 발사되어 인체에 위해를 가할 가능성이 있으므로, 인체위해를 방지하기 위하여 상대방과 근접한 거리에서 상대방의 얼굴을 향하여 이를 발사하지 않는 등 최소한의 안전수칙을 준수함으로써 장비사용으로 인한 사고발생을 미리 막아야 할 주의의무가 있음

나. 검거과정에서 손도끼를 휘두르며 저항하는 마약밀매사범의 안면부에 가스총을 발사하여 좌안실명의 상해를 입힌 경우 정당한 직무집행이라고 본 사례(97가합80905)

당시 가스총 외에는 다른 무기가 없던 검찰서기가 공포탄을 발사하면서 수사관임을 고지하였으나, 범인이 손도끼를 휘두르면서 저항하고 생명의 위협까지 가하자 가스총을 발사한 점, 가스총은 실탄사용과 달리 치명상을 입히지는 않으며, 근거리에서 안면부를 향하여 발사되어야 상대방을 제압할 수 있는 효과가 있는 점 등을 종합하여 볼 때, 가스총 사용행위는 범인의 체포·도주방지, 자기의 생명·신체에 대한 방호, 공무집행에 대한 항거억제를 위한 것으로서 상당한 이유가 있고, 그와 같은 목적달성을 위하여

필요한 범위내에 속하므로 경직법 10조의3에 따른 정당한 직무집행임

XIV. 무기의 사용(제10조의4)

① 경찰관은 범인의 체포, 범인의 도주 방지, 자신이나 다른 사람의 생명·신체의 방어 및 보호, 공무집행에 대한 항거의 제지를 위하여 필요하다고 인정되는 상당한 이유가 있을 때에는 그 사태를 합리적으로 판단하여 필요한 한도에서 무기를 사용할 수 있다. 다만, 다음 각 호의 어느 하나에 해당할 때를 제외하고는 사람에게 위해를 끼쳐서는 아니 된다.

1. 「형법」에 규정된 정당방위와 긴급피난에 해당할 때
2. 다음 각 목의 어느 하나에 해당하는 때에 그 행위를 방지하거나 그 행위자를 체포하기 위하여 무기를 사용하지 아니하고는 다른 수단이 없다고 인정되는 상당한 이유가 있을 때

가. 사형·무기 또는 장기 3년 이상의 징역이나 금고에 해당하는 죄를 범하거나 범하였다고 의심할 만한 충분한 이유가 있는 사람이 경찰관의 직무집행에 항거하거나 도주하려고 할 때

나. 체포·구속영장과 압수·수색영장을 집행하는 과정에서 경찰관의 직무집행에 항거하거나 도주하려고 할 때

다. 제3자가 가목 또는 나목에 해당하는 사람을 도주시키려고 경찰관에게 항거할 때

라. 범인이나 소요를 일으킨 사람이 무기·흉기 등 위험한 물건을 지니고 경찰관으로부터 3회 이상 물건을 버리라는 명령이나 항복하라는 명령을 받고도 따르지 아니하면서 계속 항거할 때

3. 대간첩 작전 수행 과정에서 무장간첩이 항복하라는 경찰관의 명령을 받고도 따르지 아니할 때

② 제1항에서 "무기"란 사람의 생명이나 신체에 위해를 끼칠 수 있도록 제작된 권총·소총·도검 등을 말한다.

③ 대간첩·대테러 작전 등 국가안전에 관련되는 작전을 수행할 때에는 개인화기(個人火器) 외에 공용화기(共用火器)를 사용할 수 있다.

[전문개정 2014.5.20.]

무기의 사용은 상대방을 살상하는 중대한 결과를 야기할 개연성이 극히 높으므로 실력의 행사가 인정되는 경우에도 무기의 사용에 관해서는 본조의 요건 · 한계가 필요하고 본조에 정한 요건 · 한계에 합치되면 위법성은 조각되지만 그렇지 않을 경우 책임을 면할 수 없다.

1. 무기휴대의 근거

경찰공무원법 제20조 제2항 : 경찰공무원은 직무수행을 위하여 필요한 때에는 무기를 휴대할 수 있다.

2. 무기사용의 요건과 한계

성질	위해 없는 무기 사용	위해를 수반한 무기사용
요건	범인의 체포 · 도주의 방지 자기 또는 타인의 생명 · 신체의 방호 공무집행에 대한 항거억제의 경우	정당방위 · 긴급피난에 해당하는 때 장기 3년이상의 죄를 범한 범인(제3자)이 경찰관에 항거 · 도주하는 경우 구속영장 등 집행에 항거 · 도주하는 경우 무기, 흉기 등 위험한 물건 소지자가 3회 이상 투기 · 투항명령에 불응한 경우 대간첩작전시 무장간첩이 투항 명령에 불응하는 경우
한계	합리성(합리적 판단) 필요성(필요한 한도내) 상당성(상당한 이유)	합리성(합리적 판단) 필요성(필요한 한도내) 상당성(상당한 이유) 보충성(다른 수단이 없음)[21]

나. 경찰장비관리규칙

① 총구는 공중(안전지역)을 향하고
② 실탄 장전시는 반드시 안전장치(방아쇠울에 설치 사용)
③ 1탄은 공포탄, 2탄 이하는 실탄 장전. 다만, 대간첩작전, 살인강도 등

21) 정당방위 및 대간첩작전의 경우 보충성이 요구되지 않으나 그 외 위해를 수반하는 다른 요건의 경우 분명히 보충성이 요구되고 있고 판례에 있어 정당한 총기사용의 잣대가 되고 있다.

중요범인이나 무기 · 흉기 등을 사용하는 범인의 체포 및 위해의 방호를 위하여 불가피한 경우에 1탄부터 실탄을 장전할 수 있다.

④ 조준시는 대퇴부 이하

〈관련 판례〉

▸ 정당한 총기 사용 판례

1. 65.10. 경북 봉화역 부근에서 무임승차한 형제를 간첩으로 오인 신고되어 군 경의 집중사격에 동생은 사망하고 형은 하퇴부 관통상(대판 67다2429)

   인근지역에 무장간첩이 나타나 주민들을 살상하므로 간첩을 잡기 위하여 긴장된 상태에서 수색을 벌이던 중 새벽 1시반경 간첩 같은 수상한 사람이 화차에 탔다는 전화 통보를 받은 경찰이 열차를 검색하는데 전투복차림의 청년 2명(원고형제)의 그림자가 철로변으로 뛰어내려 숨는 것을 발견하고 철로변을 수색하다가 둑 가운데 있는 원고(갑)를 발견하고 [누구냐, 손들어]하면서 권총을 발사한 것이 위(갑)의 다리에 명중하였고 이에 놀란 원고 형제는 논 가운데로 숨기 시작하자 경찰관 일행은 벼 사이로 움직이는 그림자를 향하여 일제히 집중사격을 퍼부어 위(갑)은 두번째로 양쪽 다리에 명중탄을 맞았고 그 아우는 관통 총상을 입어 그 자리에서 숨진 것이라면 원고 형제는 피고산하 군경으로부터 무장간첩으로 오인 받을 만한 이유가 있고 당시의 군경들이 원고 형제를 무장간첩으로 오인함에 있어서 과실이 있다고 보기 곤란하며 가해 경찰관들이 총기를 사용한 것이 경찰관직무집행법의 요건에 벗어나는 것이라고 단정하기 곤란하다.

2. 1968. 4. 방안에서 총발사하며 항거하는 간첩에게 발사한 경찰관 행위(대판 67다2964)

   정보에 접하여 급거 출동한 경남경찰국 진주경찰서 정보계장 경감 황성호의 지휘 하에 경위 유병두등 18명의 무장경찰 수색반원은 간첩이 있는 원고 정만채의 집을 포위 압축하여 들어가고, 그 중 경위 유병두는 간첩인지 여부를 확인하기 위하여 캄캄한 밤중에 기어서 그 집 큰방 앞 마루위에 올라서서 문구멍으로 방안의 동정을 살피다가 마루위에 놓인 물그릇이 발길에 차여 소리가 나자 간첩들이 기미를 알아차린 것으로 생각하고, 동정을 살필 겨를이 없이 기선을 제압하여 간첩을 체포하려고, 방문을 여는 동시, 손을 들라고 소리치며 뛰어들자 간첩 정상규는 유병두가 뛰어든 방문을 향하여 총을 쏘면서 뒷문으로 도망치고 간첩 김동기는 유병두에 달려들어 서로 격투가 벌어지자 밖에 있던 경찰관은 위 총소리에 무장간첩으로 단정하고, 위험 절박을 느낀 나머지, 일제히 방안으로 향하여 총기를 발사하였던 것이 그중 누구인지 모를 경찰관에 의하여 발사된 총탄에 그 방에 있던 원고 정만채가 맞아 총상으로 하반신 불구자가 되었다는 것이다. 위와 같은 상황아래 경찰관이 간첩 용의자를 체포하려다가 총기를 발사하고, 총기로 항거하는 간첩으로부터 위험 절박을 느낀 나머지 발사한 경찰관의 소위에는 직무수행상의 주의 의무를 태만히 한 과실이 있다고 보기는 어렵다.

▸ 위법한 총기 사용 판례

1. 98. 도주하는 오토바이 절도범을 총기사용하여 등을 관통 중상(대판 2003다57956)

15세-16세의 소년 3명이 훔친 50cc 오토바이 1대를 타고 가던 중 112 순찰차량의 검문을 받게 되자, 절취사실이 발각될 것을 우려하여 약 7㎞ 정도를 도주하면서 불법유턴을 감행하기도 하였는데, 경찰관이 순찰차량으로 쫓아가면서 "서지 않으면 쏜다"는 경고방송에 이어 공포탄 1발, 실탄 3발을 공중을 향하여 발사하였음에도 정지하지 않자 순찰차량에서 내려 약 20미터 전방에서 진행하던 위 오토바이 바퀴를 정조준하여 실탄 1발을 발사하였으나 오토바이 탑승자 중 1명의 좌측 후복벽을 관통한 사건에서, 오토바이 탑승자들의 연령, 경찰관을 위협하거나 거칠게 저항하지 않고 단순히 도주만 계속한 점, 3인이 탑승하고 도주한 오토바이가 50cc에 불과한 점, 순찰차로써 충분히 거리를 근접하면서 추격할 수 있었고, 계속 추격하거나 다른 경찰관에게 연락하여 범인을 검거하도록 하는 등 방법을 통하여 제압할 수 있었던 점에 비추어 비록 오토바이 바퀴를 맞히려 시도하였더라도 근접한 거리에서 실탄을 발사한 행위는 사회통념상 총기사용의 허용범위를 벗어났다고 보아야 한다.

2. 99. 9 서울 노량진에서 성폭행범이 항거 불응하고 도주하여 총기 발사 대퇴부 관통 사망(대판 2000다46313)

강간 용의자인 망인이 경찰관을 공격하거나 위협하는 등 거칠게 항거하지 아니하고 단지 계속하여 도주한 상황에서 근접한 거리에서 뒤돌아서 도망가는 망인의 대퇴부를 향하여 실탄을 발사한 것은 사회통념상 총기사용의 허용범위를 벗어난 위법한 행위이다.

3. 97. 3. 서울 마포에서 차량절도범이 항거하며 도주하자 총기 발사 복부 관통 사망(대판 98다63445)

경찰관은 범인의 체포, 도주의 방지, 자기 또는 타인의 생명·신체에 대한 방호, 공무집행에 대한 항거의 억제를 위하여 무기를 사용할 수 있으나, 이 경우에도 무기는 목적달성에 필요하다고 인정되는 상당한 이유가 있을 때 그 사태를 합리적으로 판단하여 필요한 한도 내에서 사용하여야 하는바, 경찰관의 무기사용이 이러한 요건을 충족하는지 여부는 범죄의 종류, 죄질, 피해법익의 경중, 위해의 급박성, 저항의 강약, 범인과 경찰관의 수, 무기의 종류, 무기 사용의 태양, 주변의 상황 등을 고려하여 사회통념상 상당하다고 평가되는지 여부에 따라 판단하여야 하고, 특히 사람에게 위해를 가할 위험성이 큰 총기의 사용에 있어서는 그 요건을 더욱 엄격하게 판단하여야 한다. 경찰관이 길이 40cm 가량의 칼로 반복적으로 위협하며 도주하는 차량 절도 혐의자를 추적하던 중, 도주하기 위하여 등을 돌린 혐의자의 몸 쪽을 향하여 약 2m 거리에서 실탄을 발사하여 혐의자를 복부관통상으로 사망케 한 경우, 경찰관의 총기사용은 사회통념상 허용범위를 벗어난 위법행위라고 보았다.

4. 96. 11. 인천남부서 앞에서 신호를 위반한 승용차가 검문에 불응하고 도주하다 추돌 사고후 2명이 차에서 내려 야산으로 재도주하여 총기 발사 1명이 좌대퇴부 관통 사망(대판98다61470)

경찰관이 신호위반을 이유로 한 정지명령에 불응하고 도주하던 차량에 탑승한 동승자를 추격하던 중 몸에 지닌 각종 장비 때문에 거리가 점점 멀어져 추격이 힘들게 되자 수차례에 걸쳐 경고하고 공포탄을 발사했음에도 불구하고 계속 도주하자 실탄을 발사하여 사망케 한 경우, 위 사망자가 아무런 흉기를 휴대하지 아니한 상태에서 경찰관을 공격하거나 위협하는 등 거칠게 항거하지 않고 단지 계속하여 도주하였다면 그러한 상황은 형법에 규정된 정당방위나 긴급피난의 요건에 해당한다고 보기 어렵다.

5. 92. 9. 인천에서 트랙트를 절취후 검문소를 통과시 검문에 불응하고 도주하여 총기 발사 후두부 맞고 사망(대판94다25896)

위 망인이 체포를 면탈하기 위하여 항거하며 도주할 당시 그 항거의 내용, 정도에 비추어 아무런 무기나 흉기를 휴대하고 있지 아니한 위 김○○을 계속적으로 추격하든지 다시 한번 공포를 발사하는 등으로 위 망인을 충분히 제압할 여지가 있었다고 보여지므로, 경찰이 그러한 방법을 택하지 않고 도망가는 위망인의 몸쪽을 향하여 만연히 실탄을 발사한 행위는 경찰관직무집행법 제11조소정의 총기사용의 허용범위를 벗어난 위법행위라고 아니할 수 없다.

6. 90. 9. 강원도 강릉에서 주차중 추돌사고 야기 후 의경의 검문에 불응하고 도주하던 무면허 운전자에게 총기 발사 우하퇴부 파열 손상(대판 93다9163)

체포를 면탈하기 위하여 항거하며 도주할 당시 그 항거의 내용정도 등에 비추어 소지하던 가스총과 경찰봉을 사용하거나 다시 한번 공포를 발사하여 위 원고를 제압할 여지가 있었다고 보여지므로, 위 함형길이 그러한 방법을 택하지 않고 도망가는 원고 이희영의 다리를 향하여 권총을 발사한 행위는 경찰관직무집행법 제11조 소정의 총기사용의 허용범위를 벗어난 위법행위이다.

7. 89. 9. 경기 성남에서 폭력배들간 폭행사고 신고를 받고 현장에 출동한 의경에게 상해를 입히고 도주한 용의자에게 총기 발사 흉부 관통으로 사망(대판 91다10084)

타인의 집 대문 앞에 은신하고 있다가 경찰관의 명령에 따라 순순히 손을 들고 나오면서 그대로 도주하는 범인을 경찰관이 뒤따라 추격하면서 등 부위에 권총을 발사하여 사망케 한 경우, 위와 같은 총기사용은 현재의 부당한 침해를 방지하거나 현재의 위난을 피하기 위한 상당성 있는 행위라고 볼 수 없는 것으로서 범인의 체포를 위하여 필요한 한도를 넘어 무기를 사용한 것이다.

8. 89. 12. 대전 중구 소재 00의원내에서 주취자가 칼을 들고 난동을 피우고 병원직원들을 위협하여 제지하는 과정에서 총기를 발사 흉부

관통으로 사망(대판 91다19913)

야간에 술이 취한 상태에서 병원에 있던 과도로 대형 유리창문을 쳐 깨뜨리고 자신의 복부에 칼을 대고 할복 자살하겠다고 난동을 부린 피해자가 출동한 2명의 경찰관들에게 칼을 들고 항거하였다고 하여도 위 경찰관 등이 공포를 발사하거나 소지한 가스총과 경찰봉을 사용하여 위 망인의 항거를 억제할 시간적 여유와 보충적 수단이 있었다고 보여지고, 또 부득이 총을 발사할 수밖에 없었다고 하더라도 하체 부위를 향하여 발사함으로써 그 위해를 최소한도로 줄일 여지가 있었다고 보여지므로, 칼빈총을 1회 발사하여 피해자의 왼쪽 가슴아래 부위를 관통하여 사망케 한 경찰관의 총기사용행위는 총기사용한계를 벗어난 것이라고 한 사례.

9. 72. 해안초소 경비 중 초소 안으로 들어오는 동료를 간첩으로 오인하여 총기 발사 사망(대판74다227)

해안경비임무를 맡은 초소근무자로서는 초소밖에 입초근무중인 자가 있고 부근사정이나 시간 등으로 보아 초소안에 들어오는 자가 무장공비라고 단정할 형편이 아니라면 일응 수하를 하여 누구인가를 확인한 후 총기를 사용하여야 할 주의의무가 있다.

XV. 사용 기록의 보관(제11조)

제10조제2항에 따른 살수차, 제10조의3에 따른 분사기, 최루탄 또는 제10조의4에 따른 무기를 사용하는 경우 그 책임자는 사용 일시·장소·대상, 현장책임자, 종류, 수량 등을 기록하여 보관하여야 한다.
[전문개정 2014.5.20.]

규정에 의하여 장구나 무기를 사용하는 경우 책임자는 사용일시, 장소, 대상, 현장책임자, 종류, 수량 등을 기록하고, 사용시 직근상급 감독자에게 보고하고 직근상급 감독자는 3년간 그 기록을 보관 의무가 있다(규정20조①). 직근 상급감독자는 지체없이 경찰청장에게 보고 의무가 있다(규정20조②).

XVI. 손실보상(제11조의2)

① 국가는 경찰관의 적법한 직무집행으로 인하여 다음 각 호의 어느 하나에 해당하는 손실을 입은 자에 대하여 정당한 보상을 하여야 한다.

1. 손실발생의 원인에 대하여 책임이 없는 자가 재산상의 손실을 입은 경우(손실발생의 원인에 대하여 책임이 없는 자가 경찰관의 직무집행에 자발적으로 협조하거나 물건을 제공하여 재산상의 손실을 입은 경우를 포함한다)
2. 손실발생의 원인에 대하여 책임이 있는 자가 자신의 책임에 상응하는 정도를 초과하는 재산상의 손실을 입은 경우

② 제1항에 따른 보상을 청구할 수 있는 권리는 손실이 있음을 안 날부터 3년, 손실이 발생한 날부터 5년간 행사하지 아니하면 시효의 완성으로 소멸한다.

③ 제1항에 따른 손실보상신청 사건을 심의하기 위하여 손실보상심의위원회를 둔다.

④ 제1항에 따른 손실보상의 기준, 보상금액, 지급절차 및 방법, 손실보상심의위원회의 구성 및 운영, 그 밖에 필요한 사항은 대통령령으로 정한다.

[본조신설 2013.4.5.]

XVII. 벌칙(제12조)

이 법에 규정된 경찰관의 의무를 위반하거나 직권을 남용하여 다른 사람에게 해를 끼친 사람은 1년 이하의 징역이나 금고에 처한다.

[전문개정 2014.5.20.]

제 4 절 행정상 권리 구제제도

경찰작용은 항상 위험을 수반하는 활동이기 때문에 국민의 생명신체에 예측 불가능한 피해를 줄 수가 있다. 헌법은 법치주의와 함께 국민의 기본권 보장에 관하여 규정하고 있으며 그의 실질적인 보장을 위해 다양한 형식의 행정구제제도를 두고 있다.

행정구제제도는 사후적인 권리구제제도가 주된 것이었으나, 최근에는 사적인 행정구제제도의 중요성이 점점 강조되고 있다. 이들 사전적 권리구제제도로는 행정절차, 옴부즈만 및 청원제도를 들 수 있고 사후적인 행정 구제제도로는 행정상 손해 전보제도인 행정상 손해배상과 행정상 손실보상제도 행정쟁송제도(행정심판, 행정소송)를 들 수가 있다.

Ⅰ. 사전적 권리구제제도

1. 행정절차

가. 개념

광의로는 행정청이 행정작용을 하면서 거치게 되는 모든 법적 절차로서, 행정입법절차, 행정처분절차, 행정집행절차, 사후구제절차, 행정처벌절차 등을 포함한다. 그러나 좁은 의미로는 행정기관이 행정에 관한 일반적 결정을 할 경우 거쳐야 하는 대외적 교섭과정을 뜻한다.

나. 주요내용

(1) 주요 내용

규칙제정절차, 고지(告知), 청문(聽聞), 결정이유의 명시 등

(2) 행정절차의 필요성

① 의사형성과정에 이해관계자를 참여시킴으로써 공정성과 민주성을 기할 수 있고, ② 예방적 권리구제를 통하여 사법적 구제제도의 결함을 보충하며, ③ 행정절차를 표준화함으로써 행정의 원활화를 도모할 수 있기 때문이다.

다. 행정절차 관련 법령

1996년 행정절차법이 제정되어 하나의 법률로 통합하여 시행되고 있고 오래전에 한국에서는 오래 전부터 도로법(제74조 2항), 하천법(제67조 2항), 도시계획법(제16조의2), 도시재개발법(제15조), 식품위생법(제64조) 등의 개별법에 행정절차에 관한 규정을 두고 있다.

2. 옴부즈만 제도(ombudsman system)

가. 의의

옴부즈만 제도는 행정기능의 확대·강화로 행정에 대한 입법부 및 사법부의 통제가 실효를 거둘 수 없게 되자 이에 대한 보완책으로써, 국회를 통해 임명된 조사관이 공무원의 권력남용 등을 조사·감시하는 행정통제제도이다.

나. 제도의 연혁과 존재이유

1809년 스웨덴에서 처음 채택된 제도로서 옴부즈맨은 스웨덴어로 대리자·대표자를 뜻하고, 영국·미국에서는 민정관(民情官)·호민관(護民官)이라는 뜻으로도 쓰인다. 현대국가에서는 국민의 권리보호를 위한 각종 구제제도가 마련되어 있지만, 실제로 개인이 권리보호를 받을 수 있는 기회는 극히 적다. 그래서 이 권리보호의 사각지대에 대하여 국민대표기관인 국회의 개입을 시도하는 것이 옴부즈맨제도이다.

다. 우리나라의 국민권익위원회

(1) 근거법률

『부패방지 및 국민권익위원회의 설치와 운영에 관한 법률』

(2) 조직구성

국민권익위원회는 불합리한 행정제도 개선, 부패 방지, 국민의 권리 보호 및 구제 등을 위해 국민고충처리위원회, 국가청렴위원회, 국무총리 행정심판위원회를 통합하여 설립된 국무총리 소속 행정기관이다. 국민권익위원회는 부패방지와 국민의 권리보호 및 구제를 위하여 2008년 2월 29일 새롭게 탄생하였다.

(3) 업무

① 고충민원의 처리와 이와 관련된 불합리한 행정제도 개선

② 공직사회 부패 예방 · 부패행위 규제를 통한 청렴한 공직 및 사회 풍토 확립

③ 행정쟁송을 통하여 행정청의 위법·부당한 처분으로부터 국민의 권리 보호

3. 청원(請願)

가. 청원의 의의

청원은 국민이 국가 또는 지방자치단체에 대하여 의견 또는 희망을 밝히고 시정을 구하는 것으로 청원권의 행사에 관한 사항을 규정하기 위해 청원법(1963. 2. 26 법률 제1283호)이 제정되었다.

나. 청원법의 주요내용

헌법상의 국민의 청원권행사에 관한 절차와 처리에 관한 사항을 규정함을 목적으로 한다.

(1) 청원사항

청원은 피해의 구제와 공무원의 비위의 시정 또는 공무원에 대한 징계나 처벌의 요구, 법률·명령·규칙의 제정·개정 또는 폐지, 공공의 제도 또는 시설의 운영, 기타 공공기관의 권한에 속하는 사항에 한하여 할 수 있다

(2) 청원의 제한

재판에 간섭하거나 국가의 원수를 모독하는 청원은 수리하지 않으며, 타인을 모해할 목적으로 허위의 사실을 적시한 청원을 할 수 없다.

동일내용의 청원서를 동일기관에 2개 이상 또는 2개 기관 이상에 제출할 수 없다.

(3) 청원절차

청원은 문서로 하여야 한다. 청원서는 청원사항을 주관하는 관서에 제출하되 처분 또는 처분의 시정을 요구하는 청원서는 처분관서에 제출하여야 하며, 중앙관서에 대한 처분 또는 처분의 시정요구를 내용으로 하는 청원서는 직접 그 관서에 제출하여야 한다.

(4) 청원의 처리 및 불이익처분의 금지

모든 관서는 청원을 수리하여 성실·공정·신속히 심사처리하고 그 결과를 청원인에게 통지하여야 한다. 누구든지 청원하였다는 이유로 차별대우를 받거나 불이익을 강요당하지 않는다.

Ⅱ. 행정상 손해전보제도

1. 개요

행정상 손해전보제도란 행정작용으로 말미암아 발생한 국민의 재산상의 손해를 국가 또는 공공단체가 갚아 주는 재산상의 실체적 구제

제도를 말한다. 여기에는 행정상의 손해배상 즉 국가배상과 행정상의 손실보상이 있다. 행정상의 손해배상은 공무원의 직무상 불법행위 또는 공공영조물의 설치·관리상의 흠으로 인해 손해를 입은 사람에게 국가·공공단체가 그 손해를 배상해 주는 제도이며, 행정상의 손실보상은 사유재산을 공공의 필요에 따라 적법하게 침해한 경우에 국가·공공단체가 그 특별한 손실을 보상해 주는 제도를 말한다.

2. 행정상 손실보상

가. 개념

행정상 손실보상이란 공공필요에 의한 적법한 공권력행사로 인하여 개인에게 가하여진 특별한 희생에 대하여 사유재산권의 보장과 전체적인 공평부담의 견지에서 행정주체가 행하는 재산적 전보를 말한다.

나. 근거

(1) 이론적 근거

행정상의 손실보상에 관한 이론적 근거는 오토마이어가 특별희생설을 주창한 이래 독일과 우리나라의 통설이 되어 왔다. 이설은 자연법적인 정의와 공평의 관념에서 사유재산제도에 있어서도 국가는 공익사업을 위하여 재산권 자체의 내재적인 제약의 한도를 넘어서 사유재산을 수용 사용하는 경우에 사유재산권에 대하여 특별한 희생이 가해질 경우에는 이에 대한 조절적인 보상이 있어야 한다는 것이다.

(2) 실정법적 근거

손실보상을 권리로 행사하기 위해서는 실정법적인 근거가 있어야 한다. 우리헌법은 제23조 3항에서 "공공필요에 의한 재산권의 수용·사용 또는 제한 및 그에 대한 보상은 법률로써 하되, 정당한 보상을 지급하여야 한다"고 규정하고 있으며, 이에 따라 각종의 공용부담과 손실보상에 관한 법률이 제정되어 있다.

다. 요건

① 공공필요에 의한 적법한 공권력의 행사
② 재산권에 대한 의도적 침해
③ 특별한 희생의 발생
④ 보상규정의 존재

2. 행정상 손해배상

가. 의의

행정상 손해배상이란 공무원의 위법한 직무집행행위 또는 국가나 공공단체의 공공영조물의 설치 또는 관리의 하자로 인하여 개인에게 손해를 가한 경우에 국가나 공공단체가 그 손해를 배상하는 것을 말한다(헌법 제29조 제1항, 국가배상법 제2·5조). 이는 국가 등의 사경제적 작용으로 인한 손해배상과는 구별된다.

나. 우리나라의 국가배상제도

(1) 의의

국가배상법은 헌법 제29조에서 일반적으로 규정한 국가 또는 공공단체의 배상책임의 실시를 위하여 제정된 것으로서 공무원의 위법한 직무행위로 인한 배상(국가배상법 제2조), 공공영조물의 설치·관리의 하자로 인한 배상(국가배상법 제5조)에 관하여 구체적인 내용을 규정하고 있다. 다만, 현행 헌법에서는 배상주체에 관하여 '국가 또는 공공단체'로 규정하였으나, 국가배상법은 '국가 또는 지방자치단체로' 한정하고 있어, 지방자치단체 이외의 공공단체의 배상책임에 관하여는 민법에 의하게 하고 있다.

(2) 지위

(가) 국가배상에 관한 일반법으로서의 지위(국가배상법 제8조)

국가 또는 지방자치단체의 불법행위책임에 관하여 민법 이외의 다른 법률이 있으면 그 법률이 먼저 적용되며(자동차손해배상보장법 제3조, 전기통신사업법 제45조 등), 그러한 특별법이 없는 경우에는 국가배상법이 원칙적으로 적용된다. 국가배상법에 규정이 없는 사항에 대하여는 민법이 보충적으로 적용된다.

(나) 외국인이 피해자인 경우에 국가배상법의 적용

국가배상법은 외국인이 피해자인 경우에는 상호보증이 있는 때에 한하여 적용된다(제7조). 주한 미국군대 및 카투사의 공무집행 중의 행위와 이들이 점유·소유·관리하는 시설 등의 설치 또는 관리의 하자로 인한 피해자도 국가배상법의 규정에 따라 대한민국에 대하여 배상을 청구할 수 있다(한·미행정협정 제23조 제5항).

(3) 성질

국가배상법의 성격에 관하여 공법설과 사법설의 대립이 있으나, 손해배상청구소송을 제기하는 경우, 국가배상법을 공법으로 행정소송(공법상의 당사자소송)으로, 사법으로 보면 민사소송으로 제기해야 하는 차이점이 있게 된다. 우리나라의 다수설은 공법설을 취하고 있으며. 판례는 소송실무상 민사소송으로 처리하고 있다.

다. 공무상의 위법한 직무행위로 인한 손해배상

(1) 의의 및 성질

공무원의 위법한 직무집행행위로 인하여 개인에게 손해를 가한 경우에 국가나 지방자치단체가 그 손해를 배상하는 것을 말한다(국가배상법 제2조 제1항).

배상책임의 성질과 관련하여 원래 가해공무원이 부담하여야 할 책임의 것이나, 피해자보호 등을 위해서 국가 또는 지방자치단체가 이를 대신하여 지는 대위책임설과 손해배상책임은 공무원의 책임을 대신하여 지는 것이 아니고, 국가의 긴관에 해당하는 공무원에 대한 일종의 위험부담으로서의 자기책임을 지는 자기책임설이 있다. 자기책임설의 입장에서는 공무원 개인의 책임은 국가 또는 지방자치단체의 자기책임으로 되어 버리므로, 피해자는 양쪽에 선택적 청구를 할 수 없고 국가 또는 자방자치단체에 대해서만 청구가 가능하다고 본다.

우리 대법원의 판례는 공무원의 경과실에 대해서만 대국가적 청구를 인정하고, 고의 또는 중과실에 대해서는 공무원 개인의 손해배상책임을 인정하고 있다.

(2) 손해배상책임의 요건

(가) 공무원이 직무를 집행함에 당하여

공무원이라 함은 국가공무원법 · 지방공무원법상의 공무원뿐만 아니라 널리 공무를 위탁받아 실질적으로 공무에 종사하는 모든 자를 포함하는 넓은 의미의 공무원을 말한다. 또한 자연인뿐만 아니라 기관 자체도 포함한다(지방의회, 선거관리위원회 등).

직무행위의 범위와 관련하여 권력작용만을 의미한다는 협의설, '직무'에는 권력작용과 비권력적 공행정작용(관리작용)만이 포함된다는 광의설, '직무'에는 권력작용 · 비권력적 공해정작용 및 사경제작용이 모두 포함된다는 최광의설이 있다. 판례의 입장은 종래에는 최광의설의 입장을 취하였으나, 최근에는 광의설에 가깝다.

'직무를 집행함에 당하여란' 민법 제35조 제1항의 '직무에 관하여' 및 민법 제756조 제1항의 '사무집행에 관하여'와 같은 관념으로서 직무행위 자체는 물론이고, 객관적으로 보아 직무행위의 외형을 갖추고 있는 행위를 말한다.

(나) 고의 또는 과실로 인한 행위

여기서 고의 · 과실의 관념은 민법 제750조의 불법행위 성립요건으로서의 고의 · 과실과 같다. 고의 · 과실의 입증책임은 원칙적으로 피해자인 원고에게 있지만, 최근에는 민사소송법상의 일응추정의 법리를 원용하여 국가 측에서도 무과실을 반증하도록 하여 피해자의 입증책임의 부담을 경감시켜 주는 추세이다.

(다) 법령에 위반한 행위

여기서 법령위반이란 위법성을 의미하는데, 그것은 반드시 엄격한 의미의 법령위반만을 의미하는 것이 아니며, 인권존중 · 신의성실 · 권리남용금지 · 사회질서 등 여러 원칙의 위반도 포함하며 행위가 객관적으로 부당함을 의미한다.

행정규칙위반 원칙적으로 법령위반에 포함되지 않지만, 행정규칙위반이 평등원칙 등 법원칙을 침해하여 위법이 되는 때에는 법령위반에 포함된다고 본다.

(라) 타인에게 손해가 발생했을 것

여기서 타인이란 가해자인 공무원 및 직무행위에 가세한 자 이외의 모든 사람을 가리킨다. 헌법 제29조 제2항, 국가배상법 제2조 제1항 단서에 규정된 군인 · 군무원 · 경찰공무원 · 향토예비군대원은 여기서의 타인에서 제외된다(이중배상금지).

손해란 피해자가 입은 모든 불이익을 가리키는바, 재산적 손해 · 정신적 손해, 적극적 손해 · 소극적 손해를 가리지 아니한다. 고의 · 과실에 의한 가해행위와 발생한 손해 사이에 상당인과관계가 있어야 하는데, 이것에 의하면 배상범위는 통상손해를 의미하게 된다.

(4) 손해배상책임의 내용

(가) 배상책임자

국가 또는 지방자치단체가 배상책임을 진다. 공무원의 선임 · 감독을 맡은 자와 봉급 · 급여 기타의 비용을 부담하는 자가 동일하지 않을 때는 피해자는 그 어느 쪽에 대해서도 선택적으로 배상청구권을 행사할 수 있다(국가배상법 제6조 제1항).

기관위임사무에 있어서 선임 · 감독자와 비용부담자가 다른 경우 누가 배상책임을 지는가에 대해서 기관위임사무는 원칙적으로 위임자의 비용과 책임에 의하여 수행되므로 손해배상책임자는 위임자인 국가 또는 공공단체이다. 다만, 수임자가 담당공무원의 봉급 등, 비용을 부담하는 경우에는 위임자인 국가 또는 공공단체뿐만 아니라 수임자인 지방자치단체에 대해서도 선택적으로 손해배상을 청구할 수 있다.

(나) 배상범위

민법 제750조의 불법행위로 인한 손해배상의 경우와 마찬가지로 공무원의 가해행위와 상당인과관계가 있는 모든 손해액이다.

(다) 손해배상청구권의 양도 · 압류금지

피해자나 유족들을 보호하기 위하여 생명 · 신체의 침해로 인한 손해배상청구권은 이를 양도하거나 압류하지 못하게 하고 있다(국가배상법 제4조).

(라) 손해배상청구권의 제한: 이중배상금지

헌법 제29조 제2항, 국가배상법 제2조 제1항 단서에 규정된 군인 · 군무원 · 경찰공무원 · 향토예비군대원에게는 손해배상청구권이 제한된다.

이중배상금지제도는 위험성이 높은 직무에 종사하는 자에 대하여는 사회보장적 위험부담으로서의 국가보상제도를 별도로 마련함으로써, 그것과 경합되는 국가배상청구를 배제하려는 것이다. 손해배상청구권은 피해자나 그 법정대리인이 손해 및 그 가해자를 안 날로부터 3년이 지나면 시효로 소멸한다.

(5) 구상권

(가) 의의 및 성격

선택적 청구의 문제를 외부적 책임문제라고 하는 데 반하여, 구상권의 문제를 내부적 책임문제라고 할 수 있다.

대위책임설에서는 본래의 책임자인 공무원에게 구상하는 것은 논리적으로 당연한 것이며 그것은 일종의 부당이득반환청구권이라고 한다. 자기책임설에서는 공무원은 국가에 대해 직무상 의무위반으로서의 책임은 져야 하기 때문에 공무원이 구상권의 행사를 받게 됨은 당연한 것이며, 그것은 일종의 채무불이행과 유사한 것이라고 한다.

(나) 행사

국가 또는 지방자치단체가 배상한 경우, 공무원에게 고의나 중과실이 있는 경우에 한하여 구상권을 행사한다(국가배상법 제2조 제2항). 공무원의 선임감독자와 비용부담자가 다른 경우에 비용을 부담하는 자가 배상을 한 때에는 내부관계에서 그 손해를 배상할 책임이 있는 자(선임감독자)에게 구상할 수 있다(국가배상법 제6조 제2항).

(6) 손해배상의 청구절차

(가) 행정절차에 의한 손해배상청구

① 임의적 결정전치주의

국가배상법 제9조는 "이 법에 의한 손해배상의 소송은 배상심의회에 배상신청을 하지 아니하고도 이를 제기할 수 있다."라고 규정하여 행정상 손해배상청구절차에 관하여 임의적 결정전치주의를 채택하고 있다.

② 손해배상심의회

배상심의회는 영·미식 행정위원회의 성격을 가진 합의제행정관청으로서 배상금을 심의·결정하고 그 결과를 신청인에게 송달한다. 손해배상심의회로는 법무부에 두는 본부배상심의회, 군인·군무원이 타인에게 기한 손해에 대한 배상신청사건을 심의하기 위하여 국방부에 두는 특별배상심의회가 있으며, 이들 밑에 필요에 따라 각각 지구배상심의회를 둔다.

③ 손해배상의 심의·결정절차

배상신청은 지급받고자 하는 자의 주소지·소재지 또는 배상원인 발생지를 관할하는 지구심의회에 하여야 한다. 배상심의회의 배상결정에 대하여 신청인이 동의하는 경우에는 배상결정이 효력을 발휘한다.

(나) 사법절차에 의한 손해배상청구

손해배상청구소송에 관하여는 공법설·사법설의 대립에 따라 행정소송(공법상의 당사자소송)·민사소송설의 대립이 있으며, 판례는 소송실무상 민사소송으로 다루고 있다.

라. 영조물의 설치·관리의 하자로 인한 손해배상

(1) 의의 및 성질

국가나 지방자치단체의 공공영조물의 설치·관리의 하자로 인하여 개인에게 손해를 가한 경우에 국가나 지방자치단체가 그 손해를 배상하는 것을 말한다(국가배상법 제5조).

국가배상법 제5종의 배상책임은 민법 제758조의 공작물책임과 같은 무과실책임으로 보고 있다. 다만, 그 대상에 있어 국가배상법은 민법의 공작물보다 그 범위를 확대하고 있고, 민법과 달리 국가배상법은 점유자의 면책사유를 인정하지 않고 있다.

(2) 손해배상책임의 요건

(가) 공공영조물

공공영조물이란 공공목적에 공용되는 유체물, 즉 강학상의 공물을 의미한다. 따라서 인공공물과 자연공물 및 동산·동물을 모두 포함한다. 그러나 국·공유재산이라 할지라도 공물이 아닌 것, 즉 잡종재산은 여기에서의 공공영조물에 포함되지 않는다.

(나) 설치 또는 관리의 하자

하자의 유무를 객관적으로 판단하여, 사회통념상 영조물의 설치·유지·보관·수신 등에 불완전한 점이 있어 일반적으로 갖추어야 할 안전성을 결여하였음을 의미하는 것으로 보기 때문에 그 하자발생에 있어서의 고의·과실의 유무는 불문한다는 객관설이 통설이다.

(다) 타인에 대한 손해의 발생

손해의 발생은 영조물의 설치·관리의 하자로 인한 것이어야 하며, 하자와 손해 사이에 상당인과관계가 있어야 한다. 손해는 재산적 손해·정신적 손해, 적극적 손해·소극적 손해를 모두 포함한다.

(라) 국가배상법 제2조와 제5조의 경합

국가배상법 제2조와 제5조의 책임이 중복하여 발생한 경우(예 : 소방차의 흠과 운전자의 과실이 경합한 경우)에는 피해자는 그 어느 것에 의해서도 배상을 청구할 수 있다. 제5조의 배상이 무과실책임주의를 채택하고 있으므로 피해자에게는 더욱 유리하다.

(3) 손해배상책임자 및 손해배상액

배상책임자는 국가 또는 지방자치단체이다. 설치 · 관리자와 비용부담자가 다른 경우에는 피해자는 양자에게 선택적으로 청구할 수 있고, 이 경우 손해를 배상한 비용부담자는 내부관계에서 그 손해를 배상할 책임이 있는 자(설치 · 관리자)에게 구상할 수 있다(국가배상법 제6조 제2항).

손해배상액에는 하자와 상당인과관계에 있는 모든 것이 포함된다.

(4) 구상권

국가 또는 지방자치단체는 손해를 배상한 경우에 손해의 원인에 대하여 따로 책임을 질자가 있을 때에는 그 자에게 구상할 수 있다(국가배상법 제5조 제2항).

(5) 손해배상의 청구절차

영조물의 설치 · 관리의 하자로 인한 손해의 배상청구절차는 공무원의 위법한 직무행위로 인한 손해배상의 청구절차와 동일하다.

3. 행정상 결과제거청구권

가. 의의

행정상 결과제거청구권이라 함은 위법한 공행정작용의 결과로서 남아 있는 상태로 인하여 자기의 법률상 이익을 침해받고 있는 자가 행정주체를 상대로 그 위법한 상태를 제거해 줄 것을 청구하는 권리를 말한다.

민법상 소유권에 기한 방해제거청구와 유사하며 기존의 행정상 손해전보제도 및 행정쟁송제도의 흠결을 보완하고자 생성된 개념이다. 예로서 토지수용처분이 취소되었음에도 불구하고 기업자가 토지를 반환하지 않는 경우를 들 수 있다.

나. 법적 성질과 근거

행정주체의 공행정작용으로 인해 야기된 위법한 상태의 제거이므로 공권성을 가지며, 법적 근거로는 법치행정의 원리와 민법상 방해배제청구권규정(민법 제213조 · 제214조)을 유추 적용할 수 있다.

다. 요건

(1) 행정주체의 공행정작용으로 인한 침해행위

(2) 위법한 상태의 존재와 지속

(3) 타인의 법률상 이익의 침해

(4) 결과제거의 가능성, 허용성, 기대가능성

(5) 주관적 요건은 불필요 : 상태책임

라. 내용과 범위

(1) 원상회복의 청구 :위법한 결과적 상태의 제거

(2) 손해배상청구의 배제: 피해구제가 원상회복을 통하여 실현될 수 있을 경우

(3) 행사방법 : 실무상 민사소송으로 처리

Ⅲ. 행정상 쟁송제도

1. 개요

행정쟁송(行政爭訟)이라 함은 행정작용에 의하여 권리나 이익을 침

해당하였다고 주장하는 자가 이를 구제받기 위하여 제기하는 법적 절차를 뜻한다. 넓은 의미의 행정쟁송은 행정상 법률관계에 관하여 분쟁이나 의문이 있는 경우에 이해관계인의 쟁송의 제기에 의하여 일정한 국가기관이 그에 대하여 심리·판정하는 일련의 절차를 말한다. 행정쟁송은 일차적으로는 행정객체인 국민의 권익 보호라는 주관적 권리구제 기능을 갖는 반면, 이차적으로는 객관적 법질서의 확립이라는 객관적 기능을 갖는데, 이를 행정쟁송의 이중적 기능이라고 한다. 행정쟁송에는 대표적으로 행정심판·이의신청·소원 및 행정소송이 있다.

2. 행정심판

가. 개 념

행정심판은 널리 행정법상의 분쟁에 대하여 행정기관이 행하는 심리·판정절차를 의미한다. 실정법상으로는 이의신청, 심사청구, 심판청구, 행정심판 등의 여러 가지 명칭으로 불리고 있다.

나. 종 류

취소심판, 무효 등 확인심판, 의무이행심판

(1) 취소심판

행정심판의 대표적 유형, 행정청의 위법 또는 부당한 공권력의 행사 또는 그 거부나 그 밖에 이에 준하는 행정작용으로 인하여 권익을 침해당한 자가 그 취소 또는 변경을 구하는 행정심판, 취소심판의 목적은 공정력이 있는 처분의 효력을 취소하는데 있으며, 일정한 청구기간 내에 심판을 청구하여야 한다.

(2) 의무이행심판

행정청의 위법, 부당한 거부처분 또는 부작위로 인하여 권익의 침해를 당한 자의 청구에 의하여 일정한 처분을 하도록 하는 심판이다(행정심판법 제4조 제3항). 취소심판이나 무효 등 확인 심판은 적극적인 공권력 발동으로 인하여 권익이 침해된 경우에 있어서의 구제제도이다. 그러나 행정이 질적, 양적으로 확대되고 행정에 대한 국민생활의 의존도가 매우 높은 오늘날에는 적극적 행정작용뿐만 아니라 행정권의 소극적 자세, 즉 거부처분이나 부작위로 인하여 국민의 권익이 침해되는 경우도 적지 않다. 따라서 이러한 소극적 행정작용으로 인한 국민의 권익침해에 대한 쟁송수단이 필요해서 만들어졌다.

3. 행정소송

가. 개 념

행정법규의 적용에 관한 분쟁에 대하여 제3자적 지위에 있는 법원의 재판절차에 따라 판단하는 정식쟁송을 말한다. 행정쟁송은 행정의 합법성 회복을 통한 개인의 권익구제를 위한 수단(권리구제기능)인 동시에 행정작용의 적법성과 타당성을 보장하기 위한 수단(행정통제기능)이다.

행정소송은 민사소송과는 달리 여러 가지 특례가 인정되고 있다. 즉, 관할, 소송제기기간의 제한, 사정판결, 집행부정지 원칙, 행정심판 전치주의 등이 인정된다.

나. 종 류

(1) 주관적 소송, 객관적 소송

행정소송의 내용에 따른 구분으로 주관적 소송은 개인의 권리구제를 주된 목적으로 하는 소송이고, 객관적 소송은 행정법규의 적정한 보장을 내용으로 하는 소송을 말한다.

(2) 형성의 소, 이행의 소, 확인의 소

형성의 소는 법률관계를 변동시키는 판결을 구하는 소송이며, 이행의 소는 피고에 대한 이행청구권의 확정과 그에 의한 이행을 명하는 판결

을 구하는 소송이며, 확인의 소는 특정한 권리 또는 법률관계의 존재 부존재의 확인을 구하는 소송이다

(3) 항고소송, 당사자소송, 민중소송, 기관소송

항고소송은 행정청의 공권력행사에 대한 불복소송으로 법에 정한 항고소송의 종류는 취소소송, 무효등확인소송, 부작위위법확인소송이 있다.

당사자소송은 행정청의 처분 등을 원인으로 하는 법률관계에 관한 소송, 그밖에 공법상의 법률관계에 관한 소송으로서 그 법률관계의 한쪽 당사자를 피고로 하는 소송을 말한다.

민중소송은 국가 또는 공공단체의 기관이 법률에 위반되는 행위를 한 경우에 직접자기의 법률상의 이익에 관계없이 그 시정을 구하기 위하여 제기하는 소송을 말한다.

기관소송이란 국가 또는 공공기관의 상호간의 권한의 존부나 그 행사에 관한 다툼이 있을 경우 이에 대하여 제기하는 소송을 말한다.

단원정리

1. 행정행위라 함은 행정권에 의하여 행정법규를 구체적으로 적용·집행하는 행위를 행정행위라 한다. 행정행위도 법적 행위라는 데서 사법행위와 본질적인 차이는 없으나, 행정행위는 그 성립·효력 등에 있어서 사법의 원리와는 다른 공법상의 특수한 법원리가 적용된다.

2. 경찰행정은 경찰의무를 확보하기 위한 특별한 수단이 존재한다. 경찰강제(경찰상 강제집행과 즉시강제), 경찰상 조사. 경찰벌이 대표적이다.

3. 경찰관 직무 집행법은 국민의 자유와 권리의 보호 및 사회공공의 질서유지를 위한 경찰관의 직무수행에 필요한 사항을 규정함을 목적으로 하여 제정된 법률이다(경찰관직무집행법 제1조 1항).
   경찰관은 이 법에 따라서 불심검문·보호조치·위험발생의 방지·범죄의 예방 및 제지·위험방지를 위한 출입·무기사용·최루탄의 사용 등의 조치를 할 수 있다. 다만 그 조치는 이 법률의 목적을 달성하기 위하여 필요한 최소한도의 범위 내에서 행사해야 하며 그 남용은 금지된다(제1조 2항).

4. 경찰작용은 항상 위험을 수반하는 활동이기 때문에 국민의 생명신체에 예측 불가능한 피해를 줄 수가 있다. 헌법은 법치주의와 함께 국민의 기본권 보장에 관하여 규정하고 있으며 그의 실질적인 보장을 위해 다양한 형식의 행정구제제도를 두고 있다.

제 6 장

경찰관리(경무경찰론)

학습목표

1. 경찰관리론은 경무경찰론이라고 불리며 경찰조직과 인사·재무 등 경찰전반에 관한 경찰경영을 위한 관리론이므로 경찰을 연구하기 위해서는 이 단원에 대한 전반적인 이해가 필수적이다.

2. 경찰조직관리를 이해하기 위해 정부조직법과 경찰법이, 경찰인사관리를 이해하기 위해서는 국가공무원법과 경찰공무원법 등 관련법에 대한 공부가 학습을 위해 사전에 필요하다.

3. 경찰행정의 심도있는 연구를 위해서는 일반행정학적 지식(조직관리, 인사관리, 재무관리)이 크게 도움이 된다.

4. 경찰조직에 있어서 기획능력은 리더십을 발휘하는 데 절대적인 전제이며, 이를 위해 경찰법학과 경찰행정학의 학문적 경계를 넘어 통섭적인 이해가 학습에 기여할 것이다.

6 chapter

경찰관리(경무경찰론)

제 1 절 경찰관리 일반론

Ⅰ. 경찰관리의 의의

경찰관리는 경찰조직에 대한 경영을 의미한다. 범죄의 예방과 대응활동을 하는 경찰조직을 효율적으로 관리함으로써 국민에 대한 경찰서비스활동을 효율적으로 수행하도록 하는 것이 목적이다. 경찰관리의 바람직한 목표는 고객만족, 효과성, 효율성 등으로 요약할 수 있다. 경찰관리는 실무에서는 경찰업무의 기능적 분류 중 '경무(警務)'라는 용어로 일반화되어 있다.

1. 고객만족

민원인이 경찰을 방문하거나 최초로 만나서 해당업무를 완료할 때까지의 과정에서 경찰과 민원인은 여러 개의 접점이 있다. 민원인의 만족은 이 접점에서 만족 여부가 결정되며, 일반적으로 민원인과의 접점은 다음과 같은 세 가지로 분류하여 설명할 수 있다.

(1) 민원인과 직원간의 사람에 의한 접점이다. 직원과 민원인간의 상호 행동과 대하는 태도에 따라서 만족이 달라진다. 치안서비스의 대상인 민원인을 고객으로 본다면 고객 지향적인 정신이 말과 행동을 통해 표현되도록 하여야 한다.

(2) 민원인과 시설이나 설비와의 접점이다. 민원인이 대하는 사무실, 집기, 비품 및 각종 편의시설 등이 고객이 사용하기 편한 구조로 설계가 되어야 한다.

(3) 민원인과 일을 처리하는 절차와의 접점이다. 시민이 바라는 업무를 빠르고 신속하게 처리해 주고 결과가 시민의 욕구를 충족하도록 하여야 한다.

2. 효율성

정책분석에서 정책의 효율성을 판단하는 기준에는 비용편익분석(costbenefit analysis)이 있다. 편익을 비용으로 나눈 백분율을 가지고 판단하는 방법이다. 즉, 편익을 비용으로 나눈 비율이 큰 것이 좋은 대안이고 효율성이 있다고 보는 것이다.

3. 효과성

범죄에 대한 통계는 신고, 처리과정에서 겪는 불쾌감이나 불편 등으로 인해 대부분 과소 측정된다고 할 수 있다. 또한 범죄의 양과 질적인 문제도 함께 고려하여, 정책의 목표와 수단연쇄관계에서 적절하게 반영하여야 한다.

Ⅱ. 경무의 기능과 업무

1. 경무의 역할

오늘날 고도정보화의 진행과 교통 통신수단의 발달 등은 가치관의 변화를 가져와 범죄의 양상은 더욱 다양화되어 가는데, 경찰의 범죄 대응력은 사회변동에 신속히 대응하지 못하는 점 때문에 많은 국민으로부터 아직도 불신감을 완전히 해소시키지 못하고 있는 실정이다. 따라서 국민에 대한 경찰행정의 서비스활동을 능률적으로 수행하여 사회로부터 신뢰받고 지지 받는 경찰을 만들어 가는 것이 경무의 중요한 역할이라고 할 수 있다.

2. 경무의 일반적 기능

의 의	내 용
넓은 의미	경찰행정의 전반을 총괄하는 의미로서 건국 초기에는 국가경찰을 상징하는 말로 쓰였다.
좁은 의미	경찰행정 중 조직·인사·재무 등을 관리하는 업무로서 경찰의 기본업무 범죄의 예방과 진압활동을 효과적으로 뒷받침해 주는 업무이다.
일반적인 기 능	경찰목적 달성을 위해 활동하는 타 기능들이 효율적인 업무수행을 위하여, ① 보조적 지원역할 ② 지휘·통솔적 역할 ③ 기획·조정의 역할 ④ 감독적·규제적 역할 등의 기능을 통합적으로 수행한다.

3. 경무업무의 범위

경무 업무는 경찰의 목적을 달성할 수 있도록 뒷바라지해 주고 조직 내부의 질서유지 및 조직 구성원의 권익을 보장하는 업무로서 주요내용을 살펴보면 다음과 같다.

업무의 범위	업 무 내 용
조 직 관 리	경찰조직을 합리적이고 능률적인 구조로 편성하고 이를 효율적으로 관리운영하기 위한 업무
인 사 관 리	경찰관의 신규채용, 승진임용이나 경찰관을 적재적소에 배치하는 보직관리, 상벌관계 업무
직원의 교육훈련	경찰의 자질향상과 직무수행에 필요한 지식을 습득하게 하기 위하여 직장 훈련 등 수시·기회교육을 통해 교육훈련을 실시
복무규율 확립	경찰복무 중 요구되는 각종 의무와 제반 준수사항, 예절, 대민업무, 복장 등 각종 복무규율에 대한 지도와 단속업무
문 서 관 리	각종 공문서에 대한 접수, 통제, 발송, 문서관리 보존, 폐기등 문서에 관한 일반적 업무
경 찰 공 보	경찰의 활동사항을 대외적으로 발표 또는 보도하고 대민 관계를 원활하게 유지하는 업무
후 생 복 지	경찰관의 복지를 위한 후생대책과 건강관리에 대한 업무
기획 및 법제	경찰기획과 예산의 편성과 결산, 주요업무 계획의 작성, 심사 평가, 감사, 법제에 관한 업무
보 안 관 리	경찰업무 수행 중 국가가 보호를 필요로 하는 비밀이나 인원·문서·자재 시설 및 지역 등을 보호 관리하는 업무
재 무 관 리	경찰예산의 집행, 회계 및 물품의 구매·조달업무, 경리업무
물품·장비관리	물품과 장비를 관리운영하고 장비의 수리 및 물품수급계획에 관한 업무
전산통신 관리	컴퓨터·무전기 전화 등 전산통신운영 관리에 관한 업무
민원실 운영	민원실 운영으로 대민 업무를 수행한다.
청 사 관 리	경찰 청사의 유지·보수 관리업무
경 찰 행 사	경찰의 날 등 각종 경찰행사 사항을 주관하는 업무
기 타	경무업무는 이 밖에도 관리 운영상 특정한 소관이라고 볼 수 없는 (타 기능에 속하지 않는) 일반적인 업무를 수행한다.

Ⅲ. 경찰기획 및 예산

1. 경찰기획

가. 의 의

기획이란 일정한 목표를 설정하고 이를 효율적으로 실현하기 위한 수단과 행동 절차를 예정하는 장기적·포괄적인 설계를 말하는 것으로서 계획은 기획을 추진하기 위하여 단기적·구체적인 세부설계라는 점에서 서로 구별된다.

나. 기획과 계획, 정책, 예산의 구분

기 획 (Planning)	최고관리층이 계획을 세워 가는 활동 과정의 포괄적 계속적인 개념이다.
계 획 (Program)	운영 기관이 사업계획(program)을 수립·집행하는 구체적·개별적인 개념이다.
정 책	정책은 계획을 세우기 위한 일반지침이며 기획에 선행한다.
예 산	기획과 예산기능은 보완적 활동이며 예산이란 금전적 단위로서 표현한 계획이다.

다. 기획의 원칙

목적성의 원칙	목적이 구체적으로 명확하게 제시되어야 한다.
신축성의 원칙	행정상황은 매우 유동적이므로 이에 대응할 수 있도록 하여야 한다.
경제성의 원칙	기획에는 막대한 경비와 시간이 투입되므로, 인적·물적 자원의 효율적인 배분이 선행되어야 한다.
계속성의 원칙	기획은 계속적인 과정이다.
단순성의 원칙	일반인이 이해할 수 있도록 간명하여야 한다.
안전성의 원칙	기획은 정확한 정보에 의해 수집된 가정의 설정이 전제되어야 한다.
미래예측성의 원칙	장래에 대한 정확한 예측진단에 기초를 두어야 한다. 이러한 정확성은 계획의 성공에 결정적인 영향을 미친다.
표준화의 원칙	기획 대상이 되는 재화, 서비스, 작업방법의 표준화를 통하여 계획을 용이하게 수립할 수 있다.

2. 경찰기획의 종류와 한계

가. 경찰기획의 종류

절 차 기 획 procedual plan	평상시 근무절차와 특수근무에 있어서 경찰의 일반적 지침이 되는 표준 행정절차에 관한 기획이다.
전 술 기 획 tactical plan	기동계획이라고도 한다. 각종 다중범죄진압 대책, 대공작전, 시위집회나 행사경비 대책 등이다.
활 동 기 획 operation plan	각 경찰관서, 각과의 목표활동에 관한 기획이다. 기본운영계획에 입각하여 분기별, 월간, 주간 일일 근무계획이 그것이다.
경찰외부계획 extraed departmental plan	비상재해 등에 있어서 긴급히 대처할 수 있는 비상동원계획 및 관계 기관이나 주민의 협조확보를 위한 기획이다.
관 리 기 획 managemental plan	조직의 기구, 정원, 예산, 시설의 관리 및 자금의 획득과 지출 등에 포함되어 있는 모든 활동에 관한 기획이다.

나. 기획의 제약성(한계)

예견능력의 한계	인간의 예견 능력은 일정한 한계가 있을 뿐만 아니라 계획 기간이 길어질수록 더욱 제약을 받게 된다.
반복적 이용의 제약	상황의 변화로 상시계획의 운용 범위에 일정한 제약이 있음
정보자료의 부족과부정확성	기획의 토대가 되는 정확한 정보자료의 입수가 소수의 여론 지도자 등으로 제한을 받게 된다.
가정의 부정확성	장래의 상황을 완전무결하게 예측할 수는 없는 것이다. 그러므로 계획의 실효성이 떨어지게 된다.
계획의 경직화 경향	계획의 수립은 행정의 경직화 경향을 높이게 된다.
비용과 시간상의 제약	기획에는 많은 비용이 지출되며 기획으로 얻게 되는 이익이 경비 지출을 정상화시킬 만큼 충분한 것이 아닌 경우도 있는 것이다.
개인의 창의력 저해	기획이 규모에 있어서 포괄적이며 세부적인 활동에까지 미치는 경우 조직구성원의 창의력을 저해하는 경향이 있다.

3. 주요업무계획과 심사평가

가. 개 요

정부의 주요업무계획은 정부업무 심사평가 및 조정에 관한 규정(대통령령 제14,531호:1995. 2. 24)에 의거 국무총리실에서 주요업무시행계획 및 심사평가를 담당하고 있다.

나. 주요업무시행계획

주요업무계획을 심사·평가하기 쉽도록 단위사업별 또는 시책별로 분류·작성하는 시행계획을 주요업무시행계획이라 한다. 이 제도의 운영은 주요업무의 계획에 대한 시행을 심사·평가하고 그 결과를 시책이나 사업추진에 반영키 위해서다.

다. 심사평가

의 의	정부가 시행하는 사업이나 시책에 대하여 그 진행사항을 파악하고 집행성과를 분석 평가하는 것을 말한다.	
방 법	진 도 분 석	계획목표에 대한 실적을 비교 검토하는 것으로 업무수행의 진도를 파악한다.
	경제성 평 가	업무에 투입된 예산 물자 인력 시설이 능률적이며 효과적으로 사용되었는가를 분석한다.
	능률성 평 가	과거와 현재의 실적을 시간적 요소를 고려하여 작업능률을 평가한다.
	균형성 평 가	자원의 배분, 사업 상호간의 균형성에 대한 평가한다.
	효율성 평 가	업무수행 결과에 대한 성과를 총체적인 입장에서 목표를 어느 정도 달성하게 되었는가를 평가한다.
시 기	각 부처는 매 분기가 끝난 후 40일 이내에 심사분석을 하여야 하며, 연도말 심사분석은 연도가 끝난 후 50일 이내에 행한다.	

4. 예산

가. 의 의

예산이라 함은 국가 또는 공공단체의 한 회계연도에 있어서의 세입과 세출의 계획으로서 국가예산 중 치안업무 수행을 위한 경찰조직의 운용·활동 등에 소요되는 수입과 지출을 사전에 계획하여 집행하는 재정계획을 말한다.

나. 예산제도의 종류

일반 회계	정부예산의 중심회계	치안 및 사법 등
특별 회계	국가의 특정한 목적 사업 운영	차량교통보강, 시설개선 등

다. 예산의 분류

(1) 본예산 (2) 수정예산 (3) 추가경정예산 (4) 준예산

라. 예산의 흐름도

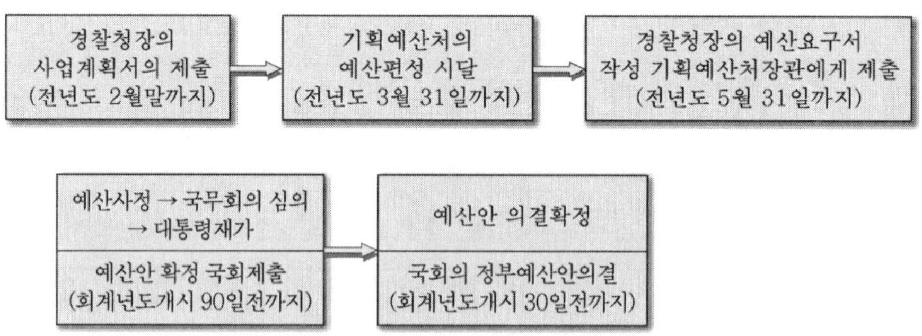

바. 결산 및 회계감사

결 산	결산이란 1회계 연도 국가의 세입·세출 실적을 확정적 계수로 표시하는 행위로써 검사를 거친 결과 보고서는 국회에 제출된다.
회 계	회계검사는 정부기관의 재정활동과 회계에 관한 계산서나 증거서류 및 기타 관계 서류를 공권에 의해 확인하는 행위로 감사원이 담당한다.

〈예산의 4단계〉

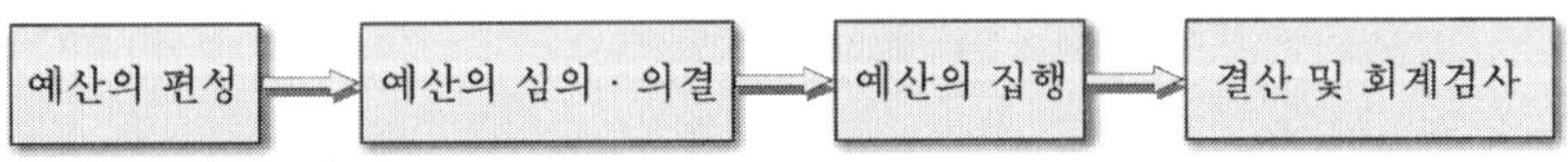

5. 관서운영경비

가. 의 의

관서운영경비라 함은 지출관이나 지출사무를 담당하는 출납공무원을 두기 곤란한 관서 또는 재외관서의 경비를 그 관서의 장의 책임 하에 사용하도록 지급되는 공금을 말한다.

(1) 근거법령

① 정부보관금에 관한 법률 제24조(관서운영경비)

② 국고금관리법 제 23조(관서운영경비의 지급)

(2) 용 도

① 지구대, ② 특수파출소, ③ 출장소, ④ 전투경찰중대, ⑤ 해외주재관서, ⑥ 기타 특수한 경비를 요하는 관서의 경비에 전부 또는 일부를 충당하기 위하여 사용된다.

※ 방범순찰대, 지하철수사대는 대상이 아니다.

제 2 절 경찰조직

Ⅰ. 경찰의 조직과 기구

1. 서 설

현재 우리나라 경찰은 그 권한과 책임을 중앙정부인 경찰청이 모두 갖고 있는 국가경찰제도를 중심으로 하고, 부분적으로 제주특별자치도에서 소규모 자치경찰제도를 별도로 유지하고 있다. 경찰법은 1991년 5월 31일 제정 공포(법률 제4369호)되었으며, 경찰의 조직에 관한 기본법으로서 경찰의 임무와 경찰위원회, 경찰청, 지방경찰청, 경찰서의 조직에 대해 규정하고 있다.

가. 경찰조직의 편제: 국가경찰과 지방자치경찰

경찰의 조직과 관리운영의 책임 주체를 국가로 하느냐 지방자치단체로 하느냐에 따라 국가경찰과 자치경찰로 구분한다. 경찰의 조직과 관리에 관한 권한이 중앙에 집중되어 있는 제도가 국가경찰제이며 이것이 각 지방자치단체에 분산되어 있는 제도가 지방자치경찰제이다.

일반적으로 대륙법계 국가에서는 주로 국가경찰로서 중앙집권적 경찰조직을 가지고 있으나 영미법계 국가에서는 지방분권적인 자치경찰제도를 유지하고 있다.

나. 국가경찰과 지방자치경찰의 특징 비교

구 분	국 가 경 찰	자 치 경 찰
장 점	- 효율성, 집행력 - 경찰기관 사이의 협조성 - 업무집행의 통일성	- 주민지향적인 봉사자세 - 재원과 책임의 분담 - 경찰과 시민과의 유대 강화 - 주민협력 치안 활성화
단 점	민주성 결여 ※ 현대는 경찰제도와 민주성과는 무관하다는 견해가 지배적	- 전국적인 범죄예방과 대응능력에 힘의 분산 - 통일성 부족 - 기동화, 광역화 범죄에 대처하기 어려움 - 토착비리 가능성

2. 우리나라 경찰조직

현재 우리나라의 경찰조직은 경찰행정관청과 경찰집행기관으로 나누어진다.

가. 경찰행정관청

경찰관청	내 용
경찰청장 「중앙상급 경찰관청」	• 경찰에 관한 사무를 통괄하고 청무를 관장하며 소속공무원 및 각급 경찰기관의 장을 지휘 감독한다. • 경찰위원회의 동의를 얻어 행정자치부장관의 제청으로 국무총리를 거쳐 대통령이 임명한다. • 경찰청장 소속 부속기관으로 경찰대학, 경찰교육원, 중앙경찰학교, 경찰병원 등이 있다. • 경찰청장은 퇴직일부터 2년 이내에는 정당의 발기인이 되거나 당원이 될 수 없다. • 경찰청장은 치안총감으로 보한다(차장 : 치안정감).
지방경찰청장 「지방상급 경찰관청」	• 경찰청장의 지휘감독을 받아 관할구역안의 경찰사무를 관장하고 소속공무원 및 기관의 장을 지휘 감독한다. • 시·도지사 소속 하에 지방경찰청을 둔다(경찰법 제2조). • 지방경찰청장은 치안정감, 치안감, 경무관으로 보한다.

경찰관청	내 용
경찰서장 「지방하급 경찰관청」	• 지방경찰청장의 지휘 감독을 받아 관할구역의 경찰사무를 관장하고 소속 공무원을 지휘 감독한다. • 지방경찰청장 소속 하에 경찰서를 둔다. • 경찰서장은 총경 또는 경정으로 보한다.

경찰관청이란 일정한 범위의 경찰사무에 관하여 국가의사를 결정하여 이를 외부적으로 표시할 권한을 가진 경찰기관을 말한다.

나. 경찰집행기관

경찰집행기관은 소속경찰관청의 명을 받아 경찰에 관한 국가의사를 실력을 행사하여 집행하는 기관으로 보통경찰집행기관과 특별경찰집행기관으로 구분된다.

(1) 보통경찰집행기관의 의의·특징

의 의	• 경찰업무 일반에 관한 집행기관을 말하며, 경찰공무원이 이에 해당된다. • 현실적으로는 순경에서 치안총감까지 각 경찰관은 경찰집행기관의 위치에서 경찰 의사를 집행한다.
특 징	• 경찰관은 경찰공무원법의 적용을 받는 특정직국가공무원으로서 경찰청, 지방경찰청, 경찰서 등에 소속되어 있다. • 제복을 착용하고 무기를 휴대할 수 있다. • 사법경찰에 관한 사무를 담당하도록 되어 있는바, 이 경우에는 경찰집행기관을 사법경찰관리라 부른다. ┌ • 사법경찰관—경무관이하 경위이상 └ • 사법경찰리—경사, 경장, 순경 • 사법경찰관리는 검사의 지휘를 받아 형사소송법이 정하는 바에 따라 그 직무를 수행한다.

(2) 보통경찰집행기관

지 방 경찰청	• 보통경찰집행기관 중에서 가장 상위의 집행기관이다. • 각 지방 행정관청의 집행기관으로 되어 있지만 실제로는 경찰청의 기본방향에 따라서 행동한다. • 돌발사태 발생시 타지방경찰청장의 요구나 경찰청장의 명에 의해 다른 지역의 응원을 위하여 파견될 수도 있다.
경찰서	• 경찰의사결정을 할 수 있는 하급경찰관청인 경찰서장의 경찰집행기관이지만 실제로는 지방경찰청의 지시나 명령을 받아 집행하는 기관이다.
지구대	• 경찰집행기관의 최하단위로서 경찰서 방범과의 지휘 통제를 받아 방범 순찰과 대민 관계 업무를 주로 수행한다.

(3) 특별경찰집행기관

특별경찰집행기관은 일반경찰집행기관에 대응하는 말로 특정한 분야의 경찰 작용에 대한 집행기관을 의미한다.

① 해양경찰 ② 전투경찰대 ③ 청원경찰 ④ 헌병 ⑤ 소방공무원 등이 있다.

3. 경찰위원회와 치안행정협의회

가. 경찰위원회

구 분	내 용
설 치	• 행정자치부에 설치 • 경찰의 정치적 중립의 보장과 민주적 운영을 위하여 설치(경찰법 제5조)
성 격	• 경찰관청이 표시할 국가의사를 심의·의결의 형식으로 결정하는 권한을 가진 합의제 경찰기관이다. • 국가의사를 심의·의결함에 그치고, 대외적으로 표시하여 국가를 대표할 권한까지는 없다는 점에서 행정관청과 구별된다. • 국가의사의 심의·의결권을 가진다는 점에서 단순한 보조기관 또는 자문기관과 구별된다.
구 성	• 위원회는 위원장 1인을 포함한 7인의 위원으로 구성 위원장 및 5인의 위원은 비상임, 1인의 위원은 상임으로 하며 정무직 차관급. • 위원장은 비상임위원 중에서 호선한다.

구 분	내 용
운 영	• 위원회의 사무는 경찰청에서 수행한다. • 위원회의 회의는 재적위원 과반수의 출석과 출석위원 과반수의 찬성으로 의결한다.
임 명	• 위원은 행자부장관의 제청으로 국무총리를 거쳐 대통령이 임명한다. • 위원중 2인은 법관의 자격이 있는 자이어야 한다. • 행안부장관은 위원을 제청할 때 경찰의 정치적 중립을 보장하여야 한다.
위 원 결격사유	• 당적을 이탈한 날로부터 3년이 경과되지 아니한 자 • 선거에 의해 취임하는 공직에서 퇴직한 날부터 3년이 경과되지 아니된 자 • 경찰 · 검찰 · 국가정보원직원 또는 군인의 직에서 퇴직한 날부터 3년이 경과되지 아니한 자 • 국가공무원법 제33조에 해당하는 자(공무원 임용자격이 없는 자)
심 의 의결사항	• 경찰의 인사 · 예산 · 장비 · 통신 등에 관한 주요정책 및 경찰업무 발전에 관한 사항 • 인권보호와 관련되는 경찰의 운영 개선에 관한 사항 • 경찰 업무외의 다른 국가기관으로부터의 업무협조요청에 관한 사항 • 기타 행안부장관 및 경찰청장이 중요하다고 인정 위원회에 부의한 사항
법적성격	• 합의제 심의 · 의결기관
구 제	• 심의 · 의결된 내용이 부적당하여 행안부장관이 재의를 요구할 경우 의결된 날로부터 10일 이내 재의요구서를 제출하여야 한다. • 위원장은 재의를 요구받은 날로부터 7일 이내 회의를 소집 의결한다.
임 기	• 위원의 임기는 3년으로 하며 연임할 수 없다. • 보궐위원의 임기는 전임자의 잔임기간으로 한다.

나. 치안행정협의회

설 치	• 지방행정과 치안행정의 업무협조 기타 필요한 사항에 대하여 협의 · 조정하기 위하여 시 · 도지사 소속 하에 둔다(경찰법 제16조).
구 성	• 협의회는 위원장을 포함하여 9인의 위원으로 구성된다. • 협의회의 조직, 운영 기타 필요한 사항은 대통령령으로 정한다.
법적 성격	• 단순한 자문기구이다.
협 의 · 조정사항	• 지역주민과 경찰과의 협조 및 요망사항 • 민방위 및 재해대책 운영에 관한 사항 • 질서확립운동 등 지역사회운동의 효율적 추진에 관한 사항 • 시 · 도지사 및 지방경찰청장이 회의에 부치는 사항 • 기타 지방행정과 치안행정간 상호지원에 관한 사항

4. 경찰기관의 기구

○ 경찰청 : 1차장 4관 8국 1대변인 1심의관 14담당관 29과

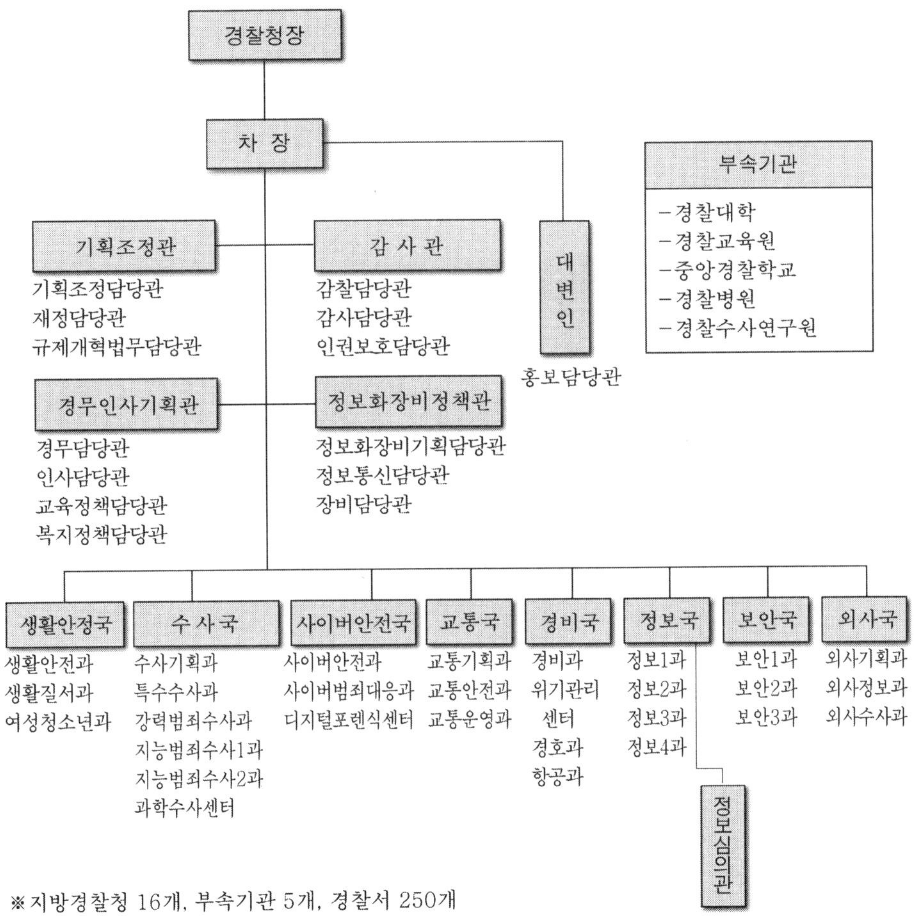

※지방경찰청 16개, 부속기관 5개, 경찰서 250개

○ 서울지방경찰청 : 1차장 2담당관 7부 16과 8직할대

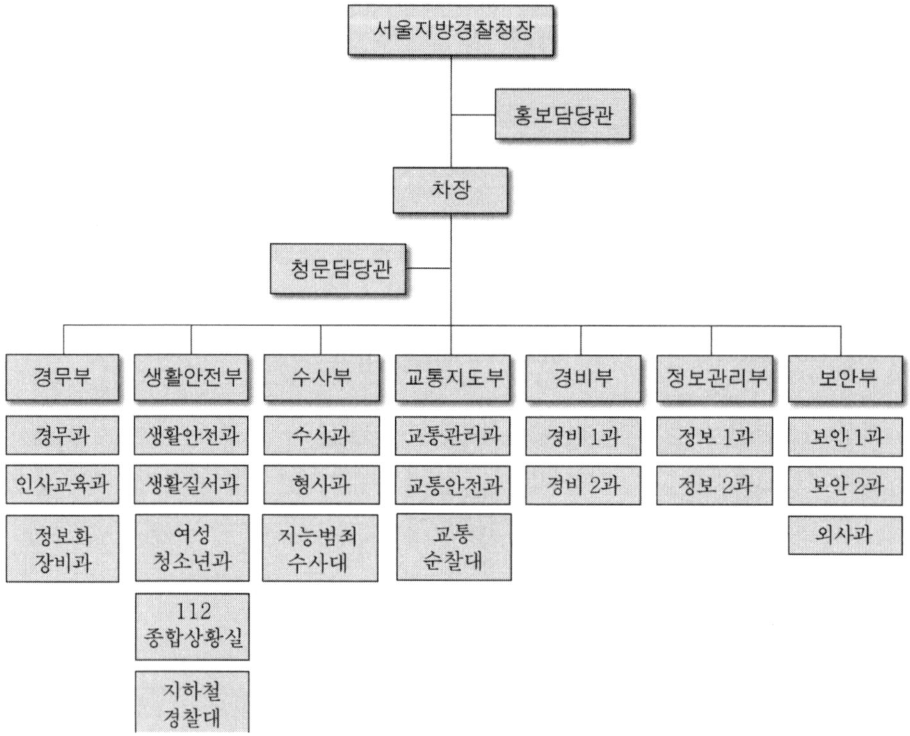

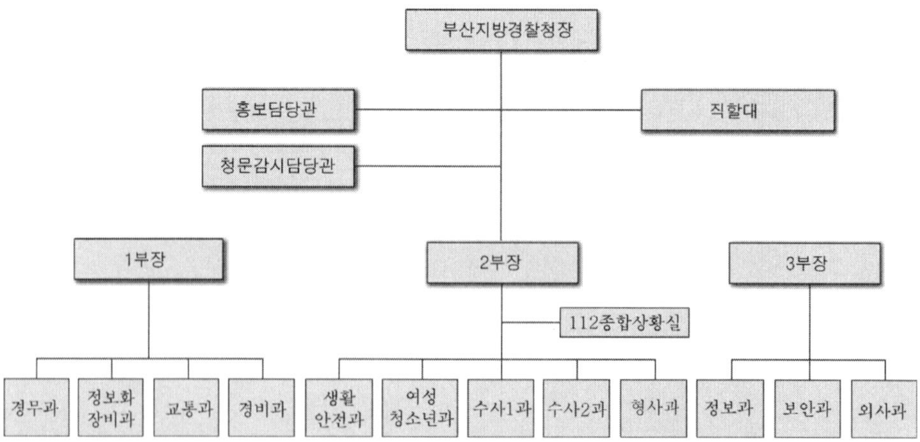

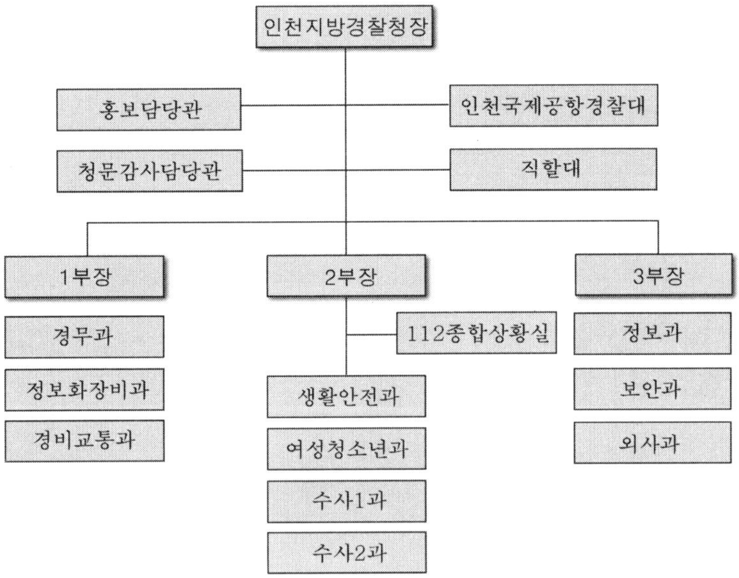
인천지방경찰청장
홍보담당관
인천국제공항경찰대
청문감사담당관
직할대
1부장
2부장
3부장
경무과
정보화장비과
경비교통과
112종합상황실
생활안전과
여성청소년과
수사1과
수사2과
정보과
보안과
외사과

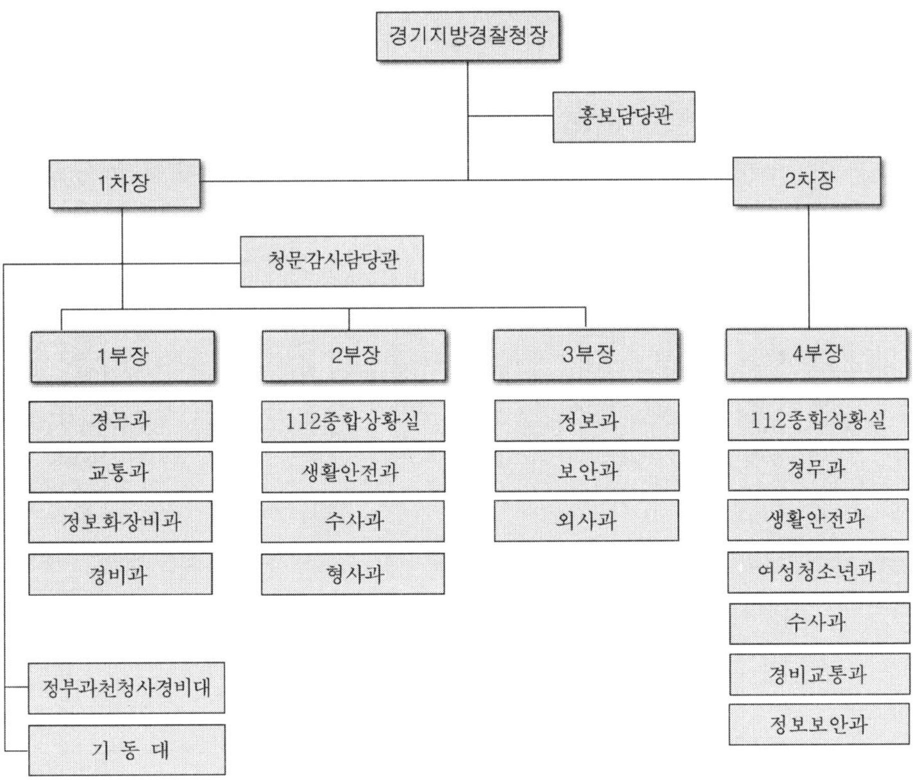
경기지방경찰청장
홍보담당관
1차장
2차장
청문감사담당관
1부장
2부장
3부장
4부장
경무과
교통과
정보화장비과
경비과
112종합상황실
생활안전과
수사과
형사과
정보과
보안과
외사과
112종합상황실
경무과
생활안전과
여성청소년과
수사과
경비교통과
정보보안과
정부과천청사경비대
기 동 대

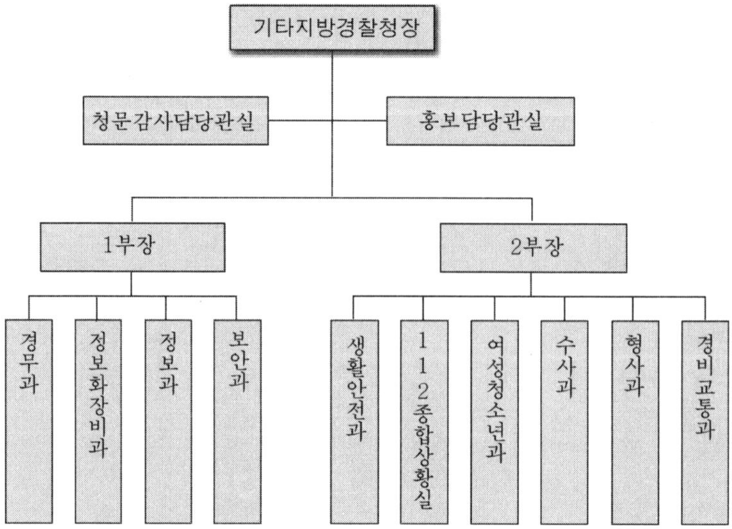
기타지방경찰청장
청문감사담당관실
홍보담당관실
1부장
2부장
경무과
정보화장비과
정보과
보안과
생활안전과
112종합상황실
여성청소년과
수사과
형사과
경비교통과

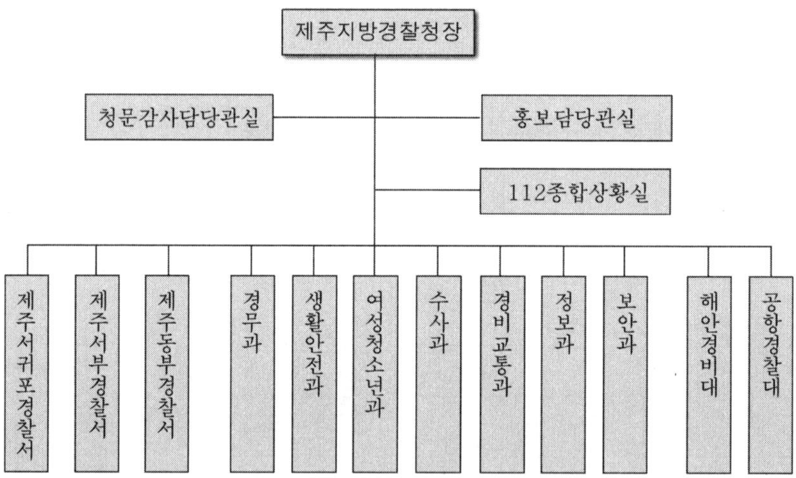
제주지방경찰청장
청문감사담당관실
홍보담당관실
112종합상황실
제주서귀포경찰서
제주서부경찰서
제주동부경찰서
경무과
생활안전과
여성청소년과
수사과
경비교통과
정보과
보안과
해안경비대
공항경찰대

Ⅱ. 경찰관서의 설치 및 관할

1. 지구대 · 출장소의 설치[1)]

가. 지방경찰청장은 경찰서장의 소관사무를 분장하게 하기 위하여 경찰서 소속으로 지구대를 설치하고자 할 때에는 경찰청장의 승인을 받아야 한다.

나. 지구대 및 출장소의 명칭, 위치, 관할구역은 지방경찰청장이 정한다.

2. 경찰관서 경계지역의 관할책임

가. 근거: 경찰관서 경계지역의 관할책임에 관한 규칙-경찰청 훈령 第160호

나. 업무처리의 책임(동 규칙 제3조)

(1) 경계지역에 대한 각종 예방활동과 사건, 사고의 처리는 지정된 경찰관서에서 처리하여야 한다.

(2) 다만, 인접경찰관서에서 먼저 인지하였거나 신고 접수한 때에는 즉시 인지 또는 신고를 받은 경찰관서에서 초동조치를 취한 후, 관할책임경찰서에 인계하여야 한다.

다. 경계지역에 대한 관할책임 지정기관(동 규칙 제4조)

(1) 서울특별시, 광역시 및 도간 경계지역의 관할책임지정은 경찰청에서 정한다.

(2) 경찰서 · 지구대간 경계지역의 관할책임지정은 시 · 도 지방경찰청에서 정한다.

(3) 경계지역 상에서 관할쟁의가 발생할 때에는 소속 직근 상급경찰청에서 조정한다.

---

1) 경찰청과 그 소속기관등직제 제44조(대통령령), 경찰기관의 조직 및 정원관리규칙 제10조(경찰청 훈령)

라. 경계지역에 대한 관할 분계선·관할관서 원칙(동 규칙 제5조)

(1) 하천의 관할책임 분계선은 수면과 지면의 경계를 이루는 선으로 하고, 관할은 경사가 완만한 쪽 관서에서 관할한다.

(2) 교량과 터널은 시설물 전체로 하며 당해 시설물이 위치한 곳에서 가까운 관서, 시설물에 이르는 도로의 경사가 완만하여 경찰출동이 용이한 관서의 순으로 관할한다.

(3) 도로는 차도와 보도가 구획된 경우에는 차도의 경계선, 여타 도로는 건축선으로 하며 당해 도로에서 가까운 관서에서 관할한다.

(4) 기타 영조물이 위치한 부지의 경계선으로 하고 많은 면적을 관할하는 관서에서 관할한다.

(5) 관서 신설 등으로 인한 관할 재획정에 의해 발생하는 경계지역의 경우는 기존관서에서 관할한다.

제 3 절 경찰윤리

Ⅰ. 경찰윤리의 의의와 윤리강령

윤리의 본래 의미는 사람으로서 지켜야 할 도리를 말한다. 경찰관의 윤리교육은 직무를 수행함에 있어서 경찰조직 구성원의 도덕적 결의를 강화시키는 것이다. 즉 사회적으로 요구되는 도덕기준과 경찰관의 행동을 일치시키고 또한 실천으로 옮기게 하는데 있다. 따라서 평소 꾸준한 교육과 훈련을 통해서 윤리적 행동이 자연스럽게 나올 수 있도록 해야한다.

미국의 학자 쿠큰(Kooken)은 윤리강령 제정의 필요성과 윤리강령의 기능을 다음과 같이 분류하고 있다.

가. 공공의 지지가 경찰업무의 성공적 수행에 중요하다.
나. 공공의 지지를 확보하기 위해서는 공공관계(public relations)가 중요하다.
다. 좋은 공공관계를 위해서는 경찰관들이 행동이 중요하다.
라. 이런 경찰관들의 행동을 규율하기 위해서는 윤리강령이 필요하다.

Ⅱ. 경찰헌장

경찰청이 1991년 8월 1일 행정자치부의 외청으로 출범하면서 「경찰헌장」이 제정되어 오늘에 이르고 있다. 경찰헌정은 1996년에 제정된 「경찰윤리헌장」을 대치하는 것이었다. 경찰헌장은 경찰관의 공·사생활을 규율하여 시민의 모범이 될 수 있는 내용을 헌장으로 표현한 것이다.

1. 경찰헌장의 전문

〈경찰헌장〉

우리는 조국 광복과 함께 태어나, 나라와 겨레를 위하여 충성을 다하여 오늘의 자유민주사회를 지켜 온 대한민국 경찰이다. 우리는 개인의 자유와 권리를 보호하며 사회의 안녕과 질서를 유지하며, 모든 국민이 편안하고 행복한 삶을 누릴 수 있도록 해야 할 영애로운 책임을 지고 있다. 이에 우리는 맡은 바 임무를 충실히 수행할 것을 굳게 다짐하며, 우리가 나아갈 길을 밝혀 스스로 마음에 새기고자 한다.

-. 우리는 모든 국민의 인격을 존중하고 누구에게나 따뜻하게 봉사하는 친절한 경찰이다.
-. 우리는 정의의 이름으로 진실을 추구하며, 어떠한 불의나 불법과도 타협하지 않는 의로운 경찰이다.
-. 우리는 구민의 신뢰를 바탕으로 오직 양심에 따라 법을 집행하는

공정한 경찰이다.

-. 우리는 건전한 상식 위에 점문지식을 갈고 닦아 맡은 일을 성실하게 수행하는 근면한 경찰이다.

-. 우리는 화합과 단결 속에 항상 규율을 지키며, 검소하게 생활하는 깨끗한 경찰이다.

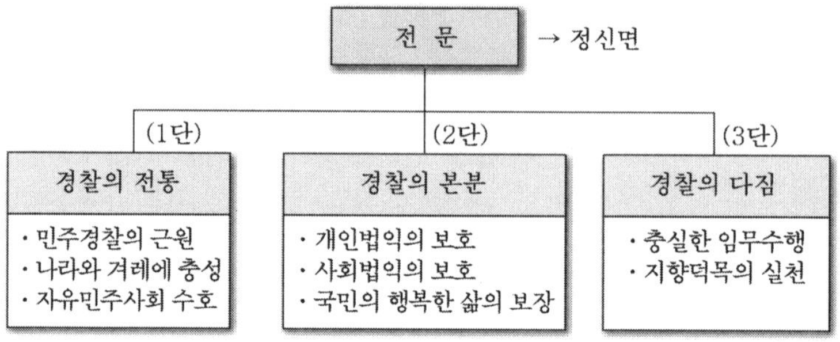

2. 경찰헌장의 본문

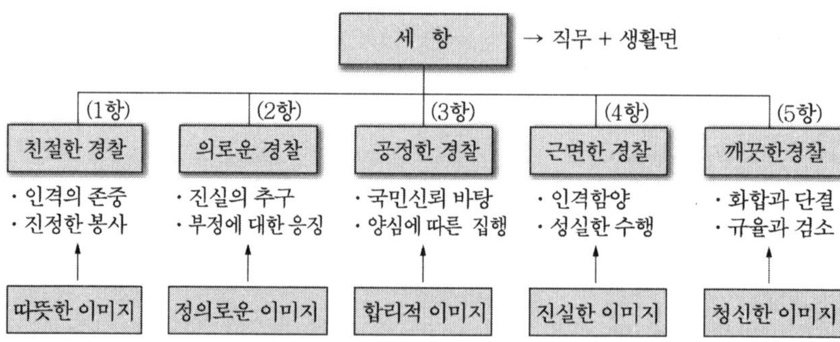

Ⅲ. 경찰서비스헌장

경찰서비스 헌장은 1998년 9월 30일 '행정서비스헌장제정지침'에 따라 제정되었다. 실천덕목으로 본문 6개항의 내용은 ① 엄정한 직무수행, ② 신속한 현장출동 봉사, ③ 민원의 친절·신속·공정한 처리. ④ 국민의 안전과 편의를 최우선으로 한 직무수행, ⑤ 인권존중 및 권한남용 금지, ⑥ 잘못된 업무처리의 즉시 확인 시정조치 등이다. 현재는 경찰 각 기능별로 생활안전 · 수사 · 교통 · 민원 · 경찰병원 · 진료서비스 헌장이 제정되어 있다.

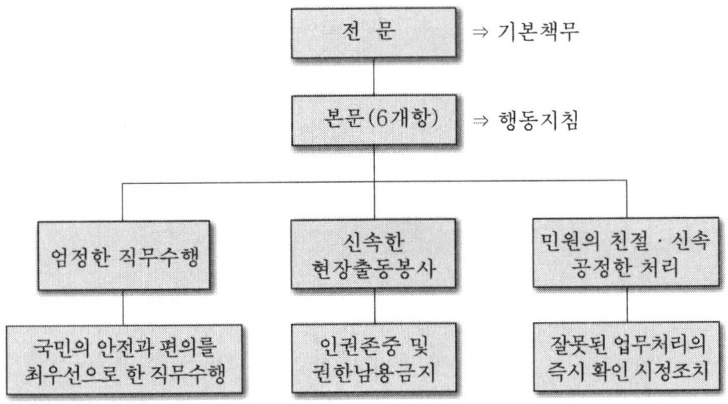

제 4 절 경찰복무

Ⅰ. 경찰관의 복무규율

1. 복무의 본질

복무란 경찰관으로서 맡은바 직무에 복종함에 관한 상태를 포괄하는 의미로서 경찰관의 복무는 법령에 근거를 두고 있으며, 경찰공무원법 · 경찰공무원복무규정 · 공무원복무 규정 등에 규정되어 있다. 경찰활동은 국민의 생명과 재산을 보호하고 공공의 안녕과 질서를 유지하기 위하여 실력을 행사하는 작용이므로, 경찰관의 복무규율 확립이 특별히 강조되고 있다.

- 공무원은 국민 전체에 대한 봉사자이며 국민에 대하여 책임을 진다(헌법 제7조 제①항).
- 공무원의 신분과 정치적 중립성은 법률이 정하는 바에 의해 보장된다(헌법 제7조 제②항).
- 경찰은 그 직무를 수행함에 있어서 헌법과 법률에 따라 국민의 자유와 권리를 존중하고 국민 전체에 대한 봉사자로서 공정중립을 지켜야 하며 부여된 권한을 남용하여서는 안 된다(경찰법 제4조).

2. 복무상 의무 · 책임

공무원은 일반국민으로서 지위와 국가기관의 구성원으로서 이중적 지위를 가진다. 따라서 공무원은 국민의 지위에서 권리와 의무를 가짐은 물론 국가기관의 구성원으로서 국가의 사무를 성실히 수행할 의무와 책임을 진다.

가. 선서의 의무

공무원은 취임할 때에 소속기관장 앞에서 선서하여야 한다(국가공무원법 제55조).

나. 성실의 의무

모든 공무원은 법령을 준수하며 성실히 직무를 수행하여야 한다(국가공무원법 제56조).

다. 직무상의 의무

<table>
<tr><th colspan="2">의 무</th><th>내 용</th></tr>
<tr><td colspan="2">복종의 의무</td><td>공무원은 직무를 수행함에 있어 소속상관의 직무상의 명령에 복종하여야 한다(동법 제57조).</td></tr>
<tr><td colspan="2">친절 공정의 의무</td><td>공무원은 국민전체에 대한 봉사자로서 친절 공정히 집무하여야 한다(동법 제59조).</td></tr>
<tr><td colspan="2">종교중립의 의무</td><td>제59조의2 ① 공무원은 종교에 따른 차별 없이 직무를 수행하여야 한다.
② 공무원은 소속 상관이 제1항에 위배되는 직무상 명령을 한 경우에는 이에 따르지 아니할 수 있다.</td></tr>
<tr><td rowspan="2">직무 전념 의무</td><td>직장이탈의 금지</td><td>경찰공무원은 소속상관의 허가 또는 정당한 이유 없이 직장을 이탈하지 못한다(동법 제58조).</td></tr>
<tr><td>영리 · 겸직 금지</td><td>경찰공무원은 공무이외의 영리를 목적으로 하는 업무에 종사하지 못하며, 소속기관장의 허가 없이 다른 직무를 겸하지 못한다(동법 제64조).</td></tr>
<tr><td colspan="3">경찰공무원법상 의무</td></tr>
<tr><td colspan="2">허위보고의 금지</td><td>경찰공무원은 직무에 관하여 허위의 보고나 통보를 하여서는 안된다(경찰공무원법 제18조).</td></tr>
<tr><td colspan="2">지휘권남용 등의 금지</td><td>전시 · 사변 기타 이에 준하는 국가비상사태에 처하거나 작전수행중인 경우 또는 많은 인명살상이나 국가재산손실의 우려가 있는 위급한 사태가 발생한 경우 경찰공무원을 지휘 감독하는 자는 정당한 이유 없이 그 직무수행을 거부 유기하거나 경찰공무원을 지정된 근무지에서 임의로 전출, 퇴거, 이탈케 하여서는 아니 된다(동법 제19조).</td></tr>
<tr><td colspan="2">제복착용의 의무</td><td>경찰공무원은 제복을 착용하여야 한다(동법 제20조).</td></tr>
</table>

라. 신분상의 의무

비밀엄수의무	공무원은 재직 중은 물론 퇴직 후에도 직무상 지득한 비밀을 엄수하여야 한다. 비밀누설은 징계사유가 될 뿐만 아니라 형사상 피의사실 공표죄 및 공무상 비밀누설죄를 구성한다(국가공무원법 제60조).
청렴의무	공무원은 직무와 관련하여 직접 간접을 불문하고 사례증여 또는 향응을 수수할 수 없다(동법 제61조).
품위유지의무	공무원은 직무의 내외를 불문하고 그 품위를 손상하는 행위를 하여서는 아니 된다(동법 제63조).
외국정부로부터 영예 증여 제한	공무원이 외국정부로부터 영예 또는 증여를 받을 경우에는 대통령의 허가를 얻어야 한다(국가공무원법 제62조).
정치운동의 금지	공무원은 정당 기타 정치단체의 결성, 가입 및 기타 정치적 행위가 제한된다(동법 제65조).
집단행동의 금지	공무원은 노동운동 기타 공무이외의 일을 위한 집단적 행위를 하여서는 안된다. 다만, 사실상의 노무에 종사하는 공무원은 예외로 한다(동법 제66조).

마. 경찰공무원의 책임

경찰공무원이 그 의무에 위반함으로써 법률상의 제재 또는 불이익을 받게 되는 것으로는 행정상의 책임, 형사상의 책임, 민사상의 책임으로 나누어진다.

구 분	내 용
행정상의 책임	• 징계책임 경찰공무원의 의무위반에 대하여 공법상의 특별권력 관계의 내부질서 유지를 위하여 과하는 제재이다(국가공무원법 78조 제1항). • 변상책임 경찰공무원이 고의 또는 중과실로 의무를 위반함으로써 **국가배상법**에 의한 변상책임과 **회계관계직원 등의 책임에 관한 법률**에 의한 변상책임으로 구분됨.
형사상의 책임	경찰공무원의 행위가 공무원으로서 의무위반에 그치지 않고 일반 사회법익을 침해한 경우에 형사상의 책임을 진다.
민사상의 책임	공무원이 직무상 불법행위로 개인에게 재산상의 손해를 가한 경우에 공무원에게 고의·중과실이 있는 경우에는 국가구상에 의해 변상책임이 있다.

3. 경찰공무원 복무규정

경찰공무원의 복무를 일반적으로 규율하기 위한 일반규정으로 경찰공무원 복무규정이 있는바, 주요내용은 다음과 같다.

가. 복무상 기본강령

경찰공무원으로 복무하는데 있어서 사고 및 행동의 기본지침 및 근본이념을 말하며 경찰관은 다음의 기본강령에 따라 복무하여야 한다.

구 분	기 본 강 령 의 내 용
경찰사명	경찰공무원은 국가와 민족을 위하여 충성과 봉사를 다하며 국민의 생명·신체 및 재산을 보호하고 공공의 안녕과 질서를 유지함을 그 사명으로 한다.
경찰정신	공무원은 국민의 수임자로서 일상의 직무수행에 있어서 국민의 자유와 권리를 존중하는 호국·봉사·정의의 정신을 그 바탕으로 삼는다.
규 율	경찰공무원은 법령을 준수하고 직무상의 명령에 복종하며 상사에 대한 존경과 부하에 대한 신애로서 규율을 지켜야 한다.
단 결	경찰공무원은 주어진 사명을 다하기 위하여 긍지를 가지고 한마음 한 뜻으로 굳게 뭉쳐 임무수행에 모든 역량을 기울여야 한다.
책 임	경찰공무원은 창의와 노력으로 소임을 완수하여야 하며 직무수행의 결과에 대하여 책임을 진다.
성실·청렴	경찰공무원은 성실하고 청렴한 생활태도로 국민의 모범이 되어야 한다.

나. 복무 중 준수사항

지정장소 외에서의 직무수행금지	직무상 상사의 허가를 받거나 명령에 의한 경우를 제외하고는 직무와 관계없는 장소에서의 직무수행 금지(경찰공무원복무규정 제8조)
근무시간중 음주 금지	특별한 사정의 경우를 제외하고 근무시간 중 음주를 하여서는 안된다. 이 경우에도 주기가 있는 상태에서 근무해서는 안된다(동 제9조).
민사분쟁의 부당개입금지	직위 또는 직권을 이용하여 부당하게 타인의 민사분쟁에 개입하여서는 안된다(동 10조).
상관에 대한 신고 확행	신분관계 또는 근무관계 변동이 있을 때 복무상의 신고(경찰공무원복무규정 제11조) 경찰관으로서 임용을 받고 소속 부서로 발령을 받은 경우와 경찰관으로서 근무 부서를 달리하는 등 인사발령을 받았을 때에는 소속장 및 총경 이상의 직속상급자에 대하여 신고하여야 한다.
보고 및 통보확행	근무 중 치안상 필요한 상황을 신속·정확·간결하게 하여야 한다(동 12조).
여행의 제한	휴무일 또는 근무시간외에 사무로 유사시 직무에 복귀하기 어려운 지역으로 여행할 때 소속 경찰기관의 장에게 신고하여야 하고, 치안상 특별한 사정이 있어 경찰기관의 장이 지정하는 기간중에는 소속장의 허가를 받아야 함(동 13조)
비상소집	경찰기관의 장이 비상사태에 대처하기 위하여 필요하다고 인정할 때에는 긴급 소집하거나 일정 장소에 대시킬 수 있다(동 14조).

다. 복무자세

예 절	경찰공무원은 고운말을 사용하도록 노력하여야 하며, 국민에게 겸손하고 친절하여야 한다. 또한 경찰공무원은 상·하급자 및 동료간에 서로 예절을 지켜야 한다.
용모·복장	용모와 복장을 단정히 하여 품위를 유지하여야 한다.
환경정돈	사무실과 그 주변환경을 깨끗하게 정리 정돈하여 명랑한 분위기를 유지하여야 한다.
일상행동	공·사 생활을 막론하고 국민의 모범이 되어야 하며, 다음과 같이 행동하여야 한다. ① 상·하급자 및 동료를 비난 악평하거나 서로 다투는 행위를 하여서는 아니되며, 항상 협동심과 상부상조의 동료애를 발휘하여야 한다. ② 경솔하거나 난폭한 행동을 하여서는 아니되며, 항상 명랑 활달하여야 한다. ③ 건전하지 못한 오락행위를 하여서는 아니된다.

Ⅱ. 근무제도

1. 근무시간(국가공무원복무규정 제9조)

가. 공무원의 1주간의 근무시간은 점심시간을 제외하고 40시간으로 하며, 토요일은 휴무함을 원칙으로 한다.

나. 공무원의 1일 근무시간은 9시부터 18시까지로 한다. 다만, 행정기관의 장은 직무의 성질, 지역 또는 기관의 특수성을 감안하여 필요하다고 인정할 때에는 1시간의 범위안에서 점심시간을 달리 운영할 수 있다. 중앙행정기관의 장은 직무의 성질·지역 또는 기관의 특수성에 의하여 필요하다고 인정할 때에는 근무시간 또는 근무일을 변경할 수 있다. 이 경우 중앙행정기관의 장은 변경하고자 하는 내용과 이유를 미리 행정자치부장관에게 통보하여야 한다.

다. 시간외 근무 및 공휴일 등의 근무(동 규정 제11조)

(1) 행정기관의 장은 민원편의 등 공무수행상 필요하다고 인정할 때에는 근무시간외의 근무를 명하거나 토요일 또는 공휴일의 근무를 명할 수 있다.

(2) 토요일 또는 공휴일에 근무를 한 경우에는 당해 행정기관의 장은 그 다음의 정상근무일을 휴무하게 할 수 있다. 다만, 당해 행정기관의 업무사정 기타 부득이한 사유로 인하여 근무를 한 토요일 또는 공휴일의 다음 정상근무일에 휴무하게 할 수 없을 경우에는 다른 정상근무일을 지정하여 휴무하게 할 수 있다.

2. 경찰관의 휴가

가. 휴가의 종류

공무원의 휴가는 연가(年暇), 병가, 공가(公暇) 및 특별휴가로 구분한다.(국가공무원복무규정 제14조)

(1) 연 가

▣ 연가일수(국가공무원복무규정 제15조제①항)

재직기간	3월 이상 6월 미만	6월 이상 1년 미만	1년 이상 2년 미만	2년 이상 3년 미만	3년 이상 4년 미만	4년 이상 5년 미만	5년 이상 6년 미만	6 년 이상
연가일수	3일	6일	9일	12일	14일	17일	20일	21일

㈎ 재직기간은 공무원연금법에 의한 기간을 말하며, 휴직기간·정직기간 및 직위해제 기간은 산입하지 아니한다. 다만, 다음의 경우에는 그 휴직기간을 재직기간에 산입한다.

① 임신·출산 또는 자녀양육을 위한 휴직

② 법령에 의한 의무수행으로 인한 휴직

③ 공무상 질병 또는 부상으로 인한 휴직

㈏ 당해년도에 결근·휴직·정직 및 직위해제 사실이 없는 공무원으로 다음 각 호에 해당하는 자는 다음해에 한하여 재직기간별 연가일수에 각각 1일을 가산한다(동 규정 제15조 제③항).

① 병가를 얻지 아니한 공무원

② 연가보상비를 지급 받지 못한 잔여 연가일수가 있는 공무원

㈐ 연가일수가 7일을 초과하는 자에 대하여는 년 2회 이상으로 분할하여 허가한다.

㈑ 연가는 오전 또는 오후의 반일 단위로 허가할 수 있으며, 반일 연가 2회는 연가 1일로 계산한다(동 규정 제16조 제③항).

㈒ 연가보상비의 지급 : 연가일수를 활용하지 아니할 경우 예산의

범위 안에서 연가보상비를 지급하고 연가에 갈음할 수 있다. 이 경우 연가보상비를 지급할 수 있는 연가대상일수는 20일을 초과할 수 없다(동 규정 제16조 제⑤항).

(바) 연가일수에서 공제 : 지참·조퇴 및 외출은 누계 8시간을 연가 1일로 계산한다.

(사) 행정기관의 장은 공무원이 당해년도의 잔여 연가일수를 초과하는 경우에는 다음 연도 연가일수의 2분의 1의 범위 안에서 다음 연도의 연가일수를 당해연도에 미리 사용하게 할 수 있다(동 규정 제16조 제6항).

(2) 병가(동 규정 제18조)

병 가 사 유	기 간
• 질병 또는 부상으로 인하여 직무를 수행할 수 없을 때 • 전염병의 이환(罹患)으로 인하여 그 경찰관의 출근이 다른 경찰관의 건강에 영향을 미칠 우려가 있을 때	• 연간 누계 60일의 범위 내에서 허가한다. 다만, 공무로 인한 병가일 경우에는 180일까지이며, 만료된 후에는 동일한 사유로 공무상 병가를 허가할 수 없음.

(가) 병가일이 7일 이상일 때는 의사의 진단서를 첨부하여야 한다.

(나) 병가 중 연간 6일을 초과하는 병가일수는 이를 연가일수에서 공제한다. 다만, 의사의 진단서가 첨부될 시는 그러하지 아니하다.

(다) 질병이나 부상으로 인한 지참 조퇴 및 외출은 8시간을 병가 1일로 계산한다.

(3) 공가(동 규정 제19조)

공가사유 (소속장은 필요한 기간의 공가를 허가해야 한다)	1. 「병역법」이나 그 밖의 다른 법령에 따른 징병검사·소집·검열점호 등에 응하거나 동원 또는 훈련에 참가할 때 2. 공무와 관련하여 국회, 법원, 검찰 또는 그 밖의 국가기관에 소환되었을 때 3. 법률에 따라 투표에 참가할 때 4. 승진시험·전직시험에 응시할 때 5. 원격지(遠隔地)로 전보(轉補) 발령을 받고 부임할 때 6. 「산업안전보건법」 제43조에 따른 건강진단 또는 「국민건강보험법」 제52조에 따른 건강검진을 받을 때 7. 「혈액관리법」에 따라 헌혈에 참가할 때 8. 「공무원 교육훈련법 시행령」 제32조제5호에 따른 외국어능력에 관한 시험에 응시할 때 9. 올림픽, 전국체전 등 국가적인 행사에 참가할 때 10. 천재지변, 교통 차단 또는 그 밖의 사유로 출근이 불가능할 때 11. 「공무원의 노동조합 설립 및 운영 등에 관한 법률」 제9조에 따른 교섭위원으로 선임(選任)되어 단체교섭 및 단체협약 체결에 참석할 때 [전문개정 2011.7.4.]

(4) 특별휴가(동 규정 제20조)

공무원은 본인이 결혼하거나 기타 경조사가 있을 경우에는 경조사 특별휴가를 얻을 수 있다.

3. 당직근무

당직근무는 공휴일 또는 근무시간 외에 그 기관의 모든 업무처리를 대신해서 근무를 하게 되므로 경찰에 있어서 가장 중요한 업무 중의 하나이다.

구분	근 무 시 간	비 고
일 직	정상근무일의 근무시간	경찰기관은 일·숙직의 구분 없이 겸하여 실시한다.
숙 직	정상근무시간 또는 일직근무 시간이 종료될 때부터 다음날의 정상근무 또는 일직근무가 개시될 때까지	

Ⅲ. 경찰자체사고의 방지

1. 의 의

경찰자체사고란 경찰규율의 부주의, 사기의 저하, 근무체제의 불합리 등이 근본적인 원인이 되어 경찰관 자신들이 각종 사고를 발생시키는 것을 말하는 바, 경찰관 자신에 의한 사고는 그 경중을 막론하고 국민의 신뢰를 실추케 하는 요인이 되는 것으로 적극적인 방지대책이 요구된다.

2. 자체사고의 유형

가. 경찰의 3대 자체사고

⑴ 총기사고 ⑵ 화재사고 ⑶ 유치장 사고

나. 비윤리적 사고

⑴ 금품수수 ⑵ 인권침해 사고 ⑶ 하극상, 직원상호간 폭행, 자살

다. 기타 중요 자체사고

⑴ 기밀누설 사고 ⑵ 자체 경리사고 ⑶ 피의자 사고 ⑷ 자체 교통사고

3. 자체사고의 방지대책

가. 총기휴대시 안전수칙

⑴ 훈련상 규정된 각종수칙을 철저히 준수할 것

⑵ 각종 총기의 조작법을 숙지할 것

⑶ 총기는 사격할 때 이외에 방아쇠에 손가락을 대지 않도록 할 것

⑷ 총구는 목표물 발사 이외에 사람에게 향하지 말 것

⑸ 총기, 실탄의 분리휴대

⑹ 총기피탈 방지

⑺ 피대여자가 아닌 자의 총기휴대, 손질금지

나. 방지대책

사고원인 파악과 제거	사고원인 조기발견과 제거를 위해 적당한 대책을 강구하여야 한다.
근무체제의 합리화	근무절차, 방법 등 근무체제를 검토하여 합리적으로 개선해 나가야 한다.
감독기능의 개선 강화	지시, 명령 위주의 감독기능을 지도, 조언 위주로 개선하여 부드러운 인간관계와 규율의 자율화를 도모해야 한다.
직무상담제도의 활용	관리감독자는 인사상의 문제 또는 개인의 고민, 고충 기타 신상문제 등에 대하여 상담 등으로 상세히 파악, 그 해결에 협력하고 지도해 주어야 한다.
인사관리 공 정	적기의 순환근무제를 철저히 이행하고 특히 표창 등을 공정하게 관리 불만요인을 제거하여야 한다.
보수의 개선	경찰관에 대한 보수는 반대급부라기보다는 생활급의 제공에 더 큰 의의가 있는 만큼 최저생계비가 지급되어야 한다.
근무기강 확 립	무사안일, 기회편승, 민원의 대상, 부조리 공무원의 척결
기 타	예산외 사업의 지양, 신상필벌의 엄격화, 감찰기능의 개선, 철저한 직원교양

제 5 절 경찰인사관리

Ⅰ. 임 용

1. 임용의 개념

가. 의 의

일반적으로 임용이란 정부기관에서 인재를 채용하여 공무원으로 활용하는 활동을 말한다. 임용에는 외부 민간인을 새롭게 공무원 신분 관계를 설정하는 임명(任命)과, 이미 공무원의 신분을 가진 사람에게 일정한 직무를 부여하는 보직(補職) 행위가 포함된다.

신규채용의 방법으로는 공개채용과 특별채용의 두 가지가 있다. 공직에의 임용 기준을 개인의 실적 즉 업적·능력·자격에 두는 실적주의 제도 아래서는 공개경쟁 채용이 원칙이며, 특별채용은 특수한 직무분야에서와 같이 공개경쟁채용이 부적절할 경우에 제한적으로 시행된다.

경찰공무원임용령에는 "임용이란 특정인에게 공무원의 신분을 부여하거나 박탈 또는 승진 임용하는 등 공무원 신분을 발생(신규채용), 변경(승진·파견·전보·휴직·정직·직위해제·복직), 소멸(면직·파면·해임)케 하는 공법행위"를 말한다고 규정하고 있다(제2조).

나. 임용의 원칙

(1) 평등의 원칙

국가공무원법 제35조는 공개경쟁에 의한 채용시험은 동일한 자격을 가진 모든 국민에게 평등하게 공개하도록 규정하여 민주국가의 국민이면 누구에게나 공무담임권을 인정하고 있다.

(2) 실적주의 원칙

국가공무원법 제26조는 공무원의 임용은 시험성적, 근무성적 기타 능력의 실증에 의하여 행한다고 규정하여 실적주의 임용의 원칙을 명시하고 있다.

(3) 적격자 임용의 원칙

인재를 적재적소에 임용한다는 것으로 국가공무원법 제32조의 5에서 공무원을 보직함에 있어서 해당 공무원의 전문분야, 훈련, 근무경력, 전문성 및 적성 등을 고려하여 그 적격한 직위에 임용하여야 함을 명시하고 있다.

다. 국가공무원의 분류와 임용기준

(1) 공무원의 분류(국가공무원법 제2조)

국가공무원은 경력직공무원과 특수경력직공무원으로 구분한다. "경력직공무원"이란 실적과 자격에 따라 임용되고 그 신분이 보장되며 평생 동안(근무기간을 정하여 임용하는 공무원의 경우에는 그 기간 동안을 말한다) 공무원으로 근무할 것이 예정되는 공무원을 말하며, "특수경력직공무원"이란 경력직공무원 외의 공무원을 말한다.

경력직	일반직	기술·연구 또는 행정일반에 대한 업무를 담당하는 공무원
	특정직	법관, 검사, 외무공무원, 경찰공무원, 소방공무원, 교육공무원, 군인, 군무원, 헌법재판소 헌법연구관, 국가정보원의 직원과 특수분야의 업무를 담당하는 공무원으로서 다른 법률에서 특정직공무원으로 지정하는 공무원
특수경력직	정무직	• 선거에 의하여 취임하거나 임명에 있어서 국회의 동의를 요하는 공무원 • 고도의 정책결정 업무를 담당하거나 이러한 업무를 보조하는 공무원으로서 법률 또는 대통령령에서 정무직으로 지정하는 공무원 예) 대통령, 지방자치단체장, 국무총리등
	별정직	특정한 업무를 담당하기 위하여 별도의 자격기준에 의하여 임용되는 공무원으로서 법령에서 별정직으로 지정하는 공무원 예) 선거관리위원회 상임위원, 국회의원 비서관등

라. 경찰공무원의 분류

경찰관의 분류는 계급, 경과와 특기 등 3가지 기준을 정하고 있다. 계급은 직책의 난이도와 보수의 차이를 두기 위한 것이고 경과와 특기는 개인의 능력, 적성, 자격 등을 활용하기 위한 목적을 가지고 있다.

(1) 계급제

계급제는 공무원이 가지는 개인의 특성(학력, 경력, 자격등)을 기준으로 하여 유사한 개인적 특성을 가진 공무원을 여러 범주와 집단으로 구분하여 계층을 구분하는 것을 말한다.

경찰관은 순경에서 치안총감까지 11개 계급으로 상하로 체계화되어 있는데 경찰관의 신분상의 지위나 자격에 중점을 두고 개인의 특성을 고려하여 계급체계를 만들고 있으며 임용의 중요한 기준이 된다.

㈎ 경찰관의 계급과 영문명칭

① 치안총감 : Commissioner General

② 치안정감 : Chief Superintendent General

③ 치 안 감 : Senior Superintendent General

④ 경 무 관 : Superintendent General

⑤ 총　　경 : Senior Superintendent

⑥ 경　　정 : Superintendent

⑦ 경　　감 : Senior Inspector

⑧ 경　　위 : Inspector

⑨ 경　　사 : Assistent Inspector

⑩ 경　　장 : Senior Policeman

⑪ 순　　경 : Policeman

(2) 경과와 특기

계급제가 경찰관을 상하로 구분하여 권위와 책임, 그리고 보수 등의 차이를 두기 위한 것이라면 경과와 특기는 개개 경찰관의 특성, 자격과 능력 그리고 경력을 활용하기 위해 수평적으로 분류하는 것이다. 경과와 특기는 경찰업무의 여러 가지 특성을 구분하고 그에 적합한 경찰관을 모집채용하고 능력과 경력을 경찰에서 전문화시키고 발전시킴으로써 경찰업무의 효율성을 높이기 위한 제도이다.

(가) 경 과

총경이하의 경찰공무원은 일반경과, 수사경과, 보안경과 및 특수경과(해양경과, 운전경과, 항공경과, 정보통신경과)로 구분한다. 다만, 수사경과 및 보안경과는 경정이하 경찰공무원으로, 운전경과는 경사이하 경찰공무원으로 한다(경찰공무원임용령 제3조).

〈경찰공무원임용령시행규칙 제19조(경과별 직무의 종류)〉

일반경과	기획 · 감사 · 경무 · 생활안전 · 교통 · 경비 · 작전 · 정보 · 외사 기타의 직무로서 수사경과 · 보안경과 및 특수경과에 속하지 아니하는 직무	
수사경과	범죄수사에 관한 직무	
보안경과	보안경찰에 관한 직무	
특수경과	항공경과	경찰항공기의 운영 · 관리에 관한 직무
	해양경과	해양경찰에 관한 직무
	정보통신경과	경찰정보통신의 운영 · 관리에 관한 직무
	운전경과	경찰차량의 운전 및 정비에 관한 직무

(나) 특 기

경찰관의 보직은 크게 경과에 의하여 결정되지만, 다시 그 보직은 특기에 의하여 제약을 받게 된다. 사회가 전문화됨에 따라 경찰의 조직구조도 전문화할 필요성이 제기되어 특기제도를 시행하고 있다.

특기는 일정한 요건을 갖춘 경위이상 경정이하의 경찰공무원에 대하여 그 경과별 직무분야에 따라 "일반특기" 또는 "전문특기"를 부여할 수 있다.

〈경찰공무원의 경과 및 특기분류〉

경과	1. 경과는 총경 이하의 경찰공무원에게 적용 2. 수사경과 및 보안경과는 경정 이하 경찰공무원에게 적용 3. 운전경과는 경사 이하 경찰공무원에게 적용	1. 일반경과 2. 수사경과 3. 보안경과 4. 특수경과 : 해양, 운전, 항공, 정보 통신 경과
특기	경위 이상 경정 이하의 경찰공무원에게 부여	1. 일반특기 기획, 감사, 경무, 생활안전, 형사, 수사, 교통, 경비, 작전, 정보, 보안 및 외사 특기 2. 전문특기 형사, 조사, 과학수사, 정보관리, 정보분석, 보안수사공작, 보안수사신문, 외사 및 기술(정보통신, 항공, 해양)

2. 임용의 종류

신규채용	특정인에게 새로이 경찰관의 신분을 부여하는 행위이다.
승 진	경찰관을 현재보다 상위의 계급으로 임용하는 것
전 보	동일 계급내에서 보직을 변경시키는 것으로 보직 후 1년 이내에는 예외규정이 없는 한 전보되지 않는 것이 원칙임
파 견	경찰공무원이 경찰 업무 발전을 위하여 다른 유관기관에 일시적으로 근무케 하는 것
휴 직	경찰관의 신분은 보유하면서 일정기간 담당직무를 떠나게 하는 것으로 의원휴직과 직권휴직으로 나누어진다.
정 직	경찰관의 신분은 보유하나 직무담당이 정지되는 징계처분으로 봉급의 2/3를 감한다. 정직의 기간은 1개월 이상 3개월 이하이다.
직위해제	일정한 사유에 해당하는 경우 직위를 부여하지 않는 것으로 사유가 소멸될 때에는 지체없이 직위를 부여하여야 한다.
복 직	휴직, 정직, 직위해제 중에 있는 경찰관을 직위에 복귀시키는 것이다.
면 직	경찰관의 신분을 상실시키는 행위로 의원면직과 직권면직이 있다.
강 임	같은 직렬 내에서 하위 직급에 임명하거나 하위 직급이 없어 다른 직렬의 하위 직급으로 임명하는 것.
해 임	경찰관의 신분을 박탈하는 징계처분으로, 경찰관으로 임용될 수 없다.
파 면	경찰관의 신분을 박탈하는 징계처분으로 가장 중한 징계벌로, 경찰관으로 임용될 수 없다. 퇴직금 1/2을 감액한다.

3. 임용권자

가. 대통령

총경 이상의 경찰공무원은 경찰청장의 추천에 의하여 행정자치부장관의 제청으로 국무총리를 거쳐 대통령이 임용한다.

다만, 경정의 신규채용, 승진임용 및 면직은 경찰청장의 제청으로 국무총리를 거쳐 대통령이 행한다(경찰공무원법 제6조 제①항, 제②항).

나. 경찰청장

⑴ 경정이하의 경찰공무원의 임용과 총경의 전보, 휴직, 직위해제, 정직 및 복직은 경찰청장이 행한다(동법 제6조 제①항, 제②항).

⑵ 경찰청장은 경찰대학, 경찰종합학교, 중앙경찰학교, 지방경찰청의 장에게 그 소속 경찰공무원중 경정의 전보, 파견, 직위해제 및 복직에 관한 권한과 경감이하의 임용권을 위임할 수 있다(동법 제6조 제③항).

다. 지방경찰청장, 소속기관장

경찰청장의 위임을 받아 소속 경찰관인 경정의 전보, 파견, 휴직, 정직, 직위해제 및 복직에 관한 권한과 경감 이하의 임용권이 있으나 경찰청장의 임용권이 완전히 배제되는 것은 아니다(경찰공무원임용령 제4조 제①항, 제③항, 제④항).

라. 경찰서장

지방경찰청장의 위임에 의하여 경감이하의 소속 경찰공무원의 서내 전보, 승급과 소속 경찰공무원의 인사기록을 작성, 보관한다(동임용령 제4조 제②항).

4. 신규채용

경찰공무원의 신규채용은 공개경쟁채용시험 또는 특별채용시험에 의하되, 일정한 요건을 갖춘 지원자를 대상으로 선발한다(경찰공무원법 제7조).

가. 임용요건

경찰공무원은 신체·사상이 건전하고, 품행이 방정한 자 중에서 채용하여야 한다고 하고 임용요건은 다음과 같다.

(1) 연령요건

계 급 별	공개경쟁 채용시험	특별채용시험
경정이상	25~40세 이하	27세~40세 이하
경감·경위	-	23세~40세 이하 (통신·항공분야는 23세~45세 이하)
경사·경장		20세~40세 이하
순 경	18세~40세 이하	20세~40세 이하
간부후보생	21세~40세 이하	

(2) 학력요건

초·중등교육법에 의한 고등학교를 졸업하였거나 이와 동등한 학력을 가진 자(경찰공무원 임용령 40조)

(3) 임용자격 및 결격사유(경찰공무원법 제7조)

① 임용자격: 경찰공무원은 신체 및 사상이 건전하고 품행이 방정(方正)한 사람 중에서 임용한다.

② 임용결격사유: 다음 각 호의 어느 하나에 해당하는 사람은 경찰공무원으로 임용될 수 없다. 〈개정 2014.12.30.〉

1. 대한민국 국적을 가지지 아니한 사람
2. 「국적법」 제11조의2제1항에 따른 복수국적자

3. 피성년후견인 또는 피한정후견인
4. 파산선고를 받고 복권되지 아니한 사람
5. 자격정지 이상의 형(刑)을 선고받은 사람
6. 자격정지 이상의 형의 선고유예를 선고받고 그 유예기간 중에 있는 사람
7. 징계에 의하여 파면 또는 해임처분을 받은 사람

나. 신규채용의 종류

<table>
<tr><td rowspan="2">공개경쟁</td><td>경정
순경</td><td>공개경쟁 채용 합격자 중에서 선발</td></tr>
<tr><td>경위</td><td>경찰대학 졸업자, 경찰간부 후보생으로 교육이수 후 소정의 시험에 합격한 자</td></tr>
<tr><td colspan="2">특 별
채 용</td><td>① 퇴직 2년 이내의 전직 경찰관을 퇴직시의 계급에 재임용하는 경우
② 공개경쟁채용시험에 의한 임용이 부적당하여 임용 예정직에 관련된 자격증 소지자를 임용하는 경우
③ 임용 예정직에 상응한 근무실적, 연구실적이나 전문지식이 있는 자를 임용하는 경우
④ 행정고시(5급 공무원 공개 채용시험), 사법시험에 합격한 자를 경정이하에 임용하는 경우
⑤ 재학 중 국가공무원법 85조에 의한 장학금을 받고 졸업한 자를 임용하는 경우
⑥ 도서, 벽지 등 특수지역에 근무할 자를 임용하는 경우
⑦ 외국어에 능통한 자를 임용하는 경우</td></tr>
</table>

다. 시험의 구분방법

(1) 신체검사	직무수행에 필요한 신체조건 및 건강상태 검정
(2) 체력검사	직무수행에 필요한 민첩성, 지구력 등 체력 검정
(3) 필기시험	교양과 전문부문으로 구분하되, 교양부문은 일반 교양정도를 전문부문은 직무 수행에 필요한 지식과 응용능력을 검정
(4) 종합적성검사	직무수행에 필요한 적성과 자질을 검정
(5) 면접시험	직무수행에 필요한 능력, 발전성, 적격성을 검정
(6) 실기시험	직무수행에 필요한 지식 기술을 실습·실기의 방법에 의하여 검정
(7) 서류전형	직무수행에 관련되는 자격 및 경력 등을 서면에 의하여 심사

5. 시보임용(試補任用)

가. 개 념

시보임용이란 경찰관을 신규채용함에 있어서 일정기간을 정하여 그 기간내에 공무원으로서 자질과 적성 등을 관찰하여 부적격하다고 판단될 경우에 임용권자가 면직시킬 수 있는 제도이다.

나. 시보임용

필요성	① 시험채용의 보완 ② 신규채용자의 훈련
대 상	① 경정이하의 경찰관을 신규채용하는 경우 1년의 기간을 시보로 임용하고 그 기간 중 근무성적 또는 교육훈련 성적이 양호한 자에 한하여 그 기간이 만료된 다음날에 정규경찰관으로 임용한다(경찰공무원 법 제10조). ② 휴직・직위해제・징계에 의한 정직 또는 감봉의 처분을 받은 기간은 그 기간에 산입하지 아니한다.
예 외 (경찰공무원 법 제10조 제④항)	① 경찰대학을 졸업한자 또는 경찰간부후보생으로서 소정의 교육을 마친 자를 경위로 임용하는 경우 ② 경찰공무원으로서 대통령령이 정하는 상위 계급의 승진에 필요한 자격요건을 갖추고 임용예정계급에 상응한 공개 경쟁 채용시험에 합격한 자를 당해 계급의 경찰공무원으로 임용하는 경우 ③ 퇴직한 경찰공무원으로서 퇴직한 계급의 채용한 자를 재임용하는 경우

다. 면직사유

(1) 징계사유에 해당할 때

(2) 교육훈련성적이 만점의 6할 미만이거나 생활기록이 극히 불량할 때

(3) 제2평정요소의 근무성적평점이 만점의 5할 미만일 때

6. 보직관리

가. 의 의

보직은 그 직위와 그에 상응한 최적의 임무를 결정하고 그 임무를 효율적으로 처리할 수 있도록 적재적소에 배치하는 것이다. 보직은 경찰공무원의 사기와 조직발전에 직결되는 중요한 요소이므로 신중하게 다루어져야 한다. 공무원의 보직은 전공분야·훈련·근무경력·전문성·적성 등을 고려하여 그 적격한 지위에 임용하여야 한다고 규정하고 있다(국가공무원법 제32조의 제⑤항).

나. 보직권자

보직권자	대　　　상
대 통 령	행정자치부장관의 제청으로 국무총리를 거쳐 경무관이상의 보직을 행한다.
경찰청장	총경과 경정의 보직을 행한다.
지방경찰청장 소속기관장	경찰청장의 위임에 의하여 경감이하의 경찰관에 대한 보직을 행한다.
경찰서장	소속기관장의 위임에 의하여 소속경찰관에 대한 당해 경찰서 안에서의 보직을 행한다.

다. 보직의 일반 원칙(경찰공무원법 임용령 제22조)

(1) 법령에 의한 경우를 제외하고 하나의 직위를 부여해야 한다.

(2) 경과·특기·교육훈련·근무경력 등을 고려하여 능력을 적절히 발전시킬 수 있도록 하여야 한다.

(3) 상위계급의 직위에 하위 계급자를 보직하는 경우 당해 기관에 상위계급의 결원이 있고 승진임용후보자가 없는 경우에 한한다.

(4) 특별한 사정이 없는 한 연고지를 고려하여 보직하여야 한다.

(5) 경찰청장은 경찰공무원에 대한 보직관리기준을 정하여야 한다.

라. 전보의 제한(경찰공무원임용령 시행규칙 제32조)

(1) 특정한 직무분야에 근무할 것을 조건으로 신규채용 또는 승진 임용된 자는 5년이내에 채용조건 또는 승진임용조건과 다른 직무분야에 전보할 수 없다. 다만, 전투경찰대기간요원등 기간을 정하여 임용한 경우에는 그 기간에 의한다.

(2) 승진임용후보자로 확정된 자는 임용권자를 달리하는 기관에 전보할 수 없다. 다만, 승진임용되는 계급에 결원이 있는 기관으로써 전보는 예외로 한다.

(3) 3월이내에 정년으로 퇴직할 자는 다음 각호의 직위에 보직할 수 없다. 다만, 이미 보직된 자는 퇴직예정일 3월전에 보직을 변경하여야 한다.

㈎ 회계관계직 공무원의 직위

㈏ 민원사무를 취급하는 부서의 직위

Ⅱ. 승진

1. 의의

경찰공무원의 승진은 바로 하위계급에 있는 경찰공무원 중에서 근무성적 · 경력평정 · 기타 능력의 실증에 따라 그 상위계급으로 수직이동시키는 것을 말한다.

가. 승진제도의 중요성

승진은 실적주의 인사행정의 가장 중요한 요소이며, 직업공무원제도의 발전을 위한 수단이 되고 있다.

(1) 경찰공무원의 개인적인 기대를 충족시켜 사기를 앙양케 한다.

(2) 개인의 능력을 향상 발전시킨다.

(3) 인적자원과 능력을 효율적으로 운용한다.

(4) 행정능률의 발전을 가져오고 과학적 인사관리의 기본이 되며, 인간능력 개발의 원천이 된다.

나. 승진소요 최저 근무년수

(1) 승진소요 최저근무기간(경찰공무원 승진임용 규정 제5조)

계 급 별	총 경	경정 · 경감	경위 · 경사	경장 · 순경
최저소요 근무기간	4년	3년	2년	1년

(2) 기간계산 기준일

(가) 심사와 시험승진 : 매년 1월 1일

(나) 특별승진 : 승진임용일

(3) 기간 산입의 배제

① 징계처분기간 ② 휴직기간 ③ 직위해제기간

(4) 승진임용의 배제

① 징계의결요구 · 징계처분 · 직위해제 · 휴직 또는 시보임용 기간 중에 있는 자
② 징계처분의 집행이 종료된 날로부터 정직 18개월, 감봉 12개월, 견책, 영창, 근신은 각각 6개월이 경과하지 아니한 자
③ 정년의 연장을 받은 자
④ 징계처분을 받은 후 당해 계급에서 훈장 · 포장 · 모범공무원 포상 · 국무총리이상의 표창 또는 제안의 채택시행으로 포상을 받은 경우에는 승진임용 제한기간의 1/2을 단축할 수 있다.

(5) 승진제외자

(가) 승진될 계급의 기본교육 과정을 이수하지 아니한 자

(나) 승진될 계급의 기본교육 성적이 60% 미만인 자

2. 심사승진

가. 승진대상자 명부의 작성

(1) 기준일 · 배점비율

매년 1월 1일을 기준으로 20일 이내에 승진에 필요한 요건을 갖춘 총경이하의 경찰관에 대하여 근무성적 평정점 5할, 경력평정점 3.5할, 교육훈련 성적 평정점 1.5할, 가점 0.3할의 비율에 따라 계급별로 승진대상자 명부를 작성한다.

(2) 작성자

경정이상의 경찰공무원 및 경찰청 소속 경찰공무원에 대하여는 경찰청장이 경감이하의 경찰공무원에 대하여는 지방경찰청장 · 경찰대학장 · 경찰교육원 · 중앙경찰학교장이 작성한다. 경찰서장은 경찰서의 경장이하의 경찰공무원에 대하여 심사대상자 명부를 작성한다.

(3) 승진대상자 명부의 제출

경찰서장은 소속 경찰공무원 중 경장이하에 대한 승진대상자 명부를 작성 기준 일로부터 25일 이내에 소속기관 등의 장에게 제출하여야 하고 소속기관 등의 장은 경감에 대한 승진 대상자 명부를 30일 이내에 경찰청장에게 제출하여야 한다.

나. 심사승진 방법

(1) 승진심사시기

특별한 사유가 없는 경우에는 총경이하의 경찰공무원의 승진심사는 매년 1회, 1월 1일부터 3월말 사이에 실시한다.

(2) 심사승진위원회의 구성

경찰청에 총경이상의 승진심사를 위해 중앙승진심사위원회를, 경찰청 · 지방경찰청장 및 대통령령이 정하는 경찰기관에 경정이하의 승진 심사를 위해 보통승진심사 위원회를 둔다.

(3) 심사단계

제1단계 심사	승진대상자명부의 성적순 등에 의하여 승진 예정인원 5배수를 선발한다.
제2단계 심사	1단계에서 선발된 자중에서 승진 예정인원 2배수를 선발한다.
제3단계 심사	승진심사위원 전원 합의에 의하되 합의에 이르지 못할 경우 무기명 투표로 합격자를 선발한다.

승진심사위원회는 승진대상자를 명부의 선순위자 순으로 승진시키고자 하는 결원의의 5배수 범위 안에 있는 자중에서 승진후보자를 심사 · 선발하고, 평가결과에 따라 개인별 성적을 집계하여 고득점자순으로 승진심사 종합평가서를 작성한다.

다. 동점자 처리

승진대상자 명부의 점수가 동일할 때에는 다음 각호의 순위에 의하여 선순위 자를 결정한다.

⑴ 당해 계급에서 장기 근무자

⑵ 바로 하위계급에서 장기근무자

⑶ 근무성적이 우수한 자

라. 연도별 근무성적 배점비율

⑴ 당해연도 50% ⑵ 전년도 30% ⑶ 전전년도 20%

단, 경장 · 순경은 전년도 40% 당해연도 60%

3. 시험승진

가. 개 요

승진시험은 계급별로 매년1회 실시하며 시험실시 15일 전까지 공고하여야 한다. 다만, 경찰청장이 필요하다고 인정할 때에는 경과별 직무분야별로 실시할 수 있다.

나. 시험의 방법 및 절차

① 시험은 필수·선택으로 구분하되 선택형으로 하는 것을 원칙으로 하며 과목별로 기입형을 병과할 수 있다. ② 필수 및 선택시험에 있어서는 과목별 4할 이상 득점한 자 중에서 선발예정 인원을 고려하여 3배수를 결정한다. ③ 제3차 시험은 합격·불합격 여부만을 결정한다. ④ 시험합격자결정 배점비율은 선발예정인원 3배수에 해당하는 자를 대상으로 필수 3.6할, 선택 2.4할, 현계급의 근무성적 2.5할, 교육훈련성적 1.5할 비율로 합산한 성적의 고득점자 순으로 합격자를 결정한다. 단, 근무성적은 경장이하는 시험실시연도 기준일로부터 최근 1년 이내에 당해 계급에서 평정한 평정점에 의하여 산정하며, 경사 이상은 시험 실시연도 기준일부터 최근 2년 이내에 당해 계급에서 평정한 평정점을 대상으로 다음의 계산방식에 의하여 산정한다(최근 1년 이내에 평정한 평정점× 60/100) +(최근 1년 전 2년 이내에 평정한 평정점 × 40/100). ⑤ 동점자의 합격결정은 심사승진의 경우와 같다.

4. 특별승진

가. 의 의

특별승진은 경찰공무원으로서 전사 또는 순직한 자, 직무수행에 남달리 공적이 있는 자가 심사나 시험승진에 의하지 않고 1계급 또는 2계급(경위이하에 한함) 승진시키는 것을 말하는데, 이 제도는 공무원의 사기진작과 근무의욕을 고취를 위해 마련된 제도로서 경찰공무원은 직무의 특수성에 비추어 특별승진의 범위가 넓다.

나. 특별유공자 등의 특별승진(경찰공무원법 제 14조, 경찰공무원승진 임용규정 제 37조)

경찰공무원으로서 다음에 해당하는 자는 1계급 특별승진시킬 수 있다. 다만 경위이하의 경찰공무원으로서 모든 경찰공무원의 귀감이 되는 공을 세우고 전사하거나 순직한 자에 대하여는 2계급 특별승진시킬 수 있다.

(1) 청백리 포상에 관한 규정에 의하여 포상을 받은 자 – 경정 이하에의 승진

(2) 소속기관 등의 장이 행정의 능률을 향상시키고 예산을 절감하는 등 직무수행능력이 탁월하여 경찰행정발전에 기여한 공이 매우 크다고 인정하는 자 – 경감 이하에의 승진

(3) 창안등급 동상 이상을 받은 자로서 경찰행정발전에 기여한 실적이 뚜렷한 자 – 경위 이하에의 승진

(4) 20년 이상 근속하고 정년 1년 전까지의 기간 중 자진하여 퇴직하는 자로서 재직중 특별한 공적이 있다고 인정되는 자 – 치안정감 이하에의 승진

(5) 전사하거나 순직한 자(전투, 대간첩작전 기타 이에 준하는 업무수행 중 현저한 공을 세우고 사망하였거나 부상을 입어 사망한 자 또는 직무수행 중 다른 사람의 모범이 되는 공을 세우고 사망하였거나 부상을 입어 사망한 자) – 치안정감 이하에의 승진

(6) 직무수행 중 현저한 공적을 세운 자

㈎ 헌신적인 노력으로 간첩 또는 무장공비를 사살 또는 검거한 자 – 경감 이하에의 승진

㈏ 국가안전을 해하는 중대범죄의 주모자를 검거한 자 – 경위 이하에의 승진, 다만 행정자치부령이 정하는 공적자의 경우에는 경감 이하에의 승진

㈐ 전시, 사변 또는 이에 준하는 비상사태하에서 위험을 무릅쓰

고 헌신 분투하여 사태진압에 특별한 공을 세운 자-경위 이하에의 승진, 다만 행정자치부령이 정하는 공적자의 경우에는 경감 이하에의 승진

(라) 살인, 강도, 조직폭력 등 중한 범죄의 범인검거에 헌신 분투하여 그 공이 특히 현전한 자-경위 이하에의 승진, 다만 행정자치부령이 정하는 공적자의 경우에는 경감 이하에의 승진

(마) 천재지변 또는 기타 재난의 발생시 위험을 무릅쓰고 인명을 구조하거나 재산을 보호한 공이 특히 현저한 자-경위 이하에의 승진

(바) 특별경비부서(제 101경비단, 제 22특별 경호대, 정부중앙청사 경비대, 국무총리공관경비파견대)에서 헌신적으로 직무를 수행한 공이 있고, 상위직의 직무수행 능력이 있다고 인정되는 자-경위 이하에의 승진

다. 특별승진의 실시시기

경찰공무원의 특별승진은 경찰청장이 특히 필요하다고 인정하는 경우에는 수시로 실시할 수 있다. 다만, 특별유공자 등의 특별승진은 경찰청장이 정하는 바에 따라 매분기 또는 매월 실시한다.

라. 승진소요최저근무연수 등의 적용배제(경찰공무원승진임용규정 제 40조)

(1) 명예퇴직자로서 특별승진하는 자는 승진소요최저근무연수의 적용을 받지 아니한다.

(2) 전사 또는 순직으로 특별승진하는 자는 승진소요최저근무연수와 승진임용의 제한기간의 적용을 받지 아니한다.

(3) 헌신적인 노력으로 간첩 또는 무장공비를 사살 또는 검거한 자를 특별승진하는 경우 승진소요최저근무연수 배제 및 정년연장자라도 특별승진한다.

(4) 국가안전을 해하는 중한 범죄의 주모자를 검거
(5) 전시, 사변 또는 준하는 비상사태하의 사태진압유공
(6) 살인, 강도, 조직폭력 등 중요범인 검거
(7) 천재지변 등 재난의 발생시 인명을 구조, 재산보호자

마. 동료 및 하급자 등의 평가 반영

임용권자 또는 임용제청권자는 소속 경찰공무원에 대하여 소속기관 등의 장이 행정의 능률을 향상시키고 예산을 절감하는 등 직무수행능력이 탁월하여 경찰행정발전에 기여한 공이 매우 크다고 인정하는 자의 특별승진임용을 하는 때에는 승진심사의 대상 경찰공무원과 동일 또는 하위계급의 경찰공무원의 평가를 실시하여 그 결과를 심사에 반영할 수 있다.

5. 근속승진

가. 의의

근속승진은 해당계급에서 일정기간 재직한 자에 대하여 경장・경사・경위・경감으로 각 승진임용을 할 수 있는 제도로 승진심사의 예외적인 방법이다.

이 제도는 경찰관의 신진대사나 하위직의 수를 고려할 때 승진비율이 너무 적어 직원들의 승진경쟁이 과열되고 업무에도 지장을 초래하는 문제점을 해결하고 장기간 성실하게 근무한 경찰관의 사기를 높이는 차원에서 도입되었다.

나. 근속승진범위(경찰공무원법 제11조의2 제1항)

(1) 순경을 경장으로 근속승진임용 하고자 할 때 : 해당계급 5년 이상 근속자
(2) 경장을 경사로 근속승진임용 하고자 할 때 : 해당계급 6년 이상 근속자

(3) 경사를 경위로 근속승진임용 하고자 할 때 : 해당계급 7년 6개월 이상 근속자
(4) 경위를 경감으로 근속승진임용하려는 경우: 해당 계급에서 12년 이상 근속자

Ⅲ. 능률제도

국가공무원법은 제6장에 능률제도를 두어서 공무원의 교육훈련과 근무성적 평정과 제안제도·상훈제도 등을 규정하고 있다. 공무원의 근무능률을 높이기 위하여 공무원의 보건·휴양·안전·후생, 그 밖에 필요한 사항에 대한 기준을 설정하여, 각 기관의 장은 이를 실시하도록 하고 있다.

1. 근무성적평정

가. 의 의

근무성적평정제도란 과학적·합리적인 인사관리의 한 수단으로 경찰공무원의 근무수행실적, 근무 수행능력, 근무수행태도와 발전성 등을 상급 감독자가 정기적으로 관찰·기록·평가하여 승진 등 공정한 인사관리의 기초자료로 활용하는 것을 의미한다.

나. 평정의 목적

(1) 개인의 가치인정과 능률의 향상
(2) 승진심사의 기준
(3) 적정한 인사배치의 자료
(4) 상벌의 목적과 규율의 수단
(5) 시험의 타당성 측정

다. 평정의 기준

(1) 객관성　　(2) 신뢰성　　(3) 타당성

라. 평정시기 및 방법(총경이하 경찰관대상)

(1) 전년도 11월 1일~당해 년도 10월 31일 기준
(2) 매년 1회씩 평정 일로부터 20일 이내에 평정표에 의거
(3) 1·2·3차 감독자에 의한 단계별로 평정을 실시
(4) 경정이하의 경우 평정

〈평 정 항 목〉

구 분	항목별배점	평정분포비율
제1평정 요소 객관적 평가 (30점)	① 경찰업무발전기여도→15 ② 포상 → 5 ③ 직장훈련 → 5 ④ 첩보제출 → 3 ⑤ 징벌·근태 → 2	
제2평정요소 주관적 평가 (20점)	① 근무실적 → 6.5 ② 근무수행능력 → 7.0 ③ 근무수행태도 → 6.5	① 수(19점 이상) : 피평정자의 2할 ② 우(16점 이상 19점 미만) : 피평정자의 3할 ③ 양(10점 이상 16점 미만) : 피평정자의 4할 ④ 가(10점 미만) : 피평정자의 1할

※근무성적평정의 예외(경찰공무원승진임용규정 제8조)

① 휴직(육아휴직을 제외한다)·직위해제 등의 사유로 당해연도의 평정기관에서 6월 이상 근무하지 아니한 경우에는 근무성적을 평정하지 아니한다.

② 경찰공무원이 6월 이상의 육아휴직·국외파견 그 밖의 교육훈련으로 인하여 평정을 실시할 수 없는 때에는 직위에 복귀한 후 최초의 정기평정이 있을 때까지 전회의 근무성적평정결과를 당해 경찰공무원의 평정으로 본다.

③ 경찰공무원이 2월 이상 교육훈련외의 사유로 국가기관·지방자치

단체 또는 중앙인사위원회가 지정하는 기관에 파견근무하게 된 경우에는 파견받은 기관의 의견을 참작하여 근무성적을 평정하여야 한다.

④ 평정대상자가 전보된 경우에는 당해 경찰공무원의 근무성적평정표를 그 전보된 기관에 이관하여야 한다. 다만, 평정기관을 달리하는 기관으로 전보된 후 2월 이내에 정기평정을 실시할 때에는 전출기관에서 전출전까지의 근무기간에 해당하는 평정을 실시하여 송부하여야 하며, 전입기관에서는 송부된 평정결과를 참작하여 평정하여야 한다.

⑤ 정기평정 이후에 신규채용 또는 승진임용된 경찰공무원에 대하여는 2월이 경과한 후에 평정을 하여야 한다.

※포상평정에 있어 신임교육기간중 또는 수료와 동시에 수여받은 포상과 승진후보기간중의 포상은 임용예정계급에서 수여받은 포상으로 인정

마. 평정절차

평 정 자	① 근무성적의 평정은 3인으로 하되 평정절차는 다음과 같다. ○ 제1차 평정자 - 피 평정자의 직근 감독자 ○ 제2차 평정자 - 제1차 평정자의 직근 감독자 ○ 제3차 평정자 - 제2차 평정자의 직근 감독자 ② 평정자를 특정하기 어려울 때에는 경찰청장이 평정자를 지정한다.
평정의 채점	▸ 경정 이하에 대한 제2평정 요소의 근무성적 평정은 다음과 같이 채점한다. ○ 제 1 평정자는 7.5점을 초과할 수 없다. ○ 제 2 평정자는 7.5점을 초과할 수 없다. ○ 제 3 평정자는 5.0을 초과할 수 없다.

바. 근무성적 평정 결과의 비공개

근무성적평정의 결과는 공개하지 않는다.

사. 평정결과의 활용

평정결과는 상벌의 기준, 시험의타당도 측정, 공무원의 능력발전에 활용된다고 하나 경찰의 경우에는 승진, 전보, 표창 등에 크게 작용한

다. 특히 근무성적 평가는 심사승진대상자 명부작성에 있어서 50%의 비율을 차지하며 시험승진의 경우에는 25%의 비율을 차지하며 중요한 위치를 점하고 있다.

2. 경력평정

가. 의 의

경찰공무원이 당해 계급에서 직무에 대한 경험 및 숙련도를 연공과 전문성에 의해 평정하는 것을 뜻하며 ① 기본경력평정 ② 초과경력평정 ③ 특수지 근무 및 전문능력 가점평정으로 구분할 수 있다.

나. 기본경력 및 초과경력의 평정

경력은 기본경력 · 초과경력으로 구분하되 기본경력은 평정기준 일로부터 최근 4년간으로 한다. 초과경력은 경위 · 경감은 기본경력 전 6년간으로, 경정은 기본경력 전 5년, 총경 · 경사 · 경장은 기본경력 전 3년, 순경은 기본경력 전 2년간으로 한다.

다. 경력의 기간계산

근무경력평정 기간중에 휴직, 정직 또는 직위해제기간이 있을 때에는 그 기간은 평정에서 제외한다.

다음 각 호의 기간은 당해 계급의 경력평정대상기간에 이를 산입한다.

① 공무상 질병 · 부상으로 인한 휴직 · 육아휴직, 병역법에 의한 휴직, 법률에 의한 의무수행을 위한 휴직, 국제기구 · 외국기관에 임시 고용되어 휴직한 기간

② 파면 · 해임 · 정직에 해당하는 징계의결에 요구중인 자 또는 형사사건으로 기소된 자(약식 명령이 청구된 자 제외)가 직위해제 처분을 받아 그 처분 사유가 무효 · 취소 · 무죄로 확정된 경우(경계위원회

에서 징계하지 아니하기로 의결한 경우 포함)의 그 직위해제기간 및 처분기간

③ 퇴직한 경찰공무원으로서 퇴직 당시의 계급 또는 그 이하 계급 또는 재임용된 자의 전 재직기간

④ 시보임용기간

⑤ 행정・외무・사법고시 출신자로서 채용 전 5급이상 공무원으로 5년이상 근무한 경우 그 기간의 2할에 해당하는 기간

라. 가점평점

경찰공무원이 승진대상자 명부작성 기준일 전 10년 이내에 당해 계급에서 공무원 수당규정에 의한 특수지 근무수당을 받은 경력이 있거나, 경찰공무원 교육훈련기관의 교관으로 또는 각급 경찰기관의 민원실에서 6개월 이상 근무한 경력이 있는 경우, 또는 경찰공무원이 외국어 능력 또는 국외연수경력이 있거나 자격증을 소지한 경우 또는 직무 전문화 교육을 이수하거나 학위를 취득한 경우에 한한다.

3. 교육훈련

가. 개 념

경찰관에게 직무수행에 필요한 이론적 지식, 경찰실무, 체력단련 및 사격훈련 등을 습득하게 하여 경찰 행정관리를 효율적으로 달성함에 있다. 경찰공무원의 교육훈련은 (1) 학교교육 (2) 위탁교육 (3) 직장훈련으로 나누어진다.

나. 직장훈련 평정

(1) 경찰관의 직장훈련은

㈎ 직무교육은 월 1회 이상 실시하고, 정서함양동호회 또는 연구모임 활동은 월 2회 이상으로 하고 경정이하 경찰공무원에게 적용한다.

㈏ 체력단련동호회 활동은 월 2회 이상, 사격훈련중 정례사격은 연 2회 이상, 외근요원 특별사격은 연 6회 이상으로 하되 전·후반기로 나누어 실시한다.

(2) 직장훈련 평가는 직장교육·체력단련 및 사격훈련으로 구분하여 평가한다.

4. 제안제도

의 의	조직의 운영 사무절차 등에 관한 개선의견 기타 창의적인 아이디어를 자발적으로 제출하여 하의상달을 통한 행정의 과학적 합리적 운영과 민주적 운용을 꾀하는 제도	
종 류	자유제안	제안자가 제안의 과제를 자유로 하는 것을 말한다. 예를 들면, 경찰 공무원이 친절운영에 대해 제안하는 식으로 경찰업무에 대한 것이 아니라도 임의로 선택할 수 있다.
	지정제안	정부가 과제를 지정하여 심사 채택된 제안을 말한다.
	추천제안	자체제안제도에 의하여 심사 채택된 제안이나 채택 실시 중인 제안 중 그 내용이 우수하다고 인정되어 당해 제안을 채택한 중앙행정기관의 장이 추천한 제안을 말한다.
제안의 심 사	▸ 행정자치부에 설치된 중앙제안 심사위원회에서 심사	

가. 제안제도의 심사기준

(1) 창의성 (2) 경제성 또는 능률성

(3) 실용성 (4) 적용범위 (5) 계속성

나. 제안제도의 장단점

(1) 장 점

㈎ 행정의 능률화와 예산절약에 기여한다.

㈏ 직무에 대한 관심을 깊게 하고 공무원의 근무의욕을 향상시킨다.

㈐ 창의력을 개발하고 문제해결능력을 향상시킨다.

㈑ 공무원에게 소속감 및 일체감을 갖게 하며 만족감을 느껴 사기를

높인다.

(2) 단 점

(가) 직원간의 경쟁심을 자극시켜 인간관계를 해칠 우려가 있다.

(나) 합리적이며 공정한 심사가 곤란한 경우가 많다.

(다) 기술적인 제안에 지나치게 치중할 가능성이 있다.

(라) 진정한 제안자를 식별하기 어렵다.

다. 제안제도의 성공의 요건

(1) 정책결정자와 감독자의 이해와 협조가 있어야 한다.

(2) 제안제도의 실시에 필요한 지식, 기술, 경비의 준비가 필요하다.

(3) 일반직원의 적극적인 참여가 있어야 한다.

(4) 제안이 신속하고 공정한 처리가 보장되어야 한다.

(5) 채택된 제안에 대해서는 적절한 보상을 해야 한다.

제 6 절 상벌제도

Ⅰ. 상훈제도

1. 상훈(賞勳)

가. 의 의

상훈법은 대한민국 국민이나 우방 국민에게 대한민국에 공적이 뚜렷한 자에 대한 서훈에 관한 사항을 규정하고 있으며, 서훈은 대한민국 훈장 · 포장을 말한다.

나. 훈 · 포장의 종류

훈 장	무궁화대훈장 · 건국훈장 · 국민훈장 · 무공훈장 · 근정훈장 · 보국훈장 · 수교훈장 산업훈장 · 새마을훈장 · 문화훈장 · 체육훈장 · 과학기술훈장
포 장	건국포장 · 국민포장 · 근정포장 · 보국포장 · 예비군포장 · 수교포장 · 산업포장 · 새마을포장 · 체육포장 · 과학기술포장

2. 경찰표창

가. 의 의

경찰표창은 업무를 성실히 수행하거나 협조함으로써 경찰업무발전에 뚜렷한 공적을 세운 자 또는 경찰기관에서 시행하는 교육, 경기 등에서 우수한 성적을 얻은 자에게 경찰표창규정(대통령령)에 의거하여 시상하는 것을 말한다.

나. 표창의 종류

종 류	내 용
공적상	직무를 성실히 수행하거나 헌신적인 봉사로 경찰업무발전에 뚜렷한 공적을 세운 경찰관(전투경찰순경 포함)과 개인 및 단체에 수여한다.
우등상	경찰기관에서 교육 중 품행이 단정하고 학업성적이 특히 우수하여 다른 사람의 모범이 되는 자와 경찰기관에서 시행하는 각종 경기대회에서 우수한 성적을 얻은 개인 및 단체에 수여한다.
협조상	경찰업무수행에 적극 협조하여 공적을 세운 자(외국인 및 단체 포함)에게 수여한다.

3. 경찰기장

경찰기장은 경찰관의 명예감을 북돋우고 치안역군으로서 사기를 앙양하기 위하여 경찰공무원 기장령에 의거하여 기장을 수여하는 제도이다.

경찰공무원 기장의 종류		수여대상자
경찰지휘관장		경정이상의 경찰기관의 장
경찰근속기장	성실장	10년 이상 근속자
	봉사장	20년 이상 근속자
	충성장	30년 이상 근속자
	평생장	40년 이상 근속자

Ⅱ. 징계제도

1. 징계의 개념

징계란 공무원의 법령위반 · 의무위반 · 근무태만 또는 품위의 손상에 대하여 국가가 공무원 관계의 질서를 유지할 목적으로 그 위반에 과하는 제재를 징계라고 하며, 일반통치권에 따른 형사벌과는 근본적으로 그 본질이 다르다.

가. 형사벌과의 구별

구 분	징 계 벌	형 사 벌
① 권력적 기초	특별권력	일반통치권
② 목 적	공무원관계의 내부질서유지	일반의 질서유지
③ 내 용	공무원의 신분적 이익의 박탈	신분적 이익과 재산적 이익 개인의 자유 · 생명까지
④ 대 상	공무원법상의 의무위반	형사법상의 의무위반
⑤ 주관적 요건	• 고의, 과실 필요 없음 • 부하의 감독책임까지 문책가능	고의 · 과실
⑥ 퇴직후의 가벌성	퇴직 후 불가	퇴직 후도 가능

나. 징계사유

(1) 국가공무원법 · 경찰공무원법 또는 동법에 의한 법령위반

⑵ 직무상 의무위반 또는 직무태만

⑶ 직무의 내외를 불문하고 그 체면 또는 위신을 손상하는 행위를 한 때

위와 같은 행위는 과실이 있으면 징계할 수 있고 또한 행위자뿐만 아니라 감독자도 감독의무를 태만히 한 경우 징계책임을 진다. 재직중의 행위일 것을 원칙으로 하지만 임명전의 행위일지라도 그로 인하여 공무원의 체면 또는 위신이 손상될 때에는 징계사유가 될 수 있다.

다. 병과

형벌과 징계벌은 그 권력적 기반, 그리고 그 대상과 목적 등을 달리하고 있기 때문에 동일한 행위에 대해서 병과할 수 있으며, 병과하더라도 일사부재리의 원칙에 저촉되지 않는다.

라. 징계와 직위해제

직위해제는 징벌적 제재인 징계와는 그 성질을 달리하나 직위해제 처분을 받은 자는 직무에 종사하지 못할 뿐만 아니라 승급, 보수, 보직 등에서 불이익을 받게 되므로 인사상 불이익한 처분이다. 직위해제는 국가공무원법 제73조의3 제1항에 정한 사유 즉,

⑴ 직무수행 능력이 부족하거나 근무성적이 극히 불량한 자

⑵ 징계의결이 요구중인 자

⑶ 형사사건으로 기소된 자

⑷ 소속 부하직원에 대한 지휘와 감독능력이 현저히 부족하다고 인정되는 자 등에 대해 직위를 해제하고 업무를 수행하지 못하게 하는 것이다.

이것은 징계와는 구별되며 직위해제와 동일한 사유로 징계처분을 해도 일사부재리의 원칙에 어긋나지 않는다. 다만, 징계의결 사유로 직위해제된 경우 징계의결이 되거나 징계의결이 취소된 때에는 직위해제 처분의 효력이 상실된다.

마. 징계와 직권면직

직권면직은 그 처분의 사유와 효과면에서 징계면직처분(파면, 해임)과 구별되지만 공무원 본인의 의사와는 관계없이 국가의 일방적인 의사에 의해 공무원의 신분관계를 소멸시킨다는 점에서 파면이나 해임과 같다. 그러므로 직권면직은 공무원의 신분보장이라는 측면을 고려해서 신중하게 운영할 필요가 있다.

2. 징계의 구분

가. 경찰징계의 종류

구 분	종 류	주 요 내 용
중징계	파면	① 경찰관신분을 박탈, ② 파면된 자는 임용불가, ③ 5년이상 근무자 퇴직급여액의 1/2 감액지급, ④ 5년미만 근무자 : 퇴직급여액의 3/4 지급 ⑤ 보수 : 일할계산 ⑥ 기말수당은 지급 안함
	해임	① 경찰관 신분관계의 종료, ② 경찰관으로 임용불가, ③ 퇴직급여는 전액지급, ④ 보수 : 일할계산, ⑤ 기말수당은 지급안함 ※금전비리로 해임시 ⑥ 재직기간 5년 미만자:퇴직급여액 1/8제한, ⑦ 재직기간 5년 이상자:퇴직급여액 1/4제한, ⑧ 퇴직수당:1/4제한
	강등	① 2010년 7월 경찰공무원징계령에 의해 신설 ② 강등처분을 받게 되면 3개월간의 정직기간을 거쳐 한 단계 낮은 계급의 보직을 받게 되며 ③ 21개월이 지나야 승진후보자가 될 수 있음
	정직	① 신분보유하나 1~3개월 간 직무 집행정지 ② 기간 중 보수의 2/3 감액지급 ③ 집행이 종류한 날부터 18개월이 지나야 승진 승급할 수 있음 ④ 각종 수당지급제한(정근수당 1/9 감, 장기근속수당·가족수당·자녀학비보조수당의 2/3 감)
경징계	감봉	① 1~3개월 간 보수의 1/3 감액 지급 ② 집행이 종료한 날부터 12개월이 지나야 승진 승급할 수 있음 ③ 감봉 1월에 대하여 정근수당의 1/18 감, 기간중 장기근속수당·가족수당·자녀학비보조수당의 1/3 감
	견책	① 전과에 대한 훈계, 회개 ② 집행이 종료한 날부터 6개월이 지나야 승진 승급할 수 있음

나. 전투경찰대 설치법상 징계의 종류

영 창	① 복무규율 위반행위로 가해지는 징계처분이다. ② 15일 이내에 구금장 유치
근 신	① 평상근무를 금하고 일정한 장소에서 비행을 반성하는 징계처분이다. (훈련 또는 교육참석 제외) ② 15일 이내

3. 징계기관 및 관할

가. 국무총리 소속하의 중앙징계위원회(경찰공무원법 26조)

(1) 경무관이상의 경찰관에 대한 징계의결을 한다.

(2) 위원의 수는 위원장을 포함하여 7명이며 차관급 공무원 중에서 국무총리가 임명한다.

나. 중앙경찰징계위원회

(1) 경찰청에 설치되어 총경과 경정의 징계문제를 다룬다.

(2) 위원은 위원장을 포함하여 5~7인이다.

다. 경찰보통징계위원회

(1) 경찰청에 설치하는 경찰보통징계위원회의 경우

경찰청장이 징계의결을 요구하는 경찰공무원에 대한 징계사건을 심의 의결한다.

(2) 지방경찰청, 경찰대학, 경찰교육원, 중앙경찰학교, 경찰병원에 설치하는 경찰보통징계위원회의 경우

징계위원회가 설치된 경찰기관소속 경감이하의 경찰관에 대한 징계사건을 심의, 의결한다.

(3) 경찰서, 경찰기동대, 전투경찰대 및 경찰청장이 지정하는 경감이상의 경찰공무원을 장으로 하는 기관에 설치하는 경찰보통징계위원회

의 경우

당해 경찰기관소속 경사이하의 경찰공무원에 대한 징계사건을 심의 의결한다.

※ 징계위원회의 구성은 (1), (2), (3) 공히 위원장을 포함하여 3~7인으로 구성된다.

4. 징계의 절차

가. 징계 의결의 요구

경찰기관장은 소속경찰관이 다음의 사항에 해당될 때 즉시 관할징계위원회를 구성하여 징계의결을 요구하여 30일 이내(부득이한 경우 30일 연장) 징계를 의결하여야 한다.

(1) 징계사유에 해당하는 행위를 한때

(2) 하급기관으로부터 징계의결 요구에 대한 신청이 있었을 때

(3) 감사원이나 상급경찰기관의 장으로부터 징계지시를 받았을 때

나. 징계집행과 시효

(1) 감봉이나 견책에 대한 징계의결서가 징계요구자에게 도달되면 그 요구자는 그것을 받은 날로부터 10일 이내에 징계집행을 해야 한다.

(2) 파면, 해임 또는 정직처분으로 결정된 징계의결서가 징계요구자에게 통고되면 징계요구자는 지체없이 징계의결서의 정본을 첨부하여 당해 공무원의 임용권자에게 파면・해임 또는 해임처분의 제청과 정직처분의 집행은 경찰청장이 한다.

(3) 징계사유가 발생한 날로부터 2년이 경과한 때는 징계요구를 할 수가 없다. 다만, 금품 및 향응수수, 공금횡령・유용은 3년이다(국가공무원법 제83조의 2).

다. 의결 과정

① 징계대상자에게 출석통지	• 징계위원회에서 징계의결을 시작할 때는 미리 징계당사자에게 그 사실을 통지하여 출석케 한다. 2회 이상 출석통지를 하였는데도 출석치 않을 경우 서면심사에 의해 의결할 수 있다.
② 심문과 진술권	• 출석한 징계대상자에게 징계사유에 해당하는 사실에 한해서 질문할 수 있으며 필요한 경우 관계인들을 출석 요구하여 조사를 할 수 있다.
③ 제척 및 기피	• 위원이 징계대상자의 친족이거나 징계사유와 관계있는 사람이면 그 징계사건의 의결에 참여하지 못한다. 또한 징계대상자는 위원 중에서 불공정한 의결을 할 우려가 있다고 의심할만한 상당한 이유가 있는 위원이 있으면 서면에 의해 그 사유를 밝히고 그 위원의 기피를 신청할 수 있다.
④ 고려사항	• 징계위원회는 징계대상자의 소행, 근무성적, 공적, 개전의 정과 징계의결을 요구한 자의 의견을 참작해야 한다.
⑤ 의 결	• 의결은 위원장을 포함하여 과반수의 출석과 출석위원 과반수의 찬성으로 결정된다. 징계의결서에 명시되어야 할 사항은 ① 징계심의 대상자의 인적사항 ② 의결주문 ③ 적용법조 ④ 징계사유에 해당하는 사항 및 입증자료의 인정 여부 ⑤ 징계대상자 및 증인의 출석여부 ⑥ 정상참작 여부 ⑦ 의결방법 ⑧ 심의결론

5. 상벌상계제도(賞罰相計制度)

경찰공무원의 상벌상계제도는 징계처분을 받은 경찰관이 직무수행 중 공적으로 포상을 받았거나 포상을 받은 경찰관이 징계처분을 받은 경우에 이를 상계하여 인사운영 면에 반영함으로써 근무의욕을 고취하려는 제도이다.

6. 소청(訴請)(소청절차규정, 대통령령)

가. 의 의

⑴ 공무원은 징계처분이나 불이익 처분에 불복하거나 그의 취소변경을 요구하는 심사를 소청심사위원회에 청구하는 행정심판이다.

⑵ 소청사항

소청사항은 공무원의 징계처분, 휴직, 면직처분 기타 불리한 처분이다(국가공무원법 제9조 제1항, 소청절차규정 제2조 제1항). 기타 불리한 처분은 대기명령, 의원면직 등이 포함된다.

나. 소청심사위원회 구성

다음 자격을 가진 자 중에서 행정자치부장관의 제청으로 대통령이 임명하는 5인 이상 7인 이내로 구성한다.

⑴ 법관·검사·변호사직에 5년 이상 근무한 자

⑵ 대학에서 행정학·정치학 또는 법률학을 담당한 부교수 이상의 직에 5년 이상 근무한 자

⑶ 3급 이상 해당하는 공무원으로서 3년 이상 근무한 자

다. 소청심사·결정

소청제기 (30일 이내)	⇨	소청심사위 심사결정 (60일 이내가 원칙이나 사유 있을 시 30일 연장가능)

⑴ 재적위원 2/3 이상의 출석과 재적위원 과반수에 의해 결정

⑵ 의견이 분립할 경우 → 재적위원 과반수에 달하기까지 가장 불리한 의견에 순차 유리한 의견을 더하여 그 중 가장 유리한 의견을 합의된 의견으로 본다.

⑶ 원 징계처분보다 중한 징계처분을 할 수 없다.

※ 소청심사위원회의 결정에 불복하는 경우 소청인은 소청결정서 정본을 송달받은 날로부터 90일이내 처분청을 피고로 하여 행정법원에 행정소송을 제기할 수 있다.

7. 징계 등 처분기록의 말소(抹消)

가. 처분기록의 말소요건

(1) 징계처분의 집행이 종료된 날로부터 아래 기간이 경과한 때

정 직	감 봉	견 책
7 년	5 년	3 년

(2) 소청심사위원회나 법원에서 징계처분의 무효 또는 취소의 결정이나 판결이 확정된 때

(3) 징계처분에 대한 일반사면이 있을 때

나. 직위해제처분의 기록

(1) 직위해제처분의 종료일로부터 2년이 경과한 때

(2) 소청심사위원회나 법원에서 직위해제시 무효 또는 취소의 결정이나 판결이 확정된 때

8. 계고 및 장려(獎勵)

계고라 함은 경찰관의 비위가 경찰공무원 징계양정 요강에 의한 견책에 상당하는 비위에 이르지 못한 경미한 사안 또는 각급 징계위원회에서 징계의결 요구를 기각한 사실에 대하여 기관장이 행위자에 대한 주의를 환기하는 것을 말한다.

장려라 함은 경찰관이 공무 수행 중 공로가 현저하거나 직무에 성실 청렴한 자 또는 대민 처우시 선행으로 경찰의 위신을 선양하였거나 기타 모범적인 선행 사유가 현저하다고 인정되는 사안에 대하여 경찰표

창정도에 미흡하는 공적을 장려하고 우대함을 말한다.

Ⅲ. 감찰과 감사

1. 감찰제도

가. 감찰의 의의

감찰은 조직의 업무효과성을 확보하기 위한 통제장치이다. 이는 일종의 내부 통제로서 조직구성원의 근무형태, 감독 그리고 회계감찰에 역점을 두고 있다. 그러므로 감찰은 조직의 기강유지 비위방지 그리고 조직업무의 체계성과 능률성 및 적법성의 내부통제장치이다.

나. 감찰활동의 구분과 내용(경찰감찰규칙 3조)

1. 예방감찰	지휘관 방침 및 관심사항에 대한 구현방안과 실행정도를 관찰하여 불합리한 요소를 제거하고 기능을 촉진하기 위한 계획된 감찰 활동.
2. 감찰조사	비위사실을 제증거에 의하여 명확하게 심리규명하고 결론을 지어 시정방책을 건의하는 행정조사
3. 감찰검열	지휘관의 명령에 의거 경찰업무수행에 현저한 결함이 있다고 인정되는 하급기관에 대하여 기강, 사기, 능률, 교육 회계 등 특정업무를 단기적 검열로서 개선책을 강구하는 지휘관의 불시 감독수단
4. 청문활동	소속직원에 대하여 애로와 건설적인 의견을 연 2회 이상 서면 또는 구두로 청문하여 행정에 반영함

2. 감사제도

가. 감사제도의 의의

경찰업무감사의 목적은 경찰행정전반의 실태를 감사하여 행정의 적법성과 규율을 확보하고 상부의 시책이나 방침이행 여부를 철저히 점검하여 민주적이고 능률적인 경찰사무의 수행을 확보하기 위한 것이다.

나. 감사의 종류와 내용

구 분	주 요 내 용
종합감사	피감사기관의 행정사무 전반에 대한 정기적으로 실시(1-2년 주기)
부분감사	피감사기관의 행정의 일부에 대하여 실시
특별감사	특히 필요한 사유가 있을 시 특정 행정운영사항에 대한 사실조사 목적으로 실시
자체감사	행정청이 자체적으로 당해 행정청의 사무 전부 또는 일부에 대하여 실시

3. 공직자 재산등록제도(공직자 윤리법)

공직자 및 공직후보자의 재산등록과 등록재산의 공개를 제도화하고 공직을 이용한 재산취득의 규제, 공직자의 선물 신고, 퇴직공직자의 취업제한 등을 규정함으로써 공직자의 부정한 재산증식을 막고 공무집행의 공정성을 확보하여 공직자윤리를 확립함을 목적으로 한다.

제 7 절 신분보장 · 보수

Ⅰ. 신분보장 및 정년제

1. 신분보장

가. 의 의

신분보장은 공개경쟁채용시험, 공무원의 정치적 중립성과 함께 실적주의 공무원제도의 3대 요소이다. 특정한 법률에 근거 없이 행정권에 의하여 일방적으로 그 신분을 침해할 수 없도록 한 제도이다. 국가공무원법에서 공무원은 형의 선고, 징계처분 또는 이 법에 규정한 사유에 의하지 아니하고는 그 의사에 반하여 휴직 또는 면직을 당하지 아니한다고 규정하고 있다.

나. 협의의 신분보장

(1) 신분상의 권리

㈎ 신분보유권, 직위보유권(국가공무원법 제68조)

㈏ 직무집행권(형법 제136조, 137조)

㈐ 제복의 착용과 무기휴대권(경찰공무원법 제20조)

㈑ 직명사용권(경범죄처벌법 제1조)

㈒ 쟁송제기권(행정심판법 등)

(2) 신분보장의 예외

경찰공무원법에는 의사에 반한 신분조치로 ① 당연퇴직 ② 직권면직 ③ 직권휴직 ④ 직위해제 ⑤ 정년제 등을 규정하고 있으며, 이러한 경우에 해당되지 않으면 여하한 신분상의 불이익 처분을 받지 않는다는 점에서 신분보장에 관한 규정으로 볼 수 있다.

다. 광의의 신분보장(생활보장 등)

(1) 보수에 관한 규정(국가공무원법 제47조)

㈎ 봉급 호봉 및 승급기준에 관한 사항

㈏ 수당에 관한 사항

㈐ 보수의 지급방법, 보수의 계산 기타 보수지급에 관한 사항

(2) 명예퇴직

공무원으로서 20년 이상 근속한 자가 정년퇴직일전 1년 이상 10년 이내 기간 중에 자진 퇴직하는 경우에 예산의 범위 안에서 명예퇴직 수당을 지급한다.

(3) 사회보장(국가공무원법 제77조)

공무원의 질병, 부상, 폐질, 퇴직, 사망 또는 재해를 입었을 때는 본인 또는 유족에게 법률이 정하는 바에 따라 적절한 급여를 지급한다.

(4) 국가유공자 예우

「국가유공자등 예우 및 지원에 관한 법률」에 의하여 원호의 혜택을 받을 수 있다.

2. 정년제

가. 서 설

정년제도는 경찰공무원법 제24조에 규정된 제도로서, 고령으로 인한 능력감퇴를 막고, 동일계급에서 장기근무로 인한 인사 침체현상을 방지하며, 신진대사와 조직의 활성화를 기하여 경찰의 업무를 보다 능률적으로 수행할 수 있도록 하려는 것으로서 연령 정년과 계급정년으로 구분된다.

나. 정년퇴직의 구분(경찰공무원법 제24조 제①항)

〈연령정년과 계급정년〉

연 령 정 년	계 급 정 년				
60세	치안감	경무관	총 경	경 정	경감이하
	4년	6년	11년	14년	없 음

다. 정년퇴직기간의 계산

경찰공무원은 그 정년이 달한 날이 1월에서 6월 사이에 있는 경우는 6월 30일에 7월에서 12월 사이에 있는 경우 12월 31일에 각각 당연 퇴직된다.

라. 정년의 연장

<table>
<tr><td>연령정년</td><td colspan="2">경감, 경위
경사이하로서 통신, 감식 등 특수기술부문 및 기획, 감사 등 내근 부서에 10년 이상 근무한 자</td><td>현재중지</td></tr>
<tr><td rowspan="2">계급정년</td><td>수사, 정보, 외사, 보안 등 특수부문에 근무하는 자로서 대통령령이 정하는 바에 의하여 특기지정을 받은 자</td><td>총경
경정</td><td>3년 이내</td></tr>
<tr><td colspan="2">경찰청장은 전시, 사변 등 이에 준하는 비상사태 하에서는 계급 정년을 연장할 수 있다. 이 경우에 경정이상의 경찰 공무원에 대하여는 국무총리를 거쳐 대통령의 승인을 얻어야 한다.</td><td>2년 이내</td></tr>
</table>

3. 명예퇴직

가. 대상자요건

20년 이상 근속한 자로서 정년퇴직일 전 1년 이상 10년 이내에 자진해서 퇴직하는 자로서 치안감 이하 계급이 해당된다.

나. 대상자의 제한

(1) 현재 징계 요구중인 자

(2) 현재 징계처분으로 승진제한기간 중에 있는 자

(3) 공무원으로 계속 근무한 기간이 5년 미만인 자

다. 명예퇴직 수당 지급

Ⅱ. 복리후생제도

1. 보수제도

가. 의 의

보수라 함은 직무의 곤란도·직책의 경중·계급별·호봉별로 지급하는 기본급여인 봉급과 그 밖의 각종수당을 합산한 금액을 말한다.

나. 용어의 정의(공무원 보수규정 제4조)

보 수	봉급과 기타 각종 수당을 합산한 금액을 말한다.
봉 급	직무의 곤란성 및 책임의 정도에 따라 직책별로 지급되는 기본급여를 의미한다.
수 당	직무여건 및 생활여건 등에 따라 지급되는 부가급여를 말함
승 급	일정한 재직기간의 경과 기타법령의 규정에 의하여 현재 호봉보다 높은 호봉을 부여하는 것이다.
보수의 일할 계산	그 달의 보수를 그 달의 일수로 나누어 계산하는 것이다.

다. 현행보수제도

(1) 봉 급

공무원의 직무수행에 대한 반대급부와 부양가족의 최저생활을 유지시키기 위한 생활급의 이중적 성격이 있다.

(2) 수 당

공무원의 근무조건이나 생활여건에 따라 일부의 공무원들에게만 지급되는 보수를 말한다.

2. 연금제도

가. 의 의

공무원이 상당한 기간 근무하고 퇴직·사망하였거나 공무로 인한 부상·질병·폐질로 퇴직 또는 사망하였을 때 법률이 정하는 바에 의하여 지급하는 급여이다. 이에 관하여 공무원 연금법 등이 있다.

나. 연금제도의 목적

공무원 연금법 제1조에서는 연금제도의 운영 목적을 공무원의 (1) 사회보장 (2) 경제생활 안정 (3) 복지향상 등으로 규정하고 있다.

다. 재직기간의 계산

(1) 공무원의 재직기간은 공무원의 임명된 날이 속하는 달로부터 퇴직 또는 사망한 날이 속하는 달까지의 연월수에 의한다.

(2) 재직기간의 계산에 있어서 다음의 사유를 제외한 휴직기간·직위해제기간 및 정직기간은 그 기간의 1/2을 감한다.

※ 전 기간 합산되는 휴직사유

① 공무상 질병으로 인한 휴직

② 병역법에 의한 병역복무를 마치기 위한 휴직

③ 국제기구 또는 외국기관에 임시 고용됨으로 인한 휴직

④ 기타 법률의 규정에 의한 의무를 수행하기 위한 휴직은 전 기간 합산됨

라. 시 효

공무원 연금법에 의해 급여를 받을 권리는 그 급여의 사유가 발생한 날로부터 단기 급여는 1년간, 장기급여는 5년간 이를 행사하지 아니할 때에는 시효로 소멸된다.

마. 퇴직급여의 종류 및 주요내용

단기급여와 장기급여로 구분한다.

(1) 단기급여

구 분	주 요 내 용
공무상요양비	공무원이 공무상 질병 또는 부상으로 진단, 치료 등의 요양을 하는 경우 2년의 범위내에서 요양비를 지급
공무상 요양 일시금	요양기간이 2년이 넘었을 경우 추가로 1년간 요양에 해당하는 비용을 지급 받을 수 있음
재해부조금	공무원이 수재·화재 기타 재해로 인하여 재산상 손해를 입었을 때 보수 월액의 6배에 상당하는 금액의 범위 안에서 재해부조금을 지급함
사망조위금	공무원 본인·배우자·직계존속·부양하는 배우자의 직계존속의 사망시에 지급하며 공무원 본인의 경우 보수월액의 3배, 배우자·직계존속은 보수월액 상당액을 지급함

(2) 장기급여

구 분		주 요 내 용
퇴직연금	퇴직연금	공무원이 20년 이상 재직하고 퇴직한자에게 사망시까지 지급되는 것이다.
	퇴직연금 일시금	공무원이 20년 이상 재직하고 퇴직하는 경우에 본인의 원에 의하여 퇴직연금에 갈음하여 퇴직연금일시금을 지급할 수 있다.
	퇴직연금 공제일시금	20년을 초과하는 재직기간 중 본인이 원하는 기간에 대하여 그 기간에 해당하는 퇴직연금을 나머지 기간에 일시금으로 지급받는 퇴직급여
	퇴직일시금	공무원이 20년 미만을 재직하고 퇴직한 때에는 퇴직일시금을 지급한다.
장해급여	장해연금	공무상의 질병 또는 부상으로 인하여 퇴직한 때 본인이 원하는 바에 따라 장해 연금을 지급한다.
	장해보상금	공무원이 공무상의 질병 또는 부상으로 인하여 퇴직 후 3년 이내에 그 질병 또는 부상으로 인해 폐질상태로 된 때 본인 이 원하는 바에 의하여 대통령이 정하는 바에 따라 장해 보상금을 지급한다.
퇴직수당		공무원이 1년 이상 재직하고 퇴직한 때에는 재직 연수에 따라 퇴직수당을 지급한다.

구 분		주 요 내 용
유족급여	유족연금	공무원 또는 공무원이었던 자가 퇴직연금을 받을 권리가 있으면서 사망한 때 지급한다.
	유족연금 부가금	퇴직연금을 받을 권리가 있는 공무원이 재직 중 사망한 때에 유족연금 외에 지급되는 가산금이다.
	유족연금 특별가금	퇴직연금을 받을 권리가 있는 공무원이었던 자가 퇴직한 달의 다음달부터 3년 이내 사망한 때 유족연금 외에 지급되는 가산금이다.
	유족연금 일시금	유족이 유족연금을 일시금으로 지급하기를 원할 때 지급되는 연금이다.
	유족일시금	공무원이 20년 미만 재직하고 재직 중 사망한 때 그 유족에게 일시금으로 지급한다.
	유족보상금	공무원이 공무상 질병 또는 부상으로 인하여 재직 중 사망하거나 퇴직 후 3년 이내 그 질병 또는 부상으로 인하여 사망한 때 그 유족에게 유족보상금을 지급한다.

3. 기여금

가. 의 의

기여금이라 함은 퇴직급여 · 유족급여 등 연금급여에 소요되는 비용으로서 공무원이 부담하는 금액을 말한다.

나. 납부방법 · 기간제도

기여금은 공무원으로 임명된 날이 속하는 달로부터 퇴직 또는 사망한 날이 속하는 달까지의 분을 월별로 납부하여야 하며 그 납부기간이 33년을 초과하지 못한다. 기여금의 금액은 보수월액의 85/1,000으로 하며 기여금 징수의무자가 매월 보수에서 징수하며 보수지급 일로부터 5일 이내에 공단에 납부하여야 한다.

4. 건강보험

가. 의 의

경찰보험제도는 경찰공무원과 그 부양가족의 질병, 부상, 분만 또는 사망 등에 대하여 보험급여를 실시함으로써 건강과 사회보장의 증진을 도모함을 목적으로 하는 제도이다.

나. 보험급여

(1) 요양급여

피보험자 및 피부양자의 질병 또는 부상에 대하여는 다음의 요양 급여를 한다. 장기요양을 하는 경우 즉 실제 요양기간이 730일(2년)을 경과하여도 질병부상이 완치되지 아니하는 때에는 향후 1년 범위 안에서 요양에 소요될 비용을 "공무상요양일시금"으로 지급한다.

요양급여에는 ① 진찰 ② 약재 또는 치료재료의 지급 ③ 처치, 수술 기타의 치료 ④ 의료시설에의 수용 ⑤ 간호 ⑥ 이송 등이 있다.

(2) 분만급여

피보험자 또는 피부양자인 배우자가 분만한 때에는 분만급여를 한다.

(3) 건강진단

보험자는 피보험자의 질병의 조기발견과 그에 따른 요양급여를 하기 위하여 대통령령이 정하는 바에 의하여 건강진단을 실시한다.

(4) 요양비

보험자는 피보험자나 피부양자가 긴급 기타 부득이한 사유로 인하여 요양취급기관 이외의 보건의료기관이나 약방에서 요양을 받은 때에는 요양급여에 상당한 액을 요양비로 지급한다.

(5) 분만비

보험자는 피보험자 또는 그 피부양자인 배우자가 요양취급기관 이외에 장소에서 분만한 때에는 분만급여에 상당하는 액을 분만비로서 지급한다.

(6) 장제비

피보험자 또는 피부양자가 사망한 때는 그 장제를 하는 자에게 장제비를 보건복지부장관이 정하는 바에 따라 지급한다.

라. 보험료의 부담기준

공무원인 피보험자의 보험료는 피보험자와 정부가 각각 50%씩을 부담한다.

제 8 절 장비 · 물품관리

Ⅰ. 장비관리

1. 서 설

가. 장비의 개념(경찰장비관리규칙 제2조)

무기, 경찰장구,[2] 최루제 및 그 발사장치, 감식기구, 해안감시기구, 통신기기, 차량, 선박, 항공기 등 경찰의 직무수행을 위하여 필요한 장치와 기구(경직법 제10조 제2항)로서 기동, 피복, 총포, 범죄수사, 행정공용장비 등을 총칭하는 개념이다.

---

2) 경찰관이 휴대하여 범인검거와 범죄진압 등 직무수행에 사용하는 것 중 무기를 제외한 물건을 총칭하는 개념

나. 장비의 종류(경찰장비관리규칙 제3조에 13종을 규정)

경찰장비에는 작전・해안감시장비, 경호장비, 대테러장비, 진압장비, 방범장비, 교통장비, 수사・감식장비, 기동장비, 무기・탄약・최루탄장비, 전산장비, 통신장비, 항공장비, 의료장비가 있다.

2. 급여품 · 대여품 관리

가. 의 의

급여품과 대여품은 경찰관에게 업무수행을 위하여 급여하는 물품과 대여하는 물품을 의미하며 급여품 및 대여품 규정에 의한다.

나. 개념 및 지급기준

급여품	1) 경찰모, 경찰제복, 경찰화, 휘장류, 부속물 등이며 급여품의 종류・수량・사용 기간 등 급여품 지급기준은 경찰공무원 급여품 및 대여품 규정에 의한다. 2) 경찰청장은 특히 필요하다고 인정할 때에는 급여품의 수량과 사용기간을 변경할 수 있다. 3) 급여품은 현품으로 하지만, 특별한 직무에 종사하는 자로서 제복을 착용하지 않는 자에 대해 현금으로 지급할 수 있다.
대여품	표지창, 장구류, 전투장구, 안전장구, 진압장구, 등으로 종류・수량・사용기간 등 대여품 지급기준은 경찰공무원 급여품 및 대여품 규정에 의한다.

3. 무기 · 탄약관리

가. 무기고 관리

(1) 책임자에 의한 열쇠관리 확행

- 경찰서 집중 무기고 : 주간 → 경무과장, 야간 → 상황실장(부실장)
- 지구대 간이 무기고 : 지구대장 → 부소장 → 소내 근무자(2명이상 분리보관)

(2) 무기고 점검 확인 및 감독순서 강화

구 분	관 서 장	주무 과장	주무 계장	기 타
경 찰 서	분기 1회	월 1회	주 1회	담당 1일 1회
파 출 소	〃	〃	〃	지구대장 1일 2회

(3) 점검 및 감독순시는 반드시 본인이 직접 실시

무기고 출·입고 상황 일일점검 및 대장에 기록유지하고 출·입고, 인수·인계시 감독확인을 철저히 한다.

(4) 무기고 보안시설 강화

무기고 철책, CCTV, 경보보안장치 등 보안시설을 보강하고 비상벨은 상황실, 숙직실과 동시 취명할 수 있도록 조치한다.

나. 무기 취급자 및 지급자 신상관리 철저

(1) 무기 취급관리자의 엄선

감찰 등 관련부서와 적극협조, 사전 신상파악후 배치하고 배치 후에도 배제사유 발생시 즉시 교체한다.

(2) 무기 지급시 적격 여부 사전심사 확행

사전심사 결과 부적격자에게는 지급 배제하고 지급 후에도 부적격자로 판명시에는 즉시 회수 또는 보관 조치한다.

(3) 무기·탄약 회수 대상

① 비위과실로 인한 징계대상 계류자

② 형사사건 조사 대상자

③ 사직원 제출자, 염세비관자, 주벽, 변태성격, 가정불화자

④ 기타 정황을 판단하여 부적격자는 총기 소지금지

다. 대여무기 피탈 및 분실 방지

⑴ 대여 받은 총기는 서랍 등에 방치하지 말아야 하며 미휴대시는 반드시 간이무기고 등에 보관한다.

⑵ 휴대시에는 피탈방지 연결고리를 부착한다.

⑶ 분실, 도난, 피탈 또는 훼손시는 즉보, 수배 등 회수에 필요조치를 강구한다.

라. 고장무기 관리 및 손질 철저

⑴ 고장총기 발생시에는 즉시 수리 의뢰한다.

⑵ 매월 2회 이상 관서장 책임하에 손질한다.

마. 감독 기능 및 일상교육 강화

⑴ 각급 관서장 및 감독자의 부단한 확인, 감독이 필요하다.

⑵ 총기 안전관리를 위한 교양을 생활화하여야 한다.

Ⅱ. 물품관리

1. 의의

물품관리는 경찰업무를 수행하는 데 필요한 물품을 취득하여 효율적으로 보관사용하고 사용 후에는 합리적으로 처분하는 과정이라고 할 수 있다. 따라서 물품관리는 물품의 분류, 수급관리, 재고관리, 재물활용, 불용품의 처분 등의 과정으로 이루어진다.

⑴ 물품의 개념

물품관리법상 물품이라 함은 국가가 소유하는 동산과 국가가 사용하기 위하여 보관하는 동산을 말한다. 그러나 현금, 한국은행에 기탁하여야 하는 유가증권 및 국유재산인 동산은 제외된다.

(2) 정부물품관리의 의의

국가물품의 취득, 보관, 사용 및 처분에 관한 기본적 사항을 규정함으로써 물품의 효율적이며 적정한 관리를 도모하는 것을 의미한다.

2. 물품관리의 단계

취 득	소요산정, 취득시기 및 방법, 구매관리전환	수급관리
보 관	수납, 출급, 배분, 보존, 저장, 정비	재고관리
사 용	사용, 운용, 중고품 적극 활용	재물활용
처 분	불용결정과 처분, 관리전환, 매각 등	불용품 처분

제 9 절 문서관리 및 민원업무

Ⅰ. 공문관리

1. 공문서의 의의

공문서라 함은 행정기관 내부 또는 상호간이나 대외적으로 공무상 작성 또는 시행되는 문서(도면, 사진, 디스크, 테이프, 필름, 슬라이드, 전자문서 등의 특수매체 기록을 포함) 및 행정기관이 접수한 모든 문서를 말한다(사무관리규정 제3조제1호).

가. 공문서가 유효하게 성립되기 위한 일반적 요건

(1) 당해기관의 의사표시가 명확하게 표시될 것
(2) 위법・부당하거나 시행 불가능한 사항이 없을 것
(3) 당해기관의 권한내의 사항 중에서 작성될 것

(4) 법령에 규정된 절차에 따라 형식이 정리될 것

나. 문서의 필요성

(1) 내용이 복잡하여 문서가 없이는 당해 업무의 처리가 곤란할 때
(2) 사무처리 결과의 증빙자료로서 문서가 필요한 때
(3) 사무처리의 형식상 또는 체제상 문서의 형식이 필요한 때
(4) 사무처리에 대한 의사소통이 대화로는 불충분하여 문서에 의한 의사소통이 필요한 때
(5) 사무처리의 결과를 일정기간동안 보존할 필요가 있을 때 등

2. 문서처리의 원칙

가. 즉일처리의 원칙

문서는 내용 또는 성질에 따라 그 처리기간이나 방법이 다를 수 있으나, 효율적인 업무수행을 위하여 그 날로 처리하는 것이 바람직하다.

나. 책임처리의 원칙

문서는 정해진 사무분장에 따라 각자가 직무의 범위 내에서 책임을 가지고 관계규정에 따라 신속·정확하게 처리하여야 한다.

다. 적법성의 원칙

문서는 법령의 규정에 따라 일정한 형식 및 요건을 갖추어야 함은 물론 권한 있는 자에 의하여 작성·처리되어야 한다.

라. 전자처리의 원칙

문서의 기안·검토·협조·결재·등록·시행·분류·편철·보관·보존·이관·접수·배부·공람·검색·활용 등 문서의 모든 처리 절차가 전자문서시스템상에서 전자적으로 처리되도록 하여야 한다.

3. 문서의 종류

가. 작성주체에 의한 구분

(1) 공문서

행정기관 또는 공무원이 직무상 작성 또는 접수한 문서를 말한다.

(2) 사문서

사문서는 개인이 사적 목적을 위하여 작성한 문서를 말한다. 사문서도 각종 신청서 등과 같이 행정기관에 제출하여 접수가 된 것은 공문서가 된다.

나. 유통대상에 의한 구분

(1) 대내문서

당해 기관내부에서 지시·명령 또는 협조를 하거나 보고 또는 통지를 위하여 수발하는 문서를 말한다.

(2) 대외문서

국민이나 단체 또는 다른 행정기관간(소속기관 포함)에 수발하는 문서를 말한다.

(3) 전자문서

컴퓨터 등 정보처리능력을 가진 장치에 의하여 전자적인 형태로 작성, 송·수신 또는 저장된 문서를 말한다.

다. 문서의 성질에 의한 분류

(1) 법규문서

주로 법규사항을 규정하는 문서로서 헌법·법률·대통령령·총리령·부령·조례 및 규칙 등을 말한다.

(2) 지시문서

행정기관이 그 하급기관 또는 소속공무원에 대하여 일정한 사항을 지시하는 문서로서 훈령·지시·예규 및 일일명령 등을 말한다.

① 훈령

상급기관이 하급기관에 대하여 상당한 장기간에 걸쳐 그 권한의 행사를 일반적으로 지시하기 위하여 발하는 명령을 말한다.

② 지시

상급기관이 직권 또는 하급기관의 문의에 의하여 하급기관에 개별적·구체적으로 발하는 명령을 말한다.

③ 예규

행정사무의 통일을 기하기 위하여 반복적 행정사무의 처리기준을 제시하는 법규문서 외의 문서를 말한다.

④ 일일명령

당직·출장·시간외 근무·휴가 등 일일업무에 관한 명령을 말한다.

(3) 공고문서

행정기관이 일정한 사항을 일반에게 알리기 위한 문서로서 고시·공고 등이 이에 해당된다.

① 고시

법령이 정하는 바에 따라 일정한 사항을 일반에게 알리는 문서로서 일단 고시된 사항은 개정이나 폐지가 없는 한 효력이 계속된다.

예) 민원사무처리기준표 고시

② 공고

일정한 사항을 일반에게 알리는 문서로서 그 내용의 효력이 단기적이거나 일시적인 것을 말한다(예를 들면 입찰공고, 시험시행공고 등).

(4) 비치문서

행정기관이 일정한 사항을 기록하여 행정기관 내부에 비치하면서 업무에 활용하는 비치대장 · 비치카드 등의 문서를 말한다.

(5) 민원문서

민원인이 행정기관에 허가 · 인가 · 기타 처분 등 특정한 행위를 요구하는 문서 및 그에 대한 처리문서를 말한다.

※ 민원사무처리에관한법률시행령 제2조 참조

(6) 일반문서

위 각 문서에 속하지 않는 일반적으로 처리되는 문서를 말한다.
다만, 일반문서 중 특수한 것으로서 회보 및 보고서가 있다.

① 회보

행정기관의 장이 소속공무원 또는 하급기관에 업무연락 · 통보 등 일정한 사항을 알리기 위한 경우에 사용하는 문서로서 행정기관 단위로 회보사항을 일괄 수록하여 문서과 등에서 발행한다.

② 보고서

특정한 사안에 관한 현황 또는 연구 · 검토결과 등을 보고하거나 건의하고자 할 때 작성하는 문서를 말한다.

5. 문서의 성립과 효력발생

가. 문서의 성립

(1) 성립시기

다른 법령에 특별한 규정이 있는 경우를 제외하고는 당해 문서에 대한 결재권자의 서명(전자문자서명 · 전자이미지서명 및 행정전자서명을 포함)에 의한 결재가 있음으로써 성립한다.

(2) 성립요건

(가) 정당한 권한이 있는 공무원이

(나) 직무의 범위 내에서 공무상 작성하고

(다) 결재권자의 결재가 있어야 한다.

나. 효력발생시기

(1) 일반문서 : 수신자에게 도달된 때

(2) 공고문서 : 고시 또는 공고가 있은 후 5일이 경과한 날. 다만, 효력발생 시기가 법령에 규정되어 있거나, 공고문서에 특별히 명시되어 있는 경우는 그에 의한다.

(3) 전자문서 : 수신자의 컴퓨터파일에 기록된 때

6. 문서수발의 원칙

가. 문서는 직접 처리하여야 할 행정기관에 발신하여야 한다.

다만, 필요한 경우에는 행정조직상의 계통에 따라 발신하여야 한다.

나. 하급기관에서 직근 상급기관 이외의 상급기관(당해 하급기관에 대한 지휘·감독권을 갖고 있는 기관을 말함)에 발신하는 문서 중 필요하다고 인정되는 문서는 그 직근 상급기관을 경유하여 발신하여야 한다.

다. 상급기관에서 직근 하급기관 외의 하급기관에 문서를 발신하는 경우에도 전항과 같이 경유하여 발신하여야 한다.

7. 각종 대장·서식의 전산관리

각종 대장·서식 등은 특별한 사유가 없는 한 전산화·자동화가 용이하도록 전자문서시스템, 행정정보시스템 등으로 관리하여야 한다.

8. 문서관계규정

가. 사무관리규정 및 사무관리규정시행규칙
나. 공공기관의기록물관리에관한법률 동법 시행령 및 동법 시행규칙
다. 전자정부구현을위한행정업무등의전자화촉진에관한법률 및 동법 시행령

Ⅱ. 민원사무처리

1. 민원사무의 개념

가. 의 의

(1) "민원사무"라 함은 민원인이 행정기관에 대하여 처분 등 특별한 행위를 요구하는 사항에 관한 사무를 말한다(민원사무처리에 관한 법률 제2조).

(2) "민원인"이라 함은 행정기관에 대하여 처분 등 특정한 행위를 요구하는 개인, 법인 또는 단체를 말한다(동법 제2조).

(3) "사이버민원실"이라 함은 컴퓨터통신을 이용하여 전자적인 형태로 민원의 안내, 상담, 신청, 접수, 처리결과의 통지 등을 할 수 있도록 하는 시스템을 말한다(영 제2조제5항).

나. 민원의 범위(경찰민원봉사실 운영규칙 제2조)

각 호의 1에 해당하는 경우에는 법제2조제1호에 의한 민원으로 보지 아니한다.

(1) 무기명이나 주소, 성명이 불명확할 때
(2) 경찰업무와 관련이 없는 민원

2. 민원실의 설치

민원실은 경찰청, 지방경찰청, 경찰서에 설치한다(경찰민원봉사실운영규칙 제3조).

제10절 보안관리

Ⅰ. 서 설

1. 보안의 개념

가. 의의

보안이란 국가의 안전보장을 위하여 국가가 보호를 필요로 하는 비밀이나 인원, 문서, 자재, 시설 및 지역 등을 보호하는 소극적인 예방활동과, 국가안전보장을 해치고자 하는 간첩 등 불순분자의 책동을 경계 방지하며 탐지, 조사, 체포하는 등의 적극적인 활동을 말하며 여기서의 보안은 소극적인 예방활동을 의미한다.

나. 법적근거

(1) 국가정보원법(법률 제5681호. 99.1.21.)

국가정보원의 조직 및 직무범위와 국가안전보장 업무의 효율적인 수행을 위하여 필요한 사항을 규정하고 있다.

(2) 정보 및 보안업무기획 · 조정규정(대통령령 제15136호 96.8.8.)

국가기밀에 속하는 보안업무의 수행을 위하여 업무의 기획 · 조정에 필요한 사항을 규정하고 있다.

(3) 보안업무규정(대통령령 제10478호 81.10.7)

국가기밀에 속하는 보안업무의 수행에 필요한 사항을 규정하고 있다.

(4) 보안업무규정시행규칙(대통령훈령 제46호 81.10.7)

보안업무규정의 시행에 관하여 필요한 사항을 규정하고 있다.

(5) 보안업무규정시행세부규칙(경찰청훈령 제269호 99.6.9)

보안업무규정 및 보안업무규정시행규칙의 세부시행에 관하여 필요한 사항을 규정하고 있다.

다. 보안의 주체 · 대상

<table>
<tr><td colspan="2">보안의 주체</td><td>보안이 궁극적으로 국가안전보장을 담보로 한다는 점에서 국가이다.</td></tr>
<tr><td rowspan="2">대상</td><td>보호를 요하는</td><td>국가안전보장상 보호를 요하는 인원, 문서, 자재, 시설, 지역 등을 말함</td></tr>
<tr><td>경계를 요하는</td><td>보호를 요하는 대상에 대하여 위해 행위를 하게 되는 인원, 행위, 단체 및 각종 사회운동을 말함</td></tr>
</table>

2. 보안의 원칙

알 사람만 알아야 하는 원칙	보안의 기본원칙으로 보안사항을 전파할 때 꼭 필요한가 또는 피전파자가 반드시 전파받아야 하며 필요한 것인가를 검토하여야 한다.
부분화의 원칙	알 사람만이 알아야 하는 원칙을 실천하기 위한 원칙으로 문서의 내용과 가치의 정도에 따라 다른 비밀과 관련되지 않게 부분적으로 있게 하는 원칙을 말한다.
보안과 능률의 원칙	보안과 능률이 균형을 유지하여야 한다는 원칙이다. 통상 보안과 능률은 반비례 관계에 있지만 양자의 적절한 조화를 유지하는 방법을 강구해야 할 것이다.

Ⅱ. 비밀의 보호

1. 비밀의 구분

비밀을 작성하거나 생산하는 자가 비밀내용의 중요성과 가치의 정도에 따라 Ⅰ, Ⅱ, Ⅲ급 비밀로 구분한다.

Ⅰ급비밀	Ⅰ급 비밀이란 누설되는 경우 대한민국과 외교관계가 단절되고 전쟁을 유발하며, 국가방위계획 및 국가방위상 필수불가결한 과학과 기술의 개발을 위태롭게 하는 등의 우려가 있는 비밀
Ⅱ급비밀	Ⅱ급 비밀이란 누설되는 경우 국가안전보장에 막대한 지장을 초래할 우려가 있는 비밀
Ⅲ급비밀	Ⅲ급 비밀이란 누설되는 경우 국가안전보장에 손해를 끼칠 우려가 있는 비밀
대외비	보안업무규정 제4조에서 규정한 외에 특별히 보호를 요하는 사항을 대외비로 하며 비밀에 준하여 취급·관리한다.

2. 인원보안

가. 취급부서

각 경찰기관의 인사업무 취급 부서에서 분장한다. 의무경찰 및 전투경찰순경에 대한 인원보안업무는 그 인사업무를 취급하는 부서에서 담당한다.

나. 인원보안의 대상

⑴ 공무원(국가·지방·교육공무원)

⑵ 정부 또는 공기업의 임직원

⑶ 해외출입자(여행자, 선원, 항공종사원)

⑷ 국 가보안목적시설등 중요시설 및 장비관리자

⑸ 기타 국가보안 관련 인원

다. 비밀취급인가권자

Ⅰ급 및 암호자재 취급 인가권자	① 대통령 ② 국무총리 ③ 각원·부·처의 장 및 정무장관 ④ 감사원장 ⑤ 국가정보원장 ⑥ 국가안전보장회의 사무국장 ⑦ 경제과학심의회의 사무국장 ⑧ 대통령 비서실장 ⑨ 대통령 경호실장 ⑩ 검찰총장 ⑪ 합참의장·각 군 참모총장 및 육군의 1·2·3군사령관 ⑫ 국방부장관이 지정하는 각 군부대장
Ⅱ급 및 Ⅲ급 비밀 취급 인가권자	① 1급 비밀취급 인가권자 ② 중앙행정관서인 청의 장 ③ 서울특별시장, 광역시장 및 도지사 ④ 서울특별시, 광역시 및 도교육위원회 교육감 ⑤ ①~④항의 자가 지정한 기관의 장

라. 비밀취급인가권의 위임

⑴ 규정 제7조 2항의 규정에 의한 Ⅱ·Ⅲ급비밀 취급인가권자는 다음과 같다.

① 경찰청장 ② 경찰대학장 ③ 경찰교육원장 ④ 중앙경찰학교장 ⑤ 경찰병원장 ⑥ 각 시·도 지방경찰청장

⑵ 각 시·도 지방경찰청장은 경찰서장, 기동대장에게 2급, 3급 비밀취급인가권을 위임한다. 이때 경정이상의 경찰공무원을 장으로 하는 단위 경찰기관의 장에게 위임할 수 있다.

⑶ ⑵의 규정에 의하여 Ⅱ급 및 Ⅲ급비밀 취급인가권을 위임받은 기관의 장은 이를 다시 위임할 수 없다.

마. 비밀을 취급할 수 있는 자

⑴ 비밀의 취급이라 함은 비밀을 수집·작성·관리·분류·재분류 및 수발하는 등 일체의 비밀 관리행위를 말한다.

⑵ 비밀을 취급할 수 있는 자는 권한 있는 행정청으로부터 해당등급의 비밀취급의 인가를 받은 자에 한한다.

(3) 특별인가

(가) 경찰공무원은 임명과 동시에 Ⅲ급비밀 취급권을 가진다.

(나) 경찰공무원 중 전산, 항공 경과자와 일반경과 중 특수부서 근무자(전경포함)는 그 보직 발령과 동시에 Ⅱ급비밀 취급권을 인가받은 것으로 한다.

바. 인원보안의 수단

(1) 신원조사 (2) 보안교육 (3) 보안조치

사. 비밀취급인가 해제

비밀취급의 인가를 받은 자가 다음과 같은 경우에는 그 취급인가를 해제하여야 한다.

(1) 고의 또는 중대한 과실로 보안사고를 범하였을 때

(2) 보안업무 규정에 위반하여 보안업무에 지장을 초래한 때

(3) 비밀취급이 불필요하게 된 때에는 지체없이 그 취급인가를 해제하여야 한다.

3. 문서보안

가. 의 의

보안의 대상이 되는 문서는 일반문서와 비밀문서를 모두 포함하는바 비밀 표지가 되어 있지 않은 문서라도 국가비밀에 해당하는 문서는 보안의 대상이 된다.

나. 비밀분류의 원칙

과도 또는 과소분류 금지의 원칙	비밀은 적절히 보호할 수 있는 최저등급으로 분류하여야 하며 과도 또는 과소하게 분류하여서는 안 된다.
독립분류의 원칙	비밀은 그 자체의 내용과 가치의 정도에 따라하여야 하며 다른 비밀과 관련하여서는 안 된다는 원칙
외국비밀존중의 원칙	외국 또는 국제기구로부터 접수한 비밀은 그 발행 기관이 필요로 하는 정도 또는 그 이상으로 보호할 수도 있도록 분류하여야 한다.

다. 비밀의 표지

문서가 단일 문서일 때에는 문서의 상·하단 중앙에 비밀등급에 따라 다음과 같이 표시하고 문서가 책자일 때에는 전면표지와 후면표지에 그리고 내용의 각 면마다 상·하단 중앙에 표시한다.

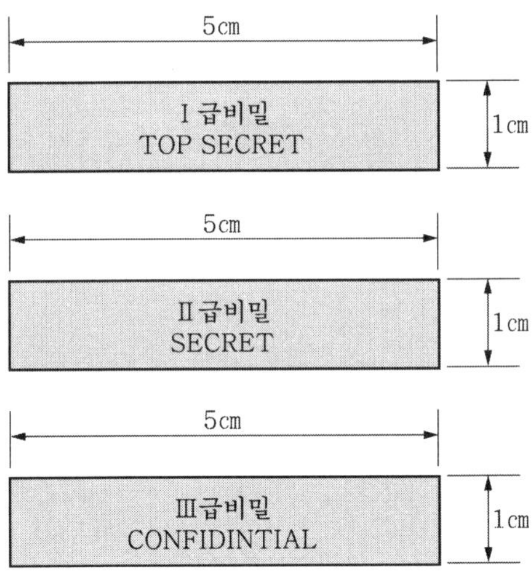

대외비문서는 다음과 같은 표시를 그 문서의 표면 중앙상단에만 표지한다.

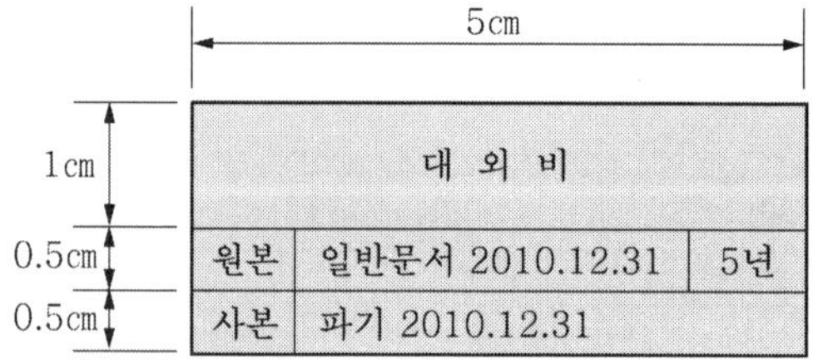

라. 예고문

예고문이라 함은 분류된 비밀에 그 보호기간과 최종처리 방법을 명시하는 것을 말하며, 예고문의 일자 또는 경우는 도래가 명확한 것이어야 하며 〈처리후〉 〈참고후〉 등과 같이 막연하고 불명확해서는 안 된다.

마. 비밀의 복제 · 복사

의 의	비밀의 일부 또는 전부를 인쇄, 모필, 조각, 녹음, 촬영, 인화 등으로 원형을 재현하는 일체의 행위를 비밀의 복제 · 복사라 한다.
한 계	다음의 경우에 한하여 복제 · 복사를 할 수 있다. 다만, 암호 및 음어 자재는 어떠한 경우를 막론하고 복제 또는 복사하지 못한다. ① Ⅰ급비밀은 발행자의 허가를 얻은 때 ② Ⅱ, Ⅲ급비밀은 당해 발행자의 특별한 제한이 없는 것으로 당해 등급의 비밀취급 인가를 받은 자가 업무상 공용목적으로 사용하는 때
표식방법	① 원본과 똑같은 비밀등급과 예고문을 명시하고 사본번호를 부여한다. 단, 예고문은 재분류구분이 파기로 되어 있으면 원문의 파기시보다 그시기를 앞당길 수 있다. ② Ⅱ급, Ⅲ급 비밀에 대한 복제 복사를 제한하고자 할 때는 그 비밀의 표지 이면 또는 예고문 상단에 적색으로 표시를 기입한다. ③ 복제 · 복사한 비밀의 원본 말미에는 배포선을 작성 첨부해야 한다.

바. 비밀의 수발

Ⅰ급 및 암호자재	암호화하여 전신으로 수발한다. 취급자의 직접 접촉에 의하여 수발한다.
Ⅱ급 및 Ⅲ급 비밀	Ⅰ급 비밀의 수발방법에 의한다. 각급기관의 문서 수발 계통에 의하여 수발한다. 등기우편에 의하여 수발한다.
⊙ 어떠한 경우를 막론하고 비밀은 전화에 의하여 평문으로 수발하여서는 안된다. ⊙ Ⅰ급 및 Ⅱ급비밀을 수발할 때와 Ⅲ급비밀을 우편으로 발송할 때에는 규정된 이중 봉투를 사용하여야 한다.	

사. 비밀의 보관기준

Ⅰ급 비밀	반드시 금고에 보관해야 하며 타 비밀과 혼합 보관하여서는 안 된다.
Ⅱ급 비밀 및 Ⅲ급 비밀	Ⅱ급 및 Ⅲ급 비밀은 금고 또는 철재 상자나 안전한 용기에 보관하여야 하며 분리 보관하는 것이 원칙이다. 단, 보관책임자가 Ⅱ급 비밀 취급인가를 받은 때에는 동일 용기에 혼합 보관 할 수 있다.
보안자재	Ⅲ급비밀의 보관방법에 준하여 보관 음어자재 보관함을 따로 비치하여야 하며, 보관함에는 음어자재 이외의 다른 물건을 보관하지 못한다. 과거용, 현재용, 미래용으로 구분 보관하되 현재용을 제외하고는 밀봉하여 보관한다.
비밀은 일반문서나 자재와 혼합 보관할 수 없다. 비밀의 보관용기 외부에는 비밀의 보관을 알리거나 나타내는 어떠한 표시를 하여서는 안 된다. 보관 용기에 넣을 수 없는 비밀은 제한구역 또는 통제구역 내에서 보관하거나 내용이 노출되지 않도록 특별한 보관 방법을 강구하여야 한다.	

아. 비밀의 재분류

비밀의 재분류라 함은 비밀의 효력과 가치를 재평가 또는 변경하는 행위로서 비밀의 등급변경 또는 파기 등을 말한다.

(1) 비밀의 예고문에 의하여

(2) 발행자의 직권으로 재분류 시기를 다시 결정할 때

(3) 긴급 부득이한 사정으로 비밀을 계속 보관하거나 안전한 지출을 할 필요가 없을 때

⑷ 국가정보원장의 요청이 있을 때
⑸ 보안유지를 위하여 파기시까지 계속 보관할 필요가 없을 때

자. 비밀의 관리

⑴ 비밀관리 기록부

비밀의 관리에 대한 일체의 사항을 기록유지하기 위하여 비밀관리 기록부를 작성 · 비치하여야 한다.

⑵ 비밀열람기록전

비밀에 대한 열람자의 범위를 파악하기 위하여 각개의 비밀문서 말미에 비밀열람기록전을 첨부한다.

4. 시설보안

가. 보호구역 설정 · 운용

⑴ 각급 기관의 장과 국가중요시설, 장비 및 자재를 관리하는 자는 국가비밀의 보호와 국가중요시설 장비 및 자재의 보호를 위하여 필요한 장소에 일정한 범위를 정하여 보호구역을 설정할 수 있으며
⑵ 보안구역의 설정 자는 보안상 불필요한 인원의 접근 또는 출입을 제한하거나 금지시킬 수 있다.

나. 보호구역의 구분

보호구역은 그 중요도에 따라 제한지역, 제한구역, 통제구역으로 나눈다(보안업무규정 제30조제②항).

제한지역	제한지역이라 함은 비밀 또는 정부재산의 보호를 위하여 울타리 또는 경호원에 의하여 일반인의 출입의 감시가 요구되는 지역을 말한다.
제한구역	제한구역이라 함은 비밀 또는 주요시설 및 자재에 대한 비인가자의 접근을 방지하기 위하여 출입에 안내가 요구되는 구역을 말하며 설정기준은 다음과 같다. ① 상황실(작전, 정보) ② 무전 및 FAX실 ③ 경찰교환실 및 기계실 ④ 발간실(경찰관서) ⑤ 송신소 및 중계소 ⑥ 경찰청, 항공대 및 지방항공대 ⑦ 작전, 경호, 정보, 대공업무 담당부서 전역 ⑧ 전산통신실 ⑨ 과학수사센터
통제구역	통제구역이라 함은 비인가자의 출입이 금지된 보안상 극히 중요한 구역으로서 설립기준은 아래와 같다. ① 암호취급소 ② 정보대공기록실 ③ 무기고 및 탄약고 ④ 종합상황실(치안) ⑤ 통신보안감청실 ⑥ 정보상황실 ⑦ 비밀발간실 ⑧ 전자계산소 ⑨ 컴퓨터실

5. 자재보안

자재는 암호자재, 음어자재, 약호자재로 구분한다.

분류기준 수 발	① 음어자재는 Ⅲ급비밀로 분류하며 약호자재는 대외비 이상으로 분류한다. ② 음어자재를 배부하는 기관은 직접 접촉에 의하여 수발할 수 있으며 인감 등록대장을 비치하고 수령책임관의 인감을 등록받아 등록된 자에 한하여 배부 또는 반납토록 한다.
음어자재 보 안	① 음어자재는 Ⅲ급비밀의 보관방법에 준하여 보관하여 비밀보관용기에 보관하되 음어자재 보관함을 따로 비치하여야 하며 그 함에는 음어자재 이외에 다른 물건을 보관하지 못한다. ② 음어자재는 과거용, 현재용, 미래용으로 구분 보관하되 현재용을 제외하고 밀봉하여 보관한다. ③ 음어자재를 보유하고 있는 기관은 음어자재 점검기록부를 비치하고 주1회 이상 점검하여야 하고 보안담당관은 월 1회 점검사항을 확인한다.
음어자재 운 용	① Ⅱ급이상은 음어화하여 수발하지 못하며, 다만 연습의 경우는 예외로 한다. ② Ⅲ급비밀 및 대외비의 내용은 음어화하여 수발하며 비밀이 아니라도 누설될 경우 국가이익을 해할 우려가 있는 내용은 음어화하여야 한다.
음어자재의 인계인수	음어자재보관자가 교체될 때에는 음어자재기록부에 그 내용을 기록하여야 하며 보안담당관의 확인을 받는다.

Ⅲ. 보안감사

1. 의 의

보안감사란 보안의 대상인 인원, 문서, 자재, 시설, 지역 및 장비등의 보안관리 상태에 대한 그 적정여부를 조사하기 위하여 실시하는 감사를 말한다.

2. 보안감사의 종류

가. 정기감사

정기감사는 연1회 실시하며 감사시에는 피감사기관에 감사계획을 통보하여 실시한다. 기존 국가정보원의 일반보안감사는 폐지되고 정보 및 보안업무 기획조정 규정에 의하여 연 1회이상 정보사업 및 그에 따른 예산과 보안 업무감사를 실시한다.

나. 수시감사

상급경찰기관은 하급경찰기관에 대하여 보안감사를 실시할 수 있다. 수시감사는 사전에 계획의 통보 없이 수시 실시할 수 있으며 보안감사중인 피감사기관에는 실시할 수 없다.

제11절 경찰홍보

Ⅰ. 서 설

1. 홍보와 공보의 개념

가. 홍보(Public Information)의 개념

홍보란 조직체와 공중간의 커뮤니케이션을 관리하는 활동이다. 커뮤니케이션을 관리한다는 것은 누구에게 언제, 어떤 말을 어떻게 해야 하는가를 판단하는 작업이다.

나. 공보(Publicity)의 개념

공보는 대중매체를 이용한 활동으로 신문보도자료의 제공, TV출연, 잡지기고 등 정보의 공개시장에 정보를 제공하는 적극적인 활동을 의미한다.

2. 중요성

적대감의 해소	적대감이 강할수록 커뮤니케이션의 필요성이 커진다. 홍보는 적대감 원인을 찾아내 사실을 적시함으로써 적대감을 해소시키려는 노력이다.
편견의 극복	편견은 국민이 경찰조직 및 활동을 객관적으로 이해하고 평가하지 못하도록 만든다. 따라서 홍보를 통해 이러한 편견을 없애야 하며 정확한 커뮤니케이션을 통해 이를 극복하여야 한다.
무관심과 무지의 극복	홍보는 국민의 사회적·심리적 장벽을 극복하여 그들의 이해를 구하는 커뮤니케이션의 기술이다. 홍보를 통해 경찰활동에 호의를 가질수록 그들의 태도를 변화시킨다.

가. 홍보활동의 중요성

경찰의 활동이 원활하게 이루어지려면 국민의 이해와 협조가 선행되어야 한다. 홍보의 목적은 경찰 조직체와 경찰활동을 국민이 이해하도록 하는 것이다.

나. 공보활동의 중요성

(1) 경찰의 시각이 언론보도에 반영된다.
(2) 경찰의 활동이 다양하게 보도되도록 한다.
(3) 긍정적이고 건설적인 측면이 보도될 수 있도록 한다.
(4) 공보활동은 오보를 방지한다.
(5) 공보활동은 경찰에 대한 언론의 신뢰도를 높여준다.
(6) 공보활동은 유언비어를 방지한다.

3. 공보의 특성

수평성	국민과 공무원은 상하 종속지간의 설득이 아니라 상호 평등한 관계에서 전개되는 것이므로 국민의 이해를 깊게 하여 자발적인 협력과 대화가 가능한 방향으로 나가야 한다.
의무성	민주사회에서 국민은 알 권리가 있고 정부는 국민에게 알려줄 법적·도덕적 의무를 지고 있다.
교류성	공보는 민주국가에서는 정부의 업적을 일방적·명령적으로 알리는 것이 아니고 국민의 여론을 정책에 반영하여 성실히 수행하고 결과를 다시 정확히 알리는 쌍방 교류적인 성격을 띠고 있다.
객관성	정부는 국민에게 정확한 정책자료를 알리고 사실을 과장이나 왜곡함이 없이 객관적으로 솔직하게 전달하며, 반대 의견이나 불리한 정보도 알아야 한다.
계몽성	행정은 국민의식을 높이는 계몽적 교육적 성격도 가지고 있다.
공정성	행정 PR은 개인적 이익이나 영리를 추구하는 활동이 아니다.

4. 공공관계(Public Relation:PR)

가. 의 의

공공관계란 공중의 태도를 평가하고 조직의 정책·절차를 공익에 일치시키며 공중의 이해와 수용을 얻기 위한 활동계획을 수행하는 관리기능을 의미한다.

나. 기 능

(1) 정보획득기능(사회적 기능)

행정수요에 민감하게 반응하고 국민의 의사를 경청하여 정책을 산출하고 집행하게 한다(방법 : 여론조사분석, 청원, 민원).

(2) 정보제공기능(행정적 기능)

국민의 태도에 따라 행정의사와 방향을 정하고 이를 국민에게 이해시켜서 국민으로부터 정책에 대한 동의·지원을 확보하게 한다(방법 : 관보, 행정백서, 행정연감 등 정부간행물과 신문, TV 등 대중매체).

(3) 효 과

㈎ 행정기관과 국민의 상호 이해와 통합을 통하여 행정수요의 충족과 변동하는 사회환경에 신속히 대응할 수 있다.

㈏ 공권력행사와 시민참여와의 대립과정을 지양함으로써 민주행정실현 및 행정의 안정과 발전을 도모할 수 있다.

㈐ 국가발전에 대한 사회통합이 이루어져 국민이 연대의식을 갖고 자발적으로 참여하게 한다.

단원정리

1. 경찰관리(경무경찰론)는 경찰조직에 대한 경영을 의미한다. 범죄의 예방과 대응활동을 하는 경찰조직을 효율적으로 관리함으로써 국민에 대한 경찰서비스활동을 효율적으로 수행하도록 하는 것이 목적이다. 경찰관리의 바람직한 목표는 고객만족, 효과성, 효율성 등으로 요약할 수 있다.

2. 경찰의 조직과 관리운영의 책임 주체를 국가로 하느냐 지방자치단체로 하느냐에 따라 국가경찰과 자치경찰로 구분한다. 경찰의 조직과 관리에 관한 권한이 중앙에 집중되어 있는 제도가 국가경찰제이며 이것이 각 지방자치단체에 분산되어 있는 제도가 지방자치경찰제이다.

3. 일반적으로 임용이란 정부기관에서 인재를 채용하여 공무원으로 활용하는 활동을 말한다. 임용에는 외부 민간인을 새롭게 공무원 신분 관계를 설정하는 임명(任命)과, 이미 공무원의 신분을 가진 사람에게 일정한 직무를 부여하는 보직(補職) 행위가 포함된다.

   신규채용의 방법으로는 공개채용과 특별채용의 두 가지가 있다. 공직에의 임용 기준을 개인의 실적 즉 업적·능력·자격에 두는 실적주의 제도 아래서는 공개경쟁 채용이 원칙이며, 특별채용은 특수한 직무분야에서와 같이 공개경쟁 채용이 부적절할 경우에 제한적으로 시행된다.

4. 징계란 공무원의 법령위반·의무위반·근무태만 또는 품위의 손상에 대하여 국가가 공무원 관계의 질서를 유지할 목적으로 그 위반에 과하는 제재를 징계라고 하며, 일반통치권에 따른 형사벌과는 근본적으로 그 본질이 다르다.

5. 공무원 신분보장은 공개경쟁채용시험, 공무원의 정치적 중립성과 함께 실적주의 공무원제도의 3대 요소로 구성되어 있다. 특정한 법률에 근거 없이 행정권에 의하여 일방적으로 그 신분을 침해할 수 없도록 한 제도이다.

제 7 장

경찰개혁론

학습목표

1. 경찰의 혁신은 조직발전의 핵심과제의 연구에서 출발한다. 시대와 사회의 변화에 따른 경찰조직의 혁신은 장기적이고 미래에 대한 청사진이며 발전의 방향이다.

2. 경찰학에서 경찰의 장기적 현안업무에 대한 이해는 국가조직으로서 경찰의 이해와 경찰조직이 나아갈 비전을 정립하게 해준다.

3. 경찰개혁론은 민주주의 국가에서 미래의 바람직한 경찰의 모습에 대한 경찰학의 심도있는 연구를 가능하게 하고 발전방향에 대한 좌표구실을 할 수 있다.

7
chapter

경찰개혁론

제 1 절 경찰개혁론

Ⅰ. 개설

사회는 끊임없이 변화하고 발전한다. 그에 따라 범죄나 안전에 관련된 국가치안여건도 언제나 새로운 환경에 놓이게 되며 이를 책임져야 할 경찰은 늘 새로운 도전에 직면하게 된다. 자유민주주의 사회와 국가에서 성공적인 경찰활동을 위한 비전과 전략은 무엇일까?

우리가 살고 있는 21세기의 사회변화는 불확실성과 복잡다양성의 시대이다. 사회의 전 부문에 전례 없는 변화가 이루어지고 있으며 새로운 사회질서로 끊임없이 변화하고 있다. 지식정보화시대는 정보화를 중심으로 하는 지식기반사회가 자리를 잡아가고 있다. 국가간의 냉전적 사고에서 벗어나 이념보다 경제적 이해관계가 중요시되고 있으며, 이익집단간의 갈등과 마찰이 심해지고 있다.

이에 따라 사회 안녕과 질서를 유지하고 시민생활을 보호하는 경찰의 치안활동은 급속하게 변화하는 치안환경을 중심으로 항상 대비하고 발전되어야 한다.

Ⅱ. 국제정세와 치안환경

1. 국제정세와 치안환경 변화

가. 국제정세와 치안환경

21세기는 인터넷의 급속한 발달로 지식정보화의 시대를 열어 지구촌에 국경을 넘는 활발한 교류가 이루어지고 있다. 정치와 경제를 비롯한 사회 각 분야가 국제적인 교류를 통하여 지구 한쪽에서 일어나는 문제가 그 지역의 문제로 그치지 않고 국제적인 관심사로 대두되고 있는 것이 현실이다.

최근 국제적으로 빈번히 발생하는 테러로 인하여 무고한 민간인, 항공기, 기타 주요 사회기반 시설들이 살상 또는 파괴되어 국제사회의 안전을 크게 해치고 있다. 테러는 이미 기원전 5세기경 그리스의 역사가 크세노폰(Xenophon)이 적국에 대한 심리적인 수단으로 테러의 효과를 언급[1)]하였으며, Terror이라는 단어가 이미 1528년에 영어의 어휘목록에 편입되어 기록되어 있는 것에서 알 수 있듯이 오랜 역사를 가지고 있다(박용현, 2005: 327).

세계화로 대변되는 21세기에 들어서면서 국가간 인적·물적 교류의 확대에 편승하여 각국의 조직범죄도 그 영역을 확대하고 있다. 경제적으로 많은 긍정적인 효과를 유발한 세계화는 동시에 그 부작용으로 각종 불법상품과 범죄를 저지르는 범죄조직들로 하여금 국경을 사법기관의 수사에 대한 회피 수단으로 만든 것이다.

또한 국제범죄조직의 양상도 '마피아'나 일본의 '야쿠자', 중국의 '삼

1) *The Columbia Electronic Encyclopedia*(6th ed), New York: Columbia University, 2004.

합회', 콜럼비아의 '마약 카르텔' 같은 우리가 흔히 알고 있는 전통적인 범죄단체 외에 특정범죄에 대한 소위 '전문가들(The Professionals) 집단'이나, 민족주의 성격의 범죄조직 등 새로운 형태의 범죄조직들이 등장하고 과거 대표적인 국제성 범죄로 꼽혔던 마약밀매 뿐 아니라 돈세탁, 무기밀매, 위폐 제조·유통, 인신매매, 사이버범죄 등에 이르기까지 그 양상이 날로 다양해지고 있다.

나. 국제성 범죄 발생 추세

국내에 합법·불법적인 체류 외국인의 수가 증가하면서 이들이 저지르는 범죄의 양상도 이미 충동·우발적인 수준을 넘어 조직화·지능화되는 경향을 보이고 있다.

특히 불법체류자의 경우 불법체류 자체가 이미 법을 위반한 상태로 국내 사법기관의 통제를 벗어나 있고 범죄를 범한 후에 수사를 통한 추적이 어렵다는 사실로 인해 더 쉽게 범죄에 빠져들 가능성이 있다. 또한 이들은 불법신분으로 인한 단속을 피하기 위해 주로 집단을 이루어 거주하게 되며 이런 곳에서 외국인 범죄가 증가하고 있다.

이러한 현실을 그대로 방치할 경우 첫째, 출입국에 필요한 서류를 위조 또는 변조하는 범죄가 성행하게 되고 둘째, 유흥비 또는 귀국비용을 마련할 목적으로 강도나 절도를 저지르는 외국인이 증가할 가능성이 높으며 셋째, 불법취업알선 등 이권을 둘러싼 분쟁으로 인한 범죄가 야기될 소지가 있다. 그 외에도 불법체류 외국인의 신분상 약점을 노린 내국인의 임금체불·폭력행사 사례나 인권사각지대에 놓인 불법체류자들의 부당한 처우로 말미암은 외교마찰도 생각해 볼 수 있다.

다. 국제조직 범죄의 위협 증대

국제범죄조직의 전 세계적인 세력 확장과 함께 우리나라를 새로운 시장으로 겨냥한 국내 침투 가능성이 증가하고 있다. 우리나라를 위협하고 있는 주요 국제범죄조직으로는 일본의 야쿠자, 홍콩의 삼합회(중국 흑사회), 러시아 마피아 등을 꼽을 수 있다.

일본 야쿠자의 경우 풍부한 자금력을 이용하여 동남아시아 · 미국 · 호주 등지로 진출하여 부동산 투기를 하거나 위장기업 형태의 해외거점 마련을 시도하는 등 국제조직화하고 있다. 특히 일본 야쿠자 조직원의 상당수가 국내에 관광과 조직원 단합대회 등을 빌미로 수시로 입국하고 있을 뿐 아니라 재일교포 두목급 야쿠자들은 국내 연고를 이용하여 국내 활동기반 구축을 위한 국내 범죄조직과의 연계를 지속적으로 시도하고 있는 실태이다.

삼합회(三合會)로 대표되는 중국계 범죄조직은 은밀하고 느슨한 조직 특성으로 인해 조직의 구체적 규모가 확실치 않고 다른 조직범죄집단과 연계하여 공동으로 범행을 저지르는 경우도 빈번하다. 주로 마약과 총기밀매, 청부폭력 등의 활동을 자행하여 왔으며 최근에는 중국인 불법이민 · 차량밀수 · 돈세탁 · 화폐 및 신용카드 등의 위조 · 유통까지 그 활동영역을 지속적으로 확장하고 있다. 또한 헤로인이나 메스암페타민 같은 마약을 미국 · 일본으로 밀반입하는 중간 루트로 우리나라를 이용하거나 국내 범죄조직과 연결하여 필로폰 등 마약류를 국내시장에 공급하고 있는 것으로 알려지고 있다.

구 소련 붕괴 이후 급성장한 러시아 마피아는 막대한 자금으로 미국 · 카리브 지역 등으로 진출하여 현지 국제 범죄조직과 연계, 은행 · 위장회사 설립 등을 통해 마약밀매 대금 등 불법자금을 돈세탁하고 있으며 아시아지역 마약조직과 연계하여 동남아 마약 생산국과 미국·유럽 등 소비국을 연결시켜 주는 한편 중남미 마약 카르텔과도 연계하여 남미산 코카인을 유럽 등지로 밀매하고 있다. 이중 한국과 지리적으로 인접한 연해주 및 사할린 등의 극동지역 마피아가 부산지역을 중심으로 국내 거점 확보에 주력하고 있으며 러시아 마피아의 활동영역이 국내에까지 확대되고 있는 징후가 보여지고 있다.

그간 한국은 국제범죄조직의 주요 활동무대라기보다는 마약밀매에 있어서의 중간 경유지로 활용되는 경향이 많았으나 경제규모의 확대 및 국내 마약사범의 증가와 함께 새로운 소비시장으로 부각되었으며 이와 관련 국내에서의 인지도와 영향력을 강화하기 위해 여러 국제범죄조직의 국내침투 가능성이 증대되고 있어 이에 대한 철저한 대비가 더욱 요구되고 있다.

2. 국내 치안환경과 범죄추이

국내치안환경도 국제화의 물결 속에서 영향을 받기 때문에 이와 관련지어서 생각해 보면 몇 가지 특징을 발견할 수 있다(정진환, 2004: 17-19).

첫째, 우선 국제성 범죄가 크게 증가하리라는 것이다. 사람의 활동무대가 세계적으로 확대됨에 따라 외국인들의 국내체류가 크게 증가하고 이는 곧 범죄의 국제화로 이어지게 될 것이다.

둘째, 외국인 범죄의 증가이다. 세계의 많은 외국인들이 관광과 사업 등의 목적으로 국내에 들어와 장단기 체류하는 인구가 크게 늘고 있고 이들과 연계된 범죄가 크게 늘 것이다. 셋째, 국가안보와 관련하여 뿐만 아니라 무한경쟁시대의 무역이나 산업기술 등에 있어 국가간의 첩보활동 또는 개인이나 회사차원의 기업정보기술 유출과 관련한 범죄활동이 크게 증가할 것이다.

넷째, 지식정보화 사회의 발달은 범죄의 양상도 지능화 고속화될 것이다. 한층 편리해지고 빨라진 교통과 통신은 범죄의 양상도 전국화, 광역화하고 신기술을 이용한 새로운 지능적인 범죄를 저지를 것이다.

다섯째, 신종 인터넷관련 범죄의 증가이다. 우리나라 인터넷 사용인구는 해마다 크게 늘어 세계 최고의 지식정보화 강국으로 성장하였다. 무선인터넷이 일상화되고 서울과 수도권에서는 와이브로 서비스가 공중파를 타기 시작하는 등 가까운 미래에 유비쿼터스 환경이 도래할 것으로 기대된다. 그러나 그 이면에는 해킹·악성코드 유포, 인터넷을 통한 청부살인, 장물·마약 거래 등 각종 범죄가 급증하고 있어 심각한 사회 문제로 등장하고 있다.

인터넷의 발달로 온라인과 오프라인을 막론하고, 새로운 양상의 범죄가 나타날 것이고 전자통신 기술의 발달은 각종 경제범죄, 신용카드 관련 범죄, 전산망이용범죄 등이 다양한 형태로 나타날 것이다.

여섯째, 후기산업사회의 범죄의 전반적인 증가양상이 나타날 것이다. 산업화 도시화 현상이 더욱 심해질 것이고 환경오염과 공해 등으로 인한 생활여건의 악화는 고도산업화사회의 물질적인 풍요 속에서도 환경범죄, 청소년범죄 그리고 각종 산업범죄의 양상으로 나타날 것이다.

Ⅲ. 한국경찰의 개혁

1. 개혁의 방향

법집행기관으로서 경찰은 최근 급격한 사회변화 속에서 혁신을 요구받고 있다. 법치주의의 구조적 변화는 오토 마이어(Otto mayer) 이후 지난 2세기간 성립 발전한 법치주의와 법의기능에 대한 인식의 전환을 요구받고 있다. 이른바 협력적 또는 의사교환적 법치주의(Kooperativer bzw. kommunikativer Rechtsstaat)[2]로 불리는 것으로 행정의 의사결정과정에서 시민의 협조와 참여를 보장하는데 핵심이 두어진다(김성수:2004, 21-23). 이러한 협력적 법치주의는 행정학에서의 '뉴 거버넌스(new governance)개념(김태룡:2007, 369-370)[3]과 일맥상통하며 경찰학에서 말하는 'Community Policing'의 철학[4]이 바로 협치(協治)의 대표

2) 논의의 여지가 있기는 하지만 대륙법계 행정법학에서는 협조적 법치주의(줄여서 협치(協治)라는 표현을 사용하기도 함)로 불리며 영미법계의 행정학에서는 뉴 거버넌스로 명명되어진다. 경찰학의 입장에서는 이러한 협치가 'Community Policing'으로 나타난다. 자유민주주의 국가하에서 보편적으로 나타나는 이러한 시민참여적인 행정현상은 참여민주주의 발전과 일맥상통한 것으로 보인다.

3) 행정학에서 뉴 거버넌스는 전통적 국가통치행위를 의미하는 거버넌스와 구별되는 개념이다. 즉 뉴 거버넌스는 국민국가라는 한정된 범위가 아니라 정부조직(계층제)과 기업, 시민사회, 세계체제 등 이들 모두가 공공서비스와 관련하여 네트워크(연계, 상호작용)를 강조하는 개념으로 사용됨.

4) 지역사회경찰활동은 경찰과 시민이 창조적으로 함께 일하며 범죄, 범죄의 공포,

적 구현이다(Bucquerroux:1998, 3-14).

2. 경찰혁신 과제의 도출

경찰혁신의 기본적인 방향은 크게 나누어 4가지로 볼 수 있는데 첫째, 작은 정부의 구현이라는 정부혁신방향의 전제하에서 이는 규모의 축소라기보다는 비능률, 비효율성을 없애는 것이다.

둘째로, 경찰구조의 개혁으로 권한의 위임과 조직혁신, 전문분야별로 또는 합리적 조직단위별로 구조분화의 개혁, 경찰청의 권한집중을 분권화, 슬림화하며 중앙과 지방의 역할의 분담과 조정이 필요하다.

셋째, 고객중심주의이다. 국민을 고객으로 보고 자율적이고 창조적인 국민의 활동을 보호하는 기능을 경찰이 수행해야 한다는 점이다.

넷째, 부정부패의 척결이다. 국가와 정부의 존재 이유이기도 한 국민의 인권보호활동은 정부혁신의 전제가 되어야 하는 것이다.

이상의 논의에서 살펴본 바와 같이 역사적으로 경찰은 경찰의 공직윤리면에서 부정부패의 근절, 멸사봉공의 공직관 확립, 정치적 중립성의 확보, 봉사경찰상의 정립 등을 경찰혁신의 근간으로 할 수 있다.

3. 한국경찰의 개혁 지향점

21세기의 치안환경의 변화양상에 따라 경찰조직은 크게 나누어

(1) 자치경찰제의 정착

(2) 국제화: 인터폴 공조등 외사경찰 활동의 강화

(3) 전문화: 독자적 수사권의 확보, 정보통신망의 보급 확산, 새로운 범죄의 확산에 대한 대응의 방향으로 개혁해 가야 할 것이다.

이제 민주경찰의 활동은 치안환경의 변화에 따른 복잡한 경찰행정의 수요에 효율적으로 부응해 가느냐에 있고, 양자의 상충된 목표를 생산

사회적 물리적 무질서 그리고 이웃의 문제와 관련한 현대의 사회공동체 문제를 해결할 수 있다는 개념에 기인한 경찰활동의 새로운 철학이다.

적 복지의 차원에서 어떻게 조화롭게 달성하느냐에 있다고 할 것이다.

Ⅳ. 경찰혁신의 전략: 협력적 법치주의와 뉴 거버넌스

1. 혁신전략 추진의 장애요인

가. 일반적인 혁신 장애요인

일반 사조직의 경영학적 측면에서 의도되고 추진되는 혁신전략이 일반 공공부문 특히 경찰혁신분야에 적용될 때 고려해야 할 사항은 무엇일까? 이에 관하여는 여러 가지 의견이 제시될 수 있겠지만 혁신의 성공을 위해서는 반드시 고려하여야 할 혁신의 제한요소와 이를 극복해 가야 할 장애요인이 존재한다는 점이다. 혁신의 제한요소는 공사조직의 특성상 차이에서 오는 법규상 성격상의 한계를 들 수가 있고 이에 따른 혁신요소나 전략적 요소활용이 불가능하거나 제한을 받게 된다는 점이다.[5] 이러한 혁신의 제한 요소는 장단기과제로 정리하여 정치적인 타결을 이루어 나아갈 수 있도록 장기적인 관점에서 지속적으로 접근하는 것이 필요하다.

여기서는 일반적인 혁신의 장애요인과 경찰혁신의 특별한 요인으로 나누어 살펴보기로 한다. 혁신의 관리자들은 극복하기 매우 힘든 4가지의 장애요인에 직면하는 것으로 보고 있다(W. Chan Kim & Renée Mauborgne, 2005: 147-148). 이를 〈그림 7-1〉과 함께 정리해 보기로 한다.

첫째, 인지적인(cognitive) 장애이다. 조직구성원들이 전략적 사고의 필요성을 인식하지 못하는 것이 가장 큰 문제이다. 사람들은 그것을 편하게 느껴왔고 지금까지 비교적 조직이 잘 움직여 왔는데 왜 갑자기

5) 예를 들어 수사권조정의 문제, 자치경찰제도의 도입 등 경찰의 조직과 제도상의 현안사항은 업무수행과정에서 관련법령의 제정 또는 개정이 전제가 되는 것이므로 시민지향적인 혁신의 관점에서 볼 때, 당분간 혁신의 한계요소로 작용할 수밖에 없을 것이다.

변화를 해야 하는가라는 의문에 직면한다.

둘째, 한정된 자원(limited resources)이다. 전략의 변화가 크면 클수록 실행에 더 많은 자원이 필요할 것으로 생각하기 쉽다. 그러나 제대로 된 조직의 자원은 오히려 삭감되거나 증가되지 않았다.

셋째, 동기부여(motivation)이다. 어떻게 조직의 핵심인물(key player)들이 신속하게 현 상황을 돌파할 수 있도록 동기를 부여할 것인가? 그러기 위해서는 몇 년이라는 시간이 걸릴 것이며 관리자들은 그럴 시간이 없다.

넷째, 정치적인(politics) 장애이다. 정치적 장애의 문제는 때로는 동일한 과제를 수행함에 있어 서로 상충되는 가치판단에 직면하게 된다.

거의 모든 공사조직들이 그 정도는 다르나 이 가운데 한두 가지의 장애를 경험한다. 이러한 장애를 완화시키는 것이 혁신 성공의 열쇠이다.

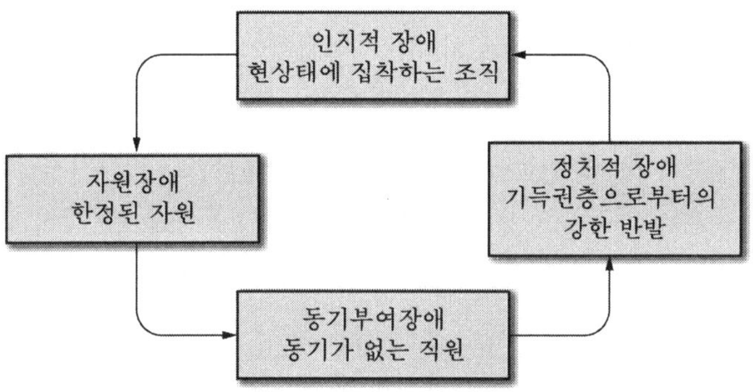

〈그림 7-1〉 전략실행의 4가지 조직상의 장애[6]

나. 경찰의 혁신 장애요인의 특성

사조직과 공조직의 혁신 기법이 그대로 적용할 수 없는 공조직 특성을 감안할 필요가 있어, 경찰조직의 성공적인 혁신을 위에서는 혁신기법의 변용과 유연성이 필요하다. 공조직인 경찰조직에 있어서 사조직과는 다른 특수한 장애요소를 정리해 보기로 한다.

첫째, 생산되는 공공재가 무형적인 재화라는 것이다. 기업조직에서는

6) W. Chan Kim & Renée Mauborgne, 2005, p.150.

기업활동의 최종적인 산물이 제품이라는 유형적인 재화로 나타난다. 그러나 경찰조직은 치안활동의 결과가 범죄예방활동이나 교통안전활동, 정보활동, 경비활동 등 어느 것 하나 유형적인 재화로 나타나는 것이 없어서 혁신활동 자체가 공허한 느낌을 지울 수 없다,

둘째, 행정활동으로 제공되는 치안서비스의 성과계량화의 한계가 있다. 기업의 제품은 시장에서 상품수요자의 반응에 의하여 가격이라는 냉정한 평가를 받게 된다. 경찰활동의 결과는 공공재의 특성상 대부분 시장원리가 작동되지 않을 뿐 아니라, 시장가격이 형성되지 않는 독점적 치안 서비스를 제공하기 때문에 경찰활동의 평가 기준을 삼기에 어려운 점이 많다.

셋째, 법률에 의한 행정의 원리상 법규상으로 재량의 범위를 넘는 급격한 조직의 변화를 추구하는 것은 원칙적으로 불가능하다는 것이다. 기업은 그들이 생산하는 제품의 질이나 가격 또는 영업활동의 범위나 내용이 자유민주주의 시장 질서하에서 자유롭게 경영활동을 추구할 수 있지만, 경찰조직은 경찰활동의 근거와 한계가 법치주의 원칙상 국민의 자유와 권리에 영향을 주는 중요한 사항은 법치행정의 원리에 의하여 관련법에 의하여 광범위하게 규율을 받아야 할 것이다.

넷째, 시간상의 제약이 상존한다. 정권의 교체나 지휘부의 잦은 교체 등으로 인하여 혁신의 추진은 항상 단시간 내에 가시적인 성과를 내어야 한다는 강박관념에 시달리고, 정치적인 상황변화에 따라 혁신과제의 선정과 추진은 혁신추진 출발에서 시간이 지남에 따라서 혁신가치관의 변화와 왜곡이 나타나게 된다.

기업의 경우는 경영진이 혁신마인드를 고취하고 장기간 경영혁신을 일관되게 추진할 수 있지만, 공조직인 경찰은 정치적인 상황과 지휘부의 잦은 교체에 따른 부작용으로 혁신동력이 급격하게 이완되는 경향이 있어 왔다.

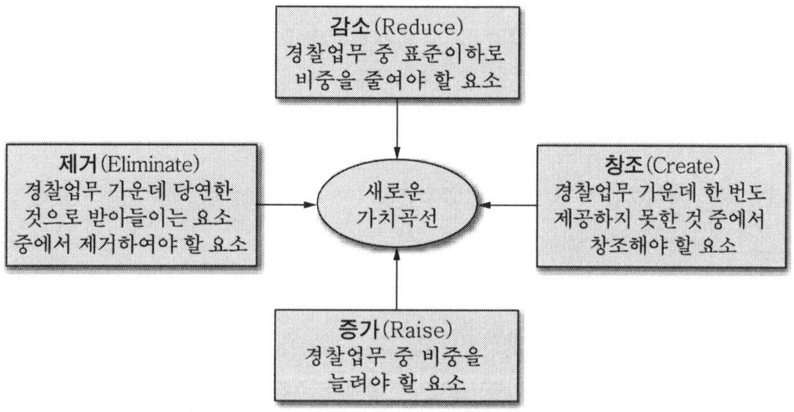

〈그림 7-2〉 4가지 활동 기본틀[7)]

2. 새로운 활동모델의 창출

첫째, 조직에서 당연한 것으로 받아들이는 요소들 가운데 제거할 요소는 무엇인가? 오랫동안 조직에서 경쟁을 해온 요소들 가운데 없애야 될 것을 생각나게 한다. 이러한 요소들은 더 이상 가치가 없거나 심지어 가치를 훼손시킴에도 불구하고 당연한 것으로 받아들여져 왔다. 예를 들면 경찰조직에서는 의식이나 행태면에서 전통적인 병폐로 지적되어온 무사안일주의, 할거주의, 파벌주의, 연고의식 등 관료주의 의식이 해당될 수 있을 것이다.

둘째, 조직에서 표준이하로 내려야 할 요소는 무엇인가? 경쟁자보다 잘 하겠다는 싸움에 몰입돼 제품의 서비스가 너무 과하게 기획된 것은 아닌지 살펴보아야 한다. 업무상의 낭비, 비능률 비효율적인 업무 등이 해당될 것이다. 예를 들어 과도한 회의시간, 문서의 과잉 생산, 불필요한 캠페인 활동, 업무외적인 과외활동, 불필요한 회식 등이 문제가 될 수 있을 것이다.

셋째, 경찰조직이 표준 이상으로 올려야 할 요소는 무엇인가? 경찰조

7) W. Chan Kim & Renée Mauborgne, p. 29.

직에서 국민에게 적절한 가치를 제공하지 못해 현 상태의 수준의 것을 받아들이도록 강요하는 요소를 찾아내어 가치를 증가시키게 한다. 예를 들면, 공직자 윤리의식, 경찰사기 및 복지향상, 수사권의 독자성확보, 인권보호의식, 대국민 봉사자세, 범인검거율, 경찰의 직무 만족도, 범죄와 교통사고 예방활동 강화, 경찰자체사고 예방활동 등을 들 수 있을 것이다.

넷째, 경찰조직이 아직 한 번도 제공하지 못한 것으로 창조해야 할 요소는 무엇인가? 이 요소는 새롭게 국민을 위해 완전히 새로운 가치의 원천을 발견해 새로운 수요를 창출하고 경찰조직의 전략적 서비스 요소를 만들어가는 것이다. 여기에는 새로운 수사기법의 개발, 지역사회 경찰활동 등 시민봉사프로그램의 창안, 경찰의 직무영역의 확대(국제화, 전문화, 분권화)등 새로운 치안서비스의 창출이 주요사례가 될 것이다. 이것을 아래 〈표 7-3〉으로 정리해 보기로 한다.

〈표 7-3〉 경찰의 ERRC 구성표(예시)

제 거(Eliminate)		증 가(Raise)
경찰의 직무 범죄, 부정부패, 타성 무사안일주의, 할거주의, 파벌주의등 관료의식 등		공직자 윤리의식, 경찰사기 및 복지, 수사권의 독자성확보, 인권보호의식, 대국민 봉사자세, 범인검거율, 경찰의 직무 만족도, 범죄와 교통사고 예방활동 강화, 경찰자체사고 예방활동 등
감 소(Reduce)		창 조(Create)
업무상 낭비, 비능률 비효율성, 과도한 회의시간, 문서의 과잉 생산, 불필요한 캠페인 활동, 업무외적인 과외활동, 불필요한 회식		지역사회 경찰활동 등 시민봉사프로그램 경찰의 직무영역(국제화, 전문화, 분권화)

V. 결어

경찰의 존립의 이유인 공공의 안전확보와 경찰의 혁신은 결국 동전의 양면처럼 같은 주제이며, 세계 어디서나 주요관심사이다. 미국에서도 1990년대 후반 경찰개혁의 성공이 2001년 9·11테러로 공공의 안전이 치명적 타격을 받은 후 다시 국가의 핵심과제가 되었다(John Bailey & Lucia Dammert, 2006: 205-224). 해방 이후 우리나라의 경찰혁신은 정부혁신의 큰 틀 속에서 기본방향이 만들어지고 부처별 혁신의 하나로서 추진되어 왔다.

참여민주주의 하에서 바람직한 경찰혁신이 국민 속에서 자리잡을 수 있도록 그 비전과 철학의 문제를 제대로 정립하고 혁신의 방법론을 정립할 필요가 있다.

경찰의 혁신의 지향점은 시민의 참여를 경찰행정의 필요적 전제로 인식하고 이를 법치주의 영역 안에서 구현하는 "협력적 법치주의"를 추구하고 이를 경찰의 협력치안체제를 구축하는 방안으로, 그동안 범죄예방론으로만 소개된 'Community Policing(사회공동체 중심의 경찰활동)'을 경찰의 운영철학으로서 받아들이되 혁신의 기법으로서 가치혁신을 내재화시켜 나가는 방법이 바람직하다.

행정혁신은 "경찰이 곧 시민이고 시민이 경찰"이라는 영국 근대경찰의 선구자인 로버트 필경의 인식은 오늘날 우리나라 경찰혁신의 주요 테마이자 지향점이기도 하다.

제 2 절 지역사회 경찰활동

Ⅰ. 지역사회경찰활동의 의의

1. 서 설

가. 지역사회 경찰활동의 등장 배경

오늘날 민주경찰의 이념 구현을 위한 가장 기본적이고 효율적인 방안은 시민을 경찰활동에 적극적으로 참여시키고 시민과 경찰의 협력치안관계를 유지하는 것이다.

종래 권위적 경찰 개념 하에서는 범죄의 예방과 진압 등 치안활동은 오직 권위를 가진 국가 기관에 의해 독점적으로 진행되어 왔다. 특히 우리나라 경찰은 일제 식민지하의 탄압 경찰이 남긴 부정적 유산과 자유당 정부하의 정치적 시녀 역할, 그리고 유신체제하의 시국 경찰로의 비민주적이고 권위적 형태 등으로 인하여 주민들로부터 신뢰를 상실하였을 뿐 아니라, 주민에 대한 봉사와 상호 협력보다는 치안 유지에만 급급한 결과 주민과 경찰사이는 상호협력 공존의 관계라기보다는 다소간의 갈등과 불신이 상존해 있었다.

그 결과 우리 경찰은 주민으로부터 소외의 대상이 될 뿐 아니라, 경찰 자체도 주민과의 접촉을 범죄수사를 위한 정보수집과 법 집행에 한정하는 경향이 있었으며, 수동적이고 표준화된 활동, 경직된 위계조직, 폐쇄적이고 고압적인 주민관계 등으로 특정지어지는 전통적 경찰활동을 수행해 왔다고 볼 수 있을 것이다.

그러나 오늘날은 참여적 협력적 민주주의 방식에 따라 범죄통제 방법 역시 종래의 사후 대응적인 방법이 아닌 범죄예방이 형사정책의 기본이념으로 자리잡으면서 경찰의 역할에 대해서도 기존의 인식에 근본적인 변화가 요구되었다.

즉 경찰은 종전의 법집행자에서 사회문제해결자 또는 사회봉사자라는 새로운 개념의 정립이 필요하다. 모든 경찰활동을 범죄예방에 초점을 맞추고, 범죄 뿐 아니라 무질서와 범죄의 공포 등 광범위한 사회문제로부터 주민을 보호하고, 삶의 질을 향상시키기 위하여 나타난 움직임이 지역사회 경찰활동(Community Policing)이다.

그러므로, 지역사회경찰활동은 한 지역에 같은 경찰관을 오랫동안 근무하게 함으로써 지역주민과의 신뢰관계를 형성하여 주민들이 경찰에 정보와 협조를 제공하게 한다. 경찰과 지역 주민이 함께 협력하여 범죄와 무질서 그리고 범죄에 대한 공포를 감소시킬 수 있도록 조직을 민주화·분권화시키고, 권한의 하부위임을 통해 각 일선 경찰관들이 자율성과 책임성을 가지고 창의적으로 적극적인 대민 관계를 형성할 수 있도록 하는 새로운 경찰 철학이다.

이러한 새로운 경찰철학이 등장하게 된 배경은, 미국과 영국에서 베트남전 이후 80년대 초반까지 형성된 저항적 사회분위기에서 출발한다. 강력한 법집행 위주 경찰활동의 후유증으로 인해 인종적, 계층적 갈등이 심화되어 경찰과 주민과의 불미스러운 충돌이 잦아지고, 경찰에 대한 주민의 지지도가 하락하는 한편, 경찰장비와 인력의 증가에도 불구하고 범죄발생은 증가하기만 하고 검거율은 하락해 가는 위기 상황에서 비롯되었다고 볼 수 있다.

전통적으로 경찰은 자신을 평화를 유지하는 대민 봉사자라기보다는 법집행관으로 생각해 왔으며, 범죄에 대한 제보 이외의 전화나 도움 요청은 본래의 업무인 범인 검거를 방해하는 부담스러운 일로 생각해 왔다.

그러나 오늘날 경찰은 치안환경의 급격한 변화 속에서 범인의 검거 외에도, 범죄예방 및 범죄에 대한 공포를 완화하기 위한 활동과 대민 봉사에 점차 비중을 두어야 하는 새로운 시대를 맞고 있다.

이러한 상황에서 시민과 지역사회의 요구에 적절히 부응하면서 범죄 문제에 보다 효과적으로 대처할 수 있는 친절한 이웃이자 '지역사회의 수호자'로서의 임무를 수행하는 오늘날 경찰의 업무 및 역할에 대한 발상의 대전환이 요구되며 21세기 경찰의 새로운 패러다임으로 지역사회 경찰활동의 필요성이 강력히 대두되고 있다.

나. 지역사회 경찰활동의 필요성

(1) 범죄원인의 다양성

오늘날 범죄는 양적으로 크게 증가되고 있을 뿐만 아니라, 날로 대담화·흉포화·지능화되고 있어 치안 유지활동이 더욱 어려워지고 있다. 이러한 양상은 전 세계적인 공통된 현상이며, 이에 따라 각국에서는 범죄예방을 위한 노력을 단순히 정부만이 모두 떠맡아 하지 않고 시민들이 적극적으로 참여하여 민간차원의 범죄예방 활동을 다양하게 하고 있다.

이것은 범죄발생의 원인이 제반 사회환경과 관련되어 있어서 경찰을 비롯한 형사사법기관들이 범죄예방을 위해할 수 있는 역할이 예산상의 이유 등으로 한정되어 있으며 범죄문제는 전사회적인 책임이라는 인식을 기반으로 하는 것이다.

시민들도 이제 삶의 질에 대한 관심이 증가하면서 개인과 지역사회의 안전을 보다 능동적·적극적으로 확보하려는 의식이 형성되어 가고 있고 여러 부문에서 참여가 활발히 이루어지고 있다.

(2) 치안서비스의 공동생산

정부 또는 공공단체가 제공하는 공공서비스의 전달과정에 전달자와 서비스 수혜자(혹은 소비자)가 서비스의 생산을 위해 들이는 공동의 노력을 공동생산(coproduction)이라고 한다. 대부분의 공공서비스는 소비자인 시민과 서비스 전달인 정부의 결합된 노력을 통해서 제공되는 것이 일반적이다. 이와 같이 본다면 경찰의 치안서비스 활동에 시민들이 함께 참여하는 활동도 경찰서비스의 공동생산이라 지칭할 수 있을 것이다. 이러한 경찰서비스의 공동생산의 예로는 범죄발생을 신고하고 범인이나 혐의자를 제보하는 것, 각종 방범시설이나 경보장치를 집이나 시설물에 설치하는 것, 그리고 동네의 자율방범대에 참여하여 활동하는 것 등을 들 수가 있다.

공공서비스의 공동생산 활동은 공공서비스의 효과성이나 능률성을 향상시키는 중요한 방법이다. 공공서비스의 효과성은 사회경제적 또는 지리적 특성 등 그 지역사회의 여러 요인을 잘 알고 있는 지역 주민들이 서비스 전달과정에서 어떻게 참여하느냐에 크게 좌우되는 것이기 때문이다.

따라서 공공서비스의 양적·질적 수준은 서비스 생산과정에 시민들의 자발적인 참여의 수준이 어떠 하냐에 따라 결정된다고 해도 과언이 아니다. 범죄예방활동에의 시민참여의 수준을 향상시키기 위해서는 치안서비스의 공동생산활동에 시민들을 적극적으로 참여시키고 경찰활동에 협조를 이끌어 내기 위한 지역사회 경찰활동이 필수적이라 하겠다.

2. 지역사회 경찰활동의 개념

지역사회 경찰활동은 경찰관과 시민이 상호 동등한 동반자로서 범죄와 범죄에 대한 두려움, 사회적·물리적 무질서, 그리고 지역사회의 생활환경 악화와 같은 지역사회 문제를 발견하고 해결하기 위해 함께 노력하고, 이를 통하여 지역 주민의 삶의 질을 향상시키는 협력관계를 조성하는 새로운 경찰활동의 철학이다.

즉 하나의 운영철학으로서 각자의 얼굴을 가진 경찰관의 경찰활동으로 경찰관의 순찰활동이 지역사회에서 정착성을 가지고, 지역의 특정장소를 거점으로 하여 사후 처리보다는 발생이전에 사전예방적으로 주민과의 긴밀한 협력하에 다양한 문제를 파악하고 해결할 목적으로 행해지는 것을 말한다.

가. 경찰활동의 기본전략

지역사회 경찰활동이란 무엇이 경찰활동의 운영중심인지 그 판단의 기초가 되는 경찰운영전략과 관련된 것이다.

〈표 7-4〉 전통적 경찰활동과 지역사회경찰활동의 비교[8)]

항 목	전통적 경찰활동	지역사회경찰활동
경찰의 정의	주로 법집행 책임을 지닌 정부기관	경찰과 시민이 공동주체
경찰조직과 다른 공공 기관과의 관계	우선권 문제로 갈등을 일으킴	삶의 질을 증진시키는 책임을 가진 많은 부서중의 하나
경찰의 임무	범죄해결에 역점	보다 광범위한 문제해결을 위한 접근방식
경찰직무 효과성의 측정	검거와 단속률	범죄와 무질서의 예방
업무 우선 순위	범죄의 중요도	지역사회를 문란케 하는 모든 문제
경찰이 특별히 다루는 직무	사건	시민의 문제와 관심사
경찰의 효율성평가요소	대응시간	공공의 협력성
시민의 서비스요청에 대한 경찰의 관점	경찰이 일이 없을 때에만 취급	적극적 기능이자 시민에 다가서는 좋은 기회
가장 중요한 정보의 종류	범죄정보	범죄성 정보(개인이나 집단의 활동에 관한 정보)
경찰책임의 본질적 성격	법적인 책임을 지는 것	지역사회의 수요에 부응하는 것
지휘부의 역할	필요한 규칙과 정책지시를 제공	조직의 가치를 전파하는 것
언론기관의 역할	긴장 관계를 통한 업무수행	지역사회와 교감할 수 있는 필수적 통로로서 협력하는 것
경찰직무에서 기소의 의미	중요한 목표	많은 목표중 하나

즉 전통적으로 경찰이 수행해 온 순찰차 위주의 무작위 예방 순찰과

8) M. K. Sparrow, Implementing Community Policing, National Institute of Justice, U.S. Department of JUSTICE, 1998, pp. 8-9. 도표를 번역한 것임

범죄 신고에 대한 신속한 출동, 범인검거를 위한 사후적 수동적인 활동으로는 범죄에 적절히 대응할 수 없다는 인식을 기반으로, 보다 적극적이고 능동적인 새로운 접근 방법을 모색하는 것이다.

즉 범죄의 원인이 될 수 있는 각종 문제를 다양한 방법으로 접근하여 범죄의 원인을 사전에 제거하기 위하여 경찰이 범죄와 싸우는 투사, 법집행자로서의 업무만 수행하는 것이 아니라, 주민의 삶의 질을 향상시키기 위하여 지역사회와 직접적이고 대등한 파트너로서 협력하여 문제를 해결하는 것이 가장 중요한 과제라는 발상을 갖고 그것을 출발점으로 인식하는 것이다.

따라서 전통적인 경찰의 역할에 대한 완전히 새로운 사고방식으로서 범죄 예방을 위한 몇몇 프로그램이나 특정 문제를 해결하기 위한 전술이나 기술이 아닌 새로운 경찰활동의 철학이다.

나. 범죄와 삶의 질의 문제

오늘날 범죄에 대한 공포는 대다수 국민의 「삶의 질」에 직접적으로 영향을 미치는 요소로서 범죄에 못지않게 심각한 사안이 되고 있다. 범죄에 대한 공포가 커지면 각 개인은 범죄의 피해를 줄이기 위해 사회·경제적 비용을 지불하는 등의 다양한 노력을 한다.

위험에 대한 노출을 줄이기 위해 밤에 외출을 삼가는 등 일상생활의 행위 유형을 변경하거나, 자구책으로 각종 안전장치를 설치하고 경비원을 고용하여 범죄대상에 대한 경계를 강화하는 등 범죄에 대한 공포는 불특정 다수의 국민의 삶에 크게 영향을 끼친다. 따라서 지역사회 경찰활동에서는 범죄에 대한 두려움도 범죄 그 자체와 마찬가지로 중요한 문제로 본다.

전통적인 경찰활동에서는 이 두려움을 감소시키기 위한 노력은 거의 하지 않았다. 경찰관이 어떤 범죄자를 검거하면 단기적으로 이러한 두려움을 다소 완화시키는데 효과가 있다고 할 수 있다. 그러나 대부분 사람들은 경찰관이 관심을 갖지도 않고 어떠한 의미있는 노력을 하지 못하는 가운데 심각한 정도의 범죄에 대한 두려움 속에서 살고 있는 것이다.

이러한 범죄에 대한 두려움은 주민들의 일상생활에 막대한 영향을 끼치므로 지역사회 경찰관은 범죄에 대한 두려움으로 울타리 안에 숨어 지내는 사람들을 밖으로 끌어내어 경찰과 지역사회의 이러한 노력에 능동적으로 참여할 수 있도록 하는 임무를 수행하는 것이다.

다. 시민과의 협력관계

지역사회의 경찰활동은 주민과 경찰이 상호 존중하고 배려하는 새로운 협력관계이다. 경찰은 지역 내 시민과 긴밀한 관계를 유지하면서 경찰 업무의 우선순위를 선정하는 과정이나, 지역사회의 삶의 질을 향상시키기 위한 각종 사업에 주민의 능동적인 참여를 유도한다.

따라서 주민과 경찰관의 새로운 관계설정이 요구된다. 즉 주민은 치안서비스의 피동적인 수혜자 입장으로부터 치안서비스의 공동생산자로 전환이 요구된다.

라. 문제지향적 경찰활동

지역사회 경찰활동에 있어서는 법집행활동은 중요한 직무이나, 그와 아울러 예방 선행적 문제해결 활동도 매우 중요한 업무가 된다. 즉 종래 사후대응적인 경찰활동으로부터 지역 내의 여러 문제를 주민과 함께 해결하고자 하는 사전 예방적 활동으로 우선순위의 전환이 요구된다.

효과적인 치안활동을 하기 위해서는 범죄 발생의 원인이 되는 문제해결에 초점을 맞추어 장기적인 해결책을 마련하는 것이 중요하며, 문제의 접근에 있어서도 시민들에게도 관여할 수 있는 권한 부여와 함께 종래의 살인, 강도 등 중요한 범죄뿐 아니라, 음주소란, 오물투기, 무질서 등이 오히려 보통사람들의 일상적인 삶에 있어 중요한 문제라는 것을 인식하여야 한다.

마. 정착성

지역사회 경찰활동에 있어서는 담당 경찰관을 배치함에 있어서 지역 주민과의 협력관계가 형성될 수 있도록 충분한 기간, 기회, 계속성 등의 정착성을 고려하여야 한다. 즉 관할 구역을 조기에 이동하거나 안이하게 전용근무를 시켜서는 안 되며, 담당 경찰관 역시 지역 주민과 상호 얼굴과 성명을 알 수 있는 관계를 구축하여 종래와 같은 익명성을 배제할 것을 요구한다.

바. 전담 관할구역활동

지역사회 경찰활동에 있어서는 관할구역별로 권한이 이양되고, 담당 경찰관은 각 지역에서 '미니(mini) 경찰서장'으로서 지역의 요망에 부응하여 업무의 중점을 결정하고 인원과 장비 등을 소신을 가지고 운용함으로써 지역사회 관할의 유용성을 발휘할 수 있다.

또한 순찰활동도 행정업무나 불필요한 기타 업무로부터 해방시켜 관할내의 범죄예방을 위한 순찰과 지역주민의 제반관심사에 많은 시간을 할애할 수 있도록 한다.

특히 자동차 순찰 뿐 아니라 도보 및 자전거 순찰을 통해 존재를 가시화하여 방범심방을 실시하고, 지역 내의 각종 모임에 참석해 안전교육 등을 실시하면서 지속적으로 지역주민과 대면접촉을 갖게 한다.

이렇게 함으로써 관할지역 주민과 원만한 의사소통, 친밀한 관계유지, 상호 신뢰구축이 가능하게 되는데, 이러한 노력은 지역 사회가 당면한 문제의 올바른 파악과 해결을 위해 주민의 동참을 유도하는데 필수적인 요소이다.

사. 지역사회 경찰관

지역사회경찰관(Community Policing Officer: CPO)은 새로운 분야의 경찰업무를 수행하는 경찰관이다. 지역사회 경찰활동을 시행하는데 있어서 기본철학이나 전략, 목표의 설정은 조직의 최고 관리자에 의해 주도되나, 설정된 목표의 달성을 위한 전략의 집행과정은 바로 지역사회 경찰관에 의해 주도된다.

지역사회경찰관은 그 지역에서 발생하는 문제를 해결하고 필요한 서비스를 연결하여 주는 청문관이다.

즉 지역사회경찰관은 단순한 법집행 경찰관이 아닌 범죄 예방과 경찰-지역사회 관계의 전문가이다. 따라서 지역사회경찰관은 혁신자로서 개별적인 사건에 국한하지 않고 근원적인 문제해결을 할 수 있는 방안을 모색하며, 주민들과 인간적인 접촉을 통하여 어려울 때 도움을 주는 든든한 이웃이다.

3. 지역사회 경찰관과 리더십

가. 지역사회의 리더

지역사회 경찰활동은 발생한 문제를 사후에 처리하는 수동적인 활동이 아니고, 장래에 발생할 수 있는 문제를 사전에 적극적으로 해결하고자 하는 혁신적인 활동이다. 법과 규정을 찾아 적용하는 단순한 업무가 아니고 다양한 의견과 요구를 수렴하고 조정하는 입체적 활동이다.

따라서 지역사회경찰관은 지역사회 문제해결자로서 범죄를 포함하여 범죄의 공포, 지역사회의 삶의 질에 관한 문제까지 영역을 확대하여 이를 해결하기 위하여 각계 각층의 자원을 통합하여 건강한 지역사회를 건설하는 지역사회조직자의 역할을 수행해야 하며 이는 상급자의 감독이나 지시가 없더라도 스스로 행동하고 책임지고 일관성 있게 성취 가능한 계획들을 개발하고 실행하는 창조적이고 혁신적인 리더십이 요구된다.

지역사회 경찰관은 법집행자로서 법을 집행할 뿐만 아니라, 시민들이 우려하는 각종 문제를 해결해 줄 수 있는 문제해결자로서, 지역사회 변화를 도모하는 촉매자로서, 지역사회와 연계된 각종 기관들과의 연락관으로서의 역할을 수행한다.

또한 지역의 민원조사관의 입장에서 지역주민의 전반적인 생활의 질을 향상시키기 위해 필요한 것을 조사하고 이를 다른 기관·단체와의 긴밀한 협조 속에서 지역문제의 해결을 촉진하는 교량 역할도 수행한다.

지역사회경찰관이 공통적으로 수행해야 하는 네 가지 역할로는, 첫째 기획가로서의 역할, 둘째 문제해결가로서 역할, 셋째 지역사회조직자로서 역할, 넷째 정보교환의 연결고리로서의 역할이다.

나. 커뮤니케이션의 조정자

지역사회의 리더로서 지역사회경찰관은 뛰어난 의사전달의 능력을 소유하여야 한다. 문제해결에 있어서 개인별로 또는 집단적으로 모든 계층의 사람들과 의사 교류가 잘 되는 것이 중요하다.

지역주민이 경찰의 활동을 모르거나 관심이 없을 때, 그리고 경찰에 대해 적대 감정을 가지거나 편견을 가지고 있는 경우에는 경찰활동이 이루어질 수 없다. 따라서 지역사회경찰관은 바로 이러한 경찰에 대한 지역사회의 무관심과 편견, 적대감을 없애고 경찰을 이해하고 참여시키는데 필요한 커뮤니케이션의 기술을 습득하여야 한다. 즉 지식과 정보를 제공하고, 무관심의 타파, 편견의 극복, 적대감의 해소 등 이다.

4. 지역사회 경찰활동의 4대 기본요소

가. 주민참여형 범죄예방활동

경찰이 주민과 긴밀한 유대를 갖고, 지역사회 문제에 책임을 갖는 여러 기관과 협조체제를 유지하여 범죄예방활동을 함으로써 지역 내 여러 민간 자원 활용 및 범죄 문제에 대한 지역사회의 비공식적 사회통제 능력을 향상시키는 것이다.

따라서 지역사회경찰의 최종 목적은 범죄자의 검거 뿐 아니라 주민의 안전확보에 있으며, 주민의 안전확보는 지역주민 스스로의 범죄대처 능력 향상으로 이루어지기 때문에 경찰은 주민들의 이를 위한 노력의 촉매자 또는 촉진자가 되어야 한다는 것이다.

나. 대민 치안서비스 제공 순찰활동

지역사회 경찰활동에서의 순찰은 주민들과 격리된 상태에서의 순찰이 아니고, 도보 및 자전거 순찰 등을 통한 대면순찰을 하면서, 사업장과 가정 방문, 반상회나 모임참석 등 친밀한 관계 유지, 상호신뢰 구축으로 당면 문제의 올바른 파악과 해결을 위한 주민의 동참을 유도하여야 한다.

다. 지역사회에 대한 책임성 중시

지역사회 경찰활동은 경찰과 시민사이에 상호신뢰와 존경에 기초한 새로운 관계를 구축한다. 종래에는 범죄 신고에 대응하여 범인을 검거하는 일에만 중점을 두었지만, 지역사회 경찰은 어린이, 노인, 빈곤자, 장애자 등 사회적 약자를 보호하고, 생활을 지원하는 등 광범위하고 장기적인 시점에서 지역의 전반적인 생활의 질 향상을 위한 임무를 수행하는 등 봉사개념의 상향조정 및 경찰의 자율성, 책임성이 더욱 중요하게 된다.

라. 정책결정과정에 있어서 권한의 분권화

지역사회 경찰활동에서는 경찰은 어디까지나 지역사회의 안전과 평온의 유지라는 위임받은 임무를 수행하는 지역사회의 한 구성체에 불과하기 때문에 그동안 경찰 중심으로 이루어지던 의사결정과 집행과정에 주민의 참여를 인정하고, 주민의 의사를 적극 반영하여야 한다. 또한 지역사회 경찰활동은 일선 경찰관에게 보다 많은 재량을 부여하여 현장 경찰관의 판단을 전문가의 판단으로 존중하여야 한다.

Ⅱ. 외국의 지역사회 경찰활동 사례

1. 미 국

가. 일반사항

미국의 지역사회경찰활동은 도보순찰 강화하면서 지역 주민과의 대면접촉과 대화를 중시하고, 범죄예방을 위한 각종 모임 및 프로그램을 진행하며 지역사회의 각종 모임과 회의참석을 통해 애로사항을 청취하고 경찰활동 홍보와 타 행정기관과의 조정에 힘쓴다. 또한, 간이 파출소의 개설을 통한 대민서비스의 증대에 노력하고 지역사회 경찰관에게 많은 재량권을 부여하며 장기간 근무토록 유도한다. 미국의 주요 지역사회경찰활동에 관한 프로그램을 소개하고자 한다.

나. 지역사회의 범죄예방활동

(1) 이웃 지켜주기 프로그램(Neighborhood Watch Program: NWP)

이웃 지켜주기 프로그램은 이웃 지켜주기(Neighborhood Watch), 구역 지켜주기(Block Watch), 가정지켜주기(Home Watch), 지역사회 지켜주기(Community Watch) 등 여러 이름으로 불리는 활동으로 1960년대 말에 처음으로 시작된 것으로 지역주민들이 서로가 친밀한 관계를 유지하여 이웃사람들의 습관이나 일상 활동에 대해 잘 알게 되고, 이렇게 되면 자신들의 구역 내에서 의심스러운 사람이나 행동을 쉽게 발견할 수 있어 지역 내의 범죄를 예방하려는 프로그램인 것이다.

이 프로그램은 1980년대 이후 미국에서 가장 대중적인 지역사회 범죄예방 프로그램으로 미 법무부 통계국에 따르면 미국의 다섯 가구 중에 한 가구가 이러한 프로그램이 실시되고 있는 지역에 거주하고 있고, 지역 내의 실질적인 참여율이 약 38%에 이른다고 한다. 이 프로그램 운영에는 지방정부에서 재정적인 지원을 하고 있고 일반적으로 보안관서나 관할 경찰국에서 관리하고 있다.

평균 15가정을 하나의 조로 구성된 이웃집단은 먼저 이 프로그램의 운영에 관한 세부적인 내용을 포함하는 규칙과 절차를 만들게 되고 지역사회의 문제와 관심사를 논의하기 위해 일반적으로 1달에 1번씩 모임을 가지면서 지역범죄통계의 최신 정보, 범죄예방 정보 등 범죄예방에 관한 내용이 게재된 지역신문을 발간하기도 한다.

(2) 시민순찰활동

미국에서 널리 알려진 전통적인 시민순찰의 예로는 '수호천사(Guardian Angels)'가 있다. 수호천사는 1979년 뉴욕에서 '용맹한 13명의 지하철 안전순찰대'라는 이름으로 지하철에서의 범죄를 예방하는 활동을 하면서 시작되었는데, 현재는 전국적인 대규모 시민운동 조직으로 성장하였다.

수호천사는 자신들의 유니폼인 티셔츠와 붉은 베레모를 쓰고 공원, 상가, 거주지역 등에서 범죄가 많이 발생하는 지역을 직접 순찰하며 범죄를 예방하고 범인을 검거하는 역할 뿐만 아니라 지역사회 주민들을 대상으로 범죄예방교육, 범죄예방에 대한 능동적인 참여운동 전개, 길안내, 주취자 · 노약자 보호 등 봉사활동을 전개하고 있다.

다. 언론의 범죄예방 프로그램

(1) 범죄대처 방안(Take A Bite Out of Crime)

미국내에서 가장 잘 알려진 언론의 범죄예방 프로그램 중의 하나로 범죄 예방연합회가 운영하는 대중홍보 캠페인이다. 일명 맥그러프 프로그램(McGruff Program)으로 불리기도 하는 이 프로그램은 맥그러프라는 이름의 트렌치 코트를 입은 개를 심벌로 등장시켜 가상 범죄상황을 보여주고 유사한 상황에 처한 시청자가 취해야 할 적절한 행동을 가르쳐 주는 형식으로 구성되어 있다.

(2) 범죄 해결사(Crime Stopper Program)

범죄해결사 프로그램은 1976년 뉴 멕시코주에서 처음 시작된 이후 미국 전역 뿐만 아니라 서구사회에도 널리 알려진 범죄정보 보상 프로그램이다.

이 프로그램은 중범죄자들을 검거하는 과정에서 보다 적극적으로 지역 주민을 참여시키기 위해 만들어진 것으로 특히 범죄에 관한 정보를 가지고 있는 주민이 신고할 수 있도록 동기부여를 하기 위해 현금보상을 실시한다.

신고를 활성화시키려는 의도에서 신고자에게는 이름을 묻지 않고 전화상으로 일련번호만을 부여한다. 이렇게 해서 정보제공자의 익명성이 보장되고, 그 정보로 체포된 후 기소가 유지되면 일련번호를 부여받은 정보제공자에게는 보상금이 전달된다.

2. 일 본

일본은 1992년 외근경찰을 '지역경찰'로 명칭을 변경하고, 1994년에 도도부현(都道府縣)별로 지역사회 경찰활동을 추진하여 지역과 밀착된 효율적인 경찰활동을 강화하여 경찰만이 지역의 안전을 수호하는 주체이고 주민은 경찰활동의 대상이라고 보았던 종래의 활동을 반성하고, 안전하고 살기 좋은 지역사회를 만드는 데는 경찰뿐만 아니라, 오히려 지역 주민이 주역으로 활동하여야 하며, 경찰과 자치단체는 주민의 활동을 적극적으로 지원하여야 한다고 인식하고 있다.

가. 범죄예방활동의 특징

일본은 조직범죄를 제외하고는 서구 산업사회에 비해 낮은 범죄율을 보이고 있다. 이는 일본사회가 다른 서구국가와 달리 가족중심, 집단중심 지향적이며 '부끄러움(恥)', '사과(謝)'의 문화가 전통적으로 중요한 역할을 함으로써 낮은 범죄율을 기록하는 것으로 분석되며 몇 가지 요인들이 일반적으로 낮은 범죄율을 설명하는 것으로 인식되고 있다.

첫째, 친밀한 가족관계의 유지

둘째, 동질적인 사회구조, 비공식적 사회통제체계, 교육제도

셋째, 경찰제도가 공식적인 사회통제제도로서 원활한 기능

넷째, 엄격한 총기 통제

다섯째, 다양한 형태의 놀이 문화의 발달로 다양한 스트레스 해소 기회 제공

나. 지역사회의 범죄예방활동

(1) 방범협회

일본의 방범협회 조직은 전국방범협회연합회를 정점으로 현(縣)단위의 방범협회, 지역 방범협회, 시 지구 방범협회, 방범연락소의 계층적 구조로 되어 있고, 각각의 단위에서 경찰과의 연대, 협력이 이루어지고 있다.

각 방범협회는 경찰과의 긴밀한 관계 속에서 체계적인 활동을 수행하고 있으며, 전국방범협회연합회에 대해서는 경찰청이 지도감독을 하고 있다. 전국방범협회연합회는 현(縣)단위 방범협회의 범죄예방활동을 주관하는 민간단체로서 범죄예방 포스터, 안내서, 게시판 등의 제작배포, 범죄예방신문 제작 등 다양한 범죄예방활동을 수행하고 있으며, 이 연합회의 자금은 현(縣)단위 협회회원과 기업체의 회비와 기부금으로 운영되며 정부로부터의 보조금은 없다. 그러나 현(縣)단위 협회는 현과 지방정부로부터 약간의 자금을 조달받고 있다.

전국방범협회연합회와 경찰청이 협력하여 매년 전국적으로 전국 방범운동과 소년 유도・검도대회를 실시하고 있다. 특히, 매년 10월에 10일동안 전국적으로 일제히 방범운동을 개최해서 현민대회(縣民大會), 퍼레이드, 상담코너 개설, 방범좌담회, 방범순찰 등의 행사를 실시하고 전국 방범공로자에 대해서는 표창을 수여하고 있다.

한편, 경찰서에서는 지역경찰활동의 하나로 경찰서의 무도장을 개방

하고 청소년을 대상으로 유도, 검도를 지도하고 있다.

(2) 약물예방협회

약물예방협회는 경찰이 시민, 특히 청소년들에게 약물의 해로운 효과에 대하여 교육시키는 것을 돕기 위해 결성한 자원집단이다.

(3) 교통안전협회

일본의 각 경찰서에는 자발적인 시민단체인 교통안전협회가 있으며 이 협회는 시민들의 교통안전 의식을 고양시키고, 교통사고 예방을 위해 경찰과 함께 활동하고 교통경찰과 운전자들과의 대화의 장을 마련하기도 한다. 교통안전을 위해 경찰에 도움을 주는 다른 협회로는 교통안전 어머니회, 교통안전 지원회 등이 있다.

(4) 직장방범활동

금융기관 등 범죄가 발생하기 쉬운 업종의 업소들은 직장단위의 방범단체를 결성하고 이를 통한 자치방범활동의 활성화를 도모하고 있다. 대부분의 부현(府縣)에는 전당포, 공장, 은행, 백화점, 유흥업소, 숙박업소, 위생업소, 자동차관련 업소, 부동산업소, 가스업소 등 직능별 방범협회가 조직되어 활동하고 있다.

3. 영국(런던 수도경찰)

영국은 경찰기관들 거의 모두 공식적인 경찰-지역사회 협의회를 설치하여 놓고 경찰과 지역사회간의 신뢰를 구축하는 방법, 지역사회를 평온하게 하고, 삶의 질을 향상시키는 방법, 범죄의 원인이나 경찰정책 등에 관한 공공의 이해증진, 경찰에 대한주민의 불만 분석, 순찰경찰관과의 연계 구축, 피해자 지원서비스의 개발 등 지역사회 경찰활동을 실시하고 있다.

(1) 연간 경찰활동 계획과 치안 목표의 설정

시민들에게 어떤 치안 서비스를 받을 수 있는지 기대치를 알리고 5개년 발전계획 등의 계획을 주민과 각종 단체의 의견수렴 및 자문을 통해 수립하고 있다.

(2) 지역주민 경찰 자문단을 설치 운영

각 지역의 주민대표, 지역의회의원, 지역방범위원회위원, 주민 유치장 방문단, 교사, 종교인, 청년회 및 노인회 대표들로 구성하여 운영한다.

(3) 주민과 함께하는 경찰활동

특별자원경찰, 이웃지켜 주기, 상가 지키기, 학교 지키기, 유흥가 지키기, 청소년 활동단, 범죄방지재단, 방범에 맞춘 건축 설계, 청소년 여름학교, 노인돌보기, 정신질환자 관리체제, 가정폭력범죄에 대한 사회공동체적 대응운동 등을 들 수 있다.

(4) 객관적인 범죄 통계 작성과 치안 대책

80년대 초반부터 British Crime Survey(BCS)는 영국 내무성 리서치 기획국에서 82년부터 매 4년마다 한차례 씩 무작위 1만에서 2만명의 주민들을 대상으로 범죄에 대한 리서치를 실시하고 있다.

영국 내무성과 경찰은 타당한 증거와 객관적인 통계자료에 의한 범죄예방과 범죄감소 대책에 중점을 두고 범죄에 관한 리서치를 전국적 또는 지역단위로 해마다 수백 건씩 실시하고 있으며, 치안정책과 범죄대책 수립은 리서치 연구결과에 따른 (실증에 따른) 통계와 제안을 대폭 수용 고려하여 이루어지고 있다.

Ⅲ. 우리나라 지역사회 경찰활동

1. 지역사회 경찰활동의 실태

우리 경찰이 시민을 치안활동의 당당한 주체로 또는 동반자로 인정하고 신뢰 관계를 형성해 왔는가. 일선 경찰관에게 수행업무에 상응하는 재량과 권한을 부여했는가. 지역사회와 주민의 삶의 질 향상을 위한 문제 해결에 경찰활동의 목표를 설정했는가 하는 것에 있어서 생각해 볼 때, 우리 경찰은 진정한 지역사회 경찰활동을 시행하고 있다고 볼 수 없다.

다만, 우리 사회와 문화, 우리경찰의 방범활동 조직 특성상 우리 경찰이 지역 사회에 밀착한 여러 가지 제도와 치안활동을 시행해 온 것은 사실이다.

그 대표적인 예를 들면, 지역사회 상주 치안활동 거점인 파출소 제도, 도보순찰과 방범심방제도의 운영, 자율방범대, 청소년 범죄예방교실 운영 등을 들 수 있다.

가. 파출소 제도

파출소는 관할구역의 일부분을 담당하여 소속 경찰관이 담당구역의 범죄 예방활동 및 경찰업무의 전반에 걸친 기초적 범위의 임무를 수행하는 외근경찰의 기본적 활동단위로 '지역사회'를 강조한 제도라 할 수 있다.

즉 주민과 함께 호흡하면서 평소 외근활동을 통한 지역 주민들의 요망사항을 듣고 이를 일상의 경찰활동에 반영하고, 범죄나 사고로부터 주민을 지키고 나아가 적극적인 지역 봉사활동을 지키는 "지역생활 안전센터"를 의미한다.

나. 도보순찰

도보순찰은 외근근무의 가장 대표적인 기본근무로서 범죄예방활동, 범인검거와 진압, 방범홍보 및 대민봉사 등을 수행하는 경찰활동으로서 도보 순찰은 주민접촉이 용이하며 대민 친화도를 높일 수 있다.

따라서 미국 경찰이 기동성을 이용한 범인검거를 중요시한 차량 순찰로 지역주민과의 관계가 소원해졌던 것을 비추어볼 때 지역사회 경찰의 주요 근무형태 중 하나이다.

다. 방범심방

경찰에 대한 주민의 지지와 협력은 경찰이 주민의 입장에 서서 주민을 위하여 일할 때 가능한 것이다.

따라서 지역 주민이 경찰에게 무엇을 기대하고 무엇을 바라는지, 관내에서 발생한 범죄나 사고에 대하여 무엇을 알고 있고, 어떻게 생각하는지 등 의사소통이 중요하며 이러한 의사소통을 위한 방범심방이야말로 지역사회 경찰활동으로 경찰의 존재에 대한 주민의 인지도를 높이고 경찰에 대한 이해를 넓히는 중요한 경찰활동이다.

라. 자율방범대

야간에 관내 순찰을 하거나, 귀가 학생 보호 등 지역주민들이 자발적으로 결성한 지역자율방범대, 직장단위 자율방범운동, 범죄신고요원 활성화, 부녀자 중심 방범활동도 주민과 경찰이 상호 협력관계를 갖고 지역 치안유지에 필요한 경찰활동으로 볼 수 있다.

마. 기타 지역사회 경찰활동

경찰개혁과 함께 지역사회 주민의 관심과 참여를 유발, 동반자적 협조관계를 통하여 범죄예방과 지역사회 발전의 공동목표를 달성하기 위하여 문제해결 중심의 지역사회 경찰활동을 전개하고 있다.

(1) 치안서비스의 확대 및 내실화

112봉사대 운영, 고아원 방문·모내기 지원 등 테마식 활동, 파출소 주민 친화적시설 확대 등

(2) 문제해결중심의 지역사회활동 전개

읍·면·동 단위 각종 모임에 지구대장·파출소장 참석, 외근경찰관 담당구역별 각종 모임 참석 확대, 각종 공청회(방범 세미나, 길거리공청회 등), 지구대 단위 범죄예방 간담회 개최

(3) 사회적 보호활동

장애인·독거 노인 등 보호활동, 소년소녀가장 등 자매결연, 결손가정 등의 문제 청소년 보호 활동 등

(4) 기타 지역사회 경찰활동

시민 경찰학교 운영 및 경·학 연대 강화, 주민 파출소 현장 체험, 명예경찰 청소년명예경찰, 청소년 교실 운영 등 많은 지역사회 경찰활동의 프로그램 등이 있다고 볼 수 있다.

2. 우리나라 지역사회 경찰활동의 방향

가. 시민의 참여 확대

(1) 시민과 함께하는 경찰

권위주의 국가체제 아래서 치안은 공권력, 특히 경찰의 전유물이었다. 여기에서 경찰력은 국가권위의 상징이요 실체이기도 했다. 따라서 시민은 권력을 나누어 가질 수도 없었고 또 그럴 필요도 없었다.

민주 시민사회에서 지역사회경찰활동은 시민이 법의 정당한 질서기능과 정의라는 가치의 실현에 대하여 주인으로서 그 창조자와 감시자가 되어야 하며 경찰은 시민이 치안의 참여자라는 전제에서 출발한다. 고전적 의미에서의 법집행관이나 치안담당관이 아니라, 주민과 더불어

서 범죄의 예방과 치안 환경 개선을 위해 주민과 가까이 동행하는 봉사자가 되어야 한다.

특히 전통사회와 가족 중심의 질서체계가 무너지고 황금만능주의와 이기주의의 팽배, 인간소외와 익명화, 집단적 이해관계에 따른 대립과 갈등의 첨예화 등은 각종 범죄 발생과 치안 수요를 증가시키고 있다.

그러나 이를 통제하기 위한 치안 인력과 장비는 급증하는 범죄증가율을 따라 잡기에 역부족이다. 따라서 제한된 경찰 조직만으로 치안문제를 해결하는 일은 점점 어려워지고, 이제는 범인의 체포나 수사에도 시민의 참여와 협조없이 경찰 단독의 힘만으로 문제를 풀어가기 어렵게 되었다.

우리경찰은 권위주의·독선주의·냉소주의·조직이기주의로 인한 타성화된 경찰 직업의식 및 태도를 버리고 인권존중과 국민에 대한 봉사자세로 시민속의 경찰이라는 이미지를 확립하여 친절한 이웃으로서의 경찰, 곤궁과 위험으로부터 가장 확실히 개인을 도울 수 있는 경찰이라는 인식이 시민의식에 심어질 때 시민의 경찰 기피현상과 경찰의 고립화 현상은 사라지고 '시민과 함께 하는 경찰'이라는 민주 시민 사회의 경찰상이 정립될 수 있을 것이다.

《주민 참여 범죄예방활동과 대민서비스 제공활동의 예》

▹파출소 주민 현장체험, 일일 명예파출소장

▹사랑방 휴게소 설치, 각종 민원상담과 휴식공간 제공

▹사전 빈집 신고제, 귀중품 보관

▹명예경찰 포돌이 소년단 활동

▹방범 리콜제, 사회적 약자 보호 활동

▹방범심방 및 방범진단

▹청소년 선도 및 보호활동

(2) 시민 참여의 영역 확대

(가) 자율방범대

자율방범대는 자원봉사자를 중심으로 지역주민이 마을단위로 조직하여 관할 파출소와 상호협력관계를 갖고 방범활동을 하는 자율봉사 조직으로 경찰과 합동 또는 자체적으로 3~5명이 조를 편성, 심야 취약시간에 순찰활동을 전개하고 있으며 순찰 중에 발견된 범죄현장 신고, 부녀자 안전귀가, 청소년 선도보호 활동 등 활발한 지역방범 활동을 펼치고 있다.

경찰에서는 자율방범 활동의 활성화를 위해 자율방범대원이 보람과 긍지를 가지고 활동할 수 있도록 포상과 '범죄신고자보호및보호에관한규칙'에 의거 보상금을 지급해 사기를 진작시키고 있다.

(나) 시민단체(NGO)에 의한 방범활동

시민단체의 방범활동은 야간순찰 등 직접적인 방범활동을 하는 단체와 홍보·연구활동 등 간접적인 방법으로 범죄예방활동을 하는 단체로 구분할 수 있다.

직접 방범활동을 하는 단체로는 '해병전우회' 등을 들 수 있겠고 사회적 유해요소에 대한 고발, 청소년 비행 등 사회적 비행의 문제점에 대한 계몽적 시민운동을 통해 간접적으로 범죄예방활동을 하는 단체가 있다.

현재 이와 같은 시민운동단체로는 '한국범죄방지재단', 'YMCA', 'BBS', '청소년폭력 예방재단', '청소년 지도육성회', '녹색 어머니회', '라이온스클럽' 등의 단체가 이에 해당한다.

(다) 언론매체에 의한 방범활동

현대사회에서 언론매체는 사회 전반에 걸쳐 커다란 영향을 미치고 있다. 이러한 언론매체의 대중성, 홍보성을 잘 활용하면 범죄예방활동에 다른 어떤 수단보다도 커다란 효과를 볼 수 있다.

최근 대중매체의 범죄관련 프로그램(사건 25시 등)들은 단순한 시민

계몽의 차원을 넘어서 범죄예방에 시민을 직접 참여시키는 적극적인 활동을 전개하고 있다.

(라) 민간경비업 등의 방범활동

사회 각 분야의 급속한 전문화 현상과 함께 민간경비업이 괄목할 만한 성장을 하면서 민간방범활동의 중요한 분야로 자리잡아 가고 있다. 민간경비업은 초창기 단순한 시설경비업무에서 차츰 다양한 경비상품 개발과 함께 기계경비와 인력경비를 종합한 혼합경비 형태로 나아가고 있으나 경찰조직과의 범죄예방활동을 위한 협조체계는 아직은 바람직한 단계에까지 이르지 못한 실정이다.

선진 미국, 일본 등에서는 민간경비업이 국민 개인에게 전문화된 방범서비스를 제공하고 그 규모 또한 공경찰을 능가하는 수준에 이르고 있는 현실과 우리 민간경비의 성장속도를 고려, 사회 안전망의 한 축으로 민간경비업과의 협력방범을 적극 전개해야 할 것이다.

나. 문제지향적 경찰활동

문제지향적 경찰활동은 경찰이 사전에 능동적으로 지역사회 문제를 근본적이고 지속적인 원인을 분석해서 해결을 시도하고, 현재의 해결방법에 대한 재평가와 새로운 해결책을 개발하는 것을 핵심으로 한다.

그리고 경찰활동은 범죄뿐만 아니라 주민들이 생활의 질과 관련된 다양한 문제들을 포괄적으로 다루게 된다. 다시 말하면 사건들에 단순히 대응하기보다는 근본적인 문제를 예방하는 업무에 초점을 맞추고, 사회질서 유지를 위해 소극적으로 대응하는 역할로부터 벗어나 주민들의 안전하고 안락한 삶을 적극적으로 보호하는 역할로 전환하는 것이다.

우리 경찰도 이러한 문제 지향적 경찰활동의 철학을 시행해야 한다. 제복과 경찰봉의 위엄을 고집하며 시민들로부터 떨어져 있는 경찰이 아닌 부드럽고 친절한 문제해결자, 범죄현장이나 지역사회 내에서 주민들의 갈등과 위험을 감소해 주는 경찰이 되어야 한다.

이러한 문제지향적 경찰활동을 수행하기 위해서는 두 가지 선행 조건이 필요하다.

첫째, 고객 지향적인 경찰활동의 시행이다.

우리의 기존 경찰활동은 철저히 관 위주로 되어 있었다. 경찰활동의 목표의 설정과 수단의 선택은 모두 경찰 고위책임자의 권한으로 인식되었고 국민들의 의사가 개입될 여지가 없었다. 그러나 이제 치안서비스의 주된 고객인 주민이 원하는 서비스를 제공하도록 하며 이를 통하여 국민의 신뢰를 회복하려는 것이다.

둘째, 지역사회 경찰관의 문제해결 능력의 제고이다.

지역사회 경찰관은 시민들이 우려하는 각종 문제를 해결해 줄 수 있는 문제해결자로서, 지역사회 변화를 도모하는 촉매자로서, 지역사회와 연계된 각종 기관들과의 연락관으로서의 역할을 수행하여야 한다.

다. 조직의 민주화

경찰의 조직문화의 부정적인 속성중의 대표적인 것 중의 하나가 권위주의이다. 권위주의는 인간을 대등한 수평적 관계보다는 지배 복종관계로써 파악하는 수직적 불평등, 차별적 인간관계이다

이러한 권위주의 문화에서는 관지배주의, 관존민비 등의 의식행태로 나타나고 국민에 대하여 봉사하는 실질적 행정책임이 보장되기 어렵다.

따라서 이러한 권위주의적 경찰문화를 민주적이고 참여적인 문화로 바꾸어야 한다. 지역사회 경찰활동은 최일선 경찰관이라 할지라도 자신이 담당하는 지역의 문제해결에 대한 모든 권한과 책임을 가진다. 상급 감독자는 부하 직원의 업무를 지도하고 조정하는 역할을 한다.

상급자와 하급자와의 관계는 명령과 복종의 관계가 아닌 상호 대등한 가운데 역할 분담의 관계로서 민주적인 조직 문화를 요구한다.

라. 분권화와 일선에 권한위임

지역사회 경찰에서는 중앙에 집중된 의사결정의 권한을 배분하고 위임하여야 한다. 조직을 지시와 통제에 의한 운영방식에서 신뢰에 바탕을 둔 사명감과 자율에 의한 운영방식으로 전환하는 것이다.

중앙 통제를 완화함으로써 일선 경찰의 권한을 강화하는 전략이며, 일선 경찰관이 현장에서 얻은 경험과 지식을 바탕으로 의사결정을 하고 주민의 요구에 부응하며, 문제를 해결하도록 권한을 강화시켜 주는 것이다.

지역사회 경찰관은 상부로부터 지시와 명령에 의해 움직이는 것이 아니고 스스로의 문제인식 및 해결정신을 가지고 경찰활동에 임하여야 하며, 지역사회가 어떤 문제에 직면하고 있고, 어떻게 해결할 수 있는지는 현장의 정황에 직접 경험한 현장근무자가 가장 잘 파악하고 있기 때문에 현장 근무자 중심체제로 정비, 강화시켜서 현장의 판단으로 업무가 이루어지도록 해야 한다.

마. 지구대와 파출소 기능의 강화

지역사회 경찰활동에 있어서 지구대와 파출소를 중심으로 하는 범죄예방활동과 각종 대민 서비스활동은 경찰 전체의 치안활동의 핵심이다. 특히 경찰활동 분야를 범죄대응, 범죄예방, 대민서비스 제공 활동으로 볼 때 이제는 수동적인 범죄의 사후 대응보다는 범죄의 사전 예방업무와 주민에게 적극적으로 찾아 나서는 대민 서비스제공활동에 더욱 비중을 두어야 하는 시점에 왔다.

오늘날 지역주민은 지역 치안의 한 주체이며 경찰은 지역사회의 안전과 평온을 도모하기 위해 주민의 관점에서 지역사회의 문제나 관심을 파악하고, 주민과 협력하여 문제를 해결해 나가야 한다.

따라서 지역사회가 무엇을 필요로 하는지에 대한 의견을 수렴하고 주민의 참여를 유도하고, 지역내의 문제를 해결하려고 시도하는 업무가

경찰의 가장 중요한 과제이며, 바로 이러한 활동이 이루어지는 경찰관서가 바로 파출소이다. 파출소는 지역사회 경찰활동의 거점이며 지역주민에게 가장 가까운 경찰시설로서 경찰의 이미지를 형성하는 곳이다.

이러한 지역생활 안전센터로서의 지구대와 파출소 기능을 강화하여야 하며, 그러기 위해서는 지구대와 파출소간의 불합리한 관할구역과 인력과 장비를 치안 수요와 지역실정에 맞게 재조정이 필요하며, 경찰관 1인당 담당인구가 선진국에 비해 여전히 높은 편을 고려할 때 경찰관의 증원문제, 근무방법 개선 등을 통해 자율적이고 창의적인 근무를 할 수 있는 여건 조성이 필요하다.

바. 외근경찰관 평가방법 개선

지역사회 경찰활동을 실시하기 위해서는 외근경찰관 근무평가 방법을 개선해야 한다.

과거 경찰활동은 범인의 검거나 교통단속 등 실적을 중시하여 이를 평가의 기본 자료로 사용하여 왔다. 이제는 이러한 검거나 단속지향의 경찰활동으로부터 지역주민의 요망을 바탕으로 지역사회가 안고 있는 문제를 해결하는 방향으로 경찰활동이 바뀌고 있는 만큼 이러한 업무를 수행하는 경찰관의 직무수행 능력과 근무성과를 평가하는 기준도 바뀌어야 한다.

기존의 단속실적 위주의 근무 평가방식으로는 경찰관 개인의 업무처리 능력이나 방법 등 '무형'의 질적인 측면을 측정하지 못한다. 지역사회 경찰활동은 범인의 검거나 범죄의 처리 등 양적인 측면을 다루는 것이 아니고 범죄예방, 대민봉사와 같이 그 결과가 바로 나타나지 않는 활동을 대상으로 하는 것이기 때문에 이에 적합한 평가 방식을 개발하여야 경찰관의 활동을 정확히 측정, 평가할 수 있는 것이다.

지리안내, 방범심방, 홍보 등 주민서비스, 주민과의 친화활동은 이른바 '잠재실적'으로 그동안 평가 방법이 쉽지 않다는 이유로 기피하여 왔으나, 이제는 주민들과의 직접 면접이나 설문조사 등 여러 가지 평가

방법을 개발하여 지역사회 경찰활동의 질적인 측면에 대한 합리적인 평가가 이루어져야 하겠다.

사. 지역사회 경찰활동을 위한 지휘관의 역할

지역사회 경찰활동을 위한 지휘관의 역할도 매우 중요하다. 경찰지휘관의 역할을 살펴보면 조직 내의 수직·수평간 의사소통 기능의 활성화, 다양한 현대 사회에 맞는 조직의 유연성 증대, 활력있는 조직을 만들기 위한 새로운 아이디어의 수용, 조직원의 불만 등 고충 해소 및 분열에 대한 조정·중재, 조직원에게 봉사자로서의 시민과의 의사소통 능력 향상, 중간 관리자의 역할 증대, 변화에 적응토록 교육 프로그램 개발, 민주경찰로서의 역할 수행을 위한 윤리의식 고취 등을 들 수가 있다.

제 3 절 경찰수사권의 조정

Ⅰ. 개요

(1) 다른 수사기관으로부터 위임받은 수사권을 행사하는 것이 아니고, 법률의 직접적인 규정에 의하여 부여된 수사권을 행사하는 것을 독자적 수사권이라고 할 수 있다. 이 경우는 위임받은 수사권을 행사하는 것이 아니므로 다른 수사기관으로부터 수사·지휘 감독을 받을 것인가는 위에서 본 바와 같이 따로 법률의 규정이 있어야 한다. 그러나 통상 독자적 수사권이라 함은 다른 기관으로부터 수사지휘·감독을 받지 않고 수사권을 행사하는 수사지휘 배제를 포함하는 개념으로 논외되며 소위 수사권독립론의 핵심이라고 할 수 있다. 위임받은 수사권을 행사하는 한 위임한 수사기관으로부터 위임받은 수사 권한에 대하여 수사지휘·감독을 받아야 하는 것은 논리상 당연한 귀결이므로 수사지휘·

감독을 받지 않으려면 먼저 법률의 직접적인 규정에 의하여 수사권을 부여받아야 하는 것을 전제로 한다.

(2) 우리나라 현행법상 경찰이 독자적 수사권이 있는가 하는 점에 대하여는 경찰법 및 경찰관 직무집행법에서 범죄의 수사를 경찰의 직무로서 규정하고 있으며, 형사소송법은 검사와 별도로 사법경찰관에게 피의자 출석요구 및 진술청취, 피의자신문, 참고인조사, 피의자체포, 현행범인체포, 피의자 구속, 압수·수색·검증 등 수사의 권한을 규정하고 있어 독자적인 수사권을 인정하고 있다. 위 형사소송법 규정은 검사와 사법경찰관이 병렬적으로 규정되어 있어 사법경찰관의 위 수사에 관한 권한은 검사의 수사권을 위임 받은 것이 아니고, 법률에 의하여 직접 권한을 부여받은 것이다. 경찰의 임무중 하나로 범죄의 수사를 규정하고 있는 경찰법 및 경찰관 직무집행법의 규정에 대하여는 이에 의하여 경찰공무원은 범죄수사의 권한을 보유하고 있다는 것이 다수설이다.

Ⅱ. 검사와 사법경찰관의 관계

(1) 형사사법체계에 있어서 인권보장과 관련하여 검사와 사법경찰관의 관계만큼 중요한 문제는 없다. 그것은 형사사법체계의 경찰이라는 공적 조직이 등장하면서 영미법계든 대륙법계든 수사 활동의 거의 대부분을 경찰이 담당하게 되었고 또 효율성이나 경제성의 측면에서 그럴 수밖에 없는 것이 현실인 반면에 경찰이 담당하게 되는 구체적 수사 활동은 피의자나 관련자의 인권 등과 직접적으로 부딪치게 되어 인권침해의 가능성이 상존하므로 이에 대한 통제와 감시가 무엇보다 중요하기 때문이다.

(2) 대륙법계라는 형사사법체계의 차이에 따라 가장 차이가 나는 부분이 이 수사절차이다. 그것은 앞에서 본 바와 같이 대륙법계 형사사법체계에서는 이 수사절차를 광의의 사법의 영역으로 유지하려고 하고 있고 또한 수사가 법원의 권한의 한 단계였던 이유 때문에 수사권의

범위가 피의자신문을 중심으로 한 넓은 범위의 영역에 미친다는 특징이 있다. 반면에 영미법계 형사사법체계에서는 법원은 당사자가 제시하는 자료를 가지고 판단하는 체계여서 증거자료의 수집은 당사자가 제시하는 자료를 가지고 판단하는 체계여서 증거자료의 수집은 당사자의 입장에서의 수집활동에 그치는 것이었으므로 이러한 전통에서 한쪽 당사자의 지위에서 인정되는 경찰의 수사 활동의 권한은 당연히 대륙법계에서 보다 좁을 수밖에 없다.

Ⅲ. 경찰의 수사권 독립론

1. 문제의 소재

한편 이러한 구조적 차이로 인하여 대륙법계는 수사를 주재하는 검사 또는 수사활동을 하는 수사판사를 보조하는 기관으로서 사법경찰제도가 발생하였고, 검사와 사법경찰의 관계는 지휘복종관계에 있게 되며, 사법경찰은 위험예방과 범죄적발 등에 그치는 행정경찰과 개념상으로 엄격히 구분하고 있다.

이에 반하여 영미법계에서는 경찰의 수사권은 입건을 위한 수사이며 이는 당사자로서의 수사이므로 그 범위 내에서 당연히 인정되며 공소관으로서의 검사도 일방 당사자로서 소추여부에 관한 권한만 있을 뿐 법원의 판결을 위한 준비로서 증거를 수집하여 주는 기관이 아니므로 대륙법계와 같은 사법관적 성격의 수사권도 없고, 따라서 경찰이 하고 있는 수사 활동 영역에 대한 지배권도 없다. 이와 같이 대륙법계에서 검찰의 위치가 경찰과 법원 사이에서 애매한 정체성을 가지고 있는데다가 경찰은 많은 인력과 장비를 갖추고 있는 적극적 권력기관이므로 검찰과 경찰의 관계에 관하여 확고한 관이 확립되어 있지 않으면 마찰의 소지는 항상 상존한다.

2. 수사권독립 긍정론

사법경찰관에게 독자적 수사권을 부여하자는 긍정론은 주장하는 사람에 따라 여러 가지 논거를 내세우나 종합하면 다음과 같다.

(1) 소수의 검사가 모든 사건에 대해 경찰을 지휘하는 것은 불가능하고, 검사의 경찰에 대한 지휘는 현실적으로도 사후보고에 의존하여 형식적인 지휘에 그치고, 구체적·계속성·임기응변 성을 갖지 못하므로 경찰기능과 수사의 효율성을 저해한다. 오늘날과 같이 범죄의 포악화·조직화·광역화·기동화에 효율적으로 대처하기 위해서는 강력한 조직, 인적·물적 재원, 기동성을 두루 갖춘 경찰이 검사 지휘 없이 독자적으로 수사를 해야 한다 할 수 있다. 범죄수사는 사법경찰이 전담하도록 하고 검사는 공소제기 및 유지만을 담당하는 것이 이상적이다. 이 주장은 현실적으로 95~98% 이상의 범죄사건을 경찰이 수사하고 있는 현실을 내세운다. 나아가 검사는 법률전문가이지만 수사의 전문가는 아니고 범죄수사를 위한 과학적 장비와 전문지식의 확보는 방대한 경찰조직을 통하여만 가능하다는 것이다.

(2) 범죄의 예방과 진압을 경찰의 임무로 발생된 범죄의 수사를 검찰의 임무로 2분화하는 것은 19세기의 시민 국가적 사고에 입각한 것으로 현대 사회에는 맞지 않는다는 것이다. 그리하여 진행상황이 급박하고 피해확산이 광범위한 현대 사회의 범죄에 효율적으로 대처하려면 범죄의 예방과 진압 및 수사가 1원적인 체제로 진행되는 것이 바람직하다.

(3) 인권선진국이라고 할 수 있는 미국과 일본의 경우에도 경찰에게 독자적 수사권이 보장되어 있다.

(4) 경미한 사건조차도 경찰이 자체종결하지 못하고 반드시 검사의 검토와 판단을 거치도록 되어 있어 사건 관계자들이 장시간 대기하거나 사건처리가 지연된다. 나아가 이중적 수사구조는 국민들에게 막대한

시간적, 경제적 손실을 초래하고 있으며, 변사체 검시 등의 형식적 절차를 이행하기 위하여 시간을 기다려야 하는 문제가 있다.

(5) 경찰간부와 검사의 수사지휘가 중복되어 지휘, 명령 체계가 이원화되어 수사지연과 업무 혼선이 초래된다. 또한 지방경찰청장・경찰서장 등 관서장이나 각급 수사간부는 중요사건의 해결과 수사결과에 대한 사실상의 책임을 지고 있으면서도 법률상의 권한이 없어 사건수사에 검사가 개입할 경우 창의적이고 능동적인 수사지휘에도 애로가 있다.

(6) 행정자치부의 외청인 경찰에 대하여 법무부의 외청인 검찰이 포괄적인 수사지휘를 하도록 하는 것은 민주적인 정부조직원리에 반한다. 특히 경찰이 검찰에 예속되어 있다는 주장도 이러한 논리와 같이 주장된다.

(7) 검찰이 본연의 공소업무 외에 범죄수사와 경찰지휘에 매달리다 보니 업무량이 과중해져 공소업무와 경제, 지능범죄 수사 등 검사의 개입이 필요한 분야에 상대적으로 소홀해진다.

(8) 경찰의 정치적 중립성과 분권화의 이념에 역행한다는 것으로 특히 자치경찰이 검사동일체원칙으로 중앙집권화된 국가기관인 검찰의 지휘 아래 놓인다면 경찰의 정치적 중립성과 분권화의 이념에 반한다는 주장이 제기된다.

(9) 검찰이 수사권과 공소권을 독점하고 있으므로 권력분배를 통한 견제와 균형이 필요하다. 수사・소추・재판 절차를 입법・행정・사법과 같이 서로 분리시키고 견제와 균형의 원리를 도입하여 수사는 경찰, 소추는 검찰, 재판은 법원이 담당하도록 권한을 분산하여 검찰권의 남용을 방지하여야 한다.

(10) 경쟁체제 도입으로 실체적 진실발견과 사법정의의 실현에 기여한다. 검찰이 독점하고 있는 수사권을 경찰과 분점시켜 한 기관에 의한 수사권 독점과 부단한 수사 간섭에 의한 왜곡 가능성을 방지하고 경쟁체제를 도입하자는 것이다. 경쟁체제의 도입은 부패통제시스템의 다원화를 통해 부패척결의 실효성을 제공하고 수사 권력의 정치적 중립 확

보에도 기여할 수 있다는 것 등이다.

3. 수사권독립 부정론

이에 대하여 수사권 독립론에 관하여 부정하는 입장은 조건을 달지 않는 부정론과 경찰의 수사권독립을 위해서는 일정한 조건이 충족되어야 하는데, 그런 조건이 충족되지 않는 현실에서 수사권독립은 곤란하다는 시기상조론도 부정론이라고 할 수 있다.

먼저 부정론의 근거로는

(1) 경찰의 업무는 범죄에 대한 투쟁, 특히 범죄 예방에 중점이 있어 경찰의 수사도 이 목적에 치우치기 쉽다. 그런데 이러한 범죄에 대한 처벌을 위해서는 법률로 정해진 사법적 절차에 의해 확인되어야 한다는 사법형식성을 보장하여야 하며 검사의 주된 임무가 바로 이것이고, 경찰 수사에 대하여도 사법적 성격을 유지하기 위하여 검사에게 인정되는 것이 바로 수사지휘권이다. 이는 경찰에 대한 법치국가적 통제를 존재의의로 하는 검찰제도의 본질이고 이에 의하여 수사절차에 있어서의 인권보장과 적법절차를 실현하게 된다.

(2) 법관과 같은 자격을 가지고 신분이 보장된 검사의 수사지휘권을 인정함에 의하여 수사의 공정성이 담보될 수 있다.

(3) 범죄수사는 공소행사를 위한 준비행위로서 수사와 공소는 불가분의 관계에 있으므로 수사권과 공소권의 분리는 합리적이지 않으며 실무적으로도 형사절차의 기초단계인 수사절차에서 처음부터 올바른 수사방향을 설정하지 못하고 수사 과정을 통제하지 못함으로써 공판절차에서 공소유지에 지장을 초래할 수 있다. 따라서 공소제기 여부의 결정으로 종결되는 수사의 절차를 검사의 지휘 하에 두어야 수사가 법적으로 문제됨이 없이 진행될 수 있고 문제발생을 예방할 수 있으며 수사와 공소제기의 통일성이 이루어지게 된다.

(4) 경찰의 사건은폐, 편파수사, 강압수사 등의 문제점을 통제할 수

있다.

(5) 경찰은 치안행정기관으로서 방대한 조직, 정보수집권과 다수의 경력 등을 보유하고 있는데 경찰의 수사권에 대한 유일한 견제장치인 검사의 수사지휘권까지 배제될 경우 경찰권의 비대화와 남용의 위험성이 있다.

(6) 그 외 경찰 이외에도 다양한 특별사법경찰관이 존재하는 바 다양하게 존재하는 일반사법경찰관과 특별사법경찰관 조직의 통일적인 기준에 의한 수사와 사건처리의 조정, 통합 등 적정한 운용을 위하여 이들을 전체적으로 수사 지휘하는 검사의 수사지휘권이 필요하다는 것 등이 주장된다.

Ⅳ. 수사권 조정과제의 해결방안

수사권 조정과제의 해결이라는 과제를 풀고, 합리적인 수사제도를 정착시키는 방안을 강구하기 위해 2004년 검찰과 경찰 공동으로 수사권 조정협의체를 발족하였다. 양 기관에서 동수로 추천한 학계·법조계·언론계·시민단체·여성계등 대표인사 14명으로 구성된 「검·경 수사권조정 자문위원회」를 설치하여 운영하여 26개 핵심의제를 중점적으로 논의하였으나, 아무런 합의를 보지 못하고 이듬해 종결되었다.

수사권의 조정문제는 자치경찰제가 수사권 조정의 필수적 전제라고 하는 경찰의 주장과 자치경찰제와 수사권의 조정문제는 별개의 문제라고 하는 검찰의 의견이 평행선을 달려 양기관간의 좁혀지지 않는 의견차이로 결국 자치경찰제의 전면도입이 무산되었다.

검경의 수사권 조정의 문제는 인권보장과 실체적 진실발견을 위한 수사의 합리성 보장이라는 형사절차의 궁극적인 목적을 국민의 시각에서 해결할 수 있고, 권력기관의 견제와 균형의 법리를 바탕으로 이해관계를 초월한 제3기관에서 책임과 권한을 가지고 추진할 수 있어야 해결이 가능할 것이다.

제 4 절 자치경찰제도

Ⅰ. 문제의 소재

해방 이후 우리나라 경찰제도는 시종일관 대륙법계의 중앙집권적 경찰제도를 유지하였다. 자치경찰제도는 「제주특별자치도 설치 및 국제자유도시 조성을 위한 특별법」이 제정 · 공포[9]되고서 2006년 처음으로 제주특별자치도에 도입되었다.

브라이스(J. Bryce, 1921:131-133)는 "지방자치는 민주주의의 가장 좋은 학교(the best school of democracy)이며, 민주주의 성공을 위한 가장 최선의 보장(the best guarantee)"이라고 하였다. 우리나라도 본격적인 민주주의 시대를 맞아 1995년 지방자치시대가 시작되었다. 이러한 움직임은 자치단체의 집행력의 강화와 주민의 기대에 부응하는 종합행정의 필요성이라는 현실적인 이유로 자치경찰의 도입이 이루어지고 있다(자치경찰제 실무추진단, 2008:21-22).

여기서는 제주특별자치도의 자치체경찰과 서울특별시의 특별사법경찰관리제도의 운영을 중심으로 살펴보고자 한다. 서울특별시 등에서 운영하는 특별사법경찰관리제도[10]는 자치경찰의 법령근거 없이 자치경

---

9) 「제주특별자치도 설치 및 국제자유도시 조성을 위한 특별법」은 제주도의 지역적 · 역사적 · 인문적 특성을 살리고 자율과 책임, 창의성과 다양성을 바탕으로 고도의 자치권이 보장되는 제주특별자치도를 설치하여 실질적인 지방분권을 보장하고, 행정규제의 폭넓은 완화 및 국제적 기준의 적용 등을 통하여 국제자유도시를 조성함으로써 국가발전에 이바지함을 목적으로 2006.2.21 법률 제7849호로 제정되었다. 우리나라 최초의 자치경찰인 제주자치경찰 설치를 위한 근거법이기도 하다.

10) 특별사법경찰관리제도는 자치경찰관련법이 아니라 「사법경찰관리의 직무를 수행할 자와 그 직무범위에 관한 법률」(2013.6.4.공포)에 근거하여 운영하지만 실질적으로는 검찰의 지휘를 받는 자치경찰과 다를 바 없다.

찰제도와 유사하게 운영되고 있다는 점에서 논의에 포함하였다.

Ⅱ. 제주자치경찰제의 운용

1. 제주자치경찰의 도입경위

제주도는 2003년 정부는 국제자유도시로서 제주특별자치도 설립을 구체화하기 위해 국무총리실 산하에 제주특별자치도 지원특별위원회가 구성되고, 같은 해 행정자치부 산하에 제주특별자치도 실무추진단을 구성하여 추진되었다(자치경찰제 실무추진단:162-163).

2004년 지방분권특별법이 제정되어 자치경찰의 도입을 국가의 의무사항으로 규정하였다. 즉, 동법 제11조 ③항에 "국가는 지방행정과 치안행정의 연계성을 확보하고 지역특성에 적합한 치안서비스를 제공하기 위하여 자치경찰제도를 도입하여야 한다"고 명시하여 입법절차가 진행되었다.

제주특별자치도는 2006년에 「제주특별자치도 설치 및 국제자유도시 조성을 위한 특별법」에 자치경찰을 설치 운영할 수 있도록 규정을 하여 자치경찰 시행과 관련된 법률의 국회통과로 법제의 기반을 마련하였다(자치경찰제실무추진단:162-171).

이에 제주특별자치도는 ① 제주자치경찰 운영 조기정착 ② 주민의사와 제주특성에 적합한 맞춤형 치안서비스 발굴 ③ 관광 제주의 특성을 감안, 규제보다는 봉사에 역점 ④ 국가경찰과 차별화된 제주자치 경찰 위상정립이라는 목표로 추진을 하게 되었다.

2. 제주 자치경찰의 조직 · 법제

(1) 자치경찰의 조직과 임무

제주자치경찰단은 제주특별자치도의 자치경찰단과 제주시와 서귀포시의 자치경찰대로 구성되어 있으며 편제는 〈그림 7-3〉과 같다.

〈제주자치경찰의 편제〉[11]

○ 제주특별자치도 자치경찰단

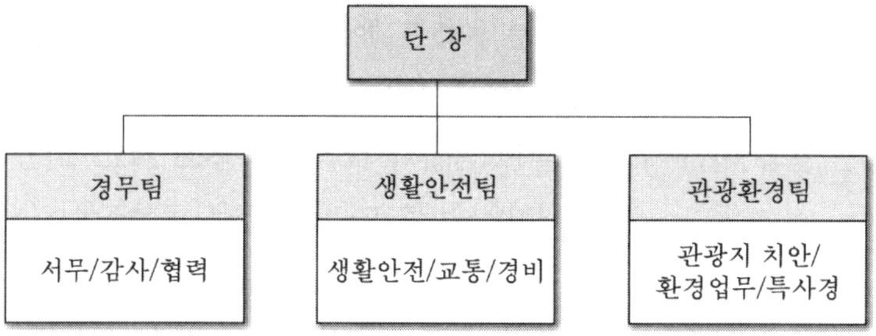

○ 제주시 자치경찰대

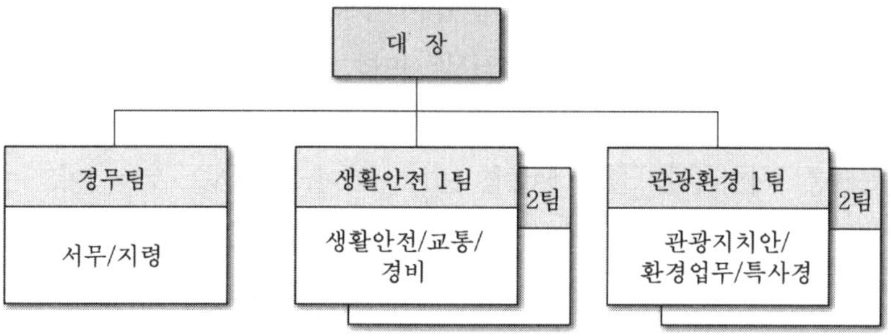

○ 서귀포시 자치경찰대

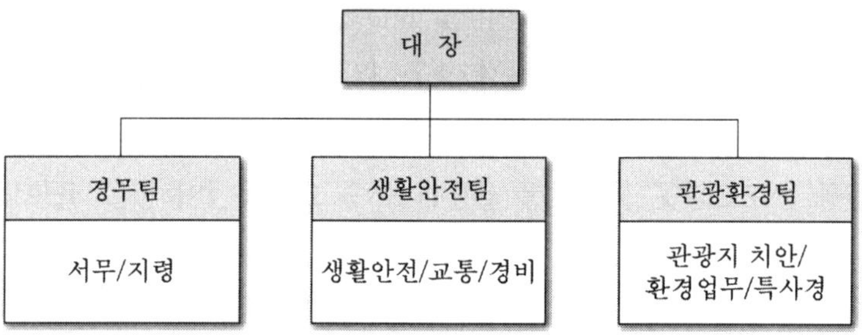

주요사무는 「제주특별자치도 설치 및 국제자유도시 조성을 위한

11) 제주특별자치도 자치경찰단(2006), 「제주자치경찰운영기본계획」,자치경찰조직도 참조.

특별법」에 제108조에 규정하고 있다. 여기에는 생활안전, 지역교통, 지역경비, 특별사법경찰관리로서의 직무가 규정되어 있다.[12)]

(2) 자치경찰 관련 주요법제 정비

제주자치경찰에 추진해온 법제의 주요내용을 정리하면, 첫째 치안행정위원회의 구성과 운영[13)]이다.

둘째는 자치경찰인사위원회의 구성[14)]이다. 구성인원은 7명(임명직 3, 위촉직 4)으로 임명직은 자치경찰공무원 또는 국가경찰공무원자격을 가져야하며, 위촉직은 법조계, 학계, 퇴직공무원(20년이상 근속)으로 구성한다.

셋째는 교통시설 심의위원회 구성[15)]이다. 구성인원은 교통분야 전문성을 갖춘 국가경찰공무원 포함하여 7명이며 이들의 임기는 2년으로 연임이 가능하다. 교통시설 심의위원회의 개최시기는 월 1회이며 심의대상 시설의 수량에 따라 개최시기를 조정할 수 있다.

---

12) 「제주특별자치도 설치 및 국제자유도시 조성을 위한 특별법」 제108조(사무)자치경찰은 다음 각호의 사무를 처리한다.
   1. 주민의 생활안전활동에 관한 사무
      가. 생활안전을 위한 순찰 및 시설 운영
      나. 주민참여 방범활동의 지원 및 지도
      다. 안전사고 및 재해재난 등으로부터의 주민보호
      라. 아동·청소년·노인·여성 등 사회적 보호가 필요한 자에 대한 보호 및 가정·학교 폭력 등의 예방
      마. 주민의 일상생활과 관련된 사회질서의 유지 및 그 위반행위의 지도·단속
   2. 지역교통활동에 관한 사무
      가. 교통안전 및 교통소통에 관한 사무
      나. 교통법규위반 지도·단속
      다. 주민참여 지역교통활동의 지원 및 지도
   3. 공공시설 및 지역행사장 등의 지역경비에 관한 사무
   4. 「사법경찰관리의 직무를 행할 자와 그 직무범위에 관한 법률」에서 자치경찰공무원의 직무로 규정하고 있는 사법경찰관리의 직무

13) 근거법규는 제주특별자치도 특별법 제113조(위원회 설치, 기능) 및 제114조(구성), 제주특별자치도 자치경찰운영 등에 관한 조례 제6조(구성)

14) 근거법규는 제주특별자치도 특별법 제127조(위원회 설치) 및 제128조(기능), 지방공무원법 제7조~제11조(설치, 기능, 기관, 회의 등)

15) 관련 법규는 제주특별자치도 특별법 제139조(위원회), 제주특별자치도 자치경찰운영 등에 관한조례 제17조~제18조(구성, 운영 등)

넷째는 자치경찰과 국가경찰과의 업무협약 체결[16]이다. 협약사항은 자치경찰과 국가경찰의 수행할 업무범위를 확정한 것으로, 제주특별자치도지사는 치안행정위원회의 의견을 들어 업무협약안을 작성 지방경찰청장과 업무협약 체결, 공표하도록 하고 있다.

다섯째, 자치경찰공무원 인사규칙 제정[17]과 운영규칙 제정[18]이다.

여섯째, 특별사법경찰관리로서의 직무수행[19]이다.

3. 파출소 없는 자치경찰제

제주자치경찰은 국가경찰과 이원적인 운영으로 운영하면서 기존의 지구대나 파출소를 국가경찰의 소속하에 그대로 두었기 때문에 지역주민의 치안서비스와 가장 밀접한 치안활동이 일선경찰에서 이루어지는 현실을 외면하였다. 파출소를 자치경찰화해야 하는 이유는 자치경찰의 상징성을 극대화하고, 생활안전경찰의 현장인 지구대 파출소에서 현장 치안서비스 활동이 전개될 수 있고, 지역주민과의 거버넌스를 형성하기 위해서 너무나 당연함에도 기본원칙을 무시하고 실시되었다.

Ⅲ. 서울특별시의 특별사법경찰관리의 운용

1. 특별사법경찰 일반현황

서울특별시에 그동안 자치구별로 운영하여오던 특별사법경찰업무를 총괄적으로 지원하고 지방행정업무의 법집행력을 획기적으로 강화하기 위해, 서울특별시 행정국 산하에 특별사법경찰 지원과를 신설(〈그림

---

16) 근거법규는 제주특별자치도 특별법 제110조(국가경찰과의 협약체결), 제주특별자치도 자치경찰 운영 등에 관한 조례 제3조~제4조(협약, 사무분담 등)

17) 근거법규는 「제주특별자치도 자치경찰공무원 임용 등에 관한 조례」

18) 근거법규는 「제주특별자치도 자치경찰운영등에 관한 조례」

19) 근거법규는 제주특별자치도 특별법 108조(사무), 「사법경찰관리직무를 행할 자와 그 직무 범위에 관한 법률」 제10조임

7-4〉 참고)하고[20] 이들에게 직무전문교육을 실시하는 등 역량 강화에 나섰다.

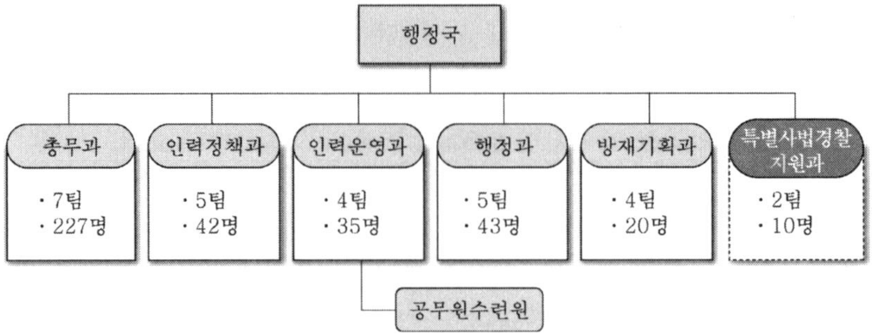

〈그림 7-4〉 서울특별시 특별사법경찰 조직구성

특별사법경찰제도는 식품·위생·보건·환경업무 등 행정 분야의 전문성을 보유한 4~9급 공무원에게 관련 분야 단속활동과 함께 위법사항을 적발하면 검사의 지휘를 받아 직접 수사하여 사건을 검찰에 송치토록 하는 수사권을 부여, 행정의 전문성과 실효성을 확보하는 제도로서, 서울시의 특별사법 경찰지원과는 2008년 1월 1일에 2개팀으로 발족하여 특별사법경찰 업무 총괄기획, 분야별 단속계획 수립, 자치구 특별사법경찰 업무, 통합관리 및 수사업무 총괄 관리등의 사무를 분장받아서 직무를 수행하고 있다.[21]

2. 「특별사법경찰 지원과」의 주요직무

가. 특별사법경찰 직무역량 강화 지원[22]

서울시와 자치구는 근무하는 특별사법경찰이 수사권이 부여되었음에

20) 서울시 행정국(2008), 「2008년도 주요업무계획」, 2쪽.

21) 서울특별시와 관내 자치구의 특별사법경찰 인력은 2008년 6월 현재 총 490명으로 서울특별시에 173명(소방 143, 도로시설 18, 위생 7, 환경 5) 그리고 25개 자치구에 317명(교통 141, 위생 61, 환경 47, 공원녹지 등 68)이 지정을 받아 근무 중에 있다. 서울시 행정국(2008), 같은 보고서, 22쪽 참조.

22) 서울시 행정국(2008), 같은 보고서, 22쪽.

도 실무교육 및 활동여건 미흡 등으로 적발한 법규 위반사례를 수사하지 못하고 검찰·경찰 고발에 그치는 실정이어서 특사경제도가 실효성이 없다는 지적에 따라 서울시와 25개 자치구가 협력하여 서울시는 운영비를 지원하고, 자치구는 인력지원을 하여 행정의 집행력과 실효성 제고를 통하여 특별사법경찰의 전문역량을 강화하고자 하였다.

나. 특별사법경찰관의 운용 및 활동계획[23)]

주로, 식품위생·보건·환경 등 3개 분야를 중점으로, 검찰, 식품의약품안전청 등 유관기관과 협조체제 구축, 활동역량 강화하고, 상시 정보수집 활동을 통해 생활안전수요에 대비하게 된다. 이를 위해 미디어 매체 등을 통해 시민안전 위협요인에 대한 동향을 파악 및 주요사례 수집하고, 정보수집원 실명제 도입, 음해·무고 등에 근거한 활동 사전차단, 제보된 정보에 대하여는 즉각 사실여부를 확인하는 방법으로 업무를 수행한다. 특사경의 활동을 함에 있어서는 인권보호 지침, 활동결과 평가지침 등을 마련하여 무분별한 활동을 지양하고자 하였다.

3. 특별사법경찰의 자치경찰화

서울특별시의 특별사법경찰제도는 직무상으로 일반사법경찰관리와 법률상의 권한이 직무의 범위를 제외하고는 차이점이 없으므로 실질적 의미에서 본다면 서울특별시에서 운영하는 자치경찰제도의 변형된 형태라고도 볼 수 있다. 서울시에서의 특별사법경찰관지원과의 신설과 특별사법경찰관의 집중교육과 관리는 사실상 자치경찰로 가는 전단계라는 점에서 앞으로도 지속적으로 관심을 가져야 한다.

23) 서울시 행정국(2008), 같은 보고서, 23쪽.

Ⅳ. 현행 자치경찰제도 운용의 문제점 및 발전방향

1. 우리나라 자치경찰 모형 설정시 고려사항

우리는 한국의 자치경찰의 운영실태를 살펴보기 위해 제도적 조직적 의미에서 제주자치경찰과 실질적 경찰개념의 범주에서 특별자치경찰의 구성과 활동을 서울특별시의 특별사법경찰을 대상으로 살펴보았다. 이 두개의 제도는 법제와 실무면에서 같은 나라에서 상이한 법제를 가지고도 동일한 형태의 유사한 자치경찰제도가 운영될 수 있음을 보여준 것이다.

즉, 제주자치경찰은 「제주특별자치도 설치 및 국제자유도시 조성을 위한 특별법」을 근거로 서울특별시는 특별사법경찰을 「사법경찰관리의 직무를 행할 자와 그 직무범위에 관한 법률」을 근거로 하면서도 실제 운용면에 있어서는 그 권한과 활동이 거의 다름이 없음을 보여주고 있음을 살펴보았다.[24)]

2. 현행 자치경찰제도의 운용상 문제점

가. 국가경찰과 지방경찰의 이원적 운영

우리 현행의 자치경찰제도는 국가경찰과 전혀 다른 이원적인 체제로 운영되고 있다. 국토가 좁은 연방국가가 아닌 국가체제하에서 국가경찰과 지방경찰의 이원적 구조가 꼭 바람직한 것인지를 살펴볼 필요가 있다.

대부분의 선진국의 국가에는 국가형태가 연방제로 이루어져 주권의

24) 우리나라 경찰의 조직은 행정경찰과 사법경찰을 구분하고 있지는 않지만 사법경찰의 법제상으로는 엄연히 구분된다. 이러한 혼선은 대륙법계의 사법제도와 영미법계의 사법제도를 우리나라에서 무분별하게 혼합해서 적용하는 결과 나타나는 현상으로 생각된다.

주체가 각주(州)에 있는 것이 명문화되어 있거나, 이론적으로 당연시되어 있다. 우리나라의 경우 단일형 국가체제에서 국가경찰에 대체하는 자치경찰이 별도로 존치되어야 하는지에 대하여 심도있는 논의가 필요할 것이다. 자치경찰의 설치형태는 국가경찰과 자치경찰의 통합형과 분리형, 절충형으로 구분되는데, 우리나라의 경우 분리형 중에서도 시군구의 기초자치단체에 별도로 설치하는 형태이므로, 지방자치단체의 재정자립도등 사정에 따라 치안서비스가 상당한 정도로 차등화될 수 있고, 이러한 문제가 오히려 지역 주민에 대한 불만요인이 되지 않을까 한다.[25]

나. 국가예산의 낭비요인 증대

자치경찰에 관한 학계의 기존 연구는 조직구성의 문제에 집중되어 불완전한 지방자치의 종합행정으로서의 필요성을 강조하고 법집행력을 높이는 차원에서 문제가 제기되었다. 전국적 자치경찰이 실시되면 초기에 약 9,300여명 정도의 인력과 연간 약 4,719억에 달하는 예산이 필요하다고 판단 한 연구 결과가 있다.[26] 이러한 이원적 운영에 필요한 인건비, 시설비, 기타 운영비를 감안한다면 천문학적이 비용이 소용되는데 예산운영에 대한 효율성 검토는 선행연구에서는 매우 미흡한 실정이다(김석태, 2004: 111-136).[27]

---

25) 재정자립도가 100%가 넘는 서울 강남일대의 자치구와 지방의 10%대에도 미치지 못하는 낙후된 지역의 자치단체의 지방경찰제는 치안 서비스제공에 있어서 현격한 격차를 보일 것이다.

26) 자치경찰제 실무추진기획단에서 2005.6.29~9.30까지 지방행정연구원에 연구용역을 실시하여 자치경찰의 설치를 위해 필요한 총 인력, 편성기준, 편성인원에 대한 직급별 비율, 운영직제 관한 것 등에 대한 연구가 있었다.

그 결과 인력규모에서는 자치단체별로 최소 20명, 최대 56명으로 평균 40명이 적정한 것으로 판단되었다(자치경찰제 실무추진단:175-184).

27) 국가사무의 지방이양에 따른 재원보전의 문제를 경찰은 경찰교부금방식으로 예상하고 있지만, 사무이양과 재정보전이 합치된다는 점에서는 바람직하나 지방이양사무의 계속적인 재원부담은 지방자치의 원리에 맞지 않는다.

다. 조직과 업무의 중복

국가경찰과 지방경찰의 이원화로 정치적 행정적 상황에 따른 상호역학관계에 따라 새로운 조직 갈등 요소가 등장하며 이를 효율적으로 조정 해결하기 위한 바람직한 업무협조 체제가 검토되어야 한다는 점이다. 자치경찰과 국가경찰은 관련법규에 따라 업무협약을 체결하고 있다. 「제주특별자치도 설치 및 국제자유도시조성을 위한 특별법」 제110조(국가 경찰과의 협약체결), 「제주특별자치도 자치경찰운영 등에 관한 조례」 제3~4조(협약 및 사무 분담)에 따라서 업무협약을 체결하고 있다. 당사자 간에 의견불일치로 협약이 체결되지 않을 경우 협약당사자의 신청과 경찰위원회의 심의 의결을 통해 행정안전부 장관의 조정이 이루어지고 협약 미체결 상태가 지속될 경우 신청이 없이도 직권조정이 가능하다(최종술, 2007: 134-137).

라. 업무수행 중 나타나는 갈등요인

업무의 중복과 연결된 이야기로 치안행정위원회의 구성이 정치적인 측면에서 이루어 지다보니 갈등해결을 하기보다는 유명무실한 비상임위원회로서 제역할을 못하고 있으므로, 법적 해결권능을 갖는 신속한 갈등 조정기관(예를 들면 치안판사 제도)이 필요하다는 점이다. 치안업무의 긴급성, 돌발성, 현장성, 유동성 등에 대한 실효적인 갈등해결시스템이 필요하다.

자치경찰의 설치는 지방경찰과 국가경찰간의 업무수행상의 사무의 중복과 마찰이 나타난다. 그리고 이를 수행하는 데에 필요한 소요 예산의 확보와 분배문제에도 국가와 지방정부간에 이견이 생기고, 경찰활동에 대한 지역주민의 요구사항과 경찰의 민주성 확보등에 대한 지방정부와 시민의 요구사항이 높아질 것이다.

마. 생활안전경찰의 국가경찰화

현재의 제주자치경찰조직의 가장 큰 오류가 지구대, 파출소등 지역주민과 가장 밀접한 민생치안활동기능인 생활안전경찰의 일선조직을 국가경찰로 존치시켰다는 점이다. 이것은 정부안에서도 기본모델로 제시되었던 점이다. 자치경찰의 가장 큰 존치 이유가 지역실정에 맞는 주민의 생활에 직접적인 관련을 가지는 치안서비스의 제공에 있다면, 생활안전활동을 담당하는 지구대와 파출소는, 지역 주민에 가장 근접한 경찰조직이며 시민과 범죄예방활동, 사건사고 예방활동 등 안전업무 안전업무와 각종의 치안서비스를 직접적으로 제공할 수 있는 조직이므로 이를 국가경찰조직에 그대로 존치하는 상황하에서는 자치경찰의 존립목적에 부합하는 바람직한 성과를 기대하기는 어렵다.

바. 비경찰화(Entpolizeilichung) 작업에 대한 고려 미흡

경찰이라는 조직을 21세기 복리행정하에서 주민봉사조직적 성격을 강조하는 것은 바람직하지만, 기본적으로 경찰의 조직을 비대하게 만들거나 전가(傳家)의 보도(寶刀)처럼 자주 의존하게 되면 조직관리의 문제와 인권보호에 관련된 부작용이 나타날 수 있는 점은 과거 역사에서 나타난 바와 같다. 민주주의 국가에서 경찰조직의 민주적 통제 필요성은 당연한 원칙이다.[28)]

3. 자치경찰제도의 바람직한 발전 방향

가. 국가경찰과 자치경찰제도의 절충형 도입

경찰의 조직에 대하여 수많은 선행연구가 있지만 이제 자치경찰제도

28) 역사적으로 국가권력이 필요이상으로 강했던 정권하에서는 시대가 바뀌는 상황에서 경찰권의 정비 문제가 대두되었다. 2차대전 후 영미의 점령지하에서 행하여진 독일의 나치정권 잔재에 대한 비경찰화(Entpolizeilichung)작업, 미군정하에서 일제시대 하의 군국주의 정권의 비경찰화가 좋은 예가 될 수 있다고 본다(Wolf R. Schenke:6-8; 경찰대학:204-205).

의 정착을 앞둔 시점에서 우리나라 실정을 감안한 절충형 경찰제도로 하되 지방분권적 성격을 가미하여 지역 여망에 부응하는 지역치안조직으로 탈바꿈하는 것이 필요하다.

자치경찰체제에 대한 1999년 경찰청의 검토안에서도 현재의 분리형이 아닌 광역자치단체 소속의 자치경찰기관을 예상한 절충형의 방식을 택하고 있었다(경찰개혁위원회:24-30). 즉, 국가의 경찰사무와 자치경찰의 사무를 구분하여 광역단체의 자치경찰기관은 자치경찰사무에 대하여 자율적으로 고유의 경찰권을 행사하는 것을 원칙으로 하되, 전국규모의 광역사건사고와 대규모의 집회시위, 대간첩작전 등의 국가비상사태에 대하여 자치경찰에 상호협력의무를 부과하고 국가경찰이 지휘하는 방안이었으나 자치경찰법안 성안 중 정부안 논의 과정에서 기초자치단체에 설치하는 안이 채택되었다(자치경찰제 실무추진단:82-105).

이러한 형태는 2차대전 이후 일본식의 자치경찰제도와 유사한 것으로 볼 수 있다. 일본은 1871년 독일과 프랑스의 경찰제도를 모델로 제2차 세계대전까지 국가경찰제와 검사주재 수사제도를 유지해 왔으나, 2차대전 패전이후 연합국사령부의 경찰개혁의 일환으로 공안위원회 제도와 함께 미국식 자치경찰제인 시(市)·정(町)·촌(村)단위에 도입하고(〈그림 7-5〉 참고), 형사소송법을 개정하여 경찰에 일차적인 수사권을 부여하였다. 기초자치단체 중심의 자치경찰제는 재정부족과 자치단체간의 공조(共助)부족으로, 1954년에 도(都)·도(道)·부(府)·현(縣)단위의 자치경찰제로 일원화하였다(田上穰治, 1983:268).

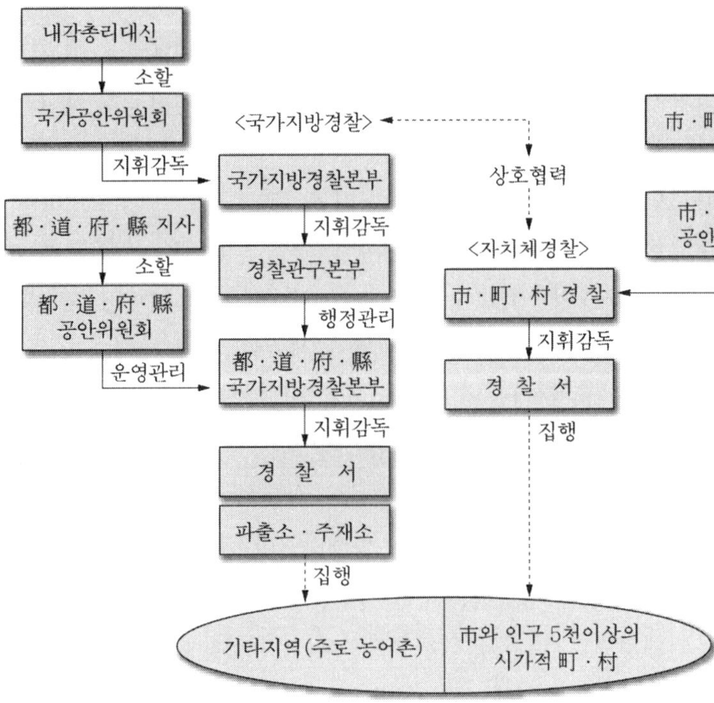

〈그림 7-5〉 일본 구(舊)경찰법하의 경찰의 조직(1947-1954)[29]

1945년 8월 일본의 민주화를 추진하던 연합군총사령부는 경찰제도의 근본적 개혁을 꾀하려고 했지만, 혼란상황에 있는 사회 정세 등을 감안해 당분간 국가경찰제도를 그대로 유지해 오다가, 그 후, 연합군총사령부 내에서 의견 조율을 거친 뒤 구(舊) 경찰법(1947년 12월 17일, 일본법률 제196호) 제정에 이르게 되었다. 구 경찰법의 특징을 보면 경찰의 지방분권을 위해 시정촌단위의 자치경찰제를 도입하고, 경찰의 민주적 관리를 위해 공안위원회를 설치하며, 경찰의 권한남용에 대한 엄격한 제한 등을 그 특징으로 하고 있다.[30]

29) 일본경찰청 홈페이지 자료(http://www.npa.go.jp/hakusyo/h16/hakusho/h16/html/F2101020.html) 일본경찰의 조직구성상 소할(所轄)이라 함은 지휘명령권이 없는 감독을 말하며, 관리(管理)란 대강의 방침을 정하여 그에 따라 운영되도록 감독하는 것임. 警察廳長官官房 編(2000), 「警察法解說」, 559쪽.

30) 2차 세계대전 이후 1947년 구(舊) 경찰법의 특징은 첫째, 경찰의 지방분권의 강

경찰의 지방분권이 철저화되어 1,605개의 자치체 경찰이 탄생하여 국가로부터 완전히 독립해서 각 자치체의 예산으로 관내의 치안의 유지를 담당하였으며 국가비상사태의 경우를 제외하고는 일체 국가의 지휘감독을 받지 않게 되었다.

이러한 자치경찰제도는 국가적 비상사태, 전국적인 조직범죄, 테러 및 집단행동 등 많은 사안에 대하여 전혀 대응하지 못하였고 조직의 중복화, 복잡화 비용부담의 문제 등을 야기시켰다. 더욱이 국민의 대표자에 대하여 선출되고 국민에 대하여 책임을 지는 내각이 치안책임을 지는 것이 불가능하다는 문제점도 지적되었다.[31)]

이러한 사정은 영국에서도 마찬가지였다. 자치경찰의 선구적 국가인 영국에서도 경찰권의 효율적인 행사와 관련하여 1930년대 이후 자치경찰에 대한 본격적인 제도개혁을 단행하였다. 주요내용을 보면, 1932년 내무부장관의 치안행정단위의 최저수를 정하도록 하고, 1942년 국가방위법의 제정으로 비상시 내무부장관이 지방경찰통합권을 가지게 되었고, 1946년 병합경찰(Combined Police Force)을 허용하는 경찰법이 통

화이다. 그때까지 국가 경찰 제도를 수정하여 도시의 자치 경찰을 설치하는 것을 기본으로 했다. 기초자치단체인 시(市)와 인구 5,000명 이상의 정(町)・촌(村)에는 자치경찰을 유지하는 한편, 기타 지역 (농어촌)은 국가 기관인 국가지방경찰의 관할로 했다. 도시 경찰은 국가 비상사태의 경우를 제외하고는 국가지방경찰의 지휘 감독을 받지 않고, 지역의 국가지방 경찰은 지사의 관할 아래에 두는 도(都)・도(道)・부(府)・현(縣) 공안위원회가 그 운영을 처리했다.

둘째, 공안위원회를 통한 경찰의 민주적인 관리운영이다. 경찰을 민주적으로 관리하고 그 정치적 중립성을 확보하는 제도로, 공안위원회 제도를 채택하였다. 공안위원회는 시민의 대표로서 구성되는 합의체의 기관이며, 국가와 지역 및 도시에 위치하고 내각 총리대신이나 도도부현 지사와 시정촌장에서 독립적으로 직권을 행사하였다.

셋째, 경찰의 권한제한이다. 경찰의 책무를 국민의 생명・신체 및 재산의 보호를 위해 범죄 수사・피의자 체포 및 공안 유지로 하고, 경찰의 활동은 엄격하게 그 책임의 범위로 제한되어야 하는 것을 명시하고 권한의 남용을 처벌하는 내용을 특별히 규정했다.

일본경찰청 홈페이지 자료(http://www.npa.go.jp/hakusyo/h16/hakusho/h16/html/F2101020.html)

31) 이후 경찰법의 개정으로 정(町)・촌(村)이 주민투표에 의하여 자치경찰을 폐지할 수 있도록 하여 자치경찰이 속속 폐지되었는데, 1954년에는 출발 당시보다 1/4수준인 402개소로 격감하였다. 이에 관한 자세한 자료는 치안연구소(1998), 「일본경찰연구자료 Ⅲ-1 기본자료편」, 11-23쪽 참조.

과되었고, 1947년 장관의 지방경찰청장 임명승인제를 도입하였다. 특히 1964년에는 경찰법(The Police Act)을 제정하여 지방경찰조직을 중앙정부의 지휘감독을 받는 경찰조직으로 개편하였다.[32] 1984년 「경찰 및 형사증거법(The Police and Criminal Evidence Act)」, 1994년 「경찰 및 치안법원법(The Police and Magistrates' Courts Act)」 등의 제정이 있었고, 1996년에는 경찰관련법 1964, 1984, 1994년도)을 통합하였다(정진환, 2006:66-68).

자치경찰체제는 조직의 형태도 중요하지만 자치경찰에 걸맞는 활동공간의 확보라는 측면에서 현재 제주자치경찰이 국가경찰과 이원적 구조하에서 생기는 운용상 문제점을 도출하여 앞으로 전국적으로 자치경찰제의 확대시행에 교훈으로 삼아야 할 것이다.

나. 특별사법경찰관리의 합리적 운용

국가경찰과 제주 자치경찰경우와 특별사법경찰 그리고 행정경찰의 상호 권한과 직무관계를 살펴보면, 형사소송법상 형사사법권은 국가경찰은 형사소송법 제196조에 의하여, 자치경찰은 「사법경찰관리의 직무를 행할 자와 그 직무범위에 관한 법률」 제10조에 의거하여, 특별사법경찰관리는 「사법경찰관리의 직무를 행할 자와 그 직무범위에 관한 법률」 제5조, 제6조에 의하여 인정된다.

행정법상의 단속권한은 국가경찰과 자치경찰은 사법경찰관리의 직무범위 내에서 단속권을 가지고, 특별사법경찰관리인 행정공무원은 담당업무의 범위내에서 단속권을 가진다. 이들의 사무관할은 국가경찰은 전국적이며 자치경찰과 특별사법경찰관리는 해당지역의 범위 내에 직무권한을 가지게 된다.

32) 1961년 구성・운영된 왕립경찰개혁위원회(Royal Commission on the Police)의 건의에 따라 경찰기관의 수를 약 300개소에서 43개소로 통합하였다(John L. Sullivan, 1977:13).

〈표 7-5〉 국가경찰과 자치경찰·특별사법경찰의 차이

<table>
<tr><th>구분</th><th>형소법상
형사사법권한</th><th>행정법상
단속권</th><th>지역
관할</th><th>비고</th></tr>
<tr><td>국가
경찰</td><td>있음(형사소송법 제196조)</td><td>일반적 단속권(경찰관 직무집행법과 개별법)</td><td>전국</td><td rowspan="3">자치경찰과 특별사법경찰의 차이점은 직무상 전업경찰이냐, 부가경찰이냐에 있음</td></tr>
<tr><td>자치
경찰</td><td>있음(「사법경찰관리의 직무를 행할 자와 그 직무범위에 관한 법률」 제10조, 지검검사장의 지명절차가 필요 없음)</td><td>일반적 단속권
(경찰관 직무집행법과 개별법)</td><td>지역</td></tr>
<tr><td>특별
사법
경찰</td><td>있음(「사법경찰관리의 직무를 행할 자와 그 직무범위에 관한 법률」 제5조, 제6조 지검검사장 지명이 필요한 경우가 있음)</td><td>개별적 단속권(특사경 해당업무 관련 법률)</td><td>지역</td></tr>
</table>

이를 〈표 7-5〉로 정리해 보면, 국가경찰과 자치경찰은 직무범위와 지역관할에서의 차이만 있을 뿐 현실적으로 큰 차이가 없게 된다. 자치경찰은 자치경찰의 직무범위 내에서 자기의 담당지역에 대한 직무권한을 가지게 되는 것이다.

그리고 자치경찰과 특별사법경찰과 관련하여서도 자치경찰은 특별사법경찰의 직무를 병행하여 수행하는 전업 경찰인데 대하여, 행정공무원 중에서 지정되는 특별사법경찰은 자기의 담당행정업무 외에 특별사법경찰의 직무를 부가하여 수행하는 한다는 점에서 차이가 있다.

이러한 구분은 자치경찰과 특별사법경찰인 일반행정공무원에 대한 직무영역에 대하여 상당한 혼란을 초래할 가능성이 존재한다. 제도적으로 자치경찰제도가 정착이 되지 않으면 특별사법경찰인 행정공무원과 직무상 아무런 차이가 존재하지 않게 되는 것이다. 이러한 상황이 초래될 경우에는 자치경찰제도가 무의미해지는 것이다. 대륙법계의 경찰법제하에서 행정경찰과 사법경찰의 제도적 구분이 없이 일원화하여 운영되고 있는 때문으로 생각된다.

다. 치안판사제도(Justice of the Peace)의 운영

치안행정위원회의 정치적인 기능으로 현장에서의 경찰기관의 갈등 문제를 해결하기에는 어려움이 많으므로 즉시성, 신속성, 현장성을 고려하여 영국의 치안판사제도[33] 등을 연구하여 치안행정의 공백을 없애는 제도가 필요하다. 경찰업무의 유동성은 촌각을 다투는 결정이 필요할 때가 많으므로 경찰직무의 적법성에 대한 적절한 판단은 사법적인 기관에서 담당할 필요가 있다(오주환, 1976:107-136).

급박한 상황에 대한 신속한 사법적인 판단은 일선 경찰의 직무를 한결 원활하게 수행할 수 있도록 할 것이다. 이러한 합리적인 의사결정은 시민에 대한 치안 서비스향상으로 나타날 것이다. 치안행정위원회는 경찰업무에 대하여 사전전인 조정이나 직무감독의 성격이 미흡하고 자문위원회의 성격이 강해 한계가 있고, 현장에서 발생하는 치안상황에 대한 합법성 여부에 대한 판단은 궁극적으로 쟁점사안은 사법적인 해결을 통해서만 가능하기 때문이다.

라. 자치경찰에 자율방범대조직의 법제화

범죄통제 중심의 전통적인 경찰활동에 비하여 21세기의 현대사회의 범죄양상은 지역사회 경찰활동이라는 범죄예방 중심의 체제로 변모하고 있다. 자율방범대는 시민의 치안활동의 참여가 필수적임을 전제로 하고 있는 협력적 치안체제의 한 형태로 볼 수 있다.

자율방범대 조직의 지원과 육성에 관하여 입법적인 타당성을 살펴본다면, 첫째, 현대사회에 있어서 범죄의 대응전략은 지역사회와 경찰이 협력치안체제를 수행하여 나아가는 것이 바람직하다. 둘째, 민생치안수요 폭증에 따른 국가경찰의 인력과 예산 그리고 전국적 치안현안의 해결이라는 국가경찰기능상의 한계를 인정하지 않을 수 없다. 셋째, 현실

33) 영국과 미국의 하급법원에서 약식재판의 권한을 지닌 법관으로 영국에서는 오래 전부터 지방의 명망가가 치안유지와 형사재판을 맡아왔는데, 이것은 영국의 사법(司法)조직에 있어서 한 특색을 이루고 있다.

적으로 다양한 자율방범대의 활동지원과 육성지침 마련 필요성이 점증하고 있다는 점이다.

단원정리

1. 사회는 끊임없이 변화하고 발전한다. 그에 따라 범죄나 안전에 관련된 국가치안여건도 언제나 새로운 환경에 놓이게 되며 이를 책임져야할 경찰은 늘 새로운 도전에 직면하게 된다. 자유민주주의 사회와 국가에서 성공적인 경찰활동을 위한 새로운 비전과 전략을 필요로 한다.

2. 경찰은 종전의 법집행자에서 사회문제해결자 또는 사회봉사자라는 새로운 개념의 정립이 필요하다. 모든 경찰활동을 범죄예방에 초점을 맞추고, 범죄 뿐 아니라 무질서와 범죄의 공포 등 광범위한 사회문제로부터 주민을 보호하고, 삶의 질을 향상시키기 위한 활동이 지역사회 경찰활동(Community Policing)이다.

3. 수사권조정이란 검찰이 수사권과 공소권을 독점하고 있으므로 권력분배를 통한 견제와 균형이 필요하다는 것이다. 수사·소추·재판 절차를 입법·행정·사법과 같이 서로 분리시키고 견제와 균형의 원리를 도입하여 수사는 경찰, 소추는 검찰, 재판은 법원이 담당하도록 권한을 분산하여 검찰권의 남용을 방지하여야 한다는 이론이다.

4. 우리나라의 자치경찰제도가 「제주특별자치도 설치 및 국제자유도시 조성을 위한 특별법」이 제정·공포되고서 2006년 처음으로 제주특별자치도에 도입되었다. '주민생활중심의 자치경찰제'로서의 도입을 표방하고 전국적 도입을 검토하고 있다.

참고문헌

1. 국내서적

강의중, 『행정법』, 교학연구사, 2008.

곽영길, 『경찰학개론』, 고시연구사, 2009.

권기헌, 『행정학』, 박영사, 2009.

권영성, 『헌법학원론』, 법문사, 2009.

길준규, 『행정법입문』, 박영사, 2009.

김남진, 『경찰행정법』, 경세원, 2004.

______, 『행정법』Ⅰ, 법문사, 2009.

, 『행정법』Ⅱ, 법문사, 2009.

김동희, 『행정법』Ⅰ, 박영사, 2009.

______, 『행정법』Ⅱ, 박영사, 2009.

______, 『행정법연습』, 박영사, 2009.

김상호 외, 『경찰학개론』, 법문사, 2004.

김성수,『개별행정법』, 법문사, 2004.

______, 『일반행정법』, 법문사, 2008.

______, 『행정법판례평론』, 홍문사, 2006.

김재기, 『행정학』, 법문사, 2006.

김종수, 『경찰학원론』, 교육과학사, 2007.

김철수, 『헌법개설』, 박영사, 2009

______, 『헌법개정 과거와 미래: 제10차 헌법개정을 생각한다』, 진원사, 2008

______, 『헌법학신론』, 박영사, 2009

김철용, 『행정법』Ⅰ, 박영사, 2009.

_____ , 『행정법』Ⅱ, 박영사, 2009.

김충남, 『경찰학개론』, 박영사, 2008.

김향기, 『행정법개론』, 삼영사, 2008.

김형만, 『비교경찰제도론』, 법문사, 2007.

김형중, 『경찰학총론』, 청목출판사, 2009.

류지태, 『행정법신론』, 신영사, 2008.

______, 『행정법신론』, 박영사, 2009.

______, 『행정법의 이해』, 법문사, 2006.

미야타 사부로우(한귀현 역), 『일본경찰법』, 한국법제 연구원, 2003.

박균성, 『행정법기본강의』, 박영사, 2009.

______, 『행정법강의』, 박영사, 2009.
______, 『행정법연습』, 삼조사, 2008.
박연호, 『행정학개론』, 박영사, 2006.
박윤흔, 『최신 행정법강의』, 박영사, 2009.
______, 『행정법강의』(하), 박영사, 2009.
박정훈, 『행정법사례연습』, 법문사, 2009.
배철효, 『경찰학개론』, 대영문화사, 2007.
백완기, 『신판 행정학』, 박영사, 2007.
______, 『한국행정학의 기본문제들』, 나남, 1998.
볼프 R. 쉔케(서정범 역), 『독일경찰법론』, 세창출판사, 2003.
서정범, 『경찰법연구』, 세창출판사, 2009.
석종현, 『일반행정법』(상), 삼영사, 2009.
______, 『일반행정법』(하), 삼영사, 2005.
성낙인, 『헌법학』, 법문사, 2009.
손봉선, 『신경찰학개론』, 백산출판사, 2006.
신두범, 『행정학원론』, 박영사, 2006.
신두범 외, 『행정학개론』, 박영사, 2006.
신봉기, 『행정법의 주요판례』, 대명출판사, 2007.
신현기, 『경찰행정학』, 법문사, 2005.
______, 『새행정학개론』, 21세기사, 2008.
양 건, 『헌법강의』, 법문사, 2009
오수복, 『경찰학 개론』, 푸른세상, 2005.
오석홍, 『행정학의 주요이론』, 법문사, 2008.
______, 『행정학』, 박영사, 2008.
유민봉, 『한국행정학』, 박영사, 2006.
윤세창 역(Bernard Schwartz 저), 『미국행정법』, 고려대학교출판부, 1981.
이광윤, 『일반행정법』, 법문사, 2006.
이상안, 『신경찰행정학』, 대명출판사, 2002.
이상원,『경찰학개론』, 대명출판사, 2008.
이상현, 『경찰학개론』, 청목출판사, 2008.
이영남, 『경찰행정학』, 대영문화사, 2008.
이영조, 『행정학원론』, 학우, 2005.
이윤호, 『경찰학』, 박영사, 2006.
이철호, 『경찰행정법』, 푸른세상, 2004.
이한익, 『경찰학개론』, 형설출판사, 2006.
이호용, 『행정법강의』, 청목출판사, 2009.
이황우, 『경찰행정학』, 법문사, 2007.

임재강, 『새내기를 위한 경찰학원론』, 21세기사, 2008.
임창호, 『경찰학개론』, 화학사, 2007.
장태주, 『행정법개론』, 법문사, 2009.
정정길, 『행정학의 새로운 이해』, 대명출판사, 2008.
정종섭, 『헌법학원론』, 박영사, 2009.
정하중, 『행정법개론』, 법문사, 2009.
______, 『행정법각론』, 법문사, 2005.
조만형, 『행정법』Ⅰ, 박문각, 2009.
조석준, 『경찰행정학』, 박영사, 1998.
조철옥, 『경찰학개론』, 대영문화사, 2008.
천병태, 『행정법총론(행정법 Ⅰ)』, 삼영사, 2009.
______, 『행정구제법(행정법 Ⅱ)』, 삼영사, 2009.
최정일, 『행정법』Ⅰ, 박영사, 2009.
______, 『행정법』Ⅱ, 박영사, 2009.
최창호, 『새행정학개론』, 삼영사, 2007.
______, 『새행정학』, 삼영사, 2006.
한견우, 『현대 행정법강의』, 신영사, 2008.
______, 『현대 행정법』Ⅱ, 연세대학교출판부, 2000.
허 영, 『헌법이론과 헌법』, 박영사, 2009
허경미, 『경찰학개론』, 박영사, 2008.
홍정선, 『경찰행정법』, 박영사, 2007.
______, 『행정법연습』, 신조사, 2008.
______, 『행정법입문』(신), 박영사, 2009.
______, 『행정법원론』(상), 박영사, 2009.
______, 『행정법원론』(하), 박영사, 2009.
______, 『행정법특강』, 박영사, 2009.

2. 국내논문

강구철, 부작위와 국가배상책임, 「고시계」, 1989.11.
강현호, 국가와 무과실책임(인재 임정평(林正平) 교수 정년기념), 「법학논총」, 단국대학교 법학연구소, 2005.
곽노현, 국가인권위원회의 법과 현실, 「헌법학연구」 제8집 제4호, 한국헌법학회, 2002. 12.
김동희, 무하자재량행사청구권, 「법학」, 서울대학교 법학연구소, 1990.
______, 프랑스 행정법상의 재량준칙에 관한 고찰, 「법학」, 서울대학교 법학연구소, 1986.
김명길, 재량준칙의 재량통제법리, 부산대학교 법학연구소, 「법학연구」, 2003
김성수, 항고소송의 원고적격 및 기타의 논점에 대한 지정토론 자료,「2004 행정소송법 개정안 공청회 발표자료집」, 대법원, 2004.10.
김엘림, 여성의 인권과 차별문제, 「21세기의 인권」, 인권재단, 2000.
김재형, 인격권에 관한 판례의 동향, 「민사법학」 제27호, 한국민사법학회, 2005.3.
김종회, 강동호 (姜東湖) 교수 정년퇴임 기념 특집 : 미국행정절차법상의 행정재량 의 사법적 통제, 「법학연구」, 경상대학교 법학연구소, 1997.
김태천, 국제적 인권의 보장과 최근 동향, 「형평과 정의」, 대구지방변호사회, 1995.10.
김형곤, 고(故) 경해 박종성 박사 회갑기념호 : 행정재량에 대한 사법적 통제, 「법학논총」, 단국대학교 법학연구소, 1985.
김형남, 미국 행정법상 재량행위의 사법적 통제, 「공법학연구」, 한국비교공법학회, 2000.
박경식, 스토킹(stalking), 「경찰대학논문집」 제19편, 경찰대학, 1999.12.
박균성, 항고소송의 원고적격 및 항고소송에 관한 기타의 논점, 「2004 행정소송법 개정안 공청회 발표자료집」, 대법원, 2004.10.
박종국, 행정재량론에 관한 현대적 과제, 안암법학회, 「안암법학」, 1999.
박효근, 재량론에 있어서의 행정절차론과 참가론, 「한양법학」, 한양법학회, 2002.
변혜정, 성폭력 관련법, 무엇이 문제인가, 한국논단, 1992.
서원우, 재량권남용에 대한 법적통제 - 미국행정법의 일단면 -, 「행정논총」, 서울대학교 행정대학원 한국행정연구소, 1969.
신동운, 가벌적 위법성과와 사회상규, 「고시연구」, 고시연구사, 1994.11.
심영희, 성폭력의 실태와 법적 통제 - 성폭력의 연속선 개념에 입각하여 - 「한국여성학」, 한국여성학회, 1989.
오동석, 국가인권위원회의 민주주의적 정당성과 그 정당화 과제, 「아태공법연구」 제9권, 아세아태평양공법학회, 2001.
오문환, 징벌적 손해배상제도의 도입, 「노동법연구」, 서울대 노동법연구회, 2002
오영근, 형법상 폭행의 개념, 「형사법연구」 제8권, 한국형사법학회, 1995. 12.
유 훈, 정책집행과 재량, 서울대학교 「행정논총」, 행정대학원 한국행정연구소, 1988.
윤기택, 영연방 국가의 불법행위의 영역에 있어서의 정신적 충격에 대한 손해배상 제도에 관하여, 「미국헌법연구」, 미국헌법학회, 2005.
이동춘, 해암 문홍주 총장 정년기념 논문집 "행정청의 자유재량행위의 한계", 「법학연구」, 부산대학교 법학연구소, 1983.
이영조, 재량행위의 통제수단으로서 행정윤리의 효용성과 한계, 「한국행정논집」, 한국정부학회(구 대구경북행정학회), 1996.
이완영, 행정행위에 있어서의 자유재량, 「법학연구」, 부산대학교 법학연구소, 1960.
장태주, 공법과 사법의 충돌(특별법 이론을 중심으로), 「고시계」, 고시계사, 1988.
______, 문화 규범으로서의 법과 도덕, 「한국사회이론학회」, 사회이론, 1998.
장활호, 미국의 단체소송에 관한 연구(고 (故) 경해 (鏡海) 박종성 (朴鍾聲) 박사 회갑기념호), 「법학논총」, 단국대학교 법학연구소, 1985.
정해상, 배상책임의 법리와 징벌적 손해배상과의 관계, 「중앙법학」, 중앙법학회, 2004.

조 국, 여성주의 관점에서 본 성폭력범죄, 「법학」, 서울대학교 법학연구소, 2002.

______, 형사절차에서 성폭력범죄 피해여성의 저지와 보호방안, 「형사정책」, 한국형사정책학회, 2002.

조태제, 행정법상의 효율성원칙, 「공법학연구」, 한국비교공법학회, 2004.

______, 일본에서의 행정재량론, 「법과 정책연구」, 한국법정책학회, 2004.

______, 일본의 정책평가법, 「법과 정책연구」, 한국법정책학회, 2002.

______, 조례의 법적 문제점, 「한양법학」,한양법학회, 1994.

______, 법률의 유보원칙의 한계, 「한양법학」, 한양법학회, 1991.

______, 법률의 유보원칙(본질성이론에 근거한 의회유보를 중심으로), 「한양법학」, 한양법학회, 1990

조홍석, 미국 연방대법원의 적극적 평등실현 조치, 「미국헌법연구」, 미국헌법학회, 2001.

______, 미국연방대법원의 평등심사에 관한 헌법적 권한(사법소극주의시대와 적극 주의시대를 중심으로), 「아태공법연구」, 아세아태평양공법학회, 2000.

______, 자유와 평등, 「사법행정」 1993년 12월호, 한국사법행정학회, 1993. 12.

______, 평등심사에 관한 미국연방대법원의 현대적 경향, 「헌법학연구」 제6집 제2호, 한국헌법학회, 2000. 11.

______, 평등권에 관한 헌법재판소 판례의 분석과 전망, 「공법연구」 제33집 제4호, 한국공법학회, 2005. 6.

______, 한국에 있어서 국제인권법의 국내법적 보장, 「헌법학 연구」 제4집 제2호, 한국헌법학회, 1998. 10.

진항수, 이종흡교수 회갑기념호: 불확정한 법개념과 재량, 「법학논총」, 단국대학교 법학연구소, 1965.

최송화, 행정재량의 절차적 통제, 「법학」, 서울대학교 법학연구소, 1999.

황현락, 성희롱예방과 구제에 관한 연구, 한양대학교 박사학위논문, 2006

______, 수사과정에서 여성인권보호방안, 한국법정책학회, 2007.

______, 우리나라 자치경찰제도 정착을 위한 법정책적 고찰, 한국경찰학회,2008.

______, 자율방범대 설치운영에 관한 법률안 검토의견, 국회행정안전위원회 공청회, 2009.

______, 풍속영업규제에 관한 정책 집행과 관리, 경북대학교 석사학위논문, 2000.

______, 한국 경찰혁신 방향과 과제, 한국경찰이론과 실무학회, 2007.

3. 외국문헌

가. 영어

Adams, *Police Field Operations 7/E*, Prentice-Hall, 2007.

Azimi, Nassrine (EDT), *The Role and Functions of Civilian Police in United Nations Peace-Keeping Operations : Debriefing and Lessons*, Brill Academic Pub, 1996.

Bell, Jeannine (EDT), *Police And Policing Law*, Ashgate Pub Co, 2006.

Connor, Paul/Johnston, David/Hutton, Glenn/ Coop, *Blackstone's Police Manual 2009*, Oxford Univ Pr, 2008.

Crawshaw, Ralph, *Police and Human Rights : A Manual for Teachers and Resource Persons and for Participants in Human Rights*, Brill Academic, 2008.

Crawshaw, Ralph/Holmstrom, Leif, *Essential Cases on Human Rights for the Police : Reviews and Summaries of International Cases*, Brill Academic Pub, 2006.

Crawshaw, Ralph (EDT)/Holmstrom, Leif (EDT), *Essential Texts on Human Rights for the Police : A Compilation of International Instruments*, Brill Academic Pub, 2008.

Das, Dilip K. (EDT)/Palmiotto, Michael J. (EDT), *World Police Encyclopedia* Taylor & Francis, 2005.

Deflem, Mathieu, *Policing World Society : Historical Foundations of International Police Cooperation*, Oxford Univ Pr, 2003.

Emsley, Clive, *Police Detectives in History*, Ashgate, 2006.

English, Jack/Card, Richard, *Police Law*, Oxford U.K, 2009.

Fijnaut, Cyrille (EDT)/Marx, Gary T. (EDT), *Undercover : Police Surveillance in Comparative Perspective*, Brill Academic Pub, 1995.

Fox, William F., Understanding Administrative Law, 3rd ed. Matthew Bender, 1997.

Friedrichs, Jorg, *Fighting Terrorism and Drugs : Europe and International Police Cooperation*, Taylor & Francis, 2007.

Haberfeld, *Police Leadership*, Prentice-Hall, 2006.

Hess, Karen M./Wrobleski, Henry M., *Police Operations : Theory And Practice, Cengage Learning*, 2005.

Holm, Tor Tanke (EDT)/Holm, Tor Tanke/ Eide, Espe, *Peacebuilding and Police Reform*, Taylor & Francis, 1999.

Hood, Christopher/ Hood, Christopher (EDT)/Jones, 『*Regulation Inside Government : Waste-Watchers, Quality Police, and Sleaze-Busters*, Oxford Univ Pr on Demand, 1999.

Hoyle, Carolyn, *Negotiating Domestic Violence : Police, Criminal Justice and Victims*, Oxford Univ Pr on Demand, 1998.

Innes, Martin, *Investigating Murder : Detective Work and the Police Response to Criminal Homicide*, Oxford Univ Pr, 2003.

International Business Publications, USA, *China Justice System and National Police Handbook*, Intl Business Pubns USA, 2007.

International Business Publications, USA, *European Police System And Organization*

Handbook, Intl Business Pubns USA, 2007.

International Business Publications, USA,『*Germany Justice System and National Police Handbook*』, Intl Business Pubns USA, 2007.

International Business Publications, USA, 『*Italy Justice System and National Police Handbook*』, Intl Business Pubns USA, 2007.

International Business Publications, USA, 『*Taiwan National Police Handbook*』, Intl Business Pubns USA, 2007.

International Business Publications, USA, 『*United States Justice System and National Police Handbook*』, Intl Business Pubns USA, 2007.

International Business Publications, USA, 『*United States Justice System and National Police Handbook : Federal Justice System*』, Intl Business Pubns USA, 2007.

Kratcoski, Peter C. (EDT)/Das, Dilip K. (EDT), 『*Police Education and Training in a Global Society*』, Rowman & Littlefield Pub Inc, 2007.

LaFave/Scott, *Criminal Law*, West Group, October 1999.

Leo, Richard A., *Police Interrogation and American Justice*, Harvard, 2008.

Leonard, V. A., Ph.D./More, Harry W., *Police Organization and Management*, West Group, 1993.

Miller, Seumas (EDT), *Police Ethics*, Ashgate Pub Co, 2006.

Moreno, John, *Spirituality for Police Officers*, Trafford, 2002.

Natarajan, Mangai (EDT), *Women Police*, Ashgate Pub Co, 2005.

Ruiz, Jim (EDT)/ Hummer, Don (EDT), *Handbook of Police Administration*, Taylor & Francis, 2007.

Sampson, Fraser, *Blackstone's Preparing for Police Duty*, Oxford U.K, 2006.

Skogan, Wesley G., *Police and Community in Chicago : A Tale of Three Cities*, Oxford USA, 2006.

Smith, David J., *Police and People Twenty Years On*, Ashgate, 2007.

Swanson, Charles R., *Police Administration: Structures, Processes, and Behavior*, Prentice-Hall, 2008.

나. 일본어

フランス行政法研究會, 『現代行政の統制-フランス行政法研究　比較行政法叢書』, 成文堂, 1990.

宇賀克也, 『行政法概説1 (行政法總論)』, 有斐閣, 2004.

鹽野宏, 『行政法概説1 (行政法總論)』, 有斐閣, 2005.

鹽野宏, 『行政法2 (行政救濟法)』, 有斐閣, 2005.

磯部力他, 『行政法の新構想3 (行政救濟法)』, 有斐閣, 2008.

櫻井敬子,橋本博之, 『行政法』, 弘文堂, 2007.

眞ふち勝,『行政學』, 有斐閣, 2009.
岡田雅夫,『行政學と公權力の觀念』, 弘文堂, 2007.
西尾勝,『行政學の基礎概念』,東京大學出版會, 1990.
金井利之,『自治制度』, 東京大學出版會, 2007.
西尾勝,『地方分權改革』,東京大學出版會, 2007.

다. 독일어

Bleckmann, A., Das Staatsrecht Ⅱ Grundrechte, 4. Aufl., 1997
Bleckmann, A., Die Struktur des allgemeinen Gleichheitssatzes,1995
Werner, F., Verwaltungsrecht ala konkretiertes Verfassungsrecht, DVBI, 1959.
Forsthoff, Ernst, Lehrbuch des Verwaltungsrechts, 10. Aufl. C.H. Beck. 1973.
Welzel, Hans, Das Deutsche Strafecht, 11. Aufl. 1969.
Jauernig, Zivilprozeβrecht, 21. Aufl., 1985.
Karl Lackner/Kristian Kühl, Strafgesetzbuch, 24. Aufl. 2001.
Maurach/Schroeder/Maiwald, Strafrecht, Besonderer Teil, Bd. 1. 9. Aufl. 2003.
Maurer, H., Allgemeines Verwaltungsrecht, 13. Aufl. C.H. Beck, 2002.
Kloepfer, M., Gleichheit als Verfassungsfrage, 1980
Bockelmann, Paul, Strafrecht, Besonderer Teil 1, 2. Aufl. 1982.
Strafrecht, Besonderer Teil 2, 1. Aufl. 1977.
Strafrecht, Besonderer Teil 3, 1980.
Rudolphi/Horn/Günther, Systematischer Komentar zum Strafgesetzbush, 5.6, bzw.7. Aufl. 2003.
Schönke/Schöder/Lenckner-Cramer-Eser-Stree,StGB, 26. Aufl. 2001.
Stern, Das Staatsrecht der Bundesrepublik Deutschland Ⅲ/1, 1988.
Tröndle/Fischer, Strafgesetzbuch, 51. Aufl. 2003.
Sachofsky, U., Das Grundrecht auf Gleichbehandlung, 1991.
Berger, Vivian, Rape Law Reform at the Millenium, 3 Buff. Crim. L. Rew. 513, 2000.
Werner, F., Verwaltungsrecht als konkretiertes Verfassungsrecht, DVBI, 1959.
Wolff/Bachof, Verwaltungsrecht Ⅰ, 10. Aufl., 1994.

찾아보기

(ㅅ)

(ㅇ)

(ㅈ)

(ㅊ), (ㅋ)

〈저자 소개〉

• 황현락
법학박사(경찰법)
한양대 대학원 법학과 박사과정 졸업
공군중위 제대(공군학사장교 76기)
경위임관(경찰간부후보생 35기)
경찰청 기획관리관실 근무
중앙경찰학교 교수(경무학과장)
경찰대학 치안정책연구소 범죄대책 연구관
서울 강남경찰서 경비과장
2002월드컵 안전대책본부 치안관리과장
경찰교육원 교수(경무학과장)
한국양성평등교육진흥원 이사
서울시경 경찰채용시험위원
現 국회안전행정위원회 입법지원위원
現 호원대학교 법경찰학부 교수

• 박동수
동국대학교 대학원 경찰학 석사
광운대학교 대학원 범죄학 박사
한국범죄심리학회 이사
한국민간범죄학회 이사
한국해양경찰학회 이사
한국행정학회 이사
現 서남대학교 경찰행정법학과 조교수

경찰학 I

2015년 2월 23일 초판인쇄
2015년 2월 28일 초판발행

저 자 황현락 · 박동수
발행인 유 성 열
발행처 청목출판사
서울특별시 영등포구 신길로 40길 20
전화 (02) 849-6157(代) · 2820 / 833-6090~1
FAX (02) 849-0817
등록 제318-1994-000090호

파본은 바꾸어 드립니다. 값 27,000원

http : //www.chongmok.co.kr

ISBN 978-89-5565-606-0